U0152931

史丹佛心理學家
有辦法爲我們找回
失去的歸屬感

這星球不該孤獨

Geoffrey L. Cohen

傑佛瑞・寇恩——著　洪世民 譯

目次 CONTENTS

第二部分　原因與對策

給媽、班妮、艾姆麗

序言

歸屬的危機；我們又該如何因應

研究社會心理學這些年來，我已經認識到歸屬感可能有多重要。今天，很多曾將那種感覺視為理所當然的人，看來都頓失所依，茫然漂流。在二〇一六年騷亂的選季，我和同事針對某大學法學院學生進行調查，以判定校園裡誰感覺最疏離。最覺得自己格格不入的兩個群體是黑人女性和政治保守的白人男性。這兩群人似乎落在我們政治論述最遠的兩個極點，卻都有這樣的感覺：自己像外人。界定我們這個年代的一大特徵似乎是：很少團體對自己的歸屬感有信心。

乍看之下，歸屬感是令人愉悅但非必要的奢侈品。然而，它卻有強大且廣泛的效應。我們都知道當我們自覺在職場、學校、派對上、酒吧裡不受歡迎，那種芒刺在背的感覺——甚至是結帳排隊偶然起衝突，或在餐廳碰到粗魯的服務生時。被排斥的感覺簡直與生理痛苦無異，會啟動腦內許多同樣的神經網路。心理學家稱之「社交痛」，[1]且人們會積極設法減輕之，就跟找飲料解渴和找地方躲雨一樣。

研究顯示，就算我們的歸屬感只是暫時受威脅，也可能對自己感覺更糟、[2]表現得不符潛力、[3]衝動行事、[4]覺得敵意環伺、[5]一被挑釁就破口大罵。[6]反過來說，就算感受到的歸屬感轉瞬即逝，[7]例如瞥見關心我們的人的照片，也可能帶給我們深遠的效益。那能增進我們的幸福感和自我價值、提升我們的表現、降低我們的防衛和敵意、提高我們對外人的包容力，讓我們更有同情心。我們會變得更仁慈、更有人情味。

這本書將證明歸屬感不只是成功的副產品，更是成功的條件——在學校、職場、家裡、醫療環境、談判、政治、社區維安，幾乎每一個人跟人打交道的領域。這本書也會提出我們可以採取哪些得到社會科學支持的小步驟，來在我們及他人心中培養歸屬感。

設法建立歸屬感儼然已是社會的當務之急。現今，格格不入的感覺——猶如身在陌生境域的陌生人，[8]甚至自己土地的外人——似乎已如此普遍，使有望參選總統的彼得·布塔朱吉（Pete Buttigieg）不禁高喊「歸屬危機」。[9]

每五個美國人就有一個受「慢性寂寞」（chronic loneliness）所苦，[10]而二〇二〇年一項調查顯示，青年受創最深。如警察合唱團（Police）在歌曲〈瓶中信〉（Message in a Bottle）所暗示，就孤單這件事，我們並不孤單。[11]寂寞是「就全因性死亡而言，我們所知帶有劇毒的環境風險因子」，[12]加州大學洛杉磯分校（ＵＣＬＡ）醫學院基因體研究人員史提夫・寇爾（Steve Cole）這麼說，並將寂寞定義為「人感覺與其他人類不相連的程度」。我們大多了解暴露於輻射、菸害和其他實體毒素的危險，卻較難領會社會心理毒素的威力。慢性寂寞對我們身體健康的破壞力，不下於一天一包菸。

隨著美國人逐漸失去與社區和社會的連結，他們罹患了安格斯・迪頓（Angus Deaton）和安妮・凱斯（Anne Case）所謂的「絕望症」。[13]研究人員發現，二〇一七年，共有十五萬八千名美國人死於酒精、止痛藥或其他藥物成癮的緩慢過程，或舉槍或過量服藥自盡。那「相當於每天都有三架客滿的波音７３７ＭＡＸ從天空掉下來而無人生還」，他們寫道。這類死亡人數在過去二十年節節增高，而迪頓和凱斯主張，主因正是感覺斷線的社交痛。

世界各地的難民也感覺得到這種社交痛：難民人數自二〇一五年以來暴增至今，已占全球人口一％。當索馬利亞小說家努魯丁・法拉赫（Nuruddin Farah）得知自己遭放逐，再也回不去他生長的地方時，他的自我意識彷彿徹底粉碎。[14]「那一刻，我頓時感到流離失所，無法置信，彷彿鏡子破碎一般。最後我問自己，發生了這件事，我是否已變成另一個人。」

不信任更加劇歸屬感的危機。[15]有些美國人相信敵對政黨的人馬是想摧毀這個國家。二〇一六年，我和同事發現，兩黨各有一五％選民視對方為恐怖主義威脅。根據政治科學家納森．卡爾摩（Nathan Kalmoe）和莉莉安娜．梅森（Lilliana Mason），兩黨也有比例相近的選民說，要是敵對黨贏得二〇二〇年大選，「暴力就會合理化」。有四〇％表示對方的支持者「邪惡至極」。

仇恨團體紛紛利用人們會在社會連結中尋找愉悅和意義感的事實，且活動愈見頻仍。美國的仇恨犯罪在二〇一九年創下十年來新高，[16]而自二〇〇〇年以來，美國仇恨團體數量增加超過一倍。

很多力量會助長分裂、[17]損害歸屬感：種族主義、性別歧視及其他制度化的偏見；從恐懼牟利的媒體；讓社交生活變成展演和窺視、不再真誠的社群媒體；個人主義崛起；讓不平等和貧窮更趨惡化的經濟政策；失業、低薪、就業無保障；無家可歸與驅逐出境；社區暴力；欠缺教育機會；與教會、家庭和其他社會機構的連結弱化；以及政治極化等等。

這些強大的社會因素可能使我們覺得無助，但科學顯示，我們每一個人都可加以對抗。怎麼對抗呢？答案出奇簡單：改變我們身處的情境，有時甚至只需要最細微的改變。這就像一種超能力。

雖然我們的政治帶有劇毒，雖然我們的過往盡是背叛和創傷，雖然更廣大的世界裡敵意環伺、充斥不公不義，但我們很多人都經歷過，單一段關係，甚至單一次邂逅，也可能是歸屬感的強大療癒來源。我在研究社會心理學之際，也在弱勢青少年／成人的團體家屋和教學計畫工作，而我輔導一位麥可先生的經驗教會我，切莫小看短暫相遇的力量。

麥可住在一幢團體家屋裡，於自殺未遂後試著重新拼湊人生。他曾試圖上吊，在斷氣前獲救，但仍因腦部缺氧而導致海馬迴（記憶所在地）受創，此後便難以形成新的記憶。他常忘記我們約好要出去，但還是開開心心地出現。他很感激這些短途旅行給他機會融入更廣大的世界。一次郊遊讓我留下永難磨滅的印象。麥可想逛街買音響設備；雖然我知道他沒那麼多錢，還是開車載他去一家店。一進店裡，麥可就要求找銷售員說話，而我惶惶不安地看著情況發展下去。我知道任何銷售員都看得出來麥可有點「脫線」。他會反覆問同樣的問題，也不大能組成連貫的句子，遑論進行對話。但那一天麥可很幸運，配到一位示範開朗、耐心和尊重的年輕銷售員。

我看著他帶麥可參觀店裡展售的商品，並回答他所有問題（有些是重複的），從頭到尾笑臉盈盈、頻頻點頭、仔細聽麥可說話。那次萍水相逢，是我見過麥可最開心的一次。那讓他覺得自己很重要，也讓我想起我做過的心理學研究：在日常生活稍稍改變和人互動的方式，便可能大大培養歸屬感。

這本書將社會與行為科學最重要的見解轉化為自助和社會變革的策略：情境的力量。

18

研究顯示，情境，此時此刻的情境，塑造我們的程度遠遠超乎我們想像。我們做什麼、想什麼、感覺什麼，不僅受到遙遠的非個人因素，或我們與生俱來的品格、能力、個性所驅使，也被我們身邊發生的事情操縱——教室或會議室也好，餐桌或酒吧也好。一眨眼發生的事，包括那一眨眼，都可能造成莫大的改變。沒錯，歷史和文化很重要，但我們每一個個體，也都是作用超乎想像的守門員——決定上述種種力量在特定時刻有多重要。

打個比方。某地當前的氣候不可控制，而受到許多作用力影響，例如氣壓、大氣濕度、經緯度，以及諸如乾旱、砍伐森林等歷史力量。雖然這些力量並非我們立即可掌控，但人類已設法在地球幾乎所有地區居住，方法包括運用當地可得材料建造庇護所，例如冰屋和茅舍，以及設計創新再創新的住宅和裝置，包括雨傘、圍巾、外套，甚至極地嚴寒專用的高科技求生裝備。我把培養歸屬感的干預措施視作心理的庇護所和保護裝備：我們設計這些來保護民眾抵擋歷史的嚴酷風暴和社會的刺人雨點。

近三十年來，我的研究已經為所謂「明智的干預」（wise interventions）奠定基礎——能培養人們歸屬感和自我意識的干預措施，而這個影響深遠、成長迅速的社會心理學領域，曾在主要媒體激烈辯論，也已經在世界各地的大學、舞台和會議室教授。這些措施簡單，時常違反直覺，卻具有強大，甚至改變一生的效用。

「明智」一詞是由我這輩子最欣賞的社會學家高夫曼（Erving Goffman）率先帶進學術準則裡。[19]這本書也到處看得到他的高見。據他觀察，一九五〇年代的同性戀次文化曾選用這個詞來指稱「上道」的異性戀，意思是他們可以信任，明白同性戀雖然遭到社會其他成員排拒，但也是完整的人。我的啟蒙恩師，社會心理學家克勞德·史提爾（Claude Steele）借用這個詞來形容針對非白人學生的成功教育方法，[20]而葛瑞格·華頓（Greg Walton）又更廣泛地運用它來描述顧及人們心理的社會干預。我們是否「明智」的關鍵在於想要且願意設身處地，從對方的角度看待情境，並留意情境的各個面向可能如何影響他們。我們覺得自在的情境也許讓他人備受威脅，而除非我們密切注意，可能無法察覺。

針對「明智干預」的研究扎根於許多大規模且嚴謹的研究室與現場實驗，[21]沒有眾多合作者和慷慨的資金是做不出來的。「實驗」一詞很重要是因為這些研究大多隨機選定對象進行干預，再與未獲干預的對照組進行比較。這是判定任何干預是否具因果影響力的最佳方式。

這項專業研究的工程固然浩大，最終傳遞的訊息卻簡單得令人振奮。在邂逅層次進行細微、短暫、就心理而言「明智」的干預，就可以創造懸殊的差異，讓人們能夠充分利用人生的機會、解鎖我們深藏的潛力。

明智的干預並非毫無章法、不論何時何地皆可應用的現成解決方案。若是這樣使用，它們往往不是失敗，就是招致反效果。明智的干預仰賴深思熟慮的同理心：同理我們試著幫助的人。若能以這種方式睿智地落實干預，就能培養歸屬感所需的信心和韌性，也為建立學校、職場、政治、社群的歸屬感，創造成功的條件。

在本書第一部分，我將為你介紹一種曾在二次大戰期間從社會科學興起，但已失傳的藝術，我稱它作「情境營造」。以這種技藝為基礎，我和研究同仁已發展出簡單的情境創造方法來培養歸屬感、激發我們最好的個體和集體特質。這是知道該在何時、何地、為誰動用明智干預的技藝。第二部分，我將探討威脅歸屬感的心理和社會力量，例如「我們vs他們」的對立和刻板印象，以及情境營造可以如何透過明智的干預加以對抗。第三部分，我將討論特定的挑戰和其解法，強化學校、職場、醫療、社區、政治的歸屬感。最後一章，我將歸納我們旅途的重點。

構成本書基礎的研究已在教室、弱勢鄰里、大學校園、指標性矽谷公司，以及國內外迅速多元化的社區，造就簡單且成功的策略。已有數以萬計的學生、教師、雇員、病患和醫生受惠於明智的干預。每一章都將介紹鼓舞人心的故事：人和組織如何運用這些策略來提升成就、留住人才、促進心胸開闊、健康幸福。

形形色色、各路人馬以各種饒富意義的方式相遇，界定了我們豐富多樣、動盪不安的世界。這些相遇的風險很高，可能增進了解，也可能造成誤解——可能使我們團結或分化。這本書將努力提醒讀者，我們的差異，我們的不安也可能是一種共同的連結。安德魯．所羅門（Andrew Solomon）在探討人類多元經驗的大作《背離親緣》（*Far from the Tree*）中說道：「差異使我們相連。」[22]同樣地，把我們拆開的心理過程，也是我們共同擁有，可以一起克服的過程。

儘管要減輕使當前歸屬危機變本加厲的社會緊張和苦惱，我們個別權能有限，但這本書分享的見解和工具，將讓你能夠一方面強化自己的歸屬感，一方面在你的摯愛，和你教導、輔導、管理或爭執的人身上培養歸屬感。這些見解和工具會幫助你將每一次相遇化為增進歸屬感、讓他人覺得自己被更多人接納的機會。我寫這本書是出於這樣的希望和信念：社會科學的構想和發現可幫助我們將日常邂逅——甚至是原本可能針鋒相對或令人洩氣的邂逅——轉變成理解、連結與成長的契機。

第一部分

營造情境的科學與藝術

第一章

情境的潛力

情境如何塑造我們，我們如何塑造情境

一個在加州低所得地區長大的朋友告訴我，他高中時，很多同學在班上吵鬧又愛搗亂。但有位老師就是有辦法讓他的每一個青少年學生坐下來聽課學習，甚至包括在其他課堂素行不良者。朋友認為那位老師能成功，部分應歸功於他讓每一名學生參與的一種儀式。他不叫學生名字，而是用敬語稱呼，比如叫他們賈西亞先生或卡斯楚小姐。我朋友相信，這傳遞了尊重的訊息。

這位老師的儀式就是情境營造的一例：用看似無關緊要的方式塑造一種情境來培養歸屬感。只要一個小手勢，或一句貼心的話，通常就能扭轉形勢，或人們對形勢的認知，進而緩

和緊張、讓他們覺得被欣賞、被接納。

二十世紀中葉，對於人類行為（及其感覺和思想）可能如何隨社會環境變遷而改變，心理學家開始有驚人的發現。[1]這些出乎意料的事實昭然違背之前絕大多數的心理學研究。以往，該領域的重心一直擺在人格，相信一旦人格成形（基於天生、教養或兩者結合），往後一生大概就定型了。依照那種觀點，個人的行為是源自內在動力。

後來這個領域倏然一變，因為心理學家發現，情境其實會對行為產生莫大的影響。例如，同一個人可能在教室裡顯得靦腆，卻在運動項目表現外向。沒錯，根據社會心理學的論點，性格很重要，但情境也比我們想像的重要。與其以個人和個人性情（善惡、聰明或愚笨）來解釋行為，不如把情境視為衍生出善惡、聰明或愚笨行為的根源。隨著有關「情境力」的研究在二十世紀中葉開花結果，社會心理學家得悉，就連人們最根深柢固的偏見，以及對於重大社會議題的態度，也可能透過情境而轉變——不只是當下，有時也有持久的影響。

有位人士就經歷過這樣的轉變，請想想他的故事。

> 我一輩子都在工作，沒有一天不工作，能加班就加班，還是養不活自己。我開始說這個國家有毛病。我拚死拚活，卻看似永遠入不敷出。
>
> 我對這個偉大的國家有些真的很棒的想法。（笑）他們說奉公守法、上教會、做對的事、為主而活，一切都會水到渠成。但水到就是沒有渠成。反倒每況愈下。
>
> 我真的變得尖酸刻薄。我不知道該怪罪誰。我試著找人頂罪。我開始怪罪黑人。我得有憎恨的對象。
>
> 對我來說，憎恨黑人是很自然的事，因為我爸以前是三K黨員。在他看來，三K黨是白人的救星。全世界只有這個組織會照顧白人。

講這些話的是一名滿心怨懟的失業煤礦工人嗎？是忿忿不平、相信美國正被非法移民圍攻搶走工作的川普支持者嗎？不是。這些話是克萊伯恩·保羅·艾利斯（Claiborne Paul Ellis，人稱「C·P·」）對口述歷史學者史塔茲·特克爾（Studs Terkel）說的，[2]記錄在特克爾《美國夢：失而復得》（*American Dreams: Lost and Found*）一書中。數十年來，很多美國人都覺得自己被拋下、被輕視。但艾利斯引人入勝之處不只是他在很久以前就講了那些話，而是他竟然在一九七一年徹底轉變，令人稱奇——只因一個情境為他展現一條嶄新的途徑。

在那件事發生之前，C．P．已跟隨父親加入三K黨，也已升任三K黨在北卡羅萊納州德罕的「高尊獨眼神」（Exalted Cyclops），即「大副」。接受特克爾訪問時，他對自己的入黨動機提出赤裸裸的說明。來自一個貧困的家庭，他八年級就因父親過世、得負擔家計而輟學。他從不覺得自己重要，而他解釋，就是這種失能的感覺促使他加入三K黨。「我可以理解為什麼有人會加入極右派或極左派團體，」他回想：「他們跟我在同一艘船上。被關在外面。內心深處，我們渴望成為這個偉大社會的一分子，但沒有人聽我們講話，所以我們加入這些團體。」

然後他在加油服務站找了份工作。每星期一晚上，都會有一群男人去買可口可樂，跟他講話。他們很快邀請他去一場三K黨集會。「哇，那就是我期盼已久的機會！成為什麼的一分子。」他回憶道。他被吸收了。在那場入會儀式上，當他跪在十字架前，他聽到全場數百位黨員爆出如雷掌聲，不禁覺得自己是個「大人物」。「對這個兔崽子來說，」他這麼告訴特克爾：「那真是令人激動的時刻。」

三K黨了解給人歸屬感有多大的吸引力。歸屬感是我們覺得自己屬於一個重視、尊重、喜歡我們的群體的感覺——而且覺得可以對群體有所貢獻。「歸屬」（belong）一詞的字面意義是「跟隨」（to go with），而我們的物種已經演化成和彼此一起走過人生旅程。成為群體一分子的渴望是我們「所能發掘最強大的力量」，傑出社會心理學家所羅門・阿希（Solomon Asch）這麼寫道。[3]如果我們的人生失去連結感，就可能變得像C・P・那樣極易受到提供歸屬感的團體吸引，就算條件是要接受有違我們真正價值觀的觀點和行為。實驗性研究發現，在遭到排拒後，一旦有提供新歸屬感來源的同儕出現，人會更容易順從那些同儕的判斷，就算他們的判斷顯然是錯的。[4]被排斥的人也更容易相信把複雜社會問題歸因於邪惡分子暗中運作的陰謀論。對C・P・和他的社區幸運的是，雖然C・P・一開始覺得三K黨帶給他地位和夥伴，他很快就察覺不對勁，於是離開三K黨、與種族主義斷絕關係。這個過程分成好幾個階段。

首先，他開始明白自己被操控，明白他的歸屬感並沒有穩健的基礎。他懷疑德罕市議會在利用他和他的三K黨同志。例如他會接到電話，電話裡的聲音說：「黑人今晚會出現，提出無法無天的要求。」然後要他帶些黨員去會場鬧事阻撓討論。政客——以及大多數選民——並不想要融合，但市議會不好公開反對。於是他們利用三K黨員作為密探，幫他們執行不法勾當。

一天，C．P．走在鎮裡的街道上，看到一名議員，議員一見到他就飛快衝過馬路。這個舉動播下不信任的種子，而C．P．也開始發現其他跡象顯示議會利用該團體的種族主義遂行其目的。C．P．告訴特克爾：「只要他們能讓低所得白人和低所得黑人互相爭鬥，就能繼續保有掌控權。」但當他向三K黨同志提出這個見解，他們卻嗤之以鼻，不尊重他的憂慮。C．P．對三K黨的幻想開始破滅。

然後C．P．得到一個非比尋常的機會，透過加入一個截然不同的團體找到他嚮往的歸屬感。他應邀加入德罕人際關係理事會（Durham Human Relations Council）：一群來自各行業的市民，黑人白人都有，齊聚一堂討論社會議題。該會議乃塑造成「推車」（charette）：用來形容召集所有利害關係人一起討論明確計畫（例如社區治安改革）、尋找解決方案的團體。今天我們迫切需要這樣的團體。「charette」一詞源於過去法國派車子（「charrette」）進鎮上沿路載運美術學生期末作業的傳統（他們在家裡不眠不休地工作以便準時完成）。現今的「推車」提供一種方法迅速解決長期擱置的問題。在德罕，這個問題是要不要撤銷地方學校的種族隔離，因為黑人學生上的學校曾經失火，破爛不堪了。

邀請三K黨的大副加入這樣的團體，是情境營造的神來之筆——也是豪賭。C．P．之所以被「推車」組織幹部比爾．瑞迪克（Bill Riddick）相中，是因為眾所皆知C．P．大力反對撤銷學校種族隔離，也因為他在社群裡的意見具有影響力。他是社會心理學家庫爾特．勒溫（Kurt Lewin，我們在這一章稍後還會碰到他）所謂的「守門員」，[5]可掌控要讓哪些資訊和影響流入團體的人。

C．P．為什麼會接受邀請呢？他原本可能把這視為阻止融合的機會。或許他把這次邀請視為榮耀。或許在觀察三K黨和政客的作為後，他正在重新尋找歸屬感。也或許他只是想「幹嘛不去？」而在機緣巧合敲門時把門打開了。

起初並不順利。第一次會議，C．P．坐在那裡憤怒不語地聽黑人抱怨在學校和職場裡遭遇的偏見和種族隔離。他站起來，發表這句非常冒犯人的評論：「不對，各位，問題在黑人種族主義。要是學校裡沒有黑鬼，就不會有今天這些問題了。」

接著一件令C．P．瞠目結舌的事情發生了。團體成員，本身為黑人的霍華德．克萊蒙茲（Howard Clements）站起來說：「真高興C．P．艾利斯能來，因為他是今晚這裡最老實的人。」這句話讓C．P．繳械了。他覺得有人聽自己說話。他告訴特克爾：「我覺得輕鬆一些了，因為我吐露了肺腑之言。」

下一場會議，克萊蒙茲提名C．P．擔任學校委員會主席——又是一項榮譽。他當選了。這會兒C．P．得到他自己絕對不會選擇的探究與發現的機會。另一位主席是一位耀眼的黑人社運人士安．阿華特（Ann Atwater），套用C．P．的話，他對她「恨之入骨」。他不知自己是否有辦法和她共事。「一個三K黨員和一個主戰派黑人女性，一起擔任學校委員會主席。毫無可能。我要怎麼跟她共事？」他這麼說。

那時他對三K黨的不滿尚未改變他對黑人的看法。他告訴特克爾，他「還是不喜歡黑人」，也「不想跟他們有所牽扯」。但他確實想要贏得新團體的尊重，因為那給予他「另一種歸屬感、自豪感」，治癒「一路糾纏他的自卑感」。我猜他在「推車」感受到的歸屬比他從三K黨獲得的真實，沒有附帶條件，不必非得支持某一套特定信念不可。或許他覺得在「推車」裡反而比較可以做自己。無論如何，C．P．一心想讓委員會成功。

「推車」援用了一種效用強大的情境營造工具——為反對者提供目標：不攜手合作就不可能達成的任務。C．P．記得他跟阿華特這麼說：「妳我有很多不同點，我們心知肚明。可是這裡有事要我們幹，如果要成功，妳我就得結為一體。」

艾利斯和阿特華主持一系列為期十天、針對學校問題的公開討論會。他們互相尊重的合作促進兩人之間的理解與信任。一天會後，安對C．P．說「小女每天回家都在哭」，因為她的老師老是當著全班同學面前取笑她。C．P．說：「天啊，我小孩在學校也是這樣。」他的兒子是因為有個三K黨的父親而被「白人開明派老師」嘲弄。那一剎那，C．P．記得自己想：「好喔，兩個人來自圍籬最遠的兩端，卻碰到一模一樣的問題。」他們同樣感覺到宛如針刺的羞辱和排斥。這個情況撬開了真誠（甚至痛苦）分享的門，而研究顯示，要彌合分歧，分享脆弱也是強有力的方法。[6]

於是驚人的轉折出現了：[7]C．P．投票支持撤除種族隔離，當著大家的面撕毀他的三K黨員證。C．P．更進一步成為堅定的廢除種族隔離倡導者，而在他後來當選工會領袖時，他的得票大多是黑人工會成員投給他的。他和安結為摯友，二〇〇五年C．P．逝世時，悼詞由安宣讀。

當然，C．P．艾利斯會改變心意不全是在「推車」的經歷所致。若非已對三K黨有矛盾情結，或許永遠不會有那樣的經歷。跟許多轉捩點一樣，這看似很多事件適時匯聚。乍看下C．P．或許是個例外——罕有極端人士願意對同盟團體抱持批判。但一如我們之後所探究，C．P．對三K黨的不滿，在仇恨團體成員間其實是相當普遍的現象。只是，許多有意脫離團體的人並沒有像C．P．那樣獲得或尋求出走的機會。改變要成真，必須有適當的情境在適當的時機和地點降臨在適當的人身上。

某種意義上，C．P．的故事更早就開始了，而那是一段他或許渾然不覺的歷史。在制定「推車」規範時，瑞迪克和德罕人際關係理事會成員援用了一項社會心理學的工作傳統，而那是由公認社會心理學之父庫爾特．勒溫首創。[8]

今天，很多書籍提到X或Y的新科學，我卻打算另尋他途。這本書將探討一門古老而幾乎被遺忘的科學——我認為也是藝術。我將之重塑為「情境營造」，但那其實根植於一項在另一個令人煩惱的時代，即二次世界大戰前後開花結果的豐碩研究傳統。我和多位社會科學家同仁都大量援引那個傳統來發展我們的研究。我們增添了新的工具和見解。但在當時，在我們粉墨登場之前，那被稱作實驗社會學，後來併入社會心理學的範疇。它的目標不在單純描述和分析社會的現狀，而是要運用科學來創造更好的新世界——經由創造巧妙的方案永遠釋放我們的潛力，就算社會看起來糟糕透頂。其他社會科學是「這是什麼」的科學，實驗社會學則是「可以是什麼」的科學——並非探討人類本性，而是探討人類的潛力。

這門科學是因應法西斯主義崛起和一場震驚世界的大規模種族滅絕而生：前者最終引爆第二次世界大戰，後者則是由一個以高尚文化著稱的國家所犯下的駭人聽聞的罪行。這種事情怎麼可能發生呢？

這門新科學的先驅勒溫正是德國猶太人。他和妻子葛楚德（Gertrud）在一九三三年，即希特勒掌權不久後移居美國。就算葛楚德當時有孕在身、備受煎熬，兩人仍義無反顧。勒溫明白情況有多危急。在柏林大學任教的他從頭親眼見證法西斯和反猶太的浪潮席捲整個文化。比起許多人，勒溫更有先見之明，知道德國軍隊和公民一旦受到驅使，有多容易犯下滔天惡行。他呼籲許多不情願的同事和友人盡快離開德國，很多人聽從忠告。但不幸的是，儘管用盡全力，他仍無法為母親和姊姊申請到旅遊簽證。兩人都在集中營慘遭殺害。

勒溫親眼目睹納粹的暴行，也為他的研究注入急迫性。他不以描述、解釋人及其行為為滿足。他決意要找到方法催化正向的社會變革。他的焦點擺在孕育更強韌的民主，他認為民主既是有最大潛力讓人類繁榮興盛的社會制度，也是抵禦極權暴虐的堡壘。他的觀點與同時代德國心理學家艾瑞希・佛洛姆（Erich Fromm）及狄奧多・阿多諾（Theodor Adorno）不同；後兩者以宣揚「威權人格」（authoritarian personality）贏得讚譽，主張人的性格很早就定型，而納粹能夠崛起是因為許多德國人從小被教育要服從權威、懷疑「他者」、渴望權力。反觀勒溫則將納粹的興起歸因於該組織善於透過強有力的宣傳和大規模民眾集會、青年團體和殘暴恫嚇的平行系統，精心操控群眾。納粹狡詐地重新塑造德國人的日常情境。在勒溫看來，是納粹建立的威權體系，而非崇尚威權的民族性，牢牢掌握了德國人民。

後來，威權人格理論逐漸被相互矛盾的資料掩蓋，使其最強硬的形式遭社會科學家否決，勒溫的研究則禁得起時間考驗。他研發出大膽的實驗方法來評估情境轉變在塑造人類行為上扮演的角色，而這造就許多該領域最重要的研究成果。當然，勒溫很清楚，情境不是唯一不可搖撼的影響。參與者的交互作用也很重要，同一種情境，參與者會解讀出不同的意義，並依此回應。要了解行為，我們必須了解個人和情境一起跳的舞。

勒溫的研究很多旨在幫助人們感覺被接納、被傾聽、被欣賞。在我看來，他並非試圖控制人，而是試著創造幫助人類一起繁榮興盛的條件。忠於這項使命，勒溫以公開、協作的風格進行教學和研究。他曾在多名女學生遭遇一連串性別歧視時幫忙輔導。他跟學生的相處也比當時多數教授不正式得多。他會像跟朋友那樣跟學生開玩笑，並請他們直呼自己的名字。他的風格是如此跳脫傳統，有堂課他甚至躺在桌子上繼續引導討論。他邀同事和學生到家中聚會。其中一位幫忙打理的助手，[9]人類學家瑪格麗特．米德（Margaret Mead）寫道，勒溫「就像那盆眾人圍著取暖，並靠它釐清自己思緒的火」。他的研究之所以影響深遠，部分是因為他桃李滿天下。他邀請門生協助他自己的研究。於是他們以自己別具創意的方式提升了這個領域。

勒溫喜歡這樣說：「如果你真的想了解什麼，就試著改變它。」[10]這句話成了我研究室的座右銘。相較於今天多數社會科學毫不旺盛的企圖心，勒溫為他一篇論文設定的目標是起碼了解一個團體為何會有「迫害代罪羔羊、麻木不仁地服從威權統治、攻擊他群（outgroup）」的傾向——以及，反過來說，是什麼促使群體中的成員起義和反叛。

勒溫想知道為什麼某些文化會接納威權政治，其他文化則不然。其他研究這項主題的人士都只觀察文化，勒溫卻有個厚顏無恥的想法：他可以創造文化。

一九三八年他和學生以他所謂「實驗性創造的社會氣氛」為題進行了一連串研究，[11]結果顯示地方男孩俱樂部裡每一群十歲男孩的行為，會因成年管理者的領導風格不同，而發生戲劇性的改變。男孩五個為一組，進行當年流行的趣味活動：雕刻肥皂、做面具、畫壁畫、做模型飛機。他們每星期碰一次面，共為期三個月。

在一些例子，管理者採用嚴格的權威方式，一五一十地告訴孩子該做什麼事、該和誰做、該怎麼做。他會不讓男孩知道接下來要做什麼、讓男孩無法預測情境——許多獨裁政權慣用的手法。他會和男孩保持距離、漠不關心，僅偶爾讚美或批評一、兩句，且按照勒溫的腳本，較少針對孩子的成果、大多針對孩子的個人特質。我猜想是用類似「強尼，你真有禮貌」這種帶微妙強制性的評語，而非「那塊肥皂刻得好漂亮啊！」這種對事不對人的評論。

在其他團體，領導人則採用民主作風。他建議孩子可以自己提出活動的點子。雖然他鼓勵大家一起做，也允許孩子選擇合作夥伴，或自己做，但他不會阻止衝突，而會幫忙解決。要是孩子碰到與任務有關的問題，例如該怎麼分享供給有限的顏料，領導人會建議兩、三種方法讓大家選擇。他會給孩子抱持異議，但仍覺得自己屬於那裡的空間。他協助他們解決意見不合，讓每個孩子都有機會從事自己最喜歡的活動。領導人協助在情境裡落實「合眾為一」的民主精神。他也會參與男孩的工作，針對各工作面向，而非個人特質給予有建設性的批評和讚美。他藉此表現自己和他們一起努力，且協助他們持續進步。這樣的干預並非試著強制孩子以特定方式行事，而是一套練習，賦予他們鑑定、整合，並依主觀意志行事的能力。每一個人都是具有創意、積極參與、引領團體發展的力量。

勒溫所有干預措施瞄準的都不是結果，而是過程。這裡瞄準的是決策制定的過程。孩子實際要做什麼決定，操之在他們。

隨著這些精心營造的情境一一上演，勒溫和他的學生從隔間粗麻布上的窺孔觀察。就我所知，這是第一次有研究人員在他們自己創造的劇場裡觀察人的行為。

領導人的作風會改變俱樂部的氣氛，和男孩的言行舉止。民主團體裡的男孩對彼此友善、熱情參與任務、玩得很開心。難免會有衝突，但不會擴大，且迅速化解。威權團體裡的孩子則有兩種行為模式。在一些這樣的團體，孩子會公然彼此敵視。勒溫是個無所不包又一絲不苟的資料蒐集者，在這裡，他想要捕捉的是整體的「氣氛」，而不只是某個變因。據他統計，在變得充滿敵意的團體裡，差不多每九十秒就有一個男孩打人、罵人、推人或對人大叫，頻率將近民主團體的兩倍。這些男孩在模仿領導人侵略性的統治。在其他威權團體，男孩變得聽話而冷淡，靜靜地做他們被吩咐的事，但幾乎毫無熱忱。但往往領導人一離開房間，男孩就會開始相互攻擊。勒溫寫道，他們感覺到「壓抑的緊張」，固然會被威權領導抑制，但一旦相信自己沒被盯住，就會「確切無疑地爆發」。[12]

在威權領導下，男孩的成果也會受創。他們不認為成果是他們所有。領導人一離開房間，他們多半就會放下工作，開始吵鬧。威權領導或許能產生短期的循規蹈矩，卻無法培養對其他成員的真實情感，或是對工作的投入。根據他的觀察，勒溫的團隊發現威權團體中的團隊精神和歸屬感似乎會隨時間消退。[13]反觀受民主領導者監督的孩子，就算領導者不在場也能繼續愉快地共事。他們也會創造出被評判為更有創意的作品，而且有一股持續不斷的團隊精神激勵著男孩。緊張——團體生活的禍根——微乎其微，因為孩子全都覺得自己屬於那裡，而且可以暢所欲言。

這兩類團體之間還有一大差別：民主男孩的注意力幾乎完全擺在他們合作的任務。他們談論的話題都是他們該做什麼，例如怎麼修正壁畫的問題，或請對方幫個忙。但威權男孩講的，套用勒溫的說法，都「涉及自尊」。他們一心只想博得領導人青睞，堅持自己做得比別人好。他們常惡意互相貶低。他們「力行適者生存」。

這個小小的實驗劇在某方面堪稱莎士比亞：它照亮了人類林林總總怪癖和愚行的源頭

——只要形成某種情境，那些就會冒出來。最驚人的是威權領導者竟能釋放男孩把彼此視為敵人和威脅，而非愉快、支持來源對待的傾向。雖然侵犯行為大多在團體內發生，但有時也會對外開戰。通常是從一句挑釁開始。偶爾會有隔壁俱樂部的男孩晃進來。「你是不會講話嗎，娘娘腔？」男孩會對闖入者咆哮。「來打架啊！」

威權統治下也比較可能找代罪羔羊。勒溫會精心安排小小的挫折，例如讓「懷敵意」的陌生人踏進房間，批評男孩的作品，說完就走。人一走，團體裡便劍拔弩張起來。有時團體會集體指責某個代罪羔羊，拚命霸凌那人到他離開。他離開後，剩下的人便能友善地合作，起碼維持一陣子；趕走代罪羔羊似乎能緩和他們的緊張。

勒溫也小心翼翼地比較民主領導人與一群「不插手」而成果令人失望的領導者。後者自認為民主，但誠如勒溫所形容，實為「放任」（laissez-faire）。從男孩的觀點來看，他們人在，但「對心理毫不重要」。這些群體常陷入混亂。

你可以自己看影片觀察結果。[14]勒溫的發現啟發了後續針對民主式干預的研究：將民主程序帶入職場、學校，甚至刑事司法體系（本書後面將會介紹）。今天，勒溫的洞見再次引發共鳴，因為好多美國人性好衝突，以及找同胞當代罪羔羊。

乍聞勒溫的研究成果，可能有人會批評他不當操控男孩。的確，數十年來社會心理學家一直在與倫理議題搏鬥。許多爭議性的研究的確操控過頭。但誠如勒溫對德國文化納粹化的分析所示，我們自始至終一直被我們看不見的力量操控。政府、企業、制度、文化、生命中的其他人無不想方設法營造我們的日常情境，以便製造他們想要的回應。勒溫證明，儘管有這些更強大的勢力，一名領導者，甚至是一個夠敏銳且具某種影響力的平凡人，也可能用正向的精神抗衡不健康的社會潮流。

勒溫本身是第一位走入「田野」，擔任公司顧問，在辦公室實際應用這些洞見的人。在一項知名研究中，他受僱於維吉尼亞州馬里昂鎮的「哈伍德睡衣廠」（Harwood Pajama Factory），處理女裁縫師不夠敬業的問題。那裡士氣低落、對管理階層怨恨深重，甚至有些員工故意破壞設備、向督導表現敵意，或集體辭職不幹。廠裡氣氛緊繃，工人和管理階層之間瀰漫著「我們vs他們」的心性。經理抱怨，任何小小的改變，例如減少睡衣要縫上的鈕扣數以降低生產成本，都會引發眾怒。他們跟勒溫分享性別理論，為什麼女裁縫師無法更投入、更有生產力，勒溫一概駁斥。經理人通常對女性採取高壓獨裁管理，而勒溫認為，較民主的管理風格會造就更好的成果。

首先，他向女性表示尊重，請她們說說自己認為問題出在哪裡。講話帶德國腔的他，可能被視為外人。但他也努力和女性打成一片，講女生講的話。勒溫的傳記作者寫道：「在他剛開始萬般掙扎地試圖了解她們拖腔拖調的南方語氣」[15]、把女裁縫師逗得樂不可支之後，他還採用一些她們的措辭，例如在他認為她們針對問題提出的辯解是扯謊時，說她們「屁話連篇」（原文：That's snake oil）。根據他從她們身上所獲悉，以及過去研究團隊動力點滴蒐集到的課題，他建議了一些提振績效的方式。其一是從其他工廠引進幾位高績效的工人，讓哈伍德的女員工見識別人的生產力有多高，擴展期望。生產效率果然開始提升。

更成功的則是這個提議：管理階層給女性一些空間，允許她們自訂生產目標。[16]一批女性員工分成幾個氣氛融洽的小組，各自討論改善工作流程的方法，並自行設定每名員工的每日生產目標。她們被稱作「特別作業員」來彰顯她們獨特的角色。管理階層沒有對這些員工訓話，只是試圖讓她們了解公司正在搏鬥的問題，幫助她們自己發現，削減成本乃維持競爭力的必要之舉。管理階層提出一些計畫，但也同意許多員工的建議。在管理階層採用新變革數週後，「一如以往」對照組裡的女裁縫師產能下降二〇%，九%離職。反觀參與明智干預的員工，生產力雖暫時下滑，但迅速止跌反彈，最終更超越變革前的產出水準。沒有人離職。

勒溫就像營造情境的魔法師。他甚至有辦法激勵美國人改變飲食習慣——無比艱難的挑戰。在另一項真實世界的任務——這一次是幫助二次世界大戰期間的美國政府——勒溫和他後來結為好友的崇拜者、知名人類學家瑪格麗特·米德合作。兩人被徵召出任「飲食習慣委員會」（Committee on Food Habits）這個新組織的主席，來解決一個傷腦筋的問題。優質肉片正受到嚴格配給，以便讓海外軍隊也能多多攝取高品質的蛋白質。政府官員擔心大後方的美國人無法獲得足夠的蛋白質，因此希望這個委員會設法說服美國人給家人吃器官肉——肝、腎、舌、腦、腸——這些部位明顯不受歡迎，但營養豐富。勒溫鎖定「守門員」施加影響——在那個時空是家庭主婦。許多大後方的戰爭支援行動都運用「我們要怎樣怎樣」的演說式訊息或「這對戰爭有益」的愛國口吻。在勒溫的引導下，飲食習慣委員會卻採用授權式的「由你決定」論調。[17]該組織建議「不妨做多樣化的嘗試」，也就是把那些可怕的內臟定調為「多樣化的肉品」（variety meat，後來成為內臟肉的代稱）。

勒溫和研究團隊也把家庭主婦集結成小團體，[18]脫離丈夫和小孩的影響，暢談阻擋她們提供家人這些肉品的障礙。主婦也被問到有沒有克服障礙的法子。最後，當主婦被問到有多少人願意至少嘗試一次，每個人都把手舉起來。一種群體規範於焉建立，許多主婦都履行諾言。相較於對照組（以演說向她們宣導嘗試新食物的重要性），這些主婦供應了足足十倍多的器官肉。這次的成果更與稍早一項鼓勵吃蔬菜的計畫呈現強烈對比——瑪格麗特・米德以「聲望極高的專家」之姿發表演說，「公開表達我對蕪菁的高度認同」，[19]結果一點用也沒有。

勒溫發現，這類參與團體對創造變革成效卓著，而這項發現就是今天廣泛使用的團體干預實務的核心，例如戒酒無名會（Alcoholics Anonymous）。企業的參與式管理實務（不幸地，這沒有那麼普遍）也是從勒溫的研究衍生出來。勒溫的開創性策略，與運用指揮控制的說服、宣傳，以及邪教的思想改造技巧截然不同。他的參與式過程有時甚至會催生出饒富創意、個人或權威料想不到的集體解決方案。勒溫的方法意不在控制，而在催化。

協助C・P・艾利斯敞開心胸的「推車」亦如是。

我們很少能憑意志力迫使自己或別人改變。反觀情境、實際經歷的變化，能夠使人改變。情境營造就是創造這種變革性體驗的科學和藝術。要做到情境營造，有五項至關重要的資源。

1. **時間**：[20] C．P．會改變觀念是因為在他加入推車之際，正好也對原本的關係幻想破滅，才願意改變。如果我們能在人們可能對其歸屬感到強烈懷疑之際，例如剛入學、參加運動隊伍選拔，或展開新工作時落實影響策略，可望事半功倍。這時只要以簡單的方式塑造情境，或許就能傳遞強有力的歡迎與賞識的訊息。及早干預，時間便是我們的盟友。早期的成就常累積成日後更大的成功。

2. **參與式過程**：[21] 在庫爾特．勒溫的干預措施中，改變並非以威權方式強制執行。同樣地，C．P．完全參與自己改變的過程，「推車」的領導風格也是民主式。

3. **參照群體（reference group）**：[22] C．P．並非一個人改變。他得到一個新的參照群體的協助：他認同而願意參照的一群人。「參照」一詞在這裡具有諸多意義。科學研究強調參照團體求取資訊的概念，包括該思考什麼、感受什麼、做什麼。如C．P．的故事顯示，參照群體的選擇至關重要：那事關我們要把誰的心放在自己的心上。C．P．日漸在意安．阿華特，而透過她，他也接觸了其他原本不相往來的社群成員。他開始從他們的角度看待社群，體會他們所見，繼而感同身受。勒溫認為參照群體是最重要的變革驅動力。他認為，團體就像個人泅泳的河。他說，試圖說服個人與團體規範背道而行，幾乎注定徒勞。相信勒溫也認同，試著說服C．P．違反三K黨的規範，或說服睡衣女裁縫師違反生產規範，是沒有用的。那就像逆流游泳。相反地，勒溫建議將人放到一條新的河裡。把他們拉出現有的參照群體，至少一段時間——例如暫時抽離他們的家庭——置入一個有新規範、新流向的新團體。

4. **自我肯定：**[23]理事會從來沒有砲轟C．P．無知、愚蠢、犯錯。恰恰相反：他獲得肯定。首先，他冒犯的言論被克萊蒙茲轉化為美德的表徵和包容的基礎。克萊蒙茲的說法傳達，這兒有一位開誠布公、令人欽佩的公民——正是這個團體需要的。他肯定C．P．的價值：不只是人，還是會對團體任務有所貢獻的人。其次，與三K黨大相逕庭的是，理事會接納C．P．是無條件的，他不必遵奉某一套信仰。再來，他獲選擔任榮譽職務。同樣地，勒溫的民主領導人營造的情境容許每一名成員感覺自己的看法很重要。這些都是社會心理學家所謂自我肯定的例子，是讓自我「堅固」的經驗。

「自我肯定」一詞是由克勞德．史提爾引進心理學領域，與艾爾．弗蘭肯（Al Franken）曾以史都華．史馬利（Stuart Smalley）之名在《週六夜現場》（*Saturday Night Live*）諧擬的「每日肯定句」不同。自我肯定並非膚淺的讚美或沾沾自喜，而是我們創造的情境機會，讓人人都能表達自己是誰，並因此獲得尊重。要讓自我真正堅固，肯定就必須可信且具有意義。肯定的力量有多大？你會在本書到處見到實例。整體而言，自我肯定會緩和在受威脅時產生的防衛和自我中心。

在偏見發生時大聲反對固然重要——我們可以想像C．P．的惡言造成多大的傷害——但我們之後會探討，我們表達反對的方式，會造成莫大的差異。「推車」成立的宗旨是容許所有觀點暢所欲言、不加譴責，因為他們明白，唯有尊重抱持反對意見的人，我們才可能邀他們進行有成效的討論。假如C．P．遭到譴責，不論那多有正當性，他很可能永遠不會回到那個團體，永遠不願進一步認識種族偏見，進而改變一生。

5. **新的角色：**[24] C．P．在理事會承擔新的角色，先是社群領袖，接著又成為安．阿華特的朋友。他並未馬上欣然接受這些角色。但他一開始扮演，那些就成了身分。「身分」（identity）一詞源於一個代表「相同」或「一體」的詞；當一個人和一種角色合為一體，角色就成為一種身分了。

時間、參與式過程、參照群體、自我肯定和角色都不是像金錢或工作那樣的物質資源。它們是在心理經歷的資源，因此它們具有多少力量，取決於感知。就連時間的經歷，也是相對人的觀感而言。何謂社交生活的「恰當時機」，主要取決於人的心理準備。雖然那很難察覺，但只要我們仔細聆聽、注意觀察，通常可以感覺到採取明智干預的機會。在我稱作「情境營造3T」[25]的範圍內，可以有形形色色的創造力和個人表現方式。恰當的心理訊息（「訂做」〔tailoring〕）要在恰當的時機（「適時」〔timeliness〕）傳遞給適合的人（「鎖定」〔targeting〕）。原本無關緊要的經驗，也可能成為轉捩點。

看完這本書，我們會發現，在某個情境中激發改變的潛力，往往超乎我們想像。要明智地干預、開發情境的潛力，需要我們用心體會一件平常難以測度的事：別人眼中的情境可能和我們自己看待的不同。每一個情境都是一瓶複雜的釀造酒，每一個參與者都發揮了作用，也對它有所看法。某個人可能會在某個情境感到強烈的歸屬感，但其他人不會，但換去讓其他人感覺自信的不同情境，卻可能深感懷疑。因為情境都是由人類的觀感體驗，一個情境裡有多少人，其實就有多少個情境。我的研究主要在闡明情境在哪些時候會威脅到情境中人的歸屬感、威脅到哪些人、為什麼我們的歸屬感可能如此脆弱，以及在人們自覺像外人的情境中，我們可以做些什麼來維繫歸屬感。這就是我們將在下一章探討的主題。

第二章

不定的歸屬感

歸屬感也許脆弱，但也可以培養

你可曾有過這樣的經驗：在外面待了一段時間回家，卻感覺不像以往在家裡那般自在？或許你是從大學回到爸媽家，就像電影《畢業生》（*The Graduate*）裡的主角班哲明，這會兒在他看來，他的爸媽和他們的社交圈簡直是另一個星球的生物。那明明是你生長的房子，是同一些人，大致同樣的物理現實，但**感覺**就是不像家裡。這種經驗（我想我們全都以某種形式遭遇過）凸顯了這個事實：家是一種心理體驗——不只是個地方，而是那個地方帶給我們什麼樣的感覺。幾乎每一種社會情境也是如此。研究一再顯示，情境對我們具有多大的影響力，主要取決於我們的主觀經驗，而不只是情境的物理現實。你身邊可能有眾多朋友圍繞，仍覺得孤單。相反地，就算你和摯愛相隔遙遠，仍可能覺得心靈相契。

因此，在營造情境來培養歸屬感時，我們不只該注意情境的物理特徵，也要注意情境是如何被感知、被感受。我們常難以體會別人對情境的感受有多麼不同，就算是我們感覺親近的人。

研究顯示人會一直隨身帶著某個情境以外的人生面向，一路塑造他們對新情境的看法，以及在新情境裡的行為。[1]那些人生經驗，別人常渾然不知，就像扭曲情境的隱形作用力。家庭環境嚴峻的學生常把家中經驗帶進教室。少數族群的成員或許會隨身帶著種族侮辱的記憶，使他們從不一樣的角度看待班級。有個大學生傳達了這樣的經歷：就在上地質課前，她在廁所隔間看到種族歧視語。當教授在台上講岩石形成與沉積，她的心頭仍縈繞著那句話引發的想法和情緒。是誰寫的？為什麼要寫？是坐她隔壁的幹的嗎？她根本沒辦法專心學習。

還有很多其他例子能夠說明我們是怎麼把過去帶在身上，讓記憶與期望塑造我們詮釋新情境的方式。離婚人士會帶著昔日傷痛造成的敏感，可能在發展新關係時不時預期會遭背叛。童年時曾因過重遭受羞辱的人，可能把那恥辱的重擔背進成年。人人都受過人生經驗的薰陶，以此塑造我們看待情境的方式，這麼一來，就連最平凡無奇的情境，也會對不同的參與者造成差異。事實上，了解這點可能讓你心神不寧：有些邂逅，對方的感受可能跟我們截然不同。

心理學先驅亞伯拉罕・馬斯洛（Abraham Maslow）在他知名的需求層次或「金字塔」上，把歸屬感的需求擺在中間。[2]他把生理需求，例如食物和住所擺在最底層，往上一層是安全的需求，接著是愛與歸屬感，再來是自尊，最後到達自我實現。但馬斯洛並未針對歸屬感的需求進行正式的科學研究。

在二十世紀中葉率先做此研究的人士包括英國人約翰・鮑比（John Bowlby）。[3]他對二次世界大戰期間孩子與父母分開的影響感到憂慮。當時有兩百萬幼童從城市家中送去鄉下，以保護他們避開轟炸。很多小孩有家人接應，但其他人就得由機構照顧。鮑比的焦點在於我們早期的人生經驗，特別是受父母養育的經驗，是如何在我們心理烙下強烈的歸屬感、終身不滅——或者怎會無法留下烙印。他在一九五二年為世界衛生組織（World Health

Organization）所做的《母親照顧與心理健康》（*Maternal Care and Metal Health*）報告，強而有力地改變了父母與機構對待孩童的方式。[4]他主張，缺少早期連結會傷害孩童的健康發展，包括身體、情感及認知成熟，而這個代價可能會持續一輩子。之後的研究證實了這個大膽的說法。[5]有些孩子的反應沒有別人強烈，個人也可能透過培養與其他照顧者的強烈連結，或是在往後人生找到接納的關係而復原。但他根本的洞見永遠留存下來：健康的發展仰賴連結。今天我們視為理所當然的育兒實務，例如新生兒一出生就給媽媽抱，就源自他的研究。[6]

鮑比的同事瑪莉．安斯沃斯（Mary Ainsworth）接續他的工作，進行了一項宛如寓言的研究，[7]顯示歸屬感在人類繁榮興盛的能力上，扮演多麼關鍵的角色。她讓母親和她的嬰兒進入房間，請母親坐在房間一側的一張椅子上，把寶寶放在她腳邊地板上。房間另一邊有琳琅滿目極吸引人的玩具。安斯沃斯稱這種安排為「陌生情境」，目的在闡明哪些孩子可能夠大膽，敢去玩玩具。

有些嬰兒始終緊挨著母親，有些則冒險過去玩具那邊探索。安斯沃斯也注意到，去玩的孩子會對玩具展現極大的熱忱和好奇，而且馬上跟母親分享他們驚奇的發現。嬰兒會一面指著玩具，一面望著母親，以便分享經驗。她形容這些孩子「感受到探索世界奇事的樂趣」。他們看似一點也不把這個房間**視為**陌生的地方，而是充滿誘人可能性之處。他們把玩具拿起來、放掉、轉一轉，安斯沃斯的同輩所羅門．阿希在這些嬉戲的動作中看到「人類努力最崇高形式的濫觴」。[8]

反觀許多緊挨著媽媽的嬰孩似乎對玩具不感興趣，甚至連看都不看。當安斯沃斯在後續研究加進一個壓力因子：一個陌生人進入房間，同時媽媽離開，愛冒險的嬰兒復原得比較快，媽媽一回來就恢復鎮定、繼續玩耍，黏人的孩子則不然。

雖然乍看之下，黏爸媽的嬰兒連結較深，安斯沃斯卻持相反的論點：看似最獨立的孩子其實對連結最有信心。強大的親子連結會讓孩子覺得受照顧，[9]不論身體是否離爸媽很近。他們似乎表現出一種信念：如果遇到麻煩，爸媽一定會過來幫忙。安斯沃斯形容展現那種默契的孩子有「安全基地」（secure base），會從基地著手應付人生的挑戰，而在那個棲息處，新的情境看來沒那麼險惡。

但自安斯沃斯和鮑比提出這些禁得起時間考驗的見解，數十年來，心理學家也發現就算是這樣的安全基地，也可能從我們底下抽走。[10]歸屬感比較不像基本信念，比較像是會持續在每一個情境一再重新創造的認知。我會開始對研究歸屬感產生興趣，部分是因為我有過歸屬感意外消失的深刻切身經驗。我第一次獲聘助理教授時，相信自己一定會被當成白痴趕出去。一天，我的系主任拍了我的肩，問：「你的課上得怎麼樣？」我懷疑他是聽到一些關於我的課有多爛的八卦。還有一次，我答應給一位學生記者拍照，放在校刊介紹老師的文章上，一拍完我就開始想，他是打算把我放在頭版公開羞辱，標題寫上「全校最爛的教授」。我請他把照片刪掉。我從未料到會對自己這麼沒有信心，但我就是覺得那個校園環境令人迷茫而畏怯。我以為已經對自己的能耐堅信不移，已經對我的專業培養出歸屬感，但一如許多研究顯示，就連我們這些已經培養強烈歸屬感的人，也可能一換環境，就突然發現它棄我們而去。

我們有時會覺得自己像外人。不論是大學校園裡的少數族群或第一代學生、高科技社會裡的傳統勞動階級、外國人、同性戀、年長群體裡的年輕人、年輕群體裡的長輩，甚至是有錢人置身同伴更有錢的團體，我們都很清楚那種沒有歸屬感的痛。

就算我們找到適合自己的定位，有時我們的人生也可能感覺充滿對歸屬感的潛在威脅。學校可能是霸凌，是精心設計（通常冷酷殘忍）的社會羞辱和排斥文化的溫床，甚至從小學低年級就開始。中學可能格外緊張，因為孩子要和青少年時期的新挑戰搏鬥。對我們這些繼續上大學的人來說，大學環境可能感覺更加疏離；事實證明尋找社會立足點是場漫長而痛苦的追尋。許多非白人學生都感受到成見之痛，研究科學和數學的女性也是。甚至，隨著過去數十年大學校園風氣轉變，開始盛行較自由開明的文化，許多保守派和中間派也覺得格格不入。就連當個研究生或助理教授也不保證就會對學術界產生歸屬感，而就我的親身經歷來看，那反倒會讓你深怕自己「不夠格」而受盡折磨。

職場可能充斥著歧視、騷擾和威權式的經理人。然而，威脅歸屬感的事物未必那麼明顯。「省略」的小惡——沒說「謝謝」、未肯定你的貢獻——也可能累積成「我不屬於這裡」的朦朧感覺。管理學教授瑪莉．羅威（Mary Rowe）近五十年前曾任大學監察員，此後不斷回想那段經歷。[11] 一位受聘於某大學的黑人女性告訴羅威她要辭職，羅威詢問原因，對方回答：「這裡就……**很冷**。我不屬於這裡。」羅威說服她延幾個星期再辭，並記下辦公室同事對她的一言一行，以便解決問題。一個月後，女同事默默交出紀錄，而羅威驚訝地發現，在每一個仔細標記的日期旁……什麼也沒有。羅威請她解釋時，她這麼回答（引用羅威所寫）：「沒有人跟她聊她的工作，或假日，或最近研究室的公開成就，連聊聊天氣也沒有。」問題出在沒有說出口的話，也就是欠缺基本的融洽氣氛。

出了校園，進入我們的社區，令人難受的邂逅——也就是碰上把我們視為「他者」的人——可能躡手躡腳地出現：在公園散步時、餐廳接待時、超市排隊結帳時。在親友圈，我們會懷疑自己得到的接納是否穩固，一旦對方很久沒回電話，或某個朋友對我們經歷的困頓欠缺同理心，就會覺得遭到怠慢。LGBTQ的孩子常對家人感到羞恥而乾脆退避。就連那些通常懷有強烈歸屬感、擁有健全家庭連結、得到朋友同事強力支援、和社群團體維繫良好關係的人，也可能在展開新工作、搬進新城鎮，或僅只是參加某場派對時覺得被孤立、不確定自己融入得怎麼樣。

研究顯示，對我們日常的安全基地而言，媒體和社群媒體極具破壞力。相信很多人都有這種經驗：原本已經心情平靜、對自己和世界感覺良好，也許準備上床睡覺了，卻在瞄一眼Twitter帳號或Facebook消息後心跳加速？這些媒體好的一面是提供資訊、娛樂、連結之益，最壞的一面則形同社會恐怖支配的工具。部分歸功於心理學研究，那些媒體大亨知道激發恐懼、厭惡、憤怒的故事，比觸動正面情緒或中性處理的故事更引人注意。[12]他們已偏頗地處理報導和內容，以便從這些被挑起的情緒獲利。這樣的偏頗是造成以下成見的原因之一：二十一世紀前十八年年年都做的美國人年度調查顯示，多數人相信他們國家的暴力與財產犯罪率節節上升，但事實上是在下降。[13]當你覺得想害你的國人比例愈來愈高，要信任同胞就難了。

在此同時，網路上決定要給受眾看哪些新聞的演算法愈趨完美，[14]但不是為了傳播資訊，而是意欲透過有爭議、引發不安的驚人故事來攫取受眾注意。媒體管道也逐漸變質為黨派平台，擴大資訊與觀點的分歧，而大眾照單全收。

雖然社群媒體可能是連結我們的工具，卻充斥假消息，也是能輕易散播仇恨和排他思想的管道。那已經讓世界感覺起來愈來愈像高中自助餐廳了。很多人也太早感受到有很多雙眼睛盯著他看的無謂壓力，而這會讓我們更難以建立堅強、真實的自我。心理學家珍・特溫格（Jean Twenge）認為青少年精神疾病遽增與社群媒體興起息息相關。[15]一項以數千名 Facebook 用戶為對象的隨機實驗發現，比起未被要求離開 Facebook 的參與者，被要求關閉 Facebook 帳號一個月的參與者，花了比較多時間和親友出去。[16]離開 Facebook 的那一組在新聞消費方面也比較平衡，政治態度較不極端，也較少經歷讓他們對意見不同者發怒的日常事件。整體而言他們對自己的生活感覺較好，較不憂鬱。引人注目地，研究人員比較了他們「減法式干預」（subtractive intervention）的效果和許多諸如治療等「預應式」（proactive）心理學干預的標準效益。離開Facebook的正面效益，約是許多預應式干預的三分之一。事實上，有八成自願者回報，停用帳號對他們很好，好到很多人說他們打算繼續不上。如一名自願者所說：「我變得更能專心過我自己的日子……感覺比較滿足。」

另一項實驗把原本沒有開 Facebook 帳號的成年人分成兩組，一組加入網站，一組維持原狀，結果前一組變得較少從事市民與政治活動。[17] 加入 Facebook 代表花較少時間參與志工及政治活動團體、興趣社團和慈善活動——而研究發現，這些正好是能提升信任、歸屬感和健康的社區工作。

這不是說社群媒體平台對我們一定不好。一如我們消費的任何媒體，社群媒體對我們會有何種影響，取決於我們和它們的關係。只要將使用社群媒體的時間限制在一天二十分鐘，即有助於將它的代價減至最低、效益擴至最大。[18] 可惜我們很多人，尤其是年輕人，並不懂得如何避開暗藏的危機。

任何時刻，我們都可能突然對自己的歸屬感產生懷疑——視我們發現自己置身何種處境，以及對情境的詮釋而定。葛瑞格·華頓和我創造了「歸屬感不定」（belonging uncertainty）

一詞，[19]指一個人因懷疑自己是否或能否在特定環境裡被完全接納而受苦的心態。我們可能在職場、學校、傲慢的餐廳，甚至短促的社交邂逅經歷歸屬感不定。歸屬感不定會產生許多負面效應。一旦覺得歸屬感受威脅，我們就會心生畏懼、畫地自限。我們會動輒從防範、自衛的角度詮釋自己、他人和情境。我們很容易推斷自己不夠格或不打算待在那裡，我們不會了解別人，也不會被了解。我們不大可能表達我們的觀點，尤其是那與他人不同時。我們會對批評更敏感，會更不想接受有失敗風險的挑戰。

或許有人會懷疑，歸屬感不定是否可能加劇成被害妄想甚至精神官能症的地步，我們會不會對怠慢過度敏感？那些抱怨校園裡的偏見細碎得像「雪花」一樣的學生讓人聯想到這點。但就算不曾長期為排斥、偏見、辱罵等經驗所累，我們仍可能無法像他人那樣看待情境，因此我們該體諒這個意識的缺口。怠慢或許細微，但也可能累積成毀滅性的訊息。一位黑人高中生這麼說：

> 有一次，一個同學說我是因為追求多元化才當選學生領袖，不是因為我真的夠格。[20]還有一次，一位老師認定我在修普通化學，但其實我是上大學先修（ＡＰ）。那些時刻

很難直指到底錯在哪裡——從他們的角度看。但一旦把那些事情，那些一直在發生的事情累積起來，便加重了我不屬於這裡的感覺。

儘管馬斯洛把歸屬感擺在需求層次的中段，過去數十年來的研究卻顯示，歸屬感應更接近金字塔底端，[21]是幾乎和食物和住所一樣至關重要的需求。尤有甚者，不只在嬰兒期如此，我們一**輩子**都是如此。

兩名研究人員：羅伊·鮑梅斯特（Roy F. Baumeister）和馬克·利瑞（Mark Leary）綜合了大量研究，在社會心理學史上最多人引用的論文裡（一九九五年發表）做成這個結論。[22]兩人強調，我們基本上是以社會性物種之姿演化至今，有追求社會連結的天性。演化生物學家主張，成為團體一分子是我們生存所必需，因此我們的物種逐漸害怕遭孤立。[23]這股恐懼會引發一種深刻的心理反應。我還記得我第一次經歷社會排斥時那種飽受威脅的感覺，以及那件事對我身體產生的影響。在我那個年代一項司空見慣的儀式中，一年級體育老師要兩個孩子從班上挑選隊友。我最後一個被選。那是我印象中第一次個人遭到羞辱。我的身心都起了反應：胃痛、臉紅、冒手汗。那次經驗也收進我的情緒記憶，就位於大腦古老的杏仁核結構裡，往後，每當我得知體育課要玩團隊運動，就會起類似的生理反應。

在我那個年代一項最簡單但也最深刻的心理學研究中，[24]以基普・威廉斯（Kip Williams）為首的團隊揭露了一種與排斥相關，但看似微不足道的形式，會如何影響成年人。參與者會和兩位看似陌生人的同伴一起打四分鐘的電玩（接球遊戲），那兩人表面上是在另一個不知位於世界哪裡的終端機進行。玩家會有化身，而參與者不知情的是，其他兩個化身其實是研究人員預先寫好程式，從遊戲某個時間點開始，就不再傳球給參與者。

這些研究觀察到什麼樣的效應呢？一言以蔽之，威廉斯說：「痛苦。」相較於玩同樣接球遊戲但沒被排斥的參與者，這些被排斥的玩家在現實生活裡表現出較弱的歸屬、自尊、控制和意義感。他們腦內與痛苦經驗有關的部位，也出現較旺盛的活化。雖然有些人對排斥比別人敏感，但這種排斥經驗造成的心理效應，對男性女性、焦慮和沒那麼焦慮的人、外向者和內向者同樣適用。就算其他玩家被描述成可能會令參與者起反感（例如三K黨成員），這樣的效應也會發生。其他研究顯示，諸如此類短暫的排斥經驗可能會使人們更注意這種情況，致使他們對新的怠慢過度敏感，比如當一個朋友說她週末會打電話來，結果沒打的時候。

如果我們察覺到歸屬感所受的威脅久久不散，生理影響可能會加劇。研究顯示若歸屬感持續受到威脅，例如一直遭受不公平待遇，健康損害也會積累。[25]刺激身體發炎的基因會被活化，而研究社會環境與基因表現相關性的先驅史提夫・寇爾告訴我，這種對逆境做出的生物反應一旦變成慢性，就像「早死的肥料」。

我們的中樞神經系統會在「察覺到」我們孤單時活化一種威脅反應，一種提高心跳速率、血壓、釋放壓力荷爾蒙的求生機制。這種威脅反應的慢性活化有助於解釋，為什麼在因各種理由感覺疏離或排斥的人身上，心血管和癌症等疾病的發作率較高。雖然各人絕望的起因各異，傷害卻是透過同樣的心理和生物途徑造成。

歸屬感的效應已使用一套簡單但有力的方法測量。[26]如果你有興趣評估本身或他人的歸屬感程度，我在我的網站（geoffreylcohen.com）上提供了幾種最好的測驗。其中一種方法很簡單，只要問自己或對方有多同意或不同意像下面這樣的敘述就好：

> 有壞事發生時，我會覺得自己或許不屬於【學校或職場的名稱】。

我在【學校或職場的名稱】適應良好。

有時研究人員會請應試者回答像下面這樣的問題，評估他們多常有這種感覺：

想到【學校或職場的名稱】時，你有多常懷疑「也許我不屬於這裡」呢？

這些測量基準固然看似簡單，卻能預測一堆人生成果，除了前述健康議題，從之後的大學入學到休學的可能性，從女大學生是否會堅持攻讀科學、技術、工程、數學（STEM，後簡稱理工科）相關領域的學位，到員工的工作表現都可預測。

以上種種研究暗示，我們有充分理由提高警覺，留意歸屬感的大敵。然而，雖然我們對於危害**本身**歸屬感的事物很敏感，卻往往較沒有意識到**其他人**感受到的威脅。許多大學校園事件皆證實大學校園可能遍布歸屬感的威脅——而大學感覺起來多像家，取決於你的觀點。二〇一五年耶魯大學就發生過一起刺眼的事件。[27]有鑑於數十年前和近幾年大學生常「塗黑臉」，耶魯的多元化辦公室發信給學生，建議在選擇萬聖節裝扮時抱持敏感度。教師艾瑞卡・克里斯塔吉斯（Erika Christakis）回了封 email，主張學生應可做自己選擇的裝扮，這屬於言論自由。「美國大學曾是安全的空間，不只是因為成熟，也因為有某些倒退甚至悖理的經驗，」她寫道：「後來，大學看來逐漸變成審查和禁止的地方……如果你不喜歡某人的裝束，就撇開頭去，或告訴他們你被冒犯就好。」

很多學生嚴詞回應，一人直言：「妳該辭職。妳令人作嘔。祝妳晚上噩夢連連。」

在一場有錄影、後來像病毒般瘋狂流傳的對質中，一群學生要求艾瑞卡的丈夫尼可拉斯（Nicholas Christakis）為他妻子的言論致歉，並證明自己已理解為什麼那些話對他們造成傷害。在這場冗長且愈來愈熾烈的言語交鋒中，一名非裔美國學生告訴他：「你……沒有說『我明白了』。我明白你受傷了，很抱歉讓你感覺痛苦。」他回答：「我為造成痛苦致歉，但我不為那句話道歉……我支持言論自由。我捍衛人們有話直說的權利。」自此對峙更加白熱化，而一個學生忍不住哭出來。

看到這般情緒沸騰，又見到雙方始終無法互相理解，著實令人難過。然後，對質結束前，一個學生高喊：「重點不是開創一個智識的空間！重點是營造一個家！」[28]

我想不出有哪句話比這更能刻劃觀念衝突了。耶魯大學社群的白人成員相對容易把校園視為一張大餐桌，眾人平起平坐、互相尊重，全都享受彼此的陪伴，對所有話題暢所欲言，彷彿在家一樣。然而，對許多少數族群學生來說，這場派對就令人緊張了。他們不曉得自己是否受歡迎。有些人覺得詩情畫意的情境，在其他人看來可能危機四伏。

作者托拜厄斯・沃爾夫（Tobias Wolff）在小說《老學校》（*Old School*）[29]中描述了，對很多人看來像「家」的校園，怎會對其他人的歸屬感形成微妙但強烈的威脅。小說的敘事者是名學生，一九六〇年剛進入一所以天主教徒為主的菁英預備學校就讀。一天，他一邊爬上宿舍樓梯，一邊哼著一段旋律，是那年夏天他幫一位德國廚師工作時聽來的。他渾然不知，那首曲子是納粹進行曲。更糟的是，這個學生在樓梯間被一名雜工聽到，而那人是大屠殺的猶太倖存者。學生被帶去院長辦公室。亟欲博取同情，他掙扎著要不要告訴院長他自己的父親也是猶太人。但他決定算了：

表面上沒有保持緘默的理由。在我進學校為期不長的時間裡，還沒見過霸凌或諸如此類的公然輕蔑，從來沒有。但在我看來，猶太男孩，甚至包括受歡迎的，甚至是運動員，身邊都縈繞著微妙的緊張，一種孤立的氛圍。而不知怎地，這種感覺已深烙在我心裡：那種孤立不是那些男孩散發出來，不是他們自己的特質或期望，而是來自學校——彷彿有某種守護靈，不在乎他們的個人價值，從運動場和走道和日晒雨淋的石頭冒出來，把孤立呼到他們身上。

這全是他的心理作用嗎？他從未見到公然霸凌或反猶太的表現。猶太人甚至可以當風雲人物，融入可見一斑。或許敘事者真的感受到反猶太的跡象。也許他感覺到的疏離，自己是「他者」的感知，全是憑空想像。但誠如沃爾夫所刻劃，「不屬於這裡」的感覺幾乎純屬氣氛：我們就是感覺到朦朧的「孤立感」，而不清楚那從何而來。敘事者了解反猶太漫長而痛苦的現實，因此時時對那種可能性提高警覺。那個校園適合天主教男孩的一切，（對猶太男孩而言）感覺就是不像家。

廣泛研究發現，現今大學學生會在校園中經歷到大量的偏見和不敏感，且不只非白人學生如此。[30]我有一位女性朋友曾有意在大學修有機化學課，所以她去找系主任談主修的事。他問她的第一個問題是：「為什麼妳這樣一個漂亮的女孩想修有機化學呢？」系主任可能以為自己在稱讚，但那一次會面的結果，我朋友再也沒有踏進過化學系，就算她真的好愛那個科目。

雖然情境是「在外面」，在我們眼前，卻是在我們眼睛後面經歷。情境的衝擊主要取決於我們理解的意義。就我的朋友來說，不只是教授隨口的評論造成傷害，還有她賦予那句言論的意義。她告訴我，她懷疑那句話就像一盆暗藏的火冒出的煙，是性別歧視的初期徵兆，如果她真的去修化學，就可能遭到歧視。她很清楚理工科對女性的偏見。事實上，研究顯示，這樣的體認足以侵蝕女性探究這些領域的信心和熱情。[31]

我們太容易把這些反應視為過度反應。但一個情境的意義不是我們說了算。若兩個人以不同眼光看待同樣情境，通常是因為依照他們的知識和過往經驗，那其實是不同的情境。例如前民權時代以白人為主社區的餐廳。許多白人想都沒想就進去用餐，但對一對黑人夫妻而言，同樣的餐廳就是威脅之地。

即便到今天，太多社交場合對少數族群都有白人可能難以體會的威脅性。二〇二一年一項研究向美國黑人與白人出示一張房屋圖片，說明那是南北戰爭前，曾有奴隸工作的農場建築。[32]毫無意外地，黑人參與者回應他們對那間屋子感覺不自在、不舒服。被問到看到圖片的感想時，多數黑人會提到奴隸制度。但白人參與者就自在多了。沒什麼人提到奴隸制度，反而會說「我喜歡那種柱子和白漆」。雖然兩群人看到的是同一棟房子，但心理的感受截然不同。

不過，我們將見到，儘管歷史、文化對於人們此時此地的感知有莫大的塑造力，我們仍有一些迴旋空間可為自己和他人界定情境的意義。

根據社會心理學家的說法，我們大部分的行為都是為了適應情境。讓情境更趨近公平就是情境營造的關鍵任務。弱勢社區學校的物質和人力資源應提升至較富裕社區的水準。職場可以建立得更多元，讓管理團隊充分反映社會的人口統計。

但就在我們試著這般大刀闊斧改善情境的同時，也必須關注人們賦予情境的意義。就算是立意最良善、資源最充裕的支援計畫，若傳達（或未能駁斥）會傷害歸屬感的訊息，結果也會令人失望。「邁向機會」計畫（Moving to Opportunity）[33]提供一批隨機選擇的貧戶遷往較不貧窮社區的機會，讓他們的孩子能上資源較好的學校。多年後，這項計畫產生許多正面影響，有些學生較可能上大學、拿到較好的薪水。但原先期望能提升孩子學測成績的效應卻沒有實現，搬家的孩子甚至比對照組更可能參與非暴力犯罪活動。雖然我們不確定是什麼引發這些效應，一個可能的原因是：很多參與計畫的學生不確定自己到底屬不屬於他們的新社區、新學校。

歸屬感固然容易脫軌，但可能也不難確認。當我還是那個不斷懷疑自己的助理教授時，我發現只要和學生進行簡短而激勵的對話，或收到提及某人多喜歡我的課的 email，就可以讓我安心。這些小小的連結時刻可能有大大的作用。肯特・哈柏（Kent Harber）和同事進行過一項極具巧思的研究，要自願者想像自己背著沉重的背包，判斷眼前的山有多陡峭。[34]結果比起隻身者，有朋友作伴者的評估較不陡峭；而在隻身者之中，被要求想一個好朋友的人，眼中的山勢也比較不險峻。在葛瑞格・華頓主導的一系列實驗中，宛如浮光掠影，甚至看似毫無意義的經驗，也可能賦予歸屬感。[35]當大學生相信自己剛好跟某位偉大數學家同一天生日，他們對數學就有較強烈的歸屬感，甚至比其他認為不是同一天生日的學生更努力鑽研一道數學謎題。

我對營造歡迎環境和主辦社交聚會的相似處感到訝異。我們都知道參加一場活動卻感覺像外人是什麼情況。出色的東道主明白，不論派對有多愉快、賓客有多美好，如果你覺得不自在，你會寧可待在家裡。也許你是剛搬到這個地區，或展開一份新工作，這場聚會是和新鄰居新同事打成一片的良機，但你可能會擔心你給人的印象。如果你以往在派對曾有過不好的經驗，就可能觸發這種憂慮。你可能對自己能否有歸屬感毫無把握，因為邀請來得晚，你懷疑他們是否真的想要你到場，或者你到場才發現這是一人一道菜的餐會，而你什麼都沒帶，或者你一進去就在門階跌倒。（這些情況我都經歷過。）好的東道主會讓你的體驗大不相同，會用燦爛的笑靨歡迎你、親切地拍拍你的背，就算你剛一跤摔進門裡。東道主或許會把你介紹給其他賓客認識，指出雙方的共同興趣來開啟聊天話題。現在派對感覺起來比較歡迎你了，其他客人看來也沒那麼可怕了。你可以比較自在地跟他們聊天，也喜歡認識新朋友了。如果你感受到某位客人的怠慢，那不至於放大到讓你侷促不安。在學校、職場和其他所有社交空間，我們每一個人都可以盡地主之誼。

華頓和我設計了一種明智的干預來處理人們初入新情境的歸屬感問題。36這種方式效果奇佳，因而已在全美各地許多大學、中學、高中和研究所及職場使用。

我們想看看能否協助非白人學生換種角度看待幾乎人人都會經歷的日常怠慢與逆境，來抗衡歸屬感不定的影響。我們知道歧視的問題必須由政府、學校系統和每一個家庭給予迎頭痛擊。但我們認為，透過幫助學生在受到威脅的情況下撐起歸屬感，可以幫助他們更有自信地走過變化莫測的地帶。為了解大一新生心目中的校園生活，我們請多位各種背景出身的學生連寫一個星期的日記，記下他們當天的重大經歷——其中許多可能會對他們的歸屬感構成威脅。以下是來自不同參與者的記事：

> 我的老師今天發還報告，上面滿是紅字。
>
> 除了我大家都出去了，他們做計畫時根本沒考慮我。
>
> 我的老師取消跟我碰面。
>
> 一個同學沒有回我 email。
>
> 我還沒有跟誰約會過。

須獎晚會上我沒有獲獎。

被女友甩了。

我男友沒打電話來。

當然不是所有逆境都跟社交有關：

我在寫明天要交的報告，結果腦筋打結，什麼也生不出來。

衣服堆裡發現一隻死老鼠。

每天晚上，我們都會發 email 請學生記下從一到十的數字，代表這天過得有多糟。他們也會填寫一張簡短的調查，回答他們覺得在校園融入的程度，以及多有歸屬感。

我們分析了那些記事，理出一種脈絡。雖然不同族群記錄的洩氣事件總數沒有差別，但那些事件似乎對黑人學生產生較有害的影響，會逐漸損害他們的歸屬感。如果度過美好的一天，他們的歸屬感會反彈，但下一個不順的日子又會下挫。黑人學生的歸屬感彷彿持續面臨考驗，使他們的校園經驗感覺起來更冒險、更令人心力交瘁。反觀白人學生，日常逆境跟歸屬感沒有關聯。

華頓和我決定設法協助黑人學生不要把不順利的經驗與不屬於這裡的想法連在一起。我們援用的研究顯示，我們的情境有個強有力的部分，是我們聽到的故事。故事告訴我們什麼可以指望、什麼是「正常的」、什麼可能發生。故事給我們希望，尤其是我們情緒低落、覺得孤立，備受折磨於別人都很快樂只有我們痛苦的感覺時。

第一個要考量的是時機。我們招募了一群在校園待了快一年——通常是壓力沉重的一年——的大學生；我們的樣本包括黑人和白人學生。我們認為我們的影響力，在進入大學過渡期的早期會比晚期大得多。如果你很早就有一些不錯的邂逅，就會確立正向的經驗。但如果你熱臉貼到冷屁股，就可能開始懷疑自己是否屬於那裡了。大學第一年就像你剩餘時光的發射台——你會交到哪些朋友、遇到什麼樣的教授、上哪些課。

我們請學生來心理系進行一個小時的在校「態度和經驗」研究。我們告訴他們，我們希望他們幫忙詮釋學生意見調查的某些結果，並創造有助於未來學生做好入學準備的資料。這給予他們肯定，也賦予他們扮演要角的權力。

在研究第一部分，我們提出一系列由同校三、四年級學長姊所寫、實例改編的故事。下面是一個例子：

> 原本我在這裡適應得還不錯。上老學校自在又愉快，我也很早就遇到很多人。寒假過後，情況變得比較艱難，因為我明白我所有真正要好的朋友都在家鄉，學校裡沒有像那樣的朋友。但我決定除了交朋友，更該追求自己的興趣，讓一切水到渠成。我參與課外活動，遇到有相同喜好和獨特價值觀的人，也在課堂認識學伴，後來結為摯友。透過探索興趣、積極主動地過校園生活，我找到了舒適圈。但這需要時間，而在我找到定位之前，很多時候我覺得挺孤單的。（編號77號參與者，白人女性）

因為這些是大學生，我們認為故事的課題應透過科學數據增強。我們分享了我們所進行意見調查的結果，那透露多數三、四年級生在大一新生階段都曾懷疑自己是否真的屬於那裡。多數新鮮人覺得害怕，覺得自己像冒名頂替的人；很多人都不止一次懷疑自己入學是不是錯了。我們把這些結果轉化成調查摘要給參與者讀。例如：

有七三％至八六％的三、四年級學生表示，大一那一年，他們：

- 「有時」或「時常」擔心是否會被班上和修課的同學接納。
- 「有時」或「時常」擔心【學校名稱】其他學生會瞧不起自己的能力。
- 「有時」或「時常」覺得被教授恫嚇。

原本有這些懷疑的學生，現在可能明白，諸如此類的懷疑在大學新鮮人間非常普遍。讓黑人學生看到白人學生也有同樣的懷疑，對問題尤其有幫助。我們已經在研究中發現，黑人學生傾向把「歸屬感不定」詮釋成在校園身為少數族群所致。這些資料告訴他們，懷疑自己是否屬於這所大學，是幾乎人人都有的感覺，不是特定族群獨有。

我們也用數據強化另一個已經嵌在我們故事裡的訊息：只要付出時間和心力，多數學生是可以建立歸屬感的。例如：

有八二％至九七％的三、四年級學生表示，從大一以後：

- 他們在【學校名稱】學術環境裡的舒適感比之前進步了「一些」或「很多」。

• 他們「有信心」或「確定」自己為班上或修課的多數同學接納。
• 他們「有信心」或「確定」【學校名稱】其他學生皆正面看待他們的能力。
• 他們「有信心」或「確定」【學校名稱】的教授接納他們。

從各方面來說，這些參與者見到一個參照群體——其他學生——不為人知的觀感。這些故事和保證不是來自教授或行政人員等參照團體以外的人。透過獲悉這些原本不知道的觀感，學生可能會以些許不同的眼光看待他們在校園裡的困境——視為適應大學生活的正常過程。一如我們在茫然無助時得到摯友的鼓勵，我們研究裡的訊息試著讓學生不再覺得自己像在汪洋漫無目標漂流的船，比較像是在一場充滿可能性的旅程踏出第一步的共同旅人。這些故事會將對於歸屬感的不確定轉化成一種連結的基礎，而非羞愧。

接下來，在研究最後一部分，我們再次仿效勒溫的做法，請學生參與。我們問他們，他們讀到的資訊，如何呼應他們自己的校園生活。我們請他們分享自己在校園第一年有過的經驗。我們告訴他們，他們可以寫一篇文章，並把文章念出來錄成影片，給未來的學子觀看。幾乎每一個人都選擇這麼做。華頓和我在過程納入這些參與元素，是為了鼓勵學生把從研究獲取的洞見轉變成他們自己的。事實上，研究顯示，雖然得到別人激勵你的忠告（關於怎麼在學校過得更好）幾乎一點用也沒有，但**給予**忠告卻能創造奇蹟；[37]指點別人學業的學生，成績會變得更好。

為了測量這種明智干預可對學生發揮多大的影響，我們也安排了對照組，讓大一學生閱讀學長姊對於大學生政治觀點時時在變的反思，並給予回應，完全沒有與歸屬感有關的言論。相較於對照組，我們的明智干預提升了黑人學生對大學的歸屬感，對白人學生則無影響。對此結果我們這麼詮釋：就黑人學生而言，他們的歸屬感不定主要是源於他們在校園身為少數族群的經歷，以及和種族刻板印象的搏鬥——那迂迴暗示「像我這樣的人不屬於這裡」。我們的干預為學生提供不一樣的角度來理解歸屬感不定：大部分的人（不只是黑人）多多少少都有這種感覺。

相較於對照組裡的黑人學生，接受我們明智干預的黑人學生也較願意承擔智識風險（intellectual risk）。在看過學校附學生評論的課程目錄後，較多干預組的黑人學生表現出較大的意願來選修具挑戰性，但也能拓展、充實知識的吃重課程，而非保證高分但沒什麼其他收穫的「營養」課程。

不過干預更重要的效益是在干預結束、參與者將之融入日常生活以後發生。參與者繼續把每天不順心的事寫在日記上，而我們在分析這些後來的記事時發現，黑人學生的歸屬感比較不會跟日常的逆境綁在一起了。他們還是會經歷那些狗屁倒灶的事，但似乎已經透過不同的稜鏡看待了。

明智的干預也宛如駛入機會公路的閘道，驅動更持久的效應。較多干預組的黑人學生開始尋求顧問或教授協助課業，也有更多人開始找導師輔導。他們心理上似乎更願意接受學校提供的機會。研究顯示校園裡長久的師徒關係是能在大學及往後獲致成功的強大決定要素。這或許有助於解釋為什麼三年後我們會出乎意料地發現，接受干預的黑人學生的大學總平均分（final cumulative GPAs）高於對照組的黑人同儕，與白人同儕的成績差距只有對照組的一半。

另外，以夏儂・布雷迪（Shannon Brady）主導的研究追蹤這些學生超過十年，發現許多干預組的黑人學生畢業很久後仍和導師保持聯繫。[38]一名學生訴說了動人的故事：她的大學指導老師特地一路飛到波蘭，只為了看一張她在一場討論會上張貼、總結她專題研究的海報。另外，雖然干預組的學生並未從事更賺錢或聲望更高的事業——或許是因為我們採取的樣本悉數來自某一流大學，最後都有很好的發展——但確實覺得他們的事業更令他們滿意、壓力較輕且更具意義。他們也更積極地參與社區，日子過得更快樂。

我和華頓將這種明智的干預命名為「社會歸屬感干預」，那不會增進學生的技能或毅力；那認定學生原本就有。干預不是學生成功的原因，而是成功的催化劑。

我把明智干預的效應比作科幻故事裡那種會產生巨大效應的小干預。[39]例如在雷・布萊伯利（Ray Bradbury）的《雷霆萬鈞》（*A Sound of Thunder*）中，一名時空旅人回到史前時代，無意間踩到一隻蝴蝶。雖然只是個「精緻的小玩意兒」，那隻蝴蝶之死卻改變了文明的進程。如布萊伯利所述，就是那樣的小玩意能「破壞平衡，先是推倒一排小骨牌，而後在橫貫時間的歲歲年年，繼續推倒更大乃至巨大的骨牌」。理想上明智的干預就是對的小東西，就是特定人物在特定時間地點心理上需要、能助他們走上更好道路的東西。

華頓和我發表這些成果時引發一陣騷動，有些研究人員懷疑我們的發現。但在華頓和另兩位心理學家大衛・葉格（David Yeager）及布雷迪主導下，這項干預措施已在全國近四十所大學院校提供給學生，且強力呼應原始研究的成果。[40]總計，這些干預提高了一三％獲准進入全日制大學就讀的都市貧窮年輕人的就學率，也縮小了三五％弱勢與優勢背景學生的成就落差。其效益跨越各種不同的劣勢來源，不只是種族，還有社會階級。根據二〇二〇年一份報告，體重過重、可能要與肥胖汙名搏鬥的學生也從中受惠，不只是成績提升，也因為壓力與過重有關，連身體質量指數也降低了。顯著的效益也見於修習大學科學課程的女性和少數族群，縮小了包括課業成績和在科學領域堅持多久等成就差距。

這項干預不只以協助弱勢和少數群體成員為目標。它是一項通用型的干預，適用於每一個對自己的歸屬猶疑不定的人。

且以歸屬感不定最猖獗的人生階段：青少年為例。太多孩子在這個年紀轉錯彎，經由跟同儕一起做出魯莽的行為來尋求自尊和歸屬感。我們運用另一批從年紀較長、歷練較豐富的青少年蒐集到的故事，對中學學生施加干預，結果有相當正面的成效。[41]傑佛瑞・博爾曼（Geoffrey Borman）及其團隊甚至發現更深刻的成果，他們是在一整個學區測試社會歸屬感的干預，不是一次，而是兩次——在兩個各有上千名學生、七到十一所不同學校的完整學區進行兩次實驗。干預措施提高了六、七年級生的GPA、減少違紀事件與缺席率，且所有族群的學生皆受惠。相較於對照組，完成干預的學生對學校有較強的歸屬感、較信任他們的師長、想要在校有更好的表現，而這些影響會持續到他們完成學業。整體而言，這項干預杜絕了數百次缺課和違規（研究人員分別預估為五百四十五次和五百零七次）。類似的措施也提升了歐洲中東難民的學習毅力。[42]

社會歸屬感干預也可以在新雇員承擔新工作時給予協助。幾年前，Google 找到我和華頓，請我們擔任顧問協助創造類似的干預措施，來解決公司女性歸屬感不定的問題。我們去了。雖然我們並未親眼見到數據，但 Google 告訴我們，公司內部研究顯示，以往女性新員工多半會在任職九個月內失去工作士氣，男性則不會，但實施新干預措施後，女性員工的士氣便不再衰退。

明智的干預只是營造情境的工具，絕非萬靈丹。沒有哪一種干預是一次搞定，從此就能保護個人避開嚴厲對待、偏見和歧視風暴的解決方案。但在確實有機會的環境裡，明智的干預通常有累積效應，因為那能協助人們拋棄過去所預想，把遇到的情境視為發揮才華、建立正向關係、獲得支援與尊重的機會。這些干預可以啟動正向增強的良性循環，助人們在干預結束已久後仍能逐漸強化和保護自己的歸屬感。事實上，我們在許多明智干預的研究中都看到這種良性循環，[43]特別是符合營造情境的3T條件時：在恰當的時機（適時）給適當的人（鎖定）恰當的心理訊息（訂做）。在這些條件下，明智的干預更可能與人的生活建立真正的連結。

保護個人抵禦嚴酷天候的比喻仍然有用。我們此時此刻就能做很多事情保護人們抗衡逆境。矽谷一家大公司的女主管曾告訴我她早期在一家大型科技公司晉升的經歷。讀了我一些文章，她說：「你的研究就是我的人生故事。」她敘述了一次她相信為她確立職涯方向的經驗。那時她準備向股東做簡報。那感覺像是她生涯的成敗關鍵。她深知自己是當時業界少數幾個新銳女性領導人之一，這使她壓力倍增，且開始對歸屬感產生懷疑。當她等著被介紹時，執行長走過來，看著她的眼睛說：「妳正改變這家公司。」雖然只有短短八個字，卻鏗鏘有力，她這麼說。

這位執行長的短評、C．P．艾利斯的「推車」、勒溫的孩子和主婦小團體、給學生和員工的社會歸屬感干預——這些全都塑造了情境，只做了一點點，卻強而有力，讓情境沒那麼險惡且更加包容，讓來自各行各業各階層的人都覺得自己被珍惜、被尊重、更能貢獻一己之力。這些以及其他種種明智的干預幫助人們領會，潛力已經存在於他們身上和環境之中。有時你可以改變實質環境的一些面向來培養歸屬感，有時不能。但只要我們持續探索，你幾乎一定可以協助人們改用新的心理稜鏡來看待情境，讓情境不會再對他們的歸屬感構成那麼大的威脅。

第二部分

原因與對策

第三章

我們 VS 他們的惡力

我們為何會透過排擠他人來追求歸屬感

佩姬是班上少數幾個猶太學生之一。[1]她很高興九年級時獲准進入這所明星學校。但在二〇一六年入學後不久，兩個男同學就搞了反猶太的噱頭。一人躺在沙灘上讓另一人拍照，而他面前的沙子寫著「I h8 Jews」（我恨猶太人）。他們把照片傳給一群同學，包括佩姬。佩姬一看到照片，就厭惡得把手機扔到地上。爸媽過來關切，了解她為什麼這麼火大之後，立刻向學校校長舉報。

佩姬已經在學校見過其他反猶太的徵兆。有些同學在筆記本裡畫了納粹黨徽。她也聽到學生叫某位老師「討厭的猶太人」。一群同學午餐時刻意在自助餐廳朗讀希特勒的《我的奮鬥》（*Mein Kampf*）。有人當著佩姬的面開貶抑猶太人的玩笑。一個學生回應那張「我恨猶太人」的照片說，那是絕佳的校刊封面照。反猶太似乎不是沃爾夫在《老學校》裡描述的那種在學校四處微妙散發的氣氛，而是一種流行。

校長對那兩個男孩做了一些懲戒，但如同《紐約時報》報導，並未採取其他可能有效的措施來解決學生文化中更廣泛的反猶太問題。沒有舉辦全校層級的會議，沒有嘗試任何證明有用的干預來減少霸凌和偏見。在那起事件之前，校方似乎採取勒溫證實可能會引發混亂的放任政策，形勢漸趨惡化，使佩姬愈來愈苦惱。校方或許將這個問題視為少數害群之馬——歸因於「爛蘋果」理論，而非一種社會風氣。據說佩姬的朋友紛紛與她斷絕往來，其他同學退避三舍，說被她的暴怒冒犯了。只是開開玩笑嘛，他們說，她過度反應了。她也違反了學生的社交規則。妳不該跟大人「打小報告」。他們團結起來，排擠她。

就跟許多衝突一樣，這場愈演愈烈——起初還算和緩，佩姬的爸媽只希望學校有所回應，但學校幾乎毫無作為，爸媽決定提告後，衝突便急遽升溫。州檢察長介入調查。媒體報導傳遍全國，兩個男孩的大學入學遭撤銷。至於佩姬，她這麼說她的學校：「我知道我不屬於那裡。」隔年她轉去新學校。兩造當事人都留下遺憾和困惑：事情怎麼搞到那麼激烈。

讀到這起事件時，我不由得想，學生這般一派無所謂地表現反猶主義，凸顯了一個悖論。我們熱衷於排擠，是為了感覺被接納——或者，誠如彼得．蓋布瑞爾（Peter Gabriel）在〈非我族類〉（Not One of Us）一曲唱的：「要是沒有外面，我們怎會在裡面呢？」[2]看起來，在這所學校表現反猶太已成「酷」的指標，是贏得「社交身價」（social currency）和歸屬感的方法。[3]如果反對佩姬那樣回應的學生說的是真心話：他們並未抱有反猶太的信念，那他們似乎就是受到一種渴望驅使：順從同儕間流行的歸屬感規範。大量社會心理學研究顯示，這種渴望就是許許多多屢屢釀成傷害的「我們vs他們」行為的根源。

想到戰爭、屠殺和其他玷汙大半人類史的暴亂，我們很容易認為人生來就會受內在驅使，[4]把世界分成「我們」和「他們」，並貶損、攻擊甚至殺害自認是他們一分子的人。霍布斯（Thomas Hobbes）把社交生活比擬成一場「全體對抗全體的戰爭」。佛洛伊德（Sigmund Freud）主張在人類意識的冰山一角下，有一個不斷在潛意識裡翻攪的身分。同意這些觀念，經典科幻電影《禁忌星球》（*Forbidden Planet*）的主角向他的對手，一位過分熱心、過分信仰理性力量的科學家苦苦哀求：「摩比亞博士啊，人人在自己的潛意識裡都是怪物。」從這個觀點出發，社會規範和法律的主要角色就是遏制我們與生俱來的有害衝動。

近年來，演化生物學家主張，是物競天擇促使我們成群結隊，且出於本能，會把感覺不屬於自身群體的人視為具威脅性。生物學家羅伯·薩波斯基（Robert Sapolsky）認為侵害行為和杏仁核——腦部一種會參與處理威脅的深層結構——有關。[5]「從驚天動地令人咋舌的暴行到無數宛如針刺的微小侵害，」他在引人入勝的名著《行為》（*Behave*）中寫道：「我群與他群之分儼然形成痛苦的汪洋。但我們的一般目標並非『治癒』我群與他群對分之弊病。這是辦不到的，除非破壞你的杏仁核，而那一旦毀損，每個人看來都是他群。」他繼續描述我們的「大腦……如何以驚人的速度形成我群／他群的二分法」。只要「看到他族臉孔二十分之一秒，就會觸發杏仁核活動」。

「我們 vs 他們」二分法為基本衝動的論點，有個常被引為證據的資料是波蘭心理學家亨利·泰菲爾（Henri Tajfel）一九七一年的研究。[6]他是猶太人，曾加入法國陸軍打過二次世界大戰，還被納粹俘虜。他想了解人怎麼能夠令人髮指地效忠像納粹迫害者那樣的團體。為尋找答案，他設計了一個純化的情境培養皿，研究參與者不會受到任何強制性的社會壓力來成群結黨。其目的是要了解，與團體結盟的衝動是否強大到，就算群體是基於任意、無意義的差別來劃分，衝動也會產生。在泰菲爾營造的情境中，團體與團體之間沒有衝突史，團體內部或團體之間沒有互動，也沒有哪種私利或其他客觀因素偏袒其中哪個團體。

泰菲爾從英國布里斯托一所郊區公立高中找來多位十四、五歲的男孩到他的研究室，告訴他們，進行研究的實驗人員是要探究這個平凡無趣的主題：人是怎麼形成判斷的。實驗進行一系列偽判斷任務，其中一項，螢幕上的圓點網格一閃即逝，男孩被要求猜猜圓點有幾顆，各自寫下答案，不向人透露。之後，男孩被分為兩組，且被告知是依照他們給的答案分組。他們得知，對過答案後發現，有些人始終低估圓點數，有些人則一貫高估，而這正是他們分成兩組的依據：低估組和高估組。每一個男孩被單獨護送到隱蔽的隔間，被告知自己屬於那一組。對這項研究至關重要的是，男孩也被告知整體而言，沒有哪一組比較正確。泰菲爾希望他們認定，沒有任何客觀標準可讓他們以身在自己那一組為傲。男孩不知道的是，他們其實是隨機分成兩組的。

緊接著，男孩們被要求私下分配其他人的金錢報酬和處罰——完全匿名，只知道組別

——他們大多給自己那一組比較多錢。一些參與者甚至偏袒到違反常情。當研究人員提供這個選項：兩組都可以拿到遠比原本多的錢，但他們那一組得到的會比另一組少一點點，男孩寧可選擇另一個選項：兩組都拿到比原本少的錢，但他們那組得到的比另一組多。男孩寧可犧牲額外金錢，也不要讓「別人」拿到比較多。

許多後續研究雖然改變情境設定，仍複製同樣的成果。[7]從這項研究得到靈感，有次我問我五歲女兒，她比較想要自己得五塊錢、弟弟得十塊錢，還是她拿一塊、弟弟拿五毛。她毫不遲疑地選擇後者。（多年後，研究過生物學，她說她的前額葉皮質發育不全，壓制了她的杏仁核本能。）

泰菲爾把這種任意編組稱為「最小區別團體」（minimal groups），[8]因為他們的效忠是基於微乎其微的基本理由——甚至沒有。這個領域一項較近期、在二〇一一年由亞羅·鄧罕（Yarrow Dunham）和同事進行的研究顯示，連小至五歲的孩子都有偏袒自己最小區別團體的傾向。除了在分配獎賞時表現出偏心，孩子也說自己喜歡被分配到的團體成員，勝過另一組的孩子。成人研究則顯示參與者在一些良善特質上給同組成員評分較高，包括善解人意和負責任。[9]

這項研究的一個重大發現是：分配到最小區別團體的人不僅偏袒自己的團體，也認為團體成員在很多方面跟自己很像。他們在許多特徵（與參與者被告知劃分團體的基本理由無關）給其他成員的評價，跟給自己的評價非常類似。彷彿他們認為某種程度上：「我的團體就是我的延伸。」

就連隨便胡謅的「我們vs他們」差異，我們也願意緊抓不放，這種現象看來像是一種心理反射。那使我們容易受人操控——那些可經由將世界劃分成任意團體從中牟利的人。不論這種反射是先天或習得，[10]上述研究似乎將我們跨越團體分歧展現優雅與同情的能力，蒙上悲觀的色彩。但如果真是如此，我們要怎麼解釋像這樣的故事呢？

二〇〇七年，紐約市一名非裔美國建築工人衛斯理．奧特烈（Wesley Autrey）和兩個年幼女兒站在地鐵站的月台上，[11]這時附近一位白人男子癲癇發作，摔到軌道上。進站列車的頭燈正迅速逼近。奧特烈立刻跳下軌道幫助陌生人，落在他旁邊。當年，奧特烈獲《時代》雜誌選為「最有影響力的一百位人士」，他的側寫指出：「他明白如果能讓那個人靜止不動等列車通過，或許就有活下來的機會。他們趴在那裡讓火車從背上通過，空隙不到幾英寸，貼近到奧特烈的帽子沾到列車的油脂……那是英勇、無私的驚人之舉。」奧特烈被封為「地鐵超級英雄」。

一個人會如此迅速採取行動、為陌生人冒生命危險，而且對方所屬的族群，在歷史上還壓迫過他自己的族群，這無非證明，我們絕非只「天生設計」成會醜化「他者」，也能看出彼此的人性，憑衝動幫助陌生人，甚至是文化鼓勵我們視為他者的陌生人。

根據認知科學家大衛・蘭德（David Rand）的研究，許多在千鈞一髮之際幫助他人的英雄都說自己是不假思索躍起行動。[12]那股衝動強烈到很多人表示自己別無選擇。哥倫比亞大學師範學院的伊莉莎白・米德拉爾斯基（Elizabeth Midlarsky）和同事舉出一個動人的例子。[13]他們採訪過一位名叫瑪麗亞的波蘭女性，她在納粹於波蘭城鎮屠殺數百萬名猶太人期間，讓三十個猶太人躲在她家裡。被問到為什麼要這麼做時，瑪麗亞回答：「給人避難的地方是很自然的事情，是凡是人都會做的事。當我望著那些眼睛，我如何能不在意。怕，我當然怕——一直很害怕——但我別無選擇，只能去做唯一該做的事。」諾貝爾文學獎得主、詩人切斯瓦夫・米沃什（Czesław Miłosz）在《攻心記》（*The Captive Mind*）一書中寫道，二十世紀中葉挺身反抗暴政與暴力的歐洲人，是出於一陣「反胃」這麼做。[14]至於我們較日常的社交決定，研究顯示合作會來得比貪婪的競爭快，而且更不由自主。[15]

幫助他人的衝動看來跟醜化「他者」的強烈欲望同樣是一種心理反射。我們可能永遠無從得知這種有利社會的衝動有多少是學習而得，又有多少深植於我們的基因組成。這個問題或許根本不重要，因為我們的「天性」是經由學習發展，而學習是從人生起點就開始。心理學家巴拉甘（Rodolfo Cortes Barragan）、布魯克斯（Rechele Brooks）和梅佐夫（Andrew Meltzoff）在二〇二〇年發表的一系列研究發現，就連十八個月大的嬰兒也會看似不惜犧牲私利、自動自發地幫助陌生人。16

在其中一項研究，嬰孩和家長一起被帶到一間實驗室，一次一組。有一個嬰兒從未見過的陌生人坐在旁邊一張桌子前。陌生人會「不小心」弄掉一顆亮晶晶、香噴噴的草莓，落在嬰兒伸手可及的範圍裡。戲會照劇本演：陌生人試著撿草莓，但撿不到。嬰兒看到了，知道那個大人想要那顆水果，於是現在有了選擇：要不要把它交給陌生人。但草莓對嬰兒極具誘惑力；參與研究的爸媽說那是他們孩子愛吃的食物。嬰兒可以把水果抓起來吃掉，或拿給爸媽。但約有六成嬰兒兩者皆非：他們把草莓撿起來，幾乎立刻，彷彿想都沒想就拿給陌生人。

巴拉甘在我追問時向我解釋，實驗者盡全力安排情境，讓嬰兒覺得自己想做什麼都可以。在「熱身」階段，他們允許嬰兒在房間裡、那位大人在場的同時，玩他們想玩的玩具。有些學者提出這種自願與非親人分享立即可食、備受珍視且香甜可口食物的行為，是人類獨有。[17]我們不知道這是先天還是習得的。先天也好，習得也好，重點是「給予」的行為竟是如此輕易且在那麼早的生命階段就發生。

或許我們天生既是霍布斯主張的人面獸心，*也是有愛心的利他主義者。美國社會學家高夫曼曾說過這句俏皮話：「普遍的人性不是很有人性的東西。」[18]我提出這個變化形：一**致**的人性不是很有人性的東西。我們的本性在不同情境下會有不同表現。**真正**普遍的是人人都有雄厚的潛力，以如此多樣化的方式展現言行舉止。人類學家克利福德・格爾茨（Clifford Geertz）寫道：「我們意義最重大的一件事實或許是，我們全都是以天生的裝備開始，過一千種人生，但到頭來也只過一種人生。」[19]關鍵問題不是「我們的天性為何？」而是「哪些情境因素可以引出我們本性裡的善良天使？」

＊譯注：英國政治哲學家霍布斯主張，人在沒有法治的國家制度下，會呈現出原始的「自然狀態」，個體孤獨、貧乏、骯髒、野蠻、短視，會經由掠奪、強迫、抗爭等弱肉強食的方式取得一切。

我們隸屬或嚮往隸屬的團體，即我們的參照群體，會對我們發揮最強大的情境影響。[20]一旦認同某個團體，就好像我們開車時旁邊一直有人敦促我們該做什麼、哪裡轉彎、注意什麼，以及怎麼對待其他駕駛。因為我們想成為團體一分子，我們便有強烈的意願遵從這些指示，這些通常不言而喻，化為我們所知團體支持的規範。最後，我們或許會把副駕駛的指責內化，甚至期望他們開口。許多社會心理學研究都證實，若無法迎合團體的期望，成員會深感內疚。若團體擁有執行規範的手段，情況更是如此，而幾乎每個團體都起碼有非正式的方法讓成員配合。

我們視為「我們vs他們」的行為，大多是由我們想遵從團體——與團體一致、隸屬於團體——的渴望所驅使。事實上，儘管多數凡人厭惡從事暴力行為，很多人卻會代表他們所屬的團體施暴。這不代表這些行為比較容易解決，不過正如我們即將見到的，這說明我們確實有些強有力的方法可以改變那樣的行為，就算施暴者看來邪惡到骨子裡。

當我讀到佩姬的在校經驗時，我想到一項知名的順從研究，俗稱「史丹佛監獄實驗」。[21]

那是由我的同事菲利普・金巴多（Philip Zimbardo）進行，而我有幸可以透過史丹佛大學取用他的原始文件。雖然近年來該研究因其使用方法受到批判，但我已檢視過批評，並向原始參與者蒐集後續資料。我相信只要正確地理解，並結合我們稍後將細探的其他研究一起查看，這項研究提供相當多有用的見解，能助我們理解人會在哪些時候、出於何種理由遵從團體期望而做出傷天害理的行為。

這項研究經過精心設計，現今在很多方面被視為違反倫理。研究進行時，機構審查委員會（institutional review board）尚未大行其道，而那現在會堅守倫理標準來審核所有研究。讀到金巴多所做情境營造的細節時，我很驚訝其中有些普遍為記述該研究的文章所忽略，甚至連頂尖教科書也不例外。

時值一九七一年，金巴多剛到史丹佛心理系任職。他在系館地下室創造了一間模擬監獄，在地方報紙刊登廣告，徵求自願者進行一項「監獄生活的心理研究」。後續研究顯示，會回應這種徵求的人，或許本身的侵略性就比較強、較自戀、較崇尚威權。[22]我相信這並未否定這些研究成果的重要性，不過確實暗示，更接近隨機的群體，行為模式或許會跟金巴多研究的自願者不一樣。有二十四位成年人自願參加，隨後隨機分派扮演囚犯或警衛的角色。

研究從當地真正的警長當著鄰居、親人、朋友的面，逮捕選擇當囚犯的男人開始。他們被上手銬、宣讀權利、開車押往警察局壓指印、做筆錄，接著蒙住雙眼，送進系館監獄。囚犯在那裡被告知要遵守一連串規定，包括休息時間保持安靜、盥洗室只准用五分鐘、典獄長或監獄長官在場時一律站著，「警衛任何時候發布的所有命令」都要遵守。囚犯穿著醫院病人服，也被分配身分編號；警衛要用編號稱呼囚犯，例如叫「四一六號囚犯」而非名字。這些都是貶低人格的做法，用意在剝奪高夫曼認為能維繫人類自我意識的情境支持。[23]

至於警衛，他們被告知應維持「法律與秩序」並博取「犯人尊敬」。此外也要想像犯人是真的具威脅性，應提高警覺，當心他們「可能造成的危險」。在那之前，金巴多已針對去個人化（deindividuation）——人擺脫個人身分，把自己託付給團體的意志——做過開創性的研究，而這項實驗的部分目的就是要揭露被指派為警衛的人，會在這樣的環境實現多大程度的去個人化。金巴多讓警衛穿卡其制服、戴墨鏡、攜警棍。在此同時，他和研究助理則扮演典獄長和其他行政人員的角色。他們厲行專制，並指示警衛對囚犯進行額外的貶低儀式：脫衣搜身、噴霧除蝨、把沉重的鐵鍊拴在他們的右腳踝上，一直戴著。心生抗拒的警衛會被典獄長施壓，告知：「警衛要硬起來……你必須堅定，必須採取行動。」後來針對這項研究的報導常忽略警衛工作情境的威權本質。威權領導可將情境轉變成從眾的溫床。[24]

有些警衛不只是硬，更徹頭徹尾地殘酷行事。金巴多的報告指出，在囚犯於第二天造反後，警衛「拿滅火器噴出一道冰冷的二氧化碳，使囚犯不得不離門遠一點；他們闖入每一間牢房，把囚犯剝得精光、把床拿走、強迫當時帶頭的犯人單獨監禁，並且開始騷擾和恫嚇囚犯。」他們要囚犯在自己牢房的桶子裡大小便。一名警衛變得格外惹人厭，在牢房裡昂首闊步，咆哮著發號施令。他進行他所謂的「小實驗」，「只為了看看人受到怎樣的言語羞辱才會開始反擊」。比如他對一名囚犯說：「去當面跟那個人（一名囚犯）說他是地球的渣渣。」警衛給他們之中最殘暴的一個取了「約翰．韋恩」（John Wayne）的綽號。*有些警衛命令囚犯進行損害人格的同性儀式，正因如此，後來許多寫到伊拉克戰爭期間阿布格萊布監獄（Abu Ghraib）美軍虐囚事件的媒體報導，都提到「史丹佛監獄實驗」。[25]金巴多也以專家證人的身分，出席審判那些軍事監獄衛兵的法庭作證。

至於囚犯，有些人陷入極度痛苦。其中一位被形容經歷「嚴重情緒困擾」，包括「混亂

＊譯注：約翰．韋恩（一九〇七－一九七九）是美國電影演員，以在西部片飾演硬漢聞名。

的思想、無來由的哭泣，以及憤怒」。另一位囚犯後來在紀錄片訪談中說：「我開始覺得逐漸失去身分……我是四一六，我是一個數字。」好幾個出現嚴重心理反應的囚犯，都提早「釋放」了。

一些廣受歡迎、針對該研究的報導，把警衛的行為視為反映人類被情境誘發出來的暴力，甚至邪惡本能。也有受歡迎的解釋主張，那些扮演警衛的人是一得到虐待他人的機會就恣意、自發性地為惡，因此流露人性與生俱來的戰慄。在其他報導，參與者的行為被視為證明人會如何自然而然順從他們被分派的社會角色。然而，這些見解都不精確。警衛的行為絕非天生或自發的。那間監獄是設計成高夫曼所謂的「全控機構」（total institution）：[26] 以威權領導、社交孤立、貶抑儀式、消滅人性的社會規範，以及欠缺明確的異議管道為特徵。若這場實驗未納入其中任一或所有要素的變體，結果就會不一樣。例如在一場溫和版的實驗，囚犯群起造反，而後掌控全局。金巴多的監獄堪稱精心打造的「邪惡」情境。

批評者也指出，囚犯以為自己不能離開，而獲准離開的人都經歷了（或是假裝經歷，批評者說）情緒或醫療危機。金巴多說囚犯只要開口就能離開。不論真相為何，毫無爭議的是一件同樣甚至更令人煩惱的事：沒有一名警衛離開，就算後來有好幾人對自己的行為表示懊悔。如果半途離開，他們至多會失去每天十五美元的研究酬勞。他們把「遵從指示」視為「這項工作」的條件。但他們大可離開或反抗，他們本身沒有被羈押、被看守。營房的大門沒有上鎖。某種程度上，他們自己的心智才是監獄。

研究結束後，有些警衛說他們那麼殘酷是在演戲。金巴多質疑這種說法，而我們無從確定他們心裡到底怎麼想。這樣的曖昧當然不只出現在這種精心設計的情境，也發生在外面的現實人生之中。佩姬的同學只是在開玩笑嗎？我們同樣無從得知。但我們確實知道的是，不管他們是否只是在演戲，他們，一如研究裡的警衛，造成了實質的傷害。「那對我造成傷害」，[27]一名前囚犯在研究後的訪談中這麼對一名警衛說，並強調他說的是「現在式」。警衛半信半疑，問他為什麼。那位前囚犯回答，因為「我知道你可以變成什麼樣」。

在我們的生命中，我們自由選擇扮演，或受到壓力而扮演的角色，都會形成現實。我們相當程度上變成我們的角色——起碼在受我們行為影響的人眼中是如此。

不管作弄佩姬的學生是否意在造成傷害，不管他們是自發性地順從反猶太的規範，或覺得不得不如此，他們都釀成了傷害。佩姬的經歷和史丹佛監獄實驗的往事都是警世故事，告訴我們人類有多強大的渴望遵從我們被期望的事，特別是在把我們緊緊纏在社會壓力網的環境和制度之中。最終，當我們遵從與我們的理想和渴望並不一致的角色，我們甚至可能再也不記得我們「到底」是誰。

史學家克里斯多夫・布朗寧（Christopher Browning）是備受推崇的納粹大屠殺專家，[28]他曾分析一個代表納粹殺害數千名猶太人的德國後備警察營，描述其成員是過著中產階級生活的「普通人」：二、三十歲的裁縫師、園丁和銷售員，很多有家室。當這些士兵被通知要進行第一次大規模射擊計畫時，較年長的男士被告知，如果他們「覺得無法勝任，可以退出」。結果，五百位軍官只有十二人離開。為什麼？除了情勢詭譎，布朗寧寫道，他們會參與是因為「服從的壓力——身穿制服的男人與同袍的一體感，以及不願就此脫離團體的強烈欲望」。在一個截然不同的背景，作家詹姆斯・鮑德溫（James Baldwin）寫到美國人眼睜睜看著非白人同胞飽受歧視，卻袖手旁觀：「文明不是被邪惡的人摧毀」，因為「人未必邪惡，只是沒有骨氣」。[29]

一個重點是，我們都該明白，我們選擇加盟的團體，可能會對我們發揮影響力。馮內果（Kurt Vonnegut）在《今生情與恨》（*Mother Night*）的序言刻劃了這個課題。那部小說描述一個美國間諜在德國活動，偽裝成納粹的傳聲筒，但熱情洋溢且饒富創意地扮演他的角色。最後，當他在以色列法庭等待宣判，他總結道：他違反人性的罪行，追根究柢是「違背他自己的罪」。[30]馮內果寫道，這個故事的寓意是「我們佯裝是什麼，我們就是什麼，所以我們必須非常小心假扮的東西」。

我是在二〇一八年、初版史丹佛監獄實驗二十七年後，想起馮內果這番話。我的團隊寄了後續調查給所有可以聯絡上的前參與者。一名前警衛在被問到那場實驗讓他了解自己哪些部分時寫道：「我做了我被指望要做的事，而非忠於自己。」

這不是說每個置身高壓情境的人都一定會「失去自我」。這反倒證明這種人類精神：即便身處一切奧援被剝奪殆盡的情境，我們有些人仍能保留自我。就連被關進集中營、身無財物、處在最可怕環境裡的猶太人，也會用零碎物品做些小經文匣和其他迷你宗教裝飾。類似這種能把我們和我們的價值觀及自我意識重新連結起來的小舉動，實能帶來超乎想像的益處，幫助我們抗拒有害的社會規範和刻板印象。

我們是**誰**，是怪物，抑或行善者，就某個出人意外的程度而言，取決於我們身在**何處**，[31]也就是我們身處的**情境**，而那通常在我們到來前就精心設計好了。如同佩姬的經歷所闡明，我們花大量時間參與的論壇——我們的學校、辦公室、遊戲場、俱樂部，甚至家中

——太常施壓要我們合群，順從有害的行為，彷彿有個看不見的力場充塞四周，慫恿我們在「我們」和某個「他們」之間樹立障礙。為了更了解這種作用的本質，我鎖定這種驅使人們做出有害行為的社會影響力——就算沒有任何強制性的壓力——進行研究。

我想幾乎每一個青少年的家長都察覺到他們的孩子承受著通常隱約卻強大的社會壓力。我當然也見過我的孩子備受折磨。我之所以研究合群的壓力會如何引發有害他人的行為，目的在找出辦法來協助孩子、爸媽、教師、經理人——我們每一個人——抗拒它。一項和同事米契・普林斯汀（Mitch Prinstein）合作的研究闡明了青少年有多容易為了融入團體而「隨波逐流」，[32]以及哪些青少年的風險較高。

那項研究是在二〇〇〇年代初期進行。當時常有學生說普林斯汀很像主演約翰・休斯（John Hughes）知名電影《翹課天才》（*Ferris Bueller's Day Off*）的馬修・柏德瑞克（Matthew Broderick）。普林斯汀散發同樣輕鬆無憂的氣質，使他成為耶魯大學最受歡迎的老師之一。我想，他念高中的經驗一定跟我相差甚遠。我是一九八〇年代在紐澤西長大的安靜小孩，遇過霸凌，也被人瞧不起，而如同多數人的例子，我羞於啟齒，我學會對其他孩子做一樣的事情。有一次，我跟高中另一個孩子幹架。我推他的時候，沒注意到他後面牆壁上有凸出的削鉛筆器。那正中他的背，而我驚恐萬分地看著他暈倒。這時我聽到如雷掌聲，我回頭，看到一群同學拍手叫好。這是我在高中的風雲時刻，而我同時覺得沾沾自喜和厭惡自己，也發自內心學到一個教訓：暴力竟可作為一種歸屬的手段。

我猜想，普林斯汀就是他花上一輩子研究的那種「人緣好」的孩子——就是有辦法又酷又親切，且能誘發同儕最好那一面的那種小孩。普林斯汀和我促膝長談了幾夜。他對青少年的人緣感興趣（促成他的著作《如何擁有好人緣》〔*Popular*〕），我則關注歸屬感，兩者結合成長達十年的合作。我們都想知道情境的力量是如何驅使一般人為非作歹。我們不打算營造極度「極權」的情境，而想探究在青少年日常經驗裡的服從動能。我們的研究是透過一個自此成為他們生活重要部分的論壇進行——社群媒體。

我們著眼於高中生，並依據嚴格的倫理標準設計我們的研究。我們告知所有參與的學生及其監護人，他們是自願參加，隨時可以退出。他們的監護人在得知研究性質後簽了同意書。我們也向參與者保證，他們感受到的苦惱，不會比學生平常生活經歷的情緒強烈。普林斯汀和我密切觀察可能出現極度痛苦的徵兆，隨時準備介入。我們也必須向學生隱瞞研究的目的，以便觀察他們自然的反應。萬一讓人知道你在研究順從，他們就會刻意不順從了。但研究完成後，我們向學生解釋了研究的基本緣由。接著我們請他們寫下對實驗的看法。沒有一名學生抱怨。他們幾乎全都表達對這項研究的熱忱，很多學生還說自己從這次參與學到寶貴的東西。我想，參與者不僅「完好如初」地離開研究，還變得更睿智了。

我們的研究是這樣進行的：我們從一所郊區學校招募了一群十一年級的男孩，他們大致可以代表全體男學生。開學後，我們進行三項評估。首先，請孩子評估自己有多反社會或「離經叛道」。你也許可以說，這是在測量「霍布斯」人格。男孩祕密地評定自己打架、毀損財產、攜帶武器、偷竊、吸毒和飲酒的情況。再來，作為補充，我們也評估每名男孩在同儕間的名聲，運用俗稱的同儕提名程序（peer-nomination procedure），一種經充分驗證，但勞力密集的方式，一點一滴蒐集學生在校內的名聲。例如，學生多常被形容為「說話卑鄙、威脅恐嚇、傷害他人身體」的人？我們也使用一種社會焦慮測量法來評估每一個青少年有多不確定自己的歸屬：要孩子評定有多害怕自己被其他孩子排斥、多擔心其他孩子對自己的看法。

我們想要營造一個讓孩子在意自己被如何看待，並經歷真實社會壓力的情境。普林斯汀和我花一年時間精心設計一個假的網路聊天室。就我所知，我們的聊天室是史上第一個實驗探究這個十五年後儼然成為全國流行病的現象：網路霸凌。

我們把男孩分成約十人一組，請各組到學校的電腦室。每個男孩都坐在自己的電腦前。我們告訴他們，同時有好幾個聊天室正在進行，成員包括其他人在學校其他教室裡的男孩，他們每個人都要在不知其他成員真實身分的情況下，加入其中一個聊天室。我們說，研究目的是要了解孩子怎麼在網路上交流。

在每一名學生看來，他的聊天室似乎有四個男孩登入，使用者匿名，在螢幕上顯示為成員A、B、C、D。事實上，聊天室裡唯一真實的成員只有那名學生自己，他一定是成員D，沒有例外。而這位真實成員渾然不知，其他三名成員都是我們用預先決定的腳本寫好程式的。

我們精心設計關於這三個假成員的資訊，[33]讓他們在半數參與者眼中看來「酷」，或在另一半參與者看來不受歡迎。怎麼做呢？聊天室規定，每一名參與者都要在登入後立刻輸入自己最喜歡的活動，例如「聽音樂」或「看運動賽事」，並提供他們在學校三個最好朋友的名字和姓氏首字母。他們的答案會顯示在螢幕上。對第一組參與者來說，三名假成員列出的活動和好友會暗示他們很「酷」。對第二組而言，三名假成員的答案較不受歡迎，甚至是「怪胎」。我們是按照刻板印象來幫假成員編造最喜歡的活動，例如一般認為很酷的「運動」、「參加派對」和「聽嘻哈」，或一般認為很不酷的「電腦工作」和「閱讀」。我們還會呼應學校裡「酷」和「不酷」圈子裡的成員，提供假成員朋友的名字和姓氏首字母，進一步強化他們酷不酷的印象。

普林斯汀和我設計了一連串問題讓聊天室的成員回答，所有成員的答案都會公開顯示於螢幕上。那些問題是設計來測量那名真正的學生——成員D——有多強烈地贊同對於各種社會情境的有害，甚至暴力反應。例如聊天室裡呈現的一個社會情境是和朋友出去時，一個朋友開始恣意破壞一棟建築。聊天室的提示會問：各位成員會怎麼做呢？我們提供一系列反應讓四個聊天室成員挑選，例如就上述情境而言，「叫朋友住手」或「加入」。另一個情境是你在走廊和一個「魯蛇型」學生擦肩而過，他跟你說「嗨」，這時你會「回他『嗨』」還是「推他一把，打掉他的書」。

假參與者先給回應，一次一個，同樣地，他們的答案會公開顯示給大家看。我們的程式設計成員A給出最反社會的答案。成員B給同樣的答案，成員C則挑選稍微沒那麼反社會的選項。

如我們假設，認為自己與酷學生為伍的男孩，比以為跟不酷的學生在一起的男孩，給出更多反社會的回應。這樣的結果強化了這個社會心理學的理論：社會地位較高的團體——我們較可能視為參照群體的團體——比社會地位較低的團體施加更多合群的壓力。事實上，對聊天室參與者作答方式影響最巨的，就是他們心目中其他成員的地位高低；比起我們所彙整男孩行為史或名聲檔案裡的其他特徵，地位的重要性高出三倍。人類行為的「壞蘋果」理論指出，是「壞」孩子或「霍布斯」孩子會給出最反社會的答案。儘管有反社會行為史的學生確實會給出較反社會的回應，但順從高地位同儕的社會壓力，卻比那重要得多。從準受害者的角度來看，跟一個「卑鄙」但沒承受什麼霸凌壓力的孩子為伍，遠遠好過和一個好相處但承受強大霸凌壓力的孩子在一起。

當然，學生怎麼回答這些問題，不代表他們真的會這樣做。所以我和普林斯汀追加最後一題測試他們的反應，看看他們是否會選擇從聊天室排除一名參與者。我們知道覺得被排擠是青少年生命中最難熬的經驗，常是憂鬱甚至自殺的根源。在最後一回合徵求答案時，我們先讓成員A回答另一個有關個人興趣的問題，讓他給出某個不酷的回應，例如「花時間陪爸媽」。接著聊天室開始指示參與者可以投票讓某個人離開，但四個人中必須有三個人同意。指令強調，如果不想投給任何人，可以不要投。程式設計成員A不會投票逐出任何人，但成員B和C都投票排擠A。於是真正的參與者要投下決定性的一票。跟不酷的假成員聊天的學生中，有五二%投票趕A走，酷組的學生則有八六%投票排擠他。服從反社會行動的衝動，與順從反社會答案的衝動並無二致。[34]

最後，普林斯汀和我測量學生現在是否真心認同他們順從的觀念。換句話說，他們是純屬演戲，或者已經把高地位同儕的答案內化了？為評估這點，我們請學生登出聊天室，針對我們稍早提出過的社會情境再回答一次——這一次是在私底下，作為「重新思考你的答案，以免第一次不大確定」的機會。我們跟他們保證，沒有人會看到他們每個人的新回應。我們請他們「無須拘束，可隨意給出不同於之前給過的答案」。結果，大部分的學生沒有更改答案。對酷組學生來說，「**他們**相信的」似乎已經變成「**我**相信的」。這驚人地印證了我們想要遵從、最好能夠加入的團體，可能有多強勢地塑造我們的觀念。我們常改變我們原有的態度，使之與我們的公開行為一致，來把我們的順從合理化，[35] 我們甚至會採納有害的信念來為自己辯護。（如前文所述，普林斯汀和我在研究結束時徹底詢問參與者，而後續的再調查透露，我們已經消除研究對學生態度的影響了。）

誰最容易受到這種排他性服從的影響呢？不是有霸凌史或在校素行不良的孩子。而是對於自己是否歸屬某個團體由衷表現出最深切的不確定、最害怕被同學排擠的孩子。

我們通常不會認為「容易感覺被排斥」是有害行為的風險因子。[36] 請想像自己是個老師或家長，正面對一個傷害或霸凌過其他孩子的青少年。我們或許會診斷這個孩子欠缺敏感度、道德觀或同情心，促使我們制定矯正缺失的處方，或許是透過懲處或道德勸說。然而，這些辦法不大可能矯正有害行為的真正成因——歸屬感不定和它引發的順從——甚至可能使問題雪上加霜。

在普林斯汀和我執行這項研究多年後，我自己身為人父的經驗讓我想起我們曾讓參與者置身的尷尬困境，以及情境使我們偏離原則的力量。我十三歲的兒子剛和其他一些男孩幹了某件讓他後悔的事。不是什麼傷天害理的大事，只是他和我都知道，與他本身原則背道而馳的事。為人父母最棒的時刻，莫過於你的孩子願意跟你開誠布公。他看著地板，說：「有時我好像比較在乎自尊心，勝過我自己。」我們聊了他為什麼要「參一腳」，他顯然是受到「想得到歸屬感」所驅使。

把高中孩子的霸凌和監獄衛兵和納粹警察的暴行相提並論，乍看下也許極端，但了解這點很重要：那些行為都與歸屬的渴望息息相關。歸屬的需要究竟在有害的「我們vs他們」行為，以及其修正策略中扮演多吃重的角色，在一些最極端的實踐者——仇恨團體——身上一覽無遺。

人們加入極端團體的理由很複雜，[37]進入團體的途徑也不一而足。有些人從小就被父母灌輸仇恨的信念，有些人是自願漂進某個團體，通常是透過參與大規模的網路宣傳和招募網。還有些人是被招募者鎖定，刻意與他們為友。根據鑑定，沒有哪種主要人格類型最可能加入，也少有加入者受精神疾病所苦。多種童年創傷、學歷不佳或欠缺經濟機會固然可能是原因，但絕非決定性因素。如「至上團體」頂尖研究者（曾花七年時間與他們同住）彼得・希米（Peter Simi）所言：「受這類團體吸引的民眾，其出身背景遠比我們想承認的廣泛。」他繼續說：「我們從數據資料看到的是，有形形色色的民眾參與這些團體。受過最高等教育的人也可能易受影響。」不過，他們倒有一個共通點：很多人是想鞏固對一個社群的歸屬感，並非真心，至少一開始不是真心認同團體的極端信仰。研究極端分子心理學的先驅，也寫了兩本書探討這個主題的阿里・克魯格蘭斯基（Arie Kruglanski）說道：「極端主義團體會賦予個人強烈的圈內歸屬感。」

克魯格蘭斯基採訪曾為某新納粹團體一員的克里斯蒂安・皮喬利尼（Christian Picciolini）。[38] 後來皮喬利尼成立一個反極端主義組織：自由基計畫（Free Radicals Project），著眼於人為什麼會加入仇恨團體，以及幫助他們離開。皮喬利尼的故事呼應了許多心理學研究。他在一場談話中說：舉凡前極端分子「都會告訴你一樣的事情」：他們成為極端分子「不是因為信條或意識形態」，而是「因為他們想要歸屬感」。詹姆斯・鮑德溫同樣述說了這種迫切的誘惑，順從種族主義可以獲得安全感。有些人「從小相信，不管他們的人生有多悲慘」，明白這一點就可以像「神啟」一樣給他們安慰：「起碼他們不是黑人。」[39]

起初皮喬利尼是出於排斥感而順從白人至上的信條。他回想自己小時候在社交上感覺孤立，且被父母忽視。他們是義大利移民，在芝加哥做小生意，很少在家。他們也在他還小時遷出義大利移民社區，搬到一個他感覺自己像外人的地方。個性內向、很難交到朋友，皮喬利尼常在學校被欺負。十四歲時，他被「芝加哥區光頭組織」（Chicago Area Skinheads）創辦人克拉克．馬泰爾（Clark Martel）吸收，後者首先以提升對自身血統的驕傲感誘惑他加入。皮喬利尼回想，當時馬泰爾告訴他：「你是義大利人，你該以此為傲。」還告訴他，加入之後，他就「不再是那個沒有任何朋友的孤獨者，搖身變成必須敬重的人」。皮喬利尼繼續說：「他給了我一條救生索。」他說「歸屬感和同儕的尊重對我非常重要」，重要到他願意附和馬泰爾餵給他仇視猶太人和黑人的宣傳，就算他說他「每天都質疑那種意識形態」，但「當然只能在心裡質疑，因為在那種環境，我不可能講出來……你不想顯得脆弱」。他對這種團體誘惑的看法，跟克魯格蘭斯基研究中許多其他前成員的看法不謀而合。

根據克魯格蘭斯基的說法，加入極端團體的動力通常是失去，或是害怕失去歸屬感。[40]成員常指出加入前曾受過羞辱，例如在檢查站被霸道地攔下，此舉簡直把他們的社會價值剝奪殆盡。他們可能曾對事業發展期望甚高，之後卻發現幾乎沒有通往成功的路為他們敞開，因此覺得被邊緣化、得不到他們相信有資格得到的機會。也相當常見的是，被吸收者被家人拋棄，或至少覺得自己被拋棄。很多人也相信自己，以及像他們這樣的人，正在社會中失去權力和應有的地位。不論是真正受到屈辱，或是感受到不光彩，都會被詮釋成不公平，這也讓他們覺得被排斥。[41]

人一旦覺得被排斥，對於那些他們覺得害自己被排斥的人，往往就會變得更具侵略性——或支持暴力相待。[42]同時，對於他們犯下或支持的暴力所造成的傷害，他們會變得麻木不仁。克魯格蘭斯基曾針對住在全世界地緣政治動盪不安地區的民眾做過調查，[43]一再發現，覺得自己或所屬團體長期遭到排斥或屈辱者，會表現得更支持暴力。我的同事彼得・貝爾米（Peter Belmi）所進行的實驗從各種社會團體招募美國人，請他們想像或回想自己因為隸屬某個團體而感覺不受重視的經驗。[44]比起對照組，他們表現得更支持針對職場、學校和其他主流機構做出偷竊、破壞公物和其他反社會行為。當他們被要求做個測驗並回報分數時，也比較多人謊報。

最重要的是，社會歸屬感的威脅未必要親自體會，[45]也可以是為群體其他人感同身受。許多伊斯蘭恐怖分子都出自富裕人家，且有相當高比例受過良好教育。但他們見到穆斯林教友逐漸在愈來愈世俗的世界中失去權力、遭受迫害、教育和就業機會受限，也沒有取得政治權力的途徑。

政治學家艾瑞克・奧利佛（Eric Oliver）和塔利・曼德伯格（Tali Mendelberg）進行的一項研究，[46]也反映了感覺個人或團體社會價值遭到貶抑，與對其他社會團體抱持敵意之間的關係。他們想鑑定出美國仇恨觀念的預測指標。他們發現種族主義、反猶太，以及必須維護權力階級的威權觀念，會群集在某些郵遞區號。研究人員進一步發現，有最多人表明這些觀念的郵遞區號裡，居民不具大學學歷的比例也最高。個人是開明派或保守派、政治知識多寡與所得水準都是次要因素。儘管我們需要更多研究才能確切解釋偏見為何會在這種地區落地生根，不過有愈來愈多事證顯示，美國有許多不具大學學位者覺得不受尊重，且被現代經濟遺棄。事實上，不具大學學歷就是最能預測美國疏離感和絕望感的因素之一。（當然，許多偏見也出現在高等教育人士和富裕者身上。）

另外，在這項研究中，要預測任何個人是否有仇恨觀念，個人本身的教育程度，還沒有他所在郵遞區號裡不具大學學歷的人口百分比來得準確。那似乎是種社會感染。我們居住地贊同偏見的人口愈多，我們就愈可能從眾，這或許也是迫切需要歸屬感的結果：那會導致人們順從仇恨觀念。愛可能是種社會疾病（像邦喬飛〔Bon Jovi〕唱的），[47]也可能不是。但恨一定是。

暴力極端團體已經了解，提供歸屬感和提升個人舉足輕重的感覺，對引誘民眾加入或支持成效卓著。這些團體的領導人也了解，透過用認知毒藥加深人們的不滿——說「我們」是因「他們」的作為才受苦的意識形態——可以提高誘惑力。這些意識形態常把他們的掙扎置入「善惡」戰爭史的架構，而這是一種動員暴力的強大策略。研究顯示，當我們相信自己站在善良與理性這邊，對方站在邪惡與不理性那邊，我們就會贊同對「他們」採取激進行動，而非溝通和協商了。[48]

進一步利用人渴望歸屬的弱點，極端團體常把恐怖行動描述為通往美德之路，以及為理想幹一番有意義的大事，甚至名留青史的機會。克魯格蘭斯基告訴我，意識形態的這個面向等於在極端主義者的心理上簽了發怒與施暴的「同意書」。而一旦成員犯下暴行，他們便會透過更堅定地贊同團體理念來賦予其行為正當性，而這會反過來讓他們更容易再次動手傷人甚至殺人。最終他們可能會將這種意識形態內化為自己的身分。恐怖主義背後的「心理學」說明為什麼對團體成員提出邏輯推論和證據不但無法讓他們離棄這些團體，更往往火上加油，讓他們投入更深。這件事非關邏輯。

仇恨團體提供歸屬感的重要性也在這樣的研究中展現：白人至上團體成員在另一名成員透露自己的DNA不符合「白人」至上標準時，會作何反應。研究人員亞倫・潘諾夫斯基（Aaron Panofsky）和瓊安・唐諾文（Joan Donovan）細看仇恨網站 Stormfront 從二〇〇四到二〇一六年的發文，該網站自我標榜為「處境艱難的新白人少數之聲」。[49] 兩人鑑定出六百三十九件有人提到祖先基因檢測結果的個案，其中許多暗示發文者的基因組合距離心中理想甚遠。

為什麼那些人要貼出看似會使他們被團體剔除的結果呢？多數人是要尋求保證，希望別人說他們仍是團體一分子。例如，有一個人發：「我今天收到結果，我是五八％歐洲人、二九％美洲原住民、一三％中東人。我十分肯定中東人跟歐洲人一樣是高加索人，所以那代表我是七一％的高加索人種？」這段話有超過兩千人回應，只有其中不到五％以發文者不是純白人為恥，或拒絕接納或攻擊他。超過一千條回應直接或間接肯定發文者的白人血統。有些評論者針對檢測做科學批判。有些人提出合理化的解釋安慰他。他們主張檢測公司不可信任，因為那些是由自由派和猶太人經營。還有些人僅只表示支持，未述及基本原因。「我才不擔心那個，」有人這麼寫：「你照鏡子的時候，看到猶太人了嗎？如果沒有，你好得很。」兩位研究人員指出，在他們檢視的六百三十九件案例中，網友回應的目的主要是提供「繼續當白人的許可」。

皮喬利尼指出，有個辦法可以接觸仇恨團體的成員：提供他們替代的歸屬感來源。研究顯示這正是暴力極端團體的一大弱點。這種團體通常是採用威權領導：「你不是我們一分子，就是與我們為敵」的心性。團體內勾心鬥角、內訌不斷。[50]這些組織提供的歸屬感並不真確，而是以人們的服從為條件。皮喬利尼回想，他決定拋棄白人至上不是因為哪種科學或邏輯論證，而是因為他平常在唱片行擔任店員，常和少數族群的顧客有正面的互動，而他比較喜歡他們的接納，勝過光頭經驗的不堪。

如克魯格蘭斯基所審閱，許多成功的去極端化計畫都融入了提供新歸屬感來源的力量。它們經由培養與家庭、社區和有意義工作的情感，來改變恐怖分子的觀念。許多提供職業計畫，也請被拘留者的家人和社區領導人參與。美國在第二次波斯灣戰爭後期就設計了這樣的方案，後來在數萬名被拘留者中，只有一小部分被再次拘捕。

恐怖主義專家布魯斯・霍夫曼（Bruce Hoffman）的著作《恐怖主義內情》（*Inside Terrorism*）為打擊恐怖主義的課程和訓練廣為使用，[51]而他訴說了如何運用策略使「黑色九月」（Black September）成員棄暗投明的故事——那可是在一九七〇年代初期橫衝直撞、壞事做絕的恐怖組織。他們在一九七一年刺殺約旦總理，其中一名殺手還舔了從他身上冒出的血。接下來他們又在一九七二年奧運殺害十二名以色列運動員。但事隔不過兩年，該組織已在未發生變故下默默解散。沒有一名刺客被監禁或處死。怎麼會發生這種事呢？希望被認真看待為一股政治勢力、不想和恐怖主義扯上關係的巴勒斯坦解放組織（Palestinian Liberation Organization，PLO），精心策畫了一項祕密任務，以和平手段解決這個困境，闡明了為極端分子提供替代歸屬感來源的效力。

首先，探員先在中東物色美麗的單身女子。然後他們為一百位黑色九月的男性成員舉辦「巴解版的大學聯誼」。那些男士被告知，如果他們結婚，就可以獲得三千美元禮金（相當於今天一萬五千美元）、穩定的工作，以及一間位於貝魯特，附瓦斯爐、冰箱和彩色電視的公寓。要是在一年內生子，就再贈五千元禮金。

毫無例外，到場的每一位男士都成婚、安頓下來、成了守法的公民。當巴解邀請他們赴其他國家旅遊時，沒有人答應，因為出國就須承擔入獄風險。這些男人有了新角色：丈夫和父親；有了新的參照群體：他們的家人和同事；有了新的自我肯定來源：他們要扶養家庭；

有了嶄新的人生，嶄新的機會。

當然，若主張舉辦一系列聯誼會即可解決中東的恐怖主義和暴力，就未免太過天真。激起這些衝突的信念和怨恨不一而足，且深植人心。另外，有時或許需要懲罰措施（就算稱不上解決方案）來為嘗盡痛苦的受害者及家人伸張正義。還有一點需要注意的是我們不知道這個故事中的女性對此解決方案作何感想，又有多少發言權。但誠如霍夫曼所言，這個故事教給我們的不是哪一種特定的干預措施，而是「聰明、有創意的構想有時能達成超乎想像的結果」。這項研究和巴解成功的例子讓霍夫曼歸納出這個主張：與其一心想誅殺恐怖分子、摧毀他們的組織，也就是實踐當前盛行的反恐措施，「我們或許至少該投入部分心力於如何讓個人棄絕暴力。這麼做的效果可能不會比許多行之有年的反恐措施來得差——那些措施就算不是毫無效益，成果也如曇花一現」。

我們都可以這樣在日常生活中幫那些支持仇恨思想的人培養歸屬感：停止對他們的評斷，和他們進行開誠布公、打破砂鍋問到底的對話。心理學家馬歇爾・盧森堡（Marshall Rosenberg）首創和被視為種族歧視、性別歧視、反猶太和仇外的人士進行困難對話的技巧。[52]他舉了個例子說明有效的互動具有多大的潛力：一天，在搭計程車前往機場途中，司機喃喃自語：「這些猶太人都起得很早，以便榨乾大家的錢。」本身是猶太人的盧森堡聽了勃然大怒，但他做了幾次深呼吸，問司機為何如此洩氣。於是，盧森堡寫道，那個人傾吐了好些悲傷和痛苦的故事。說了十分鐘，計程車司機戛然而止。他覺得自己有被傾聽。直到那時盧森堡才發表意見，包括司機那番話帶給他的傷害和憤怒。他同時澄清，自己不是想歸咎於誰，這樣只會讓司機心生防衛；他只是試著幫助司機了解自己置身的情境。

盧森堡這麼總結這些年來他從困難對話中汲取到的智慧：「當我把意識集中在另一個人的感受和需求，就能看出我們經驗的共通性。我跟他腦袋裡的東西嚴重牴觸，但我知道，如果不去聽他們那些想法，我會更喜歡人類。尤其是有他那種想法的人。我已經明白，只聽他們心裡的聲音，不去執著於他們腦袋裡那些玩意兒，更能品味人生。」

皮喬利尼也證明這種悉心聆聽的力量。他說他改變極端分子的觀念「不是透過和他們爭執、辯論，甚至沒有告訴他們，他們錯了」。相反地，他耐心提問和傾聽。他願意表示友好和同理的舉動無非向他們保證，他把他們視為值得他關注甚至在乎的個體看待。這給予極端分子一個安全基地，可從這裡質疑自己的意識形態、思考替代方案。他讓他們連上一個新參照群體，請他的幕僚——很多先前也是極端分子——帶他們認識新的規範、構想和生活所需的資源。皮喬利尼和盧森堡採用的方法也呼應多項心理學實驗，[53]證明簡短的連結經驗，例如想像一位摯愛，可以減輕不同群體之間的敵意。

對宣稱支持仇恨信仰或已造成傷害者施以懲罰固然有時確有必要，但若被當成唯一解決問題的工具使用，就可能得付出意想不到的代價——就像佩姬經歷的反猶太主義那樣。那可能引發更嚴重的分歧，使歸屬更加不確定，而這可能正是那些惡行的動力。

報上刊過一篇黑人高中生雷尼爾・哈里斯（Rainier Harris）針對這個問題撰寫的文章，深深打動了我。[54]他描述了他就讀某私立明星高中時經歷到的「隨機種族主義」。他寫道，雖然他是抱持極高的期望進入那所學校，但「就連這種高成就的環境，在理應更懂事的同儕，我仍不時覺得被貶損」。一個白人學生在社群網路發文祝一個黑人朋友生日快樂，但開了個他覺得無傷大雅的玩笑：貼了另一個黑人朋友的照片——彷彿打趣說：「黑人全都長得一個樣。」那個學生還跟白人同學用了「黑鬼」（N-word）一類的詞。這些和其他事件被一狀告到學校管理部門，違規者都在哈里斯高二時被逐出學校。哈里斯告訴我他覺得很遺憾。他不想看到其他孩子被趕走，只希望他們了解自身行為造成的衝擊，進而有所改變。「我覺得真正重要的，」哈里斯告訴我：「是試著互相了解，並明白事情是在哪裡出了差錯。」[55]他也知道勒令退學對學生和其家人的後果有多嚴重。

哈里斯比較希望見到學校採用修復正義（restorative justice）的途徑來解決問題。他曾在課後活動「青年司法委員會」（Youth Justice Board）中學到這種方法。該組織讓青少年一起參與勒溫式的討論團體來思考社會正義的障礙，以及克服障礙的策略。該領域專家尚恩·達林－哈蒙德（Sean Darling-Hammond）表示，這種方法的核心目標是鼓勵更好的行為——不是透過排斥，而是透過改善關係。[56]在學校，這意味著建立更好的學生關係與師生關係，而過程要納入社群營造和學習社會情緒技巧等活動。違規者和受害者之間要進行對話，且對話須由值得信任的協調者引導，他要設法卸下雙方心防，並避免對話脫軌失控。這些努力對於改善受害者和違反者之間的關係造成直接影響。也有間接的影響：讓受到困擾的學生更有可能建立更深的連結。許多研究顯示，修復正義的做法若能作為學校規範而非僅只一次或偶一為之的特例適當執行，對學生的歸屬感和行為，以及學校的文化都有顯著的效益。

哈里斯相信，這種方法有助於他傳達遭受惱人待遇的經驗，讓同學更了解他們以為無傷大雅的玩笑，其實有多嚴重的影響。他告訴我，他相信他們沒有惡意，就像造成佩姬困擾的人，也只以為自己在搞笑。

強調人人都可以想方設法做我們自己的情境營造，哈里斯決定和一個被退學、曾是他朋友的學生聯繫。他傳了訊息說他很遺憾事情演變成這樣。前朋友這麼回覆：「雷尼爾，我很抱歉，之前我不了解我說的話哪裡不對。我不曉得那是種族歧視。」兩人又傳了更多訊息，互傳其他好笑的迷因，分享高三的修課計畫。同年，當喬治．佛洛伊德（George Floyd）死在警察手裡，這個朋友又傳訊向哈里斯致歉。

除了修復正義，還有許多方法證實能有效彌合「我們 vs 他們」的分歧，包括存在已久的分歧，例如巴勒斯坦和以色列之間的衝突。有些方法甚至緩和了種族滅絕造成的敵意與不信任。我和我的同事也發展了證明對「搭橋」有正面功效的明智干預。我們將在下一章探討這些解決方案，並著眼於社會心理學一項關鍵的發現：要促進理解、凝聚立場相反的人，最有效的方法之一就是召集他們一起追求共同目標。

第四章

把他們變成我們

營造彌合群體分歧的情境

波多黎各外海的聖地牙哥小島（Cayo Santiago）上有個獼猴群落，[1]而在二〇一七年瑪利亞颶風（Hurricane Maria）蹂躪棲息地後，那群猴子變得比以往更緊密。挾帶狂風暴雨衝進波多黎各及周遭地區，瑪利亞沖刷掉這座島上的半數綠色植被，也就是猴子的家園。共有三十六隻猴子喪命。所幸，雖然災情慘重，剩下近兩千隻猴子仍有充足的食物，因為這八十年來，這座島一直是靈長目研究的避風港。這些猴子並非原生。有四千隻是一九三八年由靈長類動物學家克雷倫斯・卡本特（Clarence Carpenter）從印度帶來這裡，便於研究牠們的社會行為。颶風過後，猴子食物飲水充足，但經歷極大的創傷。一批研究人員決定了解猴子彼此的關係是否可能受到那場天災影響。

研究人員長年密切觀察猴子的互動，詳細畫出猴群的社會關係圖。[2]他們弄清楚哪些個體彼此關係較密切，哪些最善於社交、跟最多猴子聯繫，又有哪些較常獨處。颶風過後，猴子彼此進行更多社交接觸，更常互相理毛（grooming）——常見於許多靈長目動物的親密表現。猴群也聚集得更緊密，坐得靠彼此更近。母猴開始更主動接觸公猴。之前社會連結最少的猴子，以及大半時間獨處的猴子，行為改變得最顯著，建立了更多關係。研究發現的一個面向格外引人入勝：猴子開始集中心力在親屬團體和原本最密切的社交網絡外建立新的連結。牠們聚焦於拓展網絡而非強化本來就有的關係。研究人員說，這些猴子希望「受惠於更廣大的社會整合，而非著眼於鞏固〔已經有的〕關係」。換句話說，牠們並未劃分成許多「我們」和「他們」的群體。牠們變得更加團結。另外，亦參與此群落研究的生物人類學家麥可・普拉特（Michael Platt）發現，這些猴子採用的一些聯絡感情的方式，可相當準確地預測健康及長壽。在面對可怕的威脅時，牠們憑本能「知道」更緊密的相處對幸福安康有好處。

這個人類遠親的社會連結故事非常迷人，也訴說著我們靈長目與生俱來在面對逆境時聚在一起的傾向。我們理解，而且似乎是從內心深處理解，更加團結可以讓我們過得更好。甚至有一項深具影響力且饒富趣味的社會心理學實驗援用這樣的理解來探究營造情境如何能引出這種連結，或把我們拆散。

一九五四年一個晴朗的夏日，一輛巴士駛進奧克拉荷馬東部森林蓊鬱、山巒連綿的「強盜洞州立公園」（Robbers Cave State Park）裡的童軍營地。十一個十到十一歲的男孩魚貫而出，迅速進入他們要一起住的小屋。他們打開行李，開始互相認識，然後一起探索環境。這個公園是孩子的天堂，有湖可以划船、小溪可以游泳，還有遠近馳名的洞穴可以探險：當年傑西．詹姆斯（Jesse James）跟同夥即藏身此處，這就是公園名稱的由來。隔天，另一輛巴士駛進公園。另外十一名同樣年齡的孩子下車，直接走進另一間位於茂密森林另一端的小屋。兩個團體都不知道公園裡有另一個團體。

所有男孩都來自奧克拉荷馬地區白人新教中產家庭，之前都沒有碰過面。兩個團體都很快凝聚為一體，有些男孩被取了可愛的綽號，例如一個大個子得到反諷的「娃娃臉」。兩個團體也都取了隊名發揚團隊精神，一個挑了「響尾蛇」，一個挑了「老鷹」。

兩星期後，其中有些人晚上會哭，告訴輔導員他們想回家。如同一些人在回憶那次經歷時所說，他們美好的夏日郊遊已然變得更像威廉・高汀（William Golding）《蒼蠅王》（*Lord of the Flies*）裡殘酷的「我們 vs 他們」戰爭。

這場實驗是由社會心理學家穆扎弗・謝里夫（Muzafer Sherif）發想並主導。[3]他的目標是要修正當時盛行的心理學觀念：將偏見的源頭歸於早期童年創傷、佛洛伊德的求死本能、替代性攻擊（displaced aggression）和純粹的無知等等。不對，謝里夫想，偏見的種子不在**我們**身上，而在**情境**中。

為測試他的主張，謝里夫必須設法讓兩個陌生團體針鋒相對。他精心安排了嚴密打造的情境。在將兩個團體隔離後，他鼓勵他們各自透過各式各樣的活動建立情誼，例如搭營火、烹飪、健行、游泳、划獨木舟。在男孩打成一片，發展出強烈的同袍意識後，他們才得知原來公園裡還有一群男孩。說時遲那時快，兩群男孩開始對另一個團體發表貶損的言論，就算他們根本還沒碰過面。

接下來謝里夫帶入稀有資源的競爭。兩間小屋要在錦標賽互相較量，包括拔河、觸式美式足球、棒球賽和尋寶等一連串競賽，而男孩被告知唯有贏得多數比賽的隊伍可以獲得一系列獎賞，包括獎金。兩個團體馬上變得敵對，甚至給對方冠上難聽、剝奪人性的稱號，例如「臭渾蛋」、「賊仔」、「騙子」（這在那個年代相當惡劣）。雙方在餐廳大打出手。大家要同仇敵愾成了團隊規範，而一個孩子若能用俏皮話羞辱對方和策畫狡詐惡作劇，就會帶給他榮譽勛章和歸屬感。這些孩子逐漸變成謝里夫所說「心理失常、惡毒……缺德的屁孩」。

響尾蛇贏得錦標，拿到包括現金在內的獎勵。失敗的老鷹隊惱羞成怒，竟突擊響尾蛇的小屋，把床翻過來，床墊塞進屋架裡。兩個團體變得互相仇視，就算是看電影或郊遊，只要知道另一群人也會到場，男孩們寧可不去。而從頭到尾，目睹一切卑劣情事，輔導員——實為謝里夫助理——遵照謝里夫指示，並未訓誡這些男孩。他希望輔導員扮演庫爾特・勒溫放任型領導人的角色。

接下來，謝里夫希望測試這個假設：假如情境轉變，眾人必須為某個共同目標團結一致，就連如此水火不容的團體也會變友好。但首先他要證明，一般採用促進敵對團體相互理解的方式是無效的，例如由本堂牧師說兄弟之愛。男孩聽完鼓掌，回頭又依然故我。相反地，謝里夫相信他所謂「更高層次」的目標可以把人們凝聚起來。這些是雙方都非常重視，且無法單獨完成的任務。

在研究的最後一星期，謝里夫精心偽造一連串緊急事件要男孩互相幫忙——他們被告知需要集合眾人之力才能完成。男孩很快開始和睦相處。有一天，他們得知從附近水庫引水入營地水塔的水管出了問題，必須分頭找尋原因。還有一天，在孩子餓了一整天後，送食物來的貨車開進溝裡，而要把車子拉出來，唯有全部孩子同心協力。妙的是，他們用來拉車的正是幾天前他們在拔河比賽來回拉扯的那條繩索。到那個星期結束時，謾罵和霸凌完全消失。兩個團體的交情變得好得不得了，好到當巴士在載他們回家的路上停下來休息時，響尾蛇隊拿錦標賽的獎金請每一個人喝麥芽奶昔。

強盜洞研究是經過如此縝密地策畫，不禁使人懷疑它能多精確地反映真實的人際關係。但我們確實常在日常生活中發現自己處於為了爭奪有限資源而互別苗頭的情境——而那些資源之所以有限，有時是人為的，是當權者的政策使然。學校向學生傳遞混雜的訊息，一方面宣揚合作與包容的福音，卻又區分等級優劣，暗示學生要相互較勁。在職場，員工常被相互比較而被明確或含蓄地評斷。獎金制度和績效評估常需要經理人評價團隊成員的相對表現，員工也都知道他們這麼幹。在銷售團隊，每個人往目標的進展甚至可能公告周知，且涉及高額金錢報酬。科學家競爭科學期刊的發表空間，就算現在大可在網路上發表。美國政治人物競爭贏者全拿的選舉，而這樣的制度鼓勵他們把對手妖魔化。在更廣大的社會範疇，政客和媒體報導鼓勵某些美國白人勞工將移民看待成要與他們爭奪稀有就業和經濟報酬的對手。[4]有些白人認為這些少數族群是犧牲他們的權益而取得政治影響力和社會地位，失業者還能靠社會福利，像他們這樣的白人卻得自謀生計。媒體和社群媒體都幫這樣的怨恨火上加油。

地理隔閡也會助長群體間的仇恨[5]——川普的支持者和反對者、ＬＧＢＴＱ非異性戀權利倡導者及反對這些權利的福音派，捍衛生命權與捍衛自主權（即反對墮胎與同意墮胎）的運動人士——創造出詹姆斯・鮑德溫所謂的「同理心貧乏」（poverty of empathy）。二〇二一年一項研究發現，「政治隔離」已蔓延全美，使同一郵遞區號內，甚至同一郵遞區號裡的鄰里街坊內，都有政治微群（microcluster）形成。民主黨人和共和黨人涇渭分明，就連一般美國選民平常會遇到的對象，支持另一黨的人也不到三分之一。對兩千五百萬住在美國較城市和較鄉下地區的選民而言，每遇到十個人更只有一個跨越黨派界線。我們愈少遇到與我們不同的人，就愈沒有機會發掘他者的人性光輝。

進一步強化地理距離的效應，白雪純子等人分析了各種地點——鄉下、美國各州、大學

——將族群團體視為低人一等的程度。在每一個例子，對族群的刻板印象都與族群隔離程度成正相關，隔離愈嚴重，刻板印象愈深。[6]

由此可見，要解決「同理心貧乏」的一條途徑是增加社會接觸，尤以能促進合作的背景最為理想。事實上，二〇二〇年一項針對以色列和巴勒斯坦露營者的研究發現，[7]雙方若能密切來往三個星期——測量基準包括雙方被指定睡上下鋪、在同一張桌子吃飯、參與同樣的談話團體——就幾乎不會再只跟同團體的人交朋友了。另外，這段在營地建立的跨群體友誼，也預示雙方將長期減少對外群的偏見，且有意謀求和平，甚至一年後也是如此。

在我們的日常生活中，我們可以自由跨越界線、分享觀點和資訊來進行社交。但這種做法看來如此不便、不愉快且前路險惡，很少人願意費心這樣對話。我們多數人會選擇靜觀其變，且幾乎只讀符合我們信仰和立場的資訊，擴大「我們」與「他們」之間的缺口。我們形成孤島的能力已在當今世代大幅擴張：線上社交網路、私立學校、門禁社區皆推波助瀾。在美國的個人主義社會，大家庭不再像過去那般舉足輕重——以往，就算家庭成員平常各過各的日子，各有各的觀念，習俗仍要求大家時常密切接觸。我們很多人彷彿已給自己強加一種近乎完美的社會孤立，不與我們視為外群的人為伍。

但如同謝里夫經由提供男孩共同目標來鼓勵連結，我們也可以營造情境，讓人們團結起來為相同目標努力。其中一個最有力的做法是為團體生活建立新的社會規範。

規範就像社交生活的遊戲規則。我們的生活到處充斥著這樣的規則，明文規定的，不成文的，告訴我們該如何對待彼此來「在遊戲中勝出」。我們相信「人不為己天誅地滅」還是「你一個人幹不成」呢？高夫曼從這個觀點出發，分析人際往來。[8]例如，在對話時，你被允許做一些動作。你們會輪流，而如果你依照雙方認可的規範說了有用、好笑或睿智的話，你就得分了。我們通常不會這麼明確地把社交視為展現遊戲精神的機會看待。但我們確實常按照我們想像中一個情境的規則，也就是規範來行動。就連泰菲爾的最小區別團體研究（如我們在前一章所見，作為人類天生傾向區分「我們」和「他們」的證據）也暗示不言而喻的規範作用強大：當實驗指令**要求**參與者不得把錢均分給兩個團體時，最嚴重的內團體偏私（ingroup favoritism）油然而生，進而把情境定義為零和遊戲。

李柏曼（Varda Liberman）、山繆爾斯（Steve Samuels）和李・羅斯（Lee Ross）的研究證明我們的行為可能怎麼被規範戲劇性地修正，來鼓勵合作行為。[9]他們要參與者真的玩一場遊戲：人類行為研究著名的「囚徒困境」（Prisoner's Dilemma）。典型的「版本」是讓兩個人扮演敵對的囚犯，兩人關在不同房間，無法聯繫。兩人皆被告知，如果他們舉發另一人，而另一人沒有舉發他們，他們就可獲釋，而另一人會繼續監禁。但要是兩人都舉發對方，兩人都不會獲釋。在李柏曼等人創造的研究中，遊戲雙方則是競逐一大筆錢。兩人被要求提出「對策」，但只有兩個選項，且被告知要同時提出。他們可以選擇自私，試著霸占全部的錢，也可以選擇分享。如果兩人都選擇霸占，那兩人什麼都沒有。如果一人選擇霸占，另一人選擇分享，那霸占者全拿，分享者一無所獲。但如果兩人都選擇分享，就可均分那筆錢。這個遊戲賦予參賽者貪婪的動機，但也透露貪婪的結果不如集體合作來得好，普遍的社交情境和社會現象也常是如此。

對一群大學生，實驗者隨口把競賽稱作「華爾街遊戲」（Wall Street Game），對另一群大學生則稱為「社區遊戲」。結果第一群人中有七一％玩家選擇霸占。第二群則有六七％選擇分享。

多數人認為名稱只會對玩家的選擇造成些微差異。研究人員也在這裡證實，多數人認為玩家的善良或貪心遠比那更能預測結果。然而事實上，玩家在同儕間是善良或貪心的名聲，完全無法預測玩家的選擇。很少人明白遊戲的名稱會強有力地改變遊戲的規範，進而透過規範強有力地改變玩家定義情境的方式。名稱會確立何謂「好玩家」的規範。若名叫「華爾街遊戲」，分享會使你變成「遜咖」，因為華爾街的規則縱容孤狼，而如果你不這樣想，你就會是被剝削的那個人。相反地，在「社區遊戲」霸占一切會讓你變成「寄生蟲」，因為社區營造的規則律定我們要互相關照。於是，人們玩這種遊戲不再像一般認為那麼基於策略性的自私，而是基於在這種情境怎麼算是好人的規範。這項研究也提供同理心的課題：人做出自私舉動或許不是因為本性自私，而是因為他們決計（或許是想給人教訓，或許是曾遭背叛傷透了心）把這種社會生活的「遊戲」定義成華爾街的遊戲。

這裡的重點在於情境可以營造成兩種有規範的遊戲：讓玩家針鋒相對，或是讓人從合作行動中得到樂趣和身分認同，包括認同他們可能視為「他者」的人。一個最好的例子是艾略特・亞隆森（Elliot Aronson）所進行，他稱為「拼圖教室」（Jigsaw Classroom）的研究。

亞隆森堪稱社會心理學史上最足智多謀的情境營造師。[10]我就是因為在大學時讀了他的大作《社會動物》（*Social Animal*）才走上社會心理學這條路。亞隆森是說故事高手，而我有幸參加他主講的幾次演說。他會援用他研究的故事，說得讓聽眾陶醉不已，怪不得都能贏得共鳴。他最早的拼圖教室研究成效如此卓著，使他的各種干預措施廣為各級學校採用。

亞隆森進行這項研究的靈感來自他的親身經歷：他曾在家鄉德州奧斯汀經歷過住宅種族隔離——一條超級高速公路劃開主要住著窮黑人和墨西哥裔美國人的地區，和多半住著富裕白人的社區。一九七一年，奧斯汀才首度嘗試撤銷學校種族隔離，雖然最高法院早在一九五四年就裁定各州主導的種族隔離違法，明令各州「以十分審慎的速度」進行融合。融合起初進行得並不順利。一如全國各地的先例，種族仇恨不減反增，少數族群學生的成績和自尊遭受打擊。

亞隆森想重新營造教室情境，賦予融合更高的成功機會。他的第一步是觀察教室的現況。

亞隆森和六名研究生造訪六間國小教室，就只觀察，其他什麼也沒做。他請他的學生列出他們觀察到的特色，依普遍程度排列。眾人比較各自紀錄時驚訝地發現，他們全都將同一件事列為榜首：上課風氣真的競爭激烈。老師問一個問題，會馬上有六、七人舉手，甚至有孩子真的從椅子上跳起來，競爭稀有的資源——老師的關注和認可。然後，當老師點到某個孩子，其他舉手的孩子便會一陣呻吟。「可在此同時，」亞隆森告訴我：「有另外二十個孩子」——黑皮膚和褐皮膚的孩子——「不曉得答案，盯著地板。而這種事一而再，再而三發生。」亞隆森補充說，「我們很快恍然大悟……」在教室競爭的遊戲中，「黑色和棕色的孩子幾乎注定失敗，因為他們來自不符標準的學校」。

他知道不管要引進何種變革，都必須讓孩子親自參與變革過程。口頭告誡孩子要體貼、要合作是沒有用的。你必須改變孩子認為他們在玩的那場遊戲的性質。他思考該怎麼做。他腦中閃過富蘭克林（Benjamin Franklin）的故事。富蘭克林擔任賓夕法尼亞議員時，想讓一位較年長、脾氣乖戾的議員喜歡他。他想到送禮，但決定反其道而行。讓他送我禮物，他這麼想。讓他假裝喜歡我，他的心和腦袋就會跟著喜歡我了。所以他問那位議員能否跟他借某本珍貴的書，後來富蘭克林滿懷感激地歸還。老議員很快就對富蘭克林產生好感。老議員原本不喜歡富蘭克林的事實，使他必須為自己施恩於對方找理由。之後，亞隆森兩位同事約翰·傑爾克（John Jerker）和大衛·藍迪（David Landy）經由實驗證實，慷慨地選擇幫助某個人，能提升對那個人的好感。[11]因此亞隆森認為，不管他要營造什麼樣的情境，都應該是孩子互相給予的情境。

在思考該如何改變教室遊戲的規矩時，亞隆森從運動得到靈感：在運動領域，來自不同背景的人都要學習像兄弟姊妹那樣凝聚起來。他想到「像籃球隊，五、六個隊員那樣」。於是這個想法油然而生：讓孩子在小團體裡互助合作。他也援引謝里夫的研究，納入更高的目標。

在亞隆森最早的干預版本中，五間教室裡的所有孩子，都要先個別學習一項大課程的一塊「拼圖」。如果課程是關於美國原住民文化，一塊或許和切羅基人（Cherokee）有關，其餘四塊可能是納瓦荷（Navaho）、蘇（Sioux）、阿帕契（Apache）和易洛魁（Iroquois）。如此一來，每個學生都會變成其中一塊的「專家」。接下來這些孩子要組成五人「學習小組」，而教師必須確定各小組混有不同種族以及每一塊拼圖的專家。教師告訴學生他們要在課堂結束時進行全部課程的測驗。要學會全部課程，孩子就必須合作。

亞隆森營造了學生必須學會掌控情緒和社交技巧才能成功的情境。如果某個孩子傳達內容的速度比較慢，刁難是沒有用的。孩子逐漸明白善於合作而非競爭對自己更有益處。他們必須學會問彼此適當的問題，並仔細、尊重地互相聆聽。在過程中，他們也學會互相打氣和避免有害的刻板印象。亞隆森說，一個關鍵要素是「學生必須捨棄競爭心態」。

亞隆森在六星期後評估這種方法的衝擊，比較了五個實施拼圖學習的教室，和用傳統方法學習同樣教材的類似教室。相較於傳統教室的孩子，走拼圖程序的孩子明顯較沒有偏見，且交到較多其他種族的朋友。他們的自尊和學業成績亦有所提升。拼圖教室對學生的正面效應顯而易見。當亞隆森主辦研討會展現他的教學法時，參與的教師會問：「你在這間教室做了什麼？」

亞隆森指出這種教學法的一些重要特色，那利用了本書第一章所列的情境營造資源。首先是**時機**。在孩子的形成期（formative age），即五、六年級時實施拼圖，你會打開他們的心房，到他們十、十一年級時，「他們就會更願意接納形形色色的差異」。孩子也進入了有新規範、新角色，提供新相處模式的新參照群體。同樣重要的是，這種情境內建自我肯定。孩子都會覺得自己很重要且屬於這個團體。最後，這個過程的參與性質會進一步培養歸屬感。

亞隆森的原始研究啟發了數百項後續研究與教室創新。教師可視情況決定多久讓孩子演練一次「拼圖」，從一天一次到一週一、兩次不等。運用激勵結構和遊戲目標，研究人員已將研究發揮得淋漓盡致。一種效果奇佳的策略是讓學習團隊比賽——不是獎勵測驗平均分數最高的小組，而是平均進步最多的小組。孩子開始以彼此的成長為傲。隊友的成就成了自己的成就。拼圖教室不僅在小學生身上成效卓著，在高中生和大學生身上也相當成功。

一九八二年，亞隆森收到一封感人的信，一名學生寫到拼圖教室對他有多重要：

我是德州大學四年級生。今天我收到哈佛法學院的入學許可。您可能覺得這沒什麼稀奇，不過請容我告訴您一些事。我爸媽有七個小孩，我排行第六，而我是唯一上大學的，更別說畢業或進法學院了。

此刻，您或許正在納悶，這個素昧平生的小子為什麼要寫信給您，向您吹噓他的成就。事實上，我們雖然未曾謀面，但也非素昧平生。去年我修了社會心理學的課，而我們用了您寫的《社會動物》，讀到偏見和拼圖時，那看起來熟悉得不得了——然後我恍然大悟，我就在您實施拼圖教學法的第一個班級上——我五年級的時候。再讀下去，我逐漸明白我就是書裡的卡洛斯。然後我想起來，您第一次來我們班上時我有多害怕、多討厭學校、多笨、什麼都不懂。然後您走進來——我一直到讀了您的書才想起這件事——您很高，大約六呎六，留著一把大黑鬍，您很有趣，逗得我們哄堂大笑。

不過最重要的是，當我們開始分成拼圖小組作功課時，我開始了解，原來我沒那麼笨，而我原本以為惡毒又不友善的孩子，成了我的朋友，老師對我親切溫柔，於是我真的開始喜歡上學，開始熱愛學習，而現在我要進哈佛法學院了。

您一定收過很多像這樣的信，但我還是決定一寫，因為我有話想告訴您。我媽跟我說我出生時差點夭折。我是在家裡出生，臍帶繞頸，助產士幫我口對口人工呼吸，救了我一命。如果她還活著，我也會寫信給她，告訴她我長得頭好壯壯，要去念法學院了。可惜她幾年前過世了。我寫信給您是因為，您跟她一樣，也救了我一命。

卡洛斯敬上

外展教育（Outward Bound）也是用規範和更高目標建立連結的成功故事。那是一系列戶外求生課程，讓來自各種背景的孩子聚在一起進行為期一、兩星期的嚴酷野外冒險，他們必須通力合作才能活下來。政治學家唐諾．格林（Donald Green）和賈奈爾．王（Janelle

Wong）對此課程的成效進行過重要研究，他們寫道：「野外起了校正器的作用，把所有參與者的體能逼到極限。」[12]另外，孩子脫離家庭和朋友這點更讓他們「解凍」（套用勒溫的說法），而能被新團體、新規範形塑。這樣的經驗充滿自我肯定的機會。孩子克服逆境，也寫日記思忖想要用生命實踐什麼樣的價值觀。研究顯示參加外展教育能建立自尊。

為其研究，格林和王請外展教育管理者在他們的大本營將十四到十七歲的參與者分成十人一組。在一些組別，每名學員連同成年教練都是白人。其他組的十個孩子中則有三個是黑人或拉丁人。

完成課程三週後，研究人員和白人參與者聯繫，用一份調查評估他們對種族及種族以外議題的包容度。調查問他們是否同意這樣的敘述，如：「如果有不同種族的人負責照顧我，我不會介意聽他的忠告或指示」和「我絕對不想跟同性戀的青少年為伍」。儘管課程才為期兩個星期，成效卻十分顯著。多元團體的參與者中，有五八%對五個問題都給出最寬容的答覆，反觀全白人組則只有三二%。多元團體的經驗似乎教給他們「共同人性」的深切課題，使他們對種族少數和同性戀都表現出較正面的態度。

我們很容易忽略拼圖教室和外展教育都缺少了某樣東西，一樣在我們試著營造包容空間時通常會有的東西。它們沒有說教，完全沒有提到寬容或平等。事實一再證明，嘗試透過說教來對抗偏見的做法大抵徒勞無功。[13]這些仔細營造的情境之所以奏效，是因為他們讓孩子從頭到尾參與自己改變的過程。

頂尖的偏見研究學者、社會心理學家伊莉莎白・帕勒克（Elizabeth Paluck）進行了不同凡響的研究，證實我們還能以其他方式營造情境來喚起新的規範、擊退群體之間的敵意。[14]相對於現今多半在研究室和大學校園內，或以網路樣本進行的社會心理學研究，帕勒克的研究可說勇氣十足，那直接實地在衝突團體間測試方法。二〇〇〇年，還是敝系博士生的她做了個不知天高地厚的決定：前往盧安達進行干預測試，希望有助於修補圖西族（Tutsis）慘遭同胞（且常是鄰居）胡圖族（Hutus）屠殺所導致的深刻社會創傷。

二十世紀前半，德國和比利時占領者實施的分治法造成盧安達分裂，將兩個族群甚微的差異放大為斷層，藉此授予一群而非另一群人恩惠與地位。雙方積怨已深，盧安達政府又火上加油。在一九九四年百日屠殺期間，估計有八十萬圖西族人遇害，而殺害他們的開山刀和槍枝大多是由政府分發。[15]那相當於一日有八千件殺人案。一如納粹大屠殺等先例，一般民眾也願意做卑鄙的勾當。多數屠殺發生在人們生長和度過大半人生的地方，多數人命是葬送在鄰居手裡。據聞甚至有神父和修女殺害到教堂尋求庇護的圖西族人。其他人則袖手旁觀，任戰慄橫行。

帕勒克抵達盧安達之際，種族滅絕仍令人記憶猶新。許多村民都帶著悲傷和心理痛楚度日。深怕暴力再次爆發的恐懼昭然若揭。村民正在因應帕勒克所稱的「巨大信任危機」。傷口這麼深，他們要如何以善意和平共處呢？阻礙重重，看似難以突破。

要建立希望、促使民眾睜開眼睛看看新的可能性，最好的辦法莫過於說一則愛的故事了。故事可以讓人們圍繞著一個共同的希望團結起來，超越分歧。改寫作家菲力普．普曼（Philip Pullman）的話，資訊和論據或許會進入腦袋，但「要花上『很久很久』才能到達心臟」。[16]帕勒克和一部新廣播劇（名為*Musekeweya*〔新黎明〕）的創作者合作。電台曾在種族滅絕期間被當成散播仇恨的工具。它能扭轉傷害嗎？

那部和解的廣播劇是盧安達官員和荷蘭非政府組織「Radio la Benevolencija」在厄文．

史陶伯（Ervin Staub）指導下創作。史陶伯是精神醫學教授，也是納粹大屠殺生還者，寫過無數文章探討暴力行為的根源。《新黎明》的故事類似莎士比亞的《羅密歐與茱麗葉》，是關於出自兩個敵對村莊的情人。種族滅絕後，人民被禁止討論種族話題，因此作家必須用虛構的村莊代表胡圖族和圖西族。劇中，一如真實的衝突，緊張情勢因土地匱乏、政府偏袒和政客煽動而沸騰。一個村子攻擊另一個。死亡、創傷、痛苦接踵而至。

這對不幸情侶的熱戀，對兩村的衝突而言宛如避雷針。所幸，不像莎士比亞的悲劇，這對情人戰勝了，而且成為新規範的明燈。他們反抗命運和村裡的社會壓力，集結年輕人組成抗議團體。一如任何洋溢希望而貌似真實的故事，《新黎明》並未逃避棘手的問題。許多劇中人都面對創傷，有很多令人悲痛的場景。劇中人哭泣、放棄、往壞的方向轉變。但隨著村民相互支持、照顧病人、一起面對問題，希望也萌芽滋長。他們談天說笑、歌唱、開懷大笑、一起喝香蕉啤酒，這些儀式讓他們想起和睦相處時的人生有多美好。

為測試和解廣播劇在彌合盧安達的社會分歧上發揮了多少效用，帕勒克鑑定出十二個具代表性的村落。她籌組一支研究助理團隊，其中許多成員是盧安達人，負責帶音響和卡式錄音帶到這些村子的社區廣場，每個月一次，為期一年。在六個隨機挑選的村子，助理播放聚焦於和解的肥皂劇錄音帶，在其他六個村子，則播放愛滋衛教的帶子作為對照組。村民可自由選擇要不要去聽。

除了節目內容，帕勒克和同事營造的情境還有一個關鍵要素：村民是聚在一**起**聽。他們在社區廣場圍著收音機坐。當情侶受到阻撓，村民會難過得嚎啕大哭。當劇中人從中作梗，他們大吼大叫。當劇中的傻瓜令煽動家受挫，村民一起大笑。當情侶終於復合，他們大聲歡呼。當故事裡睿智的長者發表意見，他們有時會表達自己的認同。例如，聽到長者訴說包容與尊重的重要，村民會喝采：「他說的我們也要做到！」在天色已晚，節目告一段落後，村民常繼續混在一起聊那個故事。

在一年過去接受訪問時，有九五％的參與者表示劇中人物讓他們想起自己村裡的人。有些人甚至用劇中的名字戲稱村民，這或許有助於他們把故事融入自己的生活與關係中。這個故事似乎讓那些他們有理由害怕或憎恨的村民，再次擁有人性了。

在一個不久前還如此令人悲痛之地，我們還能期待這樣的經驗造就其他哪些轉變呢？以為聽者會立刻放下不信任、仇恨或恐懼，就未免天真。但這或許能促使他們想到自己可以也應該採用新的社會規範，尤其和他們一起聽故事的其他村民，似乎也有同樣的感受。帕勒克就見到這樣的成果。

收聽和解廣播劇的村民更可能贊同胡圖人和圖西人的跨族婚姻。比起聽愛滋衛教廣播劇的村民，這些村民更不贊同這句話：「我會勸我的孩子（或未來的孩子）只跟和我們同地區、同宗教、同族群的人結婚。」

和解廣播劇也鼓勵村民更願意打開心胸信任彼此。它的聽眾比對照組更不同意「信任是天真的行為」這句話。這些村民也更堅定地不認同這個盛行的規範：「不同意某人的言行舉止時，我們該保持沉默。」這個節目似乎讓他們更能採取非暴力的立場，而這是一項重大的發現，因為屠殺之所以蔓延開來，部分正是因為旁觀者未能介入。廣播劇也讓村民接觸到正向的策略：透過社會支持而非找替罪羔羊來建立身分認同與歸屬感。他們更不同意這個規範：「絕對不該談論那些帶給我莫大苦痛折磨的經驗。」

最後，作為測量同理心的指標，研究團隊問村民能否「想像」四個群體的「想法與感受」：囚犯、種族滅絕倖存者、窮人、政治領袖。比起衛教劇的聽眾，更多和解劇聽眾對上述每一群體都答了「是」。

並不是聽了和解劇的民眾就能擁抱和寬恕彼此。他們並未就此一筆勾銷。但他們的態度軟化了。他們所踏出的，依照其他許多研究，常是通往改變的第一步——拓展了關於可能是什麼、應該是什麼的認知，也就是心裡感受的規範出現轉變。

這些轉變的其中一個效應是村民覺得更願意表達異議，也更希望差異不必透過暴力就能化消。還記得勒溫的研究：健康的團體會以民主方式商議吧？和解計畫似乎就能促進這樣的方式。作為參與研究的酬謝，每個村子都獲贈一部音響和六卷卡帶。音響只有一部，想用的人很多。村民要怎麼解決這個難題呢？他們的對話被偷偷錄了下來，由研究助理進行分析。

在聽衛教劇的村子，商議一般進行得很快：有人建議由村長管理音響之使用，全場便鴉雀無聲，默默通過。但聽和解劇的村子，商議就「比較活潑、激烈了」。第一個村民提出建議後，通常會有第二個村民表示異議，並提出不同的方案。接著會展開辯論。但除了不同意，這些村民也表達了希望，這正是健康民主程序的正字標記——儘管意見不同，歸屬感卻得到保護。另外，這些提議者有辦法想出解決之道，也獲得村民更正面的評論。如其中一人說：「我們一直都是一起過來聽這部音響的，為什麼不能像之前一樣繼續一起過來聽呢？」

當紐澤西州通過所轄學校的反霸凌法案，州政府委請帕勒克提供建立新規範來減少團體衝突的方法。[17]在分散該州各處的中學，她於每所學校招募約二十五名七、八年級生成立「種子團體」——我想就類似電影《早餐俱樂部》（*The Breakfast Club*）裡兼容並蓄的孩子群組，不過種族又更多元些。帕勒克的種子團體是不會在下午解散的早餐俱樂部。他們會積極把他們揭露的共同人性轉變成新的規範。她的干預是這樣進行的：在她干預的二十八所學校，她總共招募七百二十八個孩子，其中五百人實際參與。這些孩子在各校組成種子團體：名副其實的種子，因為他們加起來不到這些學校一萬一千九百三十八名學生的三％。在有四百五十名學生的學校，約有十五人參加種子團體。這十五個孩子代表全校學生。他們一年聚會十次，每次約一小時，且有一名採用勒溫民主領導方式的成年人一起工作。另二十八所學校則組成對照組，除了學校處理霸凌的標準方案與政策外，沒有其他干預措施。

成年領導人幾乎從不說教，也不以說服和教育運動常見的強迫推銷法給孩子壓力。這些領導人會詳盡說明計畫宗旨和最終目標，至於要用何種方法達成目標，則完全交給孩子決定

——落實良好的民主式領導。孩子被告知，這項計畫是「讓你的學校成為所有學生都會覺得被接納的地方」。學生一致同意，若能減少學生「發生衝突或戲劇性事件」和「陷入有人受窘、被排斥或對自己感覺很糟的情境」的次數，一定很棒。

種子團體裡的孩子獲得肯定，且被派任「改變實現者」和「影響者」之類授予權力的角色。領導人也告訴他們，研究顯示一個人的行動有可能擴散到整個社交網絡，而因為他們是校園生活的佼佼者，他們最清楚問題出在哪裡，及如何修正。我們沒有答案，成年領導人坦承。你們有，我們就有。我們要一起合作創造解答。領導人向孩子保證，團隊會議將是非常安全的空間，他們可以暢所欲言，實話實說。「可以說學校哪裡不好，也可以不同意彼此，只要我們全都展現尊重。」

仿效謝里夫的做法，帕勒克讓孩子參與有趣且需要合作的遊戲來增進學生在團體裡的歸屬感，她也引進多種管道讓孩子充分參與團體歷程——另一個營造情境的重點。例如，學生可以匿名在「造就改變信箱」裡提出點子。學生不在團體時仍能在線上聯繫，並透過研究人員架設的網站分享自己的想法。

這一整年，成年領導人會引導組內孩子成為學校的情境營造者，提出這樣的問題：哪些因素會讓學生覺得歸屬和被接納的感覺受到威脅？什麼時候會出現戲劇性事件、鬥毆、惡劣的玩笑、謠言、八卦，大家可以做些什麼來改善情境？我們可以怎麼實現這些改進措施呢？領導人鼓勵他們明目張膽地行事，因為這可以創造新的社會規範。孩子發起各種解決方案，例如「讓愛傳出去」活動：他們設立實踐隨機善行的規範，然後由受惠者傳承下去；草根性的反「戲劇」廣告；打#號制止衝突，由孩子貼在社群媒體，並寫在學校各處的白板上；以及「行為銀行」，列出在一觸即發的情勢下，孩子可以採取哪些具體的做法來幫助彼此感覺被接納和被尊重。一項受歡迎的活動是讓種子團體裡的孩子分發貼有「尊重」或「造就改變」標籤的橘色手環給他們認為可作新規範榜樣的學生。他們發了超過兩千五百只手環，為新規範創造另一個明顯的指標。

那一年結束時，官方紀錄顯示相較於對照組的學校，實行帕勒克干預措施的學校在所有學生違紀事件上減少了二五％，相當於少了近七百件。

一項要素可加速推動干預。出於湊巧，有些種子團體有較多「社會參照對象」[18]——帕勒克向謝里夫借用的概念，也讓人聯想到「守門員」。這些是備受喜愛的孩子，學生崇拜他們、會試圖圍繞在他們身邊，就像我和普林斯汀在教室研究中那些地位崇高而證明具有強大影響力的孩子。帕勒克在每一種子團體裡鑑定出在校受歡迎的孩子有幾人——就「其他學生表示喜歡跟他們一起玩」這點（一種受歡迎的指標），排名前一〇%的孩子。

每一種子團體裡有幾個較受歡迎的孩子，也就是社會參照對象的人數，會造成顯著的差異。在種子團體剛好只有一名社會參照標準的學生時，干預效果不彰。但只要再加兩個，就可發揮完整的影響力。再加兩名，效果又加倍，全校違紀事件發生率攔腰減少超過一半。區區幾個學生領袖就能種下讓全校改頭換面的規範。

所有參與這項研究的學校，包括對照組，後來都在帕勒克和團隊的訓練下採用這個方案。澳洲也進行了大規模的試驗。帕勒克以科學研究為基礎，並以一系列模組展示的完整課程，公開在她的網站上：http://www.betsylevypaluck.com/roots-curriculum。

一旦我們發現群體分歧是情境作用而非少數害群之馬作祟，我們就要著眼於如何改變情境來彌合根深柢固的「我們vs他們」歧見。政治學家薩瑪・穆薩（Salma Mousa）二〇二〇年進行的研究測試了另一種運用更高目標與規範的方式——運動——有多大的力量。[19]伊拉克的基督徒和穆斯林公民被連綿戰火和種族清洗撕裂了，穆薩想找出癒合的方式。從二〇一四年伊斯蘭國（ISIS）占領摩蘇爾城開始，共有一萬九千名伊拉克公民遇害，基督徒和其他宗教及族群少數，例如亞茲迪人（Yezida）和什葉派，更被挑出來針對，就算未遭殺害，也淪為奴隸或逃跑，結果造成三百萬伊拉克人大遷徙。千百年來已是基督徒家園的城市頓成空城。即便暴力大致結束，心理創傷仍未撫平。基督徒和穆斯林的關係依舊緊張，充斥不信任。

穆薩想到一九九五年南非贏得世界盃橄欖球賽的歷程。在南非解除種族隔離後，新任總統尼爾森．曼德拉（Nelson Mandela）精心籌組第一支種族融合、有黑人和白人球員的橄欖球隊。曼德拉相信運動有助於團結一個歷經五十年種族霸權而嚴重分裂的國家。[20]結果這支球隊排除萬難，贏得冠軍。在動人的頒獎典禮上，黑人和白人球員站在一塊兒，互相搭肩，合唱南非的舊國歌和黑人抵抗運動的頌歌。穆薩和一個地方組織在受暴力搖撼的伊拉克北部各城市運作，組了一個成人足球聯盟，各隊在為期八週的錦標賽中競技。她以隨機方式成立兩組球隊，其中一組，所有隊員都是基督徒，因為這個地區就是基督徒占多數，這一組代表一切如昔。至於另一組，每一隊有三名隊員是穆斯林。為協助建立穆斯林和基督徒之間的和諧，穆薩要求教練在球季一開始就主導破冰。她也請教練務必做到讓全部球員的上場時間大致相同。穆薩向我解釋，也有教練提出一項「隨機應變」的情境營造法：要隊員只說阿拉伯語，因為伊拉克的基督徒大多會說阿拉伯語，但多數穆斯林不會說基督徒家裡說的東亞蘭語（East Aramaic）。前幾場比賽，基督徒球員在場上用亞蘭語溝通時，穆斯林隊友覺得疏離。穆薩表示，這些教練的小小即興創作，堪稱「融合穆斯林球員的轉捩點」。

可惜，這項實驗的穆斯林球員人數太少，無法就他們親身經歷的改變進行嚴謹的分析，不過就融合球隊裡的基督徒而言，在球員認識彼此後，他們做了許多跨越宗教族群界線、建立同志情誼的動人之舉。例如，當一隊的穆斯林說他們付不起到場比賽的計程車資，基督徒隊友就合資幫他們出。當一些基督徒想邀請穆斯林隊友去不歡迎穆斯林的咖啡館，基督徒會跟店主協商讓他們進入。當沒有穆斯林球員出席一場為球隊舉辦的晚會，幾個基督徒馬上打電話給穆斯林隊友說服他們到場。球季結束時，許多基督徒以各種詞語描述自己已和穆斯林隊友建立默契。「比賽結束後，」一名基督徒說：「我們會擁抱、親吻、互相祝賀，就連輸球時也不例外。」球員甚至會邀請不同宗教的隊友到家中作客。

穆薩也更正式地測量了團隊融合的成效。例如，她在一份調查中問球員有多相信把這個國家劃分成穆斯林和基督徒是「蠻橫的」。融合隊的成員比對照組的成員更強烈地同意這句話。穆薩也創造了好幾個讓基督徒球員對穆斯林球員表現支持的機會。比如他們可以提名其他隊的球員入圍「運動精神獎」，結果很多人都提名一位穆斯林。她也評估有多少基督徒球員登記下一季要踢混合隊，以及有多少基督徒在季後和穆斯林一起練球。在所有情況，出自融合球隊的基督徒都明顯表現出更高的包容力。例如，非融合隊的基督徒球員只有一四%在季後固定和穆斯林練球，融合隊的基督徒卻有六三%這麼做。

穆薩也測量實驗對球員「場外」行為的效應，包括球季四個月後，基督徒球員會不會參加一場同時為穆斯林和基督徒舉行的慶祝晚宴及舞會；基督徒是否會兌換穆斯林城市摩蘇爾一家餐廳的優惠券；以及他們會捐錢給全面性的人道組織，或專門服務基督徒的人道組織。比較融合隊與非融合隊之後，她並未發現那對結果有任何影響。另一方面，證據顯示，只要待在穆薩創立的融合**聯盟**，不論是否踢融合隊，就會在這些方面展現較高的包容力。另外，當穆薩觀察踢進聯盟決賽的組合，融合隊不僅展現較高的場外包容力，獲勝的融合隊更展現了優於所有隊伍的包容力。這項發現暗示情境營造未來還可以探索其他概念。也許，若是能引導球員用合作、努力和成長來定義球隊的成功，而非只看戰績，效益或許能傳播得更廣。

連番暴力摧枯拉朽，已使伊拉克的社會結構殘破不堪，需要長年更大規模的努力才能修補。但穆薩的研究凸顯了，為曾經敵對的群體創造戮力成就共同目標的機會——並藉此建立新的規範——是饒富意義的做法。種族與族群融合的運動競技、環境清潔日等社區提升專案、跨宗教的活動、幫助老殘窮的募款、跨黨派的公眾倡議，以及許多其他這類的活動，都可能在搭建橋梁上取得不凡的進展。

為了感覺被接納而屈於團體規範的壓力，可能為邪惡所用，但也可能是善的力量。如我們將在第三部分探討，我們可以在日常生活、學校、職場和社區應用許多方法，協助那些被視為「他者」的人改變何謂「正確行為」的看法。

我們並未演化成動輒誹謗貶低他人，而是會調整自己、適應我們所感知——或別人引導我們如此感知——的情境。如果我們感覺他人構成威脅，就可能傾向敬而遠之，或開始挑釁；如果不覺得他們構成威脅，就會比較願意接納。各年齡層都有人會挺身反抗屈從的壓力，為被壓迫、被詆毀者仗義執言。但太多人太常做不到這件事。社會心理學指出，我們不敢有話直說主要是規範、合群、害怕遭到排斥所致，而這些都可以透過情境營造來解決。

不過，也有許多歸屬感的威脅是人類心理一些不幸的層面引發，那些已透過文化或演化深植於我們心中，使我們誤判情境和我們遇到的人。若要對抗這種歸屬感的危機，就必須了解我們這些心理特質，究竟是如何促使我們貶低和排斥他人。

第五章
責怪個人、忽視情境
如何看清與回應真正發生的事

艾略特．亞隆森曾說：「社會心理學是罪惡與救贖的故事。」[1]那是因為社會心理學家研究的是最不體面的人類行為，諸如排斥、攻擊性、偏見、種族滅絕。但我們也給予希望，努力引出人性良善的天使。

最普遍卻也最難察覺，而會為歸屬感帶來浩劫的「心理罪惡」，名喚「基本歸因謬誤」（fundamental attribution error），下面的故事證明它可能導致何等慘重的災難。

二〇一五年七月二十三日下午十點左右，羅伯特・道爾和妻子開車要回佛羅里達比佛利山的家。[2]經過柑橘山附近時，道爾打電話給９１１檢舉：「有個瘋子在跟蹤我，想把我逼出馬路。」

在此同時，在道爾後面那部車子裡，道爾口中的瘋子是駕駛康戴拉瑞歐・岡薩雷茲，而他的妻子凱西也在跟９１１接線生講電話。她指控道爾開車挑釁，危害**他們**的安全。「我們是開大型貨車加拖車欸。你不能像白痴那樣開車啦」，她這麼說，那個你是指道爾。「得有人給那白痴顏色瞧瞧。」

在此同時，道爾愈說愈激動，告訴那位９１１接線生：「我把槍拿出來了，子彈上膛了。」

岡薩雷茲夫婦讓他們八歲大的女兒和七歲大的兒子坐在後座，岡薩雷茲的９１１電話錄音可以聽見他們大叫：「他有槍！」儘管如此，也儘管妻子勸他不要，康戴拉瑞歐仍尾隨道爾家的車來到他們家。他說他想要把道爾家的住址報給警察。兩個男人和他們的妻子都認定是另一個駕駛在挑釁，也顯然認為自己的行為在這樣的情境具有正當性。

在道爾把車開進自家車道後，岡薩雷茲把他的貨車停在那棟屋子前面的馬路上。他下車走向道爾。道爾手中揮著槍。道爾的妻子懇請丈夫不要開槍，但他開了，而且連開五次，四顆子彈擊中岡薩雷茲，將他擊斃。第五顆擊中對街屋子的牆壁。道爾用槍口制住凱西和兩個孩子，直到警察到來。警察逮捕了道爾。一年後，一位法官撤銷告訴，判道爾是正當防衛：佛羅里達的「捍衛家園」（Stand Your Ground）法明文規定了他的權利。

誰是真正的挑釁者？是誰開始的？為什麼這場衝突會急遽惡化到以暴力收場？「一堆白痴！」讀到新聞報導時，這句話閃過腦海。然後我頓時明白自己陷入一種偏誤：或許也是導致這起公路暴力悲劇的偏誤。是這種偏誤像心理反射一樣突然起作用。雖然我們為什麼會造謠中傷其他駕駛，並非單一理由可以解釋，但一大要素顯然是基本歸因謬誤。[3]這是一種衝動的認知偏誤，會致使我們把他人行為看成出自某種本質內涵——這個人是誰——而非他們身處的情境。我們不會覺得突然切進我們車道的那個人是因為擔憂工作上的問題而分心，或是為了避免原本車道突如其來的危險，而會傾向針對個人，既把行為歸因於對方某種人格缺陷，且認定是衝著自己而來。就算我們實際上對那人一無所知，我們也常會這樣想。我們會判定他們粗魯、自私、有成見、性別歧視、愚蠢等等，時而離奇地過分簡化而瞧不起他們。當別人做了我們自認永遠不會做的事——當他們看來跟我們**不一樣**的時候，我們最容易犯下這種錯誤。基本歸因謬誤是認知的磨坊，會把我們社會生活的穀物磨成八卦、評斷和暴怒。

我們會對我們不認識的人犯下這種偏誤，例如街上的陌生人和我們在新聞裡看到的名人。看看 Twitter 或其他社群媒體的貼文，誰做了或說了什麼跟你不一樣、難以苟同或令人遺憾的事情或言論，你一定會在底下的留言中見到基本歸因謬誤的有毒產物。不過我們也常對我們熟悉或關心的人犯下這種偏誤。

演員克拉克．彼得斯（Clarke Peters）曾在電視節目《早安英國》（*Good Morning Britain*）分享即使已經認識對方，依舊誤讀對方行為的辛酸例子。[4]他曾和查德維克．博斯曼（Chadwick Boseman）在一部電影的拍攝場地共事，那時博斯曼已走紅接下《黑豹》（*Black Panther*）主角。兩人合作的是一部有關民兵部隊的電影，擔綱極耗體能的角色，這時彼得斯對博斯曼起了反感。他說博斯曼已成為巨星，「身邊圍繞著……對他搖尾乞憐的人」，有個「中國師傅在他下場時按摩他的背，女化妝師按摩他的腳，他的女友……牽著他的手」。彼得斯斷定博斯曼變得自以為是，要集萬千寵愛於一身。幾個月後，聽聞博斯曼歿於四期大腸癌的死訊，他才明白自己錯了。博斯曼一直處在極度疼痛的狀態。拍攝期間，他有很多狀況是旁人看不出來的。

我們常在日常生活犯下基本歸因謬誤，殃及同事和老闆、朋友，甚至家人和配偶。突然跟你分手的女友無情無義。在討論種族歧視的影響時態度冷漠的教授是有特權的偏執狂。在會議裡粗暴喝斥你表達的觀點的老闆，是渴望權力利慾薰心的渾蛋。無法符合你的標準的學生或員工是懶惰鬼。我們也將這種決絕的毀謗投射在一整批人、整個文化、種族和族群上。許多希臘人認為「阿爾巴尼亞人都是恐怖駕駛」，[5]很多德國人則認定「荷蘭人是最爛的駕駛」。這種以偏概全就是許多冒犯種族和族群團體玩笑的根源。

在我們的日常生活中，基本歸因謬誤會讓我們不覺得一絲輕蔑有多嚴重，或者反過來說，輕忽一個微笑或基本禮貌之舉的力量。它使我們低估自己能對他人行為起何種作用，忘了我們也是他人情境的一部分。基本歸因謬誤也讓我們過分簡化對他人的理解。我們會認為一個舉動就代表某種簡單、相對應的本質：你為X爭辯，你一定相信X。你表現不好，一定是能力不足。你犯了罪，一定品格卑劣。我們覺得自己永遠握有確切的證據透露某人真正的德行，但我們務須了解，對於他們的處境，我們幾乎一無所知。

教過我的肯尼．麥克蘭教授（Kenneth McClane）寫過一篇文章述說他在哈林區的成長過程，[6]以及和地方強悍惡霸林伍德的關係。這位仁兄曾在麥克蘭家門前開槍殺人，且據說「不管走到哪裡都會留下騷亂和戰慄」。但麥克蘭卻寫到，這個男人對他和善又會鼓勵。麥克蘭表示，林伍德為他扮演父親的角色，會看他的成績單，告訴他他要有點出息，「去念大學」。基本歸因謬誤會占據我們的腦袋，使之沒有空間想像人的複雜與矛盾。

認識這個偏誤能幫助我們在日常邂逅時提高警覺，留意情境對他人行為造成的影響。「發現」這種謬誤的故事，始於五十多年前普林斯頓大學愛德華．瓊斯（Edward Jones）和維克托．哈里斯（Victor Harris）所進行一項貌似簡單的研究。[7]他們請參與者描述一篇政治文章作者的觀點。有些參與者被告知作者是接獲指示要為特定立場背書，其他人則被告知作者可自由選擇。結果令人意外：就算得知作者別無選擇，參與者仍說他們相信作者認同他們主張的立場。換句話說，他們認為作者的觀點是他個人的，而非身處的情境使然。

這項發現啟發了許多後續研究，證明後來通稱為「基本歸因謬誤」的現象有多普遍而強勢。我在史丹佛大學的指導老師李．羅斯進行了關鍵研究，也幫這種偏誤取了名字。[8]他提到當年自己茫然不知如何判斷是否已做好擔任教授的準備。博士論文口試時，一名口試委員問了一個出乎意料的問題，他不知從何答起，於是開始懷疑自己。他回想，在他拿到史丹佛的教職時，「我反覆思忖自己是否還沒準備就緒」。對於史丹佛那些「大人物」，他覺得自己沒有歸屬感。但隨後他被指派擔任史丹佛一名學生的論文口試委員，而他發現他很喜歡這個能向同事證明他「在我們這領域有兩把刷子」的機會。他懂的其實沒有比他自己口試時多，但轉換成主考官的角色後，他對自己的感覺完全不一樣了。

為探索人類心智可能在我們評估自己或他人時如何貶低情境的重要性，羅斯進行了另一項在社會心理學史上影響深遠的研究。那後來被稱為「機智問答盃研究」（Quiz Bowl Study）。

羅斯一次找兩個學生到他的研究室，由實驗人員告訴他們將扮演機智問答競賽者或提問者的角色。至於扮演哪一個角色，是由翻牌隨機決定。選到「提問者」卡片的人被要求當場依照自己的專業和興趣，創造十個具挑戰性的「一般常識」問題。扮演競賽者的人則有三十秒時間回答每一個問題。十題裡面他們平均只答對四題。

接下來所有學生都被要求評定自己及遊戲對手的一般常識。有八成扮演競賽者的學生自認知識比不上提問者。但那不合理。他們都知道自己的角色是隨機決定，而這個遊戲顯然是設計讓提問者被視為專家。經歲月累積，我們都有一些稀奇古怪的瑣碎知識，而別人是否剛好知道同樣的專門知識，與他們的整體知識沒什麼關係。另外，當羅斯給未參與的學生看遊戲影片並告知研究的安排，那些學生也評定提問者的知識比較豐富。在此同時，提問者給自己的評價則只比競賽者高一點點。他們似乎比較清楚情境賦予他們的優勢。引人注目的是其他學生不作此想。在人的心理，情境優勢已扭曲成個人優點的徵象。

許多針對基本歸因謬誤的研究都證實，我們往往無法認清現實生活的情境也是被有意無意塑造成有利於某些人而不利於其他人。這種傾向造成這樣的看法：來自困難家庭的學生較不上進或能力較差是因為他們本來就是這樣，而非家庭環境使然。這也致使需對抗較多繁文縟節，或工作環境裡其他挑戰的員工，獲得較無法勝任或較不努力的評價。基本歸因謬誤會造成對他人各種嚴厲的評斷。

羅斯稱這種偏誤為「基本」是因為那涉及我們在討論人的行為時，會問的一個基本歸因問題：他們本來就是那樣嗎？另外，不幸的是，基本歸因謬誤是我們日常生活的基本法則。那是社會心理學領域最無庸置疑的效應之一。學界曾嘗試大規模複製多種心理效應，結果基本歸因謬誤脫穎而出，是最強健穩固的一個：在測試的研究中能百分之百複製。[9]

之所以如此，一大主因是我們傾向在某些情況下忽略情境因素。我們能夠體會財務動機有多強大和暴力有多容易影響行為。但我們對其他許多情境影響力視而不見，特別是那些會對人們歸屬感構成威脅的細微（或沒那麼細微的）作用力。

二〇一七年七月，Google 工程師詹姆斯・達摩爾（James Damore）上傳了一份長達十頁的備忘錄到公司郵件論壇，標題寫：「Google 的意識形態同溫層」。[10]他在裡面寫道：「我堅定地信仰性別與種族多元，也認為我們該爭取更多。然而，為取得更平等的性別和種族表現，Google 卻創造了數種帶有歧視的措施。」他寫其中包括「只給特定性別或種族參加的計畫、輔導和課程」，以及「『多元』應試者的特殊待遇」。

這份備忘錄的一大重點是他反對「在 Google，我們常被灌輸，明顯與隱含（無意識）的偏見阻礙了女性在科技和領導方面的發展」。他提出數個理由解釋女性從事科技工作的人數何以較少，宣稱有「生物因素」，且一般而言，女性的性格與男性不同。例如，他聲稱

「女性一般對人比對事情感興趣」，且對外會表現「合群而非獨斷」。在「神經質（較高的焦慮，較低的抗壓性）」的標題下，達摩爾推測神經質「可能導致女性在 Google 年度員工調查（Googlegeist）上反映較高程度的焦慮」。達摩爾還主張：「我們老是問為什麼沒見到女性擔任最高領導職務，但我們從來沒問過為什麼會在這些職務見到那麼多男性。」他斷言，最高領導職務多由男性擔任，是因為男性有更強烈的追求地位的本能。

達摩爾的論點和李．羅斯「機智問答盃研究」一名觀察者類似，那名觀察者說：「那些競賽者看來就是沒有提問者擁有的企圖心和幹勁，他們似乎也極為緊張和神經過敏！」何況，達摩爾筆下的女人是在整個科技業聲望最高、競爭最激烈的公司工作，光憑這個事實就很難斷言她們缺乏幹勁。達摩爾似乎落入基本歸因謬誤的圈套，把女性在公司裡的人數和生涯發展的差異歸因於性別而非她們的境遇。他也相信刻板印象，而正如我們將在下一章探討的，我們之所以對他人的情境視而不見，認為他人遭到排斥和失敗是咎由自取，刻板印象是最普遍的因素之一。

那份備忘錄在 Google 內部掀起一陣風暴，也在網路迅速傳開。一星期後，達摩爾被開除了。他的故事值得借鏡，告訴我們歸咎個人而非情境的傾向有多強烈。達摩爾僅聚焦在一個小子集的研究發現，而忽略了其他研究在在證明情境因素會如何製造性別差距。就跟我們有時候一樣，達摩爾似乎掉入另一種認知偏誤的陷阱：害人不淺的確認偏誤（confirmation bias）。[11]這會使我們只採納支持我們觀點的資訊，而忽視不符觀點的資訊。如保羅・賽門（Paul Simon）在〈拳擊手〉（The Boxer）一曲所言：「人只聽他想聽的，其餘一概忽略。」[12]一旦與基本歸因謬誤成雙成對，確認偏誤會促使我們對他人和團體編造愈來愈有說服力的故事——但多半是我們心智捏造，並非反映現實。

達摩爾似乎不清楚歷史綿長的性別歧視所造成的傷害。也沒有意識到現在他把不平等的責任加諸個人而非社會環境所造成的傷害。一次受訪時，他說他很訝異備忘錄會引發如此軒然大波。[13]他顯然沒有記取教訓，不知道他貶抑女性的言行也一直塑造著職場環境。

基本歸因謬誤也左右了我們如何理解像達摩爾這種表達及實踐有害觀念的人。我們很容易認定，要是某人擁護性別歧視或種族歧視的觀念，那一定是因為他們就是根深柢固的性別或種族主義者，不願也不能改變他們的看法。雖然的確有人成見已深、聽不進勸，很多人的觀念卻是被普遍存在於社會情境的偏執所塑造。這是系統性問題——意思是制度造成，或者已遍及社會的情境——連日常交際都難以倖免。一旦我們低估這些系統性的力量，譴責抱持有害觀點的個人無可救藥，我們也犯了基本歸因謬誤——別忘了，像C．P．艾利斯和皮喬利尼這樣的個人，也可能變得更好，甚至在適當情況下轉為盟友。忽略系統性情境因素，我們也會讓營造這些情境的當權者輕易脫身。一個職場是支持或損害歸屬感，某些特徵其實相當明顯，且某種程度為公司掌控，[14]例如公司裡女性和少數族群領導人的能見度。有些政策，如果領導人選擇實行，可能影響甚鉅。如我們將在後面章節看到的，育嬰假政策、同工同酬的規定，以及師徒計畫都證實對女性的成就有莫大影響。

就任何特定的例子，我們並不清楚有害的觀念從何而來，以及多容易改變。但更重要的問題是如何營造一個能培養全體員工歸屬感的企業文化。只要改變情境，員工就會有向心力。盡可能面面俱到，連看似細微末節的地方都不放過，會有幫助。一次在造訪另一家科技公司時，我觀察到送洗服務或櫃檯工作都是拉丁人和黑人在做。我猜想很多白人員工應該沒注意這點，就算有，也沒有觸發任何心理反應。我會注意到主要是因為我知道有研究顯示，諸如此類的情境線索可能對少數族群傳遞，他們能否在公司裡擔綱其他角色的訊息。[15]當線索對你不具「火藥味」，你就很難看出那有多重要。就我的經驗來看，對於公司面臨的問題，要跳脫「害群之馬」的觀念，促使領導人開始思索更大的情境脈絡及改變之道，並不容易。

一旦我們忽視不同的人可能會對同樣的情境有不同的感受，就很容易犯下基本歸因謬誤。在我們眼前似乎「就是這樣」的情境，換作別人就可能有截然不同的看法。例如在一所學校裡，我們可能認為全體學生「立足點相同」，且在班上接受同樣的教學。學生的學習和行為表現不一，似乎是他們態度、個性或能力的差別所致。但學生之間的差異也可能是因每個人對教室情境感受不同而產生。我一個當老師的朋友告訴我一個男孩的故事，有天他戴了墨鏡到校上課，她要他摘掉，他不肯。她把他送去校長室懲戒。後來她才知道原來他是跟同學打架，眼睛被打腫，他不想摘掉眼鏡是因為他覺得被打傷很窘。對他來說，那一天的教室成了他感到羞恥的地方，但他的老師不知道那回事。

同樣一間教室，可能讓有些孩子感覺受威脅，卻是其他孩子的後盾。我和一些同事針對全國各地三百多間學校教室的六千多名中學生進行研究，評估他們在教室裡的遭遇。[16]例如我們會問他們是否會把教室列為感到壓力的地方。以及，他們是否在教室裡感受到教師的關愛？學生在同一間**教室裡**給的評價，差異遠大於各教室甚至各校**之間**的平均差異。學生在那一年的學習成效也是如此（以測驗成績進步幅度做粗略測量）。家長多半認為孩子遇到的特定老師，或上的學校決定了孩子大部分的體驗和學習成果。但研究結果顯示實非如此。教室不只是所有孩子共享的物理空間；對教室裡的每一名學生來說，也是獨特的心理現實。在這項研究中，有些同班同學彷彿身在截然不同的教室。

哈佛社會心理學家羅伯特・羅森塔（Robert Rosenthal）和一名校長李諾爾・雅各森（Lenore Jacobson）在一九六〇年代進行的知名研究，[17]凸顯了同一間教室會讓不同學生產生不同體驗的一項關鍵要素。這項研究是經典之作，濃縮了超越時間的智慧，不僅與教師切身相關，也對經理人、教育工作者、教練和家長關係重大。這是另一個令人警惕的故事，說明僅以能力優劣看待個人，而不留心他們身處的情境——尤其是他們被看待和對待的方式——是一大錯誤。避免犯下這個錯誤，可能大幅提升個人在學校測驗、工作任務，乃至任何努力的表現。組織心理學家道夫・艾登（Dov Eden）指出，這項研究是「未獲充分應用的偉大科學」。雖然後續有多項研究闡述它的發現，原始版本至今仍是最佳說明。

羅森塔和雅各森研究了教師所獲得有關學生智力的資訊（並非基於真正的學生能力評量）會如何影響學生的表現。他們告訴教師某些在新學年進入他們班上的學生，被鑑定出在智力上有高人一等的潛力，只是還沒有展現在學業成績上。他們稱這些學生為「大器晚成者」。事實上，這些被鑑定為大器晚成的學生是研究人員隨機挑選的。研究在一九六四年春天進行。羅森塔來到舊金山雲杉小學（Spruce Elementary School），雅各森正是該校校長（他們在研究評論中稱該校為「橡樹小學」）。雅各森向教師宣布羅森塔要幫學生進行特別的ＩＱ測驗，而教師收到下面的備忘錄。

學習轉折測驗

（哈佛大學國家科學基金會）

所有孩子的學習歷程都有高峰、平原和低谷期。這項由哈佛大學進行、獲國家科學基金會支持的研究，對於在學習歷程展現不尋常衝刺爆發力的孩子感興趣。這樣的衝刺可能在任何學習與心智運作階段發生。當這樣的衝刺發生原本學業成績不大優良的孩子身上，結果就是我們熟悉的「大器晚成」。

作為研究的一部分，我們要進一步確認一項測驗的準確性：那預測一個孩子在不遠的將來出現轉折點或「衝刺」的可能性。我們將委託貴校執行這項測驗，以便預測哪些小朋友最可能展現學習爆發力。測驗分數最高的前二〇％（近似值）或許會落在不同的學業成績等級。

這項預測轉折點或「衝刺」的研究尚未發展到前二〇％的每一名學生都會顯現出衝刺或「大器晚成」效應。但在未來一年內，前二〇％的孩子會比剩下八〇％的孩子表現出更顯著的轉折或衝刺。

貴校的孩子會在學年結束時進行測驗。暑假過後，您將收到班上位在前二〇％學生，即「大器晚成」的名單，可能從一到九名學生不等，如果你有興趣，即可查詢班上有哪些孩子的潛力即將爆發。

這項研究的性質籠罩神祕面紗。家長沒有被告知任何相關事宜，孩子也沒有。至於老師，除了拿到備忘錄，也沒有被告知其他事項。「學習成果變化」測驗只是一般的孩童IQ測驗，由老師在學期末給學生進行。下學年度開學時，雅各森發給三十六名參與教師每人一份五人左右的「大器晚成」或高潛力學生名單，並說明是該測驗鑑定出來的。這些老師渾然不知，這些學生其實是隨機挑選的。

多數對於這項研究的敘述都遺漏了這篇備忘錄，但我在這裡原文照登，是因為那是羅森塔和雅各森精心設計，是我猜想庫爾特·勒溫會讚賞的情境營造之舉。研究安排的方式傳遞了幾個弦外之音。其一是因為某些孩子會大器晚成，持續尋找他們潛力的跡象、不要過早判斷他們的能力很重要。另外也暗示這些孩子很特別，所以值得特別關照。這份備忘錄也費心傳達，這些關於大器晚成的資訊是可以信任的。畢竟，研究是由哈佛大學的科學家進行，而用來描述測驗的偽技術語言：「學習轉折研究」，更強化他們具有專業的印象，利用了「聲望效應」的力量。

描述這項研究讓我有點不舒服。數十年來，「欺騙」的倫理一直是社會心理學家搏鬥的主題。今天，這項研究不可能以同樣方式進行，因為這違反業界的倫理守則。我也覺得備忘錄的語氣傲慢而令人生厭。但我認為這項研究的使命值得欽佩。羅森塔和雅各森想判定教師對學生的認知會不會影響學生在教室裡的經驗及他們的表現。他們發現影響甚鉅。

羅森塔和雅各森在隔年學期結束時又對同一批孩子進行ＩＱ測驗。在所有受測的年級（一到五年級），之前被貼上大器晚成標籤的學生，測驗分數比「非大器晚成者」高四分——相當於被汙名化的少數族群和白人之間常見ＩＱ測驗分數落差的三分之一。[18]影響在

一、二年級尤其顯著，平均差距達到十二分。羅森塔和雅各森在為這項研究撰寫的著作中剖繪了一些最驚人的轉變。一位名叫馬力歐的學生多得了六十九分，瑪麗亞則多拿了四十分。非大器晚成者似乎沒有受到任何負面衝擊。事實上，在大器晚成者分數進步的教室，他們的IQ分數也有所提升。

羅森塔和雅各森把這種現象稱作「比馬龍效應」（Pygmalion effect）。比馬龍是希臘神話裡的雕刻家，愛上自己刻劃的女性雕像，後來愛神阿芙蘿黛蒂賦予雕像生命。兩位研究人員是在暗示，給予學生關愛就能激勵他們。老師就像人類潛力的雕塑家，是「教室裡的比馬龍」。

這項研究遭致大肆批評。有些批評人士堅稱數據有瑕疵，但羅森塔和頂尖統計學家唐納德・魯賓（Don Rubin）合作，證實數據靠得住，[19]而那也得到經濟學家湯姆・狄伊（Tom Dee）所做的獨立數據分析再次確認。也有人提出這樣的異議：研究人員似乎是在怪罪老師不相信自己學生的潛力，[20]且忽視貧窮、種族歧視和社會政策對學業表現的影響。但羅森塔和雅各森其實不是在責怪老師。老師跟我們任何人一樣不該被怪罪，因為我們每一個人都可能也確實會淪入認知偏誤的魔掌，看不見他人的潛力。

羅森塔和雅各森也沒有忽略學生搏鬥的困境。他們反倒把那凸顯出來。事實上，那所學校很多學生都是來自第一代墨西哥移民家庭，面臨諸多經濟與社會挑戰，而這項研究一項相當重要的發現是，被視為特別而受惠最多的學生，正是這些移民家庭的孩子。這項研究凸顯了老師似乎原本接受負面的文化刻板印象，認定這些孩子天生能力較差，而這場干預似乎開了他們的眼界，見到這些孩子的潛力。

還有些人批評羅森塔和雅各森是在主張，唯有展現較高潛力的學生值得特別關照，這也不是事實。他們**隨機**鑑定出大器晚成的學生，正是為了探究一位老師認定**任何**學生具有優秀潛力，是否會對學習造成正面影響。探究的結果是（得到許多後續研究的支持），所有學生都該被視為具有成長的能力。我們不可幫他們貼上「天才」、「平庸」、「害群之馬」、「惡霸」或「笨蛋」的標籤，犯下基本歸因謬誤。誠如卡蘿・杜維克（Carol Dweck）在探討「成長心態」（growth mindset）的研究中主張，[21]我們可以輔導所有學生接受自己能夠成長的觀點，也可以鼓勵老師把那樣的觀點應用在所有學生身上，避免做出非常普遍的「定型心態」（fixed mindset）評估——一旦學生被限制住，就難以改變了。

這項研究引發的另一項爭論是關於教師「因材施教」，對大器晚成的學生和其他學生的做法有何不同。一些研究人員推測，有數個面向的教師行為可能起了作用。教師可能表現較多關愛的跡象，或許更常對他們視為特別的孩子微笑。或許說一樣的話，但用較溫和的語氣。情緒研究的先驅保羅．艾克曼（Paul Ekman）指出，有些微小的姿態透露了豐富的意義，因而作用強大：[22]相對於「眼神游移」和「表情厭煩」，「凝視」和「揚眉」傳達了「殷切期盼」。

教師也可能會原諒「特殊」學生的不良行為，或許會慢一點才把刻板印象套用在他們認為前景看好的孩子身上。教師或許更可能注意孩子說的俏皮話、無視不端正的手寫字而欣賞文章見解深刻的內涵。羅森塔也告訴我，還有一個「簡單到可笑」的解釋：當老師相信學生時，他們會教更多東西。「如果你認為那個孩子資質駑鈍，就不會教那麼多了。」他這麼說。

總而言之，羅森塔和雅各森說，教師「期待愈高，獲得愈多」，而這促使他們營造了一種能激勵學生、協助他們提升表現的教室情境。

雖然有些批評家懷疑比馬龍效應能否複製，許多後續實驗都證實可以，[23]且不只能提高學生的ＩＱ分數，也能提升軍隊士兵和工廠工人的績效。那甚至證明能影響我們日常對話的溫度和深度。羅森塔和雅各森著作的最新版收錄了三百四十五項研究的綜合分析。不過，後續研究揭露了一項若要結果符合預期，就必不可少的重要條件。史蒂芬・羅登布許（Stephen Raudenbush）所做，也是我個人最喜歡的「教室比馬龍效應」探討發現，[24]綜合至今所有研究資料來看，教師的期望要能發揮全面正向效應，有一個先決條件：學生被鑑定為大器晚成的益處，唯有在教師是在暑假（遇到學生前）或開學頭兩週拿到「特殊」學生名單時才會發生。要是老師已和學生接觸兩星期才拿到名單，效益就不會出現了。適時很重要。一旦第一印象已經形成，老師的心房彷彿就封閉了。

以這項初始研究和後續研究為基礎，有些研究人員援用庫爾特・勒溫的課程來為教師舉辦研討會，讓他們更了解可以怎麼為學生營造教室經驗、激發他們的學習潛力。沒有必要欺騙老師了。給他們知識、充實他們的能力就可以了。[25]

例如，心理學家暨教育學者克莉絲汀・魯比－戴維斯（Christine Rubie-Davies）就辦了研討會，和多位老師一起討論比馬龍的研究，而後以民主領導人之姿，請大家集思廣益，開創新的教學構想。她也繼續舉行座談會討論大家的進展。教育心理學家約瑟夫・艾倫（Joseph Allen）、羅伯特・皮安塔（Robert Pianta）和同事也邀請中學教師進行類似的訓練會議，著眼於協助教師創造與學生的正向情感交流，並採用教學錄影，讓教師能和訓練員一起監控進而克服自己的偏誤。可以把這視為教育版的醫師臨床處置研討會（grand round）。這兩種培訓技巧都證實相當成功。魯比－戴維斯發現，一群隨機挑選、參與過她的研討會的小學老師教出來的學生，數學成績比對照組老師教出來的學生進步五〇％。艾倫和同事也發現一群隨機挑選、參與計畫的中學老師教出來的學生，在全州學力測驗的成績百分位排名，從五〇％進步到五九％。在此同時，對照組的學生則完全沒有進步。

比馬龍效應的研究印證了這樣的焦點轉移有多重要：不僅在學校，也在辦公室、運動教練和父母養育子女方面，把我們的焦點從人的天賦和其他內在本質，轉移到如何營造讓他們在裡面學習、工作和表現的情境，使他們充分發揮所長。我們應記得，一如老師，我們都是塑造他人情境的比馬龍——常比我們所知更甚。[26]

一個學生跟我說了他的故事，足以證明殷切期望具有多大的力量，又有多複雜，以及可能怎麼鼓勵人們把情境變得更好。安德森在布魯克林長大，小時候家境貧困，常跟狐群狗黨鬼混。他因侵犯財產罪被捕，被判十年徒刑。服刑期間，新的康乃爾監獄教育計畫（Cornell Prison Education Program）開始實施。由大學教授指導，該計畫提供受刑人獲得大學文憑的途徑。安德森讓他的老師印象深刻，他們也不把他當犯人，而當作有潛力的人類看待。一位計畫創辦人聽說了安德森，一天，她跟他坐下來說：「如果你真如他們所說那樣，我要讓你進哈佛。」安德森大吃一驚。他只要能縮短刑期就很開心了，哈佛也太誇張了。「我覺得她瘋了」，他告訴我。

但隨著安德森是「有潛力的年輕人」的名聲傳遍犯人和警衛，他們也改變了他的處境——朝著讓他更可能成功的方向改變。就算他不相信自己，他們卻深信不疑。「幫派分子和藥頭也開始對我有信心」，他說。一位曾是藥頭的囚犯主動擔起保護安德森之責，不讓他被某些可能「相當缺德」的受刑人和警衛欺侮，甚至在聽聞有些心生嫉妒的囚犯可能攻擊他時，設法安排他去不同的牢房。「我們會讓你離開這裡的，」他告訴安德森：「你會出人頭地。」還有一次，安德森正準備移往不同監獄（這是常見的做法，以避免囚犯結黨營私）。安德森惶惶不安，因為他知道這會讓他再也無法參與教育計畫、爭取更好的未來。最後一刻，一名警衛介入。他跟典獄長商量，讓安德森豁免於易地政策。安德森本身用了「提升」一詞來形容心態的轉變。「再也不必擔心怎麼熬過早餐不被捅了。」最後安德森沒有上哈佛，但進了史丹佛，在史丹佛獲得假釋，且順利畢業。他當然有他的本事和才華，但只有這些遠遠不夠。是眾人相信他的潛力，以及受此驅使而產生的所有極富想像力的情境營造行動，改變了他的命運。

我們有多常選擇貶低個人甚至將之惡魔化，而非關注情境可能對他們產生何種影響，是戈馬克．麥卡錫（Cormac McCarthy）小說《愛在奔馳》（*All the Pretty Horses*）的主題。[27]在一個場景，一個美國牛仔遇到一名墨西哥牧場工人，令牛仔訝異的是，牧場工人告訴他，雖然老美多半認為墨西哥人迷信，但美國人更迷信。工人說他有次看到一個美國人拿榔頭敲他的車，因為它發不動。真是莫名其妙。他說，墨西哥絕對不會幹這種事。「你知道，車子是不會被玷汙的，」他繼續說：「人也不會。就連人也不會。人的心裡可能有些邪惡。但我們不會認為那是他本性邪惡。他是從哪裡獲得的？是怎麼得到的？不是這樣。邪惡在墨西哥是確有其物的。它會用它自己的腳到處走動。」

牧場工人的重點是，老美有一種特殊的思維模式，認為人和東西的行為可以用他們神祕的內在本質來解釋。「那個老美的腦袋以這種奇怪的方式封閉起來，」他說：「我一度以為那是他日子過太爽了。但不是那樣。是他的腦袋……倒不是說他很笨。是他看待這個世界的方式不完整。很奇怪。他只看自己想看的。」

當我們把人視為就是邪惡，或白痴、瘋子、自私自利、不負責任的無賴，諸如此類，我們就是陷入一種類型的迷信了。我們認為惡行必定反映一個人的惡性，而邪惡實為一連串變因降臨某人身上的產物。牧場工人說得一點也沒錯：這種思考模式確實在美國人身上表現得特別極端。儘管基本歸因謬誤在許多文化顯而易見，但在美國和其他個人主義文化特別強烈。[28]在這些文化，我們傾向把人生的成敗歸因於個人的**內在**特質，例如勤勉和智慧，而忽略像是信任及歸屬感等**人際**關係要素的重要性。

這種特別的思考模式使美國人創造了性格崇拜，相信人的性格和潛力可總結為一組可用「邁爾斯—布里格斯分類法」（Myers-Briggs〔即 Myers-Briggs Type Indicator，簡稱ＭＢＴＩ〕）等測驗測量的特徵，相信人可乾淨俐落地分成某些「類型」。我們很久以前就該學會質疑那種觀念了。

一九六八年，沃爾特·米歇爾（Walter Mischel）扔了一枚手榴彈進人格研究的大廈：[29]

揭露人格測驗的預測能力奇差無比。研究人員先測量諸如誠實等特質，再用測驗分數預測他們的行為。他們調查在誠實測驗得分高的孩子，是否行為也老實，以及在某個情境行為老實的孩子，其他情境也光明正大。結果充其量只有四％到十％的個人差異，可以用某種潛在的人格特質來解釋。

米歇爾進行研究五十年後，我們仍未聽從他的發現。我在一九八〇年代成長時，家父在產業工作，而他是邁爾斯－布里格斯測驗的超級粉絲。該測驗是一九二〇年代由凱薩琳．布里格斯（Katherine Briggs）和伊莎貝爾．布里格斯．邁爾斯（Isabel Briggs Myers）這對母女檔率先構思（兩位都是全心投入的主婦、小說家和業餘心理分析師），[30]旨在將心理學家榮格（Carl Jung）的福音帶給大眾。現在這項工具為近八成「財星五百大」公司和全球成千上萬醫學和健康中心採用。家父以能夠立刻將人歸入邁爾斯－布里格斯的某一類為傲，也熱情澎湃地幫所有家人這麼做。他會大聲宣讀我們的命運和未來，總是對他預言的客觀信心滿滿。正因如此，多年後當我得知原來邁爾斯－布里格斯在預測人的工作和人生成就上極不準確，才會那麼驚訝。事實上，那只勉強比占星術準一點點——換句話說，大致說來邁爾斯－布里格斯毫無預測力。當然，確實有比邁爾斯－布里格斯站得住腳的人格測量指標，但綜合大量研究來看，我們可做出這個壓倒性的結論：人格**沒有**我們**以為**的那麼重要，而情境比我們**想**的**更**重要。[31]

這些研究並非意指沒有人格這種東西存在。只是說我們把人格概念化的方式，離理想還很遠。就連米歇爾也證實人久而久之會產生一致的「行為識別標誌」（behavioral signature）：[32]像親筆簽名一樣，在各種情境會反覆出現的行為模式。有些孩子對成年人誠實但對同儕不誠實。有些人工作認真，但家事懶惰。你在不同情境古怪特殊的行為模式，不會有人完全跟你一樣。如果我們多花點時間了解個人，理解個人的細微差異和各種觀點，就更能預測他們的行為。

智力測驗確實能預測某些結果，但遠不如人們想的那麼準確。我們或許相信智力測驗能測量某些決定人類命運的潛在本質——一個人天生的智慧。但多數研究顯示，一如其他評估恆毅力和誠懇踏實的性格工具，ＩＱ測驗僅能解釋一〇%到二〇%的學業、工作產能，或事業成就的變異。[33]

二〇二一年發表的一項研究綜合了來自近五萬名參與者的資料，[34]他們都在二十至七十年前於高中完成標準化的智力測驗，且具有全國代表性。研究人員追蹤多項與這些前高中生的就業、健康和幸福有關的結果。研究人員想知道很多事，包括測驗成績能否預言更好的結果。在我心目中，最重要的發現就是那些測驗幾乎無法預測。就身心健康、婚姻狀況、與朋友和親人共度的時間、參與領導角色、公民參與、就業、收入、工作滿意度、人生使命感等項目，智力測驗的分數只能解釋六％的應試者差異，而且絕大多數項目的百分比低得多。唯一兩個例外是應試者繼續接受多少年的正式教育，以及他們工作的聲望和複雜度。但就算是這兩項，仍有七五％到八五％的學生命運差異無法用這些測驗解釋。這樣的結果凸顯成就難以預測的事實，凸顯成就是人與終生一連串的情境複雜互動的產物。

正因太過著重這樣的測驗，我們對很多人造成傷害。例如測驗成績被廣泛用來決定學生的學習機會，例如編入資優教育計畫。猶記得比馬龍效應，我們該問：是這些測驗預言了未來，抑或是我們的濫用創造了未來？

在此同時，我們卻發展愈來愈多測驗來測量愈來愈多事物——情緒商數、社會智力（social intelligence）、實用智能（practical intelligence）、音樂智能（music intelligence），族繁不及備載。我全力支持這種承認人類才能多元性的企圖心，但這些測驗卻有使我們忽視情境的風險，讓我們如同那位牧場工人所說的，只看我們想看的東西。

舉個例子，二〇一六年一項研究發現，與我們的直覺相符，員工會不會在職場有話直說、表達自己的想法和顧慮，部分可由他們的性格預測。但比起公司員工是否感受到支持有話直說的社會規範，性格的影響相形見絀。[35]若一家公司有意鼓勵員工大膽敢言，投入心力建立新規範的效果，會比挑選愛交際的員工來得好。

另一組常被誤解的測驗包括SAT、GRE和其他俗稱的性向評估。這些是「洗」特權的手段。那就好比我們參加「機智問答盃研究」的發問者自己出題的測驗，卻得把那變成性向評估。換句話說，這些測驗採用了某些人憑藉種族、性別或經濟繁榮累積的優勢，轉變成能力或長處的指標。研究已經證實，要預測學生能否成功，SAT分數透露的不比高中成績單多。[36]當大學用SAT成績作為入學指標，我們**可以**預期的是，有較少合乎資格的少數族群申請者會得到核准入學。如葛瑞格．華頓和史提夫．史賓塞（Steve Spencer）證實，那正是因為這些測驗無法準確反映少數族群申請人的準備狀況。[37]例如，SAT預測少數族群拿到的大學GPA，會低於他們在大學實際取得的成績——如果那所大學採取支持歸屬感的步驟，例如實施第二章討論過的「社會歸屬感干預」措施的話。部分正因逐漸認清這些測驗的偏誤，加州大學系統和全美其他許多大學已不再把SAT分數列為入學申請要件。

要是我們把目前花在測驗上的數十億美元改用來營造更好的校內、職場和刑事司法系統的情境，結果會不會更好呢？

除了怪罪個人、忽略情境，我們這種個人崇拜也會導致妄自尊大。我們會認為，一旦把某人「定型」為「內向」或「天才」，就可以預期他們將來的行為。這是不可能的，起碼沒有我們想像中那麼接近。這種日常的自負稱為「過於自信效應」。[38]當研究人員請人預測他人的行為，甚至是他們熟悉的人時，他們的準確度遠比自己以為的低。在一項研究中，大學生以為自己可以百分之百確定自己的室友會如何因應各種小社交情境，例如拍照前會不會梳頭髮、會不會答應參與短紀錄片拍攝，結果有二〇％錯了。就連專業人員也過於自信。凱德・梅西（Cade Massey）和理查・賽勒（Richard Thaler）的研究顯示，國家美式足球聯盟（NFL）的球隊付給每年選秀第一輪新秀的酬勞，普遍高於日後對該球員的「市場價值」分析認為合理的待遇。一般而言，我們會高估「選對人」如何決定一支球隊或一個組織的表現，而低估創造適當環境讓他們成長茁壯的效益。

這不是說性格的概念有與生俱來的缺陷。重點是，同一個人可能會在某些環境展現常被歸為性格的特定特質或行為，在其他環境卻不會。一位與我合作的都市青年計畫官員告訴我一個很好的例子。他照顧的一個低所得孩子在每天為母親和自己尋找食物和住所上展現強烈的決心，表現出常被稱為恆毅力的特質。但同一個孩子在面對課業成績不佳時，卻不願在學校多做努力。這兩種情境怎會導致迴異的反應呢？一個因素是比起沒東西吃、沒地方住，成績不佳沒什麼急迫的影響。當然，長期而言，在校表現傑出能為自己和摯愛的吃住問題提供持久的解決之道。但當你連日常生活都搖搖欲墜，是很難放眼未來的。像恆毅力和自制力這種特質不是單從個人內在而生。不論在教室或社區裡，這樣的特質皆存在於人與情境的互動中。

社會心理學，事實上也是整個社會科學領域最被低估的發現，正是人類行為的複雜性，也就是基本歸因謬誤要我們簡化的東西。沒有人想承認，我們人類行為科學家更不想——但我們確實不知道多數時候人為什麼會做他們做的事。每一個情境都是許多因素獨特又複雜的匯聚。在呈現反烏托邦未來的科幻奇談中，「老大哥」會將每個公民的性格定型且歸檔，人工智慧可非常精準地預測每個人的行為，但現實恰恰相反：人是難以預測的。一項在二〇二〇年發表的大規模研究測試了人工智慧演算法可多精確地預測諸如孩子的高中GPA或一戶人家是否會陷入經濟困頓等結果（以零到十六歲的孩子及家人的廣泛資料為依據）。[39]就連最好的演算法也留下九五％的結果差異無從解釋，也就是很多孩子和很多家人做得比演算法預測得好，也有很多人做得比預期差。「現在怎麼樣」不代表「未來怎麼樣」——我還得補充一句，更不代表「可能怎麼樣」。

這教給我們什麼務實的課題呢？教給我們謙卑在社會生活的功用。就連像牛頓如此偉大的科學家也不得不在人生盡頭坦承，他覺得自己「只像個男孩在海濱嬉戲，不時分心搜尋一顆比較光滑的卵石，或比一般漂亮的貝殼，真理的汪洋就在眼前，卻什麼也沒發現」。[40]如我們已經看到的，以為我們知道的比我們真正知道的多，不僅在科學，在社會生活上也是弊大於利。

家父不斷闡述的一件事情是天賦與天才的觀念。他是理論物理學家，而我想他深深浸淫於該領域偉人的神話之中。他自己也是他的環境的產物。「愛因斯坦就是能以不同眼光看待事物，」他告訴我：「他是一個人在專利局工作時，想出特別的相對論。」愛因斯坦固然能以不同眼光看待事物，他也獲得其他人鼎力相助，包括他的妻子，同為物理學家的米列娃（Mileva）。[41]雖然是愛因斯坦第一篇論文的共同作者，她卻在發表時撤掉自己的名字，似乎是為了支持丈夫的事業。這個事實不會抹煞愛因斯坦的成就，只是凸顯他，就跟我們其他人一樣，得到社會情境的幫助。而基本歸因謬誤預料我們會在訴說過去傑出人士的豐功偉業時，低估這樣的事實。

正是這種基本歸因謬誤造成的觀念——內在天分決定專業領域的成敗，導致這些領域對女性和非裔的歧視。[42]這在勒斯里（Sarah-Jane Leslie）、席姆潘恩（Andrei Cimpian）、梅耶爾（Meredith Meyer）和弗里蘭（Edward Freeland）發表於首要期刊《科學》（*Science*）的研究中一覽無遺。他們調查了全美各地公私立大學不同系所的一千八百二十名教職員、博士後研究員和博士生，請他們寫下自己有多同意許多暗示天分對成功至關重要的敘述，例如：「要在我的領域成為頂尖學者，需要一種教不來的特殊天賦。」結果發現，不論在哪個領域，應答者愈贊同這樣的敘述，該領域女性和非裔美國人所占的比例就愈低。同樣的效應在理工科和非理工科都見得到。音樂創作、經濟學和哲學的學者全都相信天賦的重要，而這些領域的女性都和數學及多數「硬科學」一樣少。

簡言之：當研究人員控制科系選擇性的變因（基準包括每年預估有多少比例的申請者獲准入學、平均GRE分數、學生每週平均在課業上花幾小時），效應依舊強大。事實上，對天賦的信念儼然是性別與種族差距最強勁的預測因素。

社會心理學家伊莉莎白・康寧（Elizabeth Canning）、瑪莉・墨菲（Mary Murphy）等人進行的相關研究鎖定單一所大學，結果發現同樣的模式出現在學生成績上。[43]在受訪的一百五十位教授中，研究人員發現教授對於「老實說，學生真的有特定程度的智慧，而他們真的沒辦法做些什麼改變它」之類的敘述，反應相差懸殊。較同意這些敘述，也就是表現出深信天生能力的教授，授課班上所有學生的成績都比較低，非裔、拉丁裔和其他代表性不足的少數族群學生成績尤其低。比起懷疑天生智慧論的教授，深信派教授給出的成績，種族差距幾乎達到兩倍之多。就算控制教授年齡、性別、種族、教學經驗和是否為終身職等變因，效應依舊成立。事實上，教授的觀念是成績差距最強勁的預測因素。要闡明其言外之意，不妨想想這個發現：就黑人學生而言，受教於不支持天生智慧論的白人老師，情況好過受教於相信天生智慧的黑人老師。

為什麼教師的信念如此重要？從學生的角度來看，相信天賦的教授所執教的課程不會比較吃力。兩類課程的學生述說花在課業上的時間差不多。就雙方描述的課堂經驗而言，這些學生出現分歧的地方在於他們認為教授有多鼓勵他們盡力而為，以及有多強調學習。老師是可能傳達微妙或沒那麼微妙的訊息，透露他們認為學習有多重要的。在一所我熟悉的高中，據說有位科學老師這麼告訴班上學生：「拿A的學生有真A和假A，而我絕對分得出來。假A的學生是那種花了無數時間讀教科書、用功得不得了的人。他們缺乏常識來推論簡單的解決方案，而真A的學生懂。」

我們從孩子很小的時候就灌輸他們基本歸因謬誤和崇拜天才了。這正是我們和社會其他人為我們的孩子營造的部分情境。我們會以好多種方式這樣做，而且通常立意良善——例如，稱讚他們聰明而非努力或巧妙運用策略。卡蘿・杜維克和同事已在多項一流研究證實，這種「能力稱讚」會教孩子相信，驅動成功的是天生的能力而非努力，而這長期而言會導致失敗。[44]席姆潘恩曾透過證實五到七歲的孩子傾向把優勢內化，闡明基本歸因謬誤是我們文化多麼重要的部分——甚至，他會主張，是我們認知線路的一部分。如果你問孩子：「阿古星球的布拉為什麼碰巧比歐普有錢？」他們多半會回答：「因為他們比較聰明。」而他們愈是這樣認為，就愈可能覺得權勢集團高高在上是應該的。

很多家長和教育工作者都擔心孩子暴露於暴力與性的內容，應當如此；不過我們也該注意媒體傳送傷害歸屬感的訊息。不妨思考以下三項發現，[45]它們在在暗示，有時「天才屬於這裡」的訊息可能傳遞其他某些群體不屬於這裡的弦外之音。在多項近至二〇一七年進行的研究中，六、七歲的孩子在被要求挑選「真的、真的」很聰明的人時，較可能挑選男生。回到前面調查不同系所教職員的研究，教職員若身在明顯相信天分的領域，也比較可能贊同像這樣的敘述：「就算這種說法政治不正確，男性通常比女性適合做我這個學科的高階工作。」在後來的實驗研究中，席姆潘恩和同事為男性和女性提供多種領域的實習機會。在某些領域，公司代表選出天生的「才智」為錄用關鍵。你必須是「智慧的鞭炮」，有「敏銳、富洞察力的心智」。在其他領域，公司強調「絕佳的專注力和決心」或「對工作充滿熱情」。不論何種領域，只要工作描述強調才智，女性對於實習工作就顯得興趣缺缺，且對自己是否屬於那裡感到焦慮。反觀男性則展露較高的興趣和信心。

我們可以做些什麼來對抗基本歸因謬誤呢？首先，我們可以訓練自己思考人們身處的情境可能怎麼影響他們和我們。研究顯示在解釋社會問題時，開明派多半比保守派更有同情心，但若要解釋日常生活較平凡的憤慨，他們似乎就會回歸基本歸因謬誤了。[46]我跟學生和孩子練習的一個小活動或許有幫助。舉個憤慨的例子，例如個人生活碰到或新聞看到的事情，可單純如「超市結帳時有人插隊」。然後問：他為什麼插隊？在大家說完唾手可得、像是「他是自私的敗類」等內在原因後，你可以提出情境因素的可能性，並徵求意見。有些很簡單：「也許他沒看到有人在排隊。」有些會需要想像力：「或許他得趕回家照顧生病的狗狗。」大家都熱切地提供解釋。我把這視為頭腦體操。我們可以重新訓練我們的心智，讓超越文化約定俗成的解釋順利冒出來。套用專業術語，它們會變得更為認知**可及**或**可得**，[47]更可能在關鍵時蹦入我們的意識，指引我們的反應。這種方法的變體甚至已被用在容易被激發攻擊性、常誤認別人的舉動帶有敵意的孩童身上，讓他們不要那麼容易起反應。[48]藉由公開進行這類活動，例如在教室裡，我們也可以在學校、職場和家裡建立「歸因的慈悲」（attributional charity）的規範。[49]

有個強而有力的例子能闡明這種頭腦體操的好處，那來自達芬妮．布根塔爾（Daphne

Bugental）及同事設計、預防虐待兒童的明智干預。50乍看下或許奇怪，但虐待兒童和其他暴力形式一樣，似乎部分起因於基本歸因謬誤。爸媽有時會認為他們孩子會哭會鬧，若非因為他們自己是不稱職的父母，就是孩子很壞、試圖操控、宰制他們。壓力下的父母尤其容易這樣想，因此布根塔爾在研究中首先鎖定自己曾經受虐或正面臨巨大生活壓力而有施暴之虞的爸媽。她在適當的時機進場干預——孩子出生不久後。

在為期一年的時間裡，專業助理大約每兩、三個星期訪問這些爸媽一次，平均共拜訪十七次。他們做的第一件事是給予爸媽如何協助孩子身體、情緒、智力健康發展的資訊。但這項干預的重點是一種幫助爸媽「重新建構並解決」照顧難題的頭腦體操活動。對此，專業助理不會說教或懲罰父母，而是提出蘇格拉底式的問題讓爸媽積極參與本身認知改變的過程。每一週，專業助理都會問爸媽上週在照顧方面遇到什麼樣的難題，接著針對問題設計適合的活動。例如，很多爸媽抱怨他們的寶寶有時似乎沒辦法安慰。專業助理會問爸媽：「你覺得為什麼會那樣？」要是爸媽回答「因為我的寶寶討厭我」或「因為我是糟糕的媽媽」，助理會再給他們提示：「可能還有什麼原因讓你的寶寶不開心？」這樣的提示會一直給下去，到爸媽提出不會怪罪自己或嬰兒的理由為止。為促使爸媽往這方向前進，專業助理可能會補充這樣的話：「有時寶寶不開心是因為有什麼讓他們不舒服，例如消化、尿布或配方奶。你覺得有這種可能嗎？」

下一步是使爸媽聚焦於依據新的因果分析來擬定解決問題的策略，例如調整配方奶的量、試新的尿布品牌、多撫抱寶寶或唱歌給他們聽等等。每一次訪問，助理會請爸媽回想上次碰面後他們嘗試的策略，以及那些策略是否成功。助理不會直接提供原因和策略給爸媽，而會要他們自己設想，且監控其影響。

那年年底，布根塔爾比較了參與這種明智干預的爸媽和對照組的結果（對照組是隨機選定爸媽，在類似的家庭訪問期間提供有關孩童健康發展的資訊）。兩組爸媽都要完成評估自己多久暴力相向一次的問卷（例如用力搖晃嬰兒，這是常見的嬰兒受創或猝死原因，而令人遺憾的是，許多爸媽根本不知道這構成虐待）。只有四%的干預組虐待自己的小孩，反觀對照組則有二三%。干預組的孩子也經獨立醫學評估判斷為比較健康。另外，在干預後，布根塔爾和同事追蹤了近三分之二的家庭，結果發現接受過干預的爸媽比較不憂鬱，也比較不會迴避孩子。也就是說，他們比較不會惱怒、棄孩子不顧，或在發生衝突時不跟孩子說話——這些反應都會危害歸屬感，因此弊大於利。研究人員甚至發現這些爸媽的孩子所受的生理壓力較小，行為也較不具攻擊性。

另一項要務是當我們覺得自己變得惱怒或受傷時，要停下來檢視自己的心理狀態。覺得忙不過來、焦頭爛額、壓力山大、沒安全感、疲倦不堪，都會使我們更容易犯下基本歸因謬誤。此時不妨給自己「心理暫停時間」（psychological timeouts）[51]——傑出快樂學者索妮亞．柳波莫斯基（Sonja Lyubomirsky）如此稱呼。很多活動都能為平靜開啟一些心靈空間，並恢復我們的活力，使我們能停下來思考對他人行為的各種解釋，依此明智地選擇該作何回應。讓我們細看幾個這種暫停時間的例子。

一項研究請觀看一起暴力攻擊事件的觀眾寫下自己的想法和感受[52]——這是讓反應緩和下來的一種方式。之後，比起沒有寫下想法和感受的觀眾，他們比較不會斷言受害者一定是先幹了什麼事，咎由自取。

在一項受伊森．克羅斯（Ethan Cross）作品啟發的研究中，為時二十分鐘的線上干預促使夫妻從「希望事情對大家都有最好結果的中立第三方觀點」思考兩人的不合。[53]接著兩人被要求依此觀點擬訂萬一不合愈演愈烈的策略。接下來一年，相較於未被強迫以這種方式看待本身不合的夫妻，干預組覺得自己的婚姻比較幸福。

還有一種控制自己、使內心平靜的方式，是透過名為「價值肯定」（values affirmation）的自我肯定法：[54]在心裡後退一步，提醒自己你代表的價值觀。這種由克勞德．史提爾倡導的技巧包含回答兩個問題：「你的價值觀是什麼？」以及「那些對你為什麼重要？」且通常要把你的省思寫下來。（這項作業一般會提供價值觀參考表來幫助應答者，而表中通常會排除與威脅狀況有關的價值觀，價值肯定活動的例子可上 geoffreylcohen.com 查詢。）因為價值觀會反映我們最深的信念，當我們仔細思忖時，就會更明確地對焦於我們是誰，特別是對我們自己良善那一面的認知，抑制責怪他人的防衛需求。

在我和夏儂．布雷迪及卡蜜兒．葛瑞菲斯（Camille Griffiths）合作的研究中，我們確切證明「價值肯定」能讓第一年執教少數族群學童的老師較不易犯下基本歸因謬誤。在寫下自己的核心價值後，這些老師評定一群（假設）成績不佳的學生較可能在將來的年級扭轉頹勢。幾個月後，相較對照組（一群寫下不重要價值的老師），這些確認過價值的老師也提到跟學生相處得比較融洽。那學年結束時，經由外部專家評鑑，確認過價值的教師給予學生較嚴格、較吃重的教室經驗。我們認為這個發現暗示，價值肯定能使教師不會動輒認為學生天生不具學習潛力。

經由營造自己和他人的情境、使之能夠培養克服心理反射所需的意識和觀點，就更有可能擊敗基本歸因謬誤。當然，我們可以自己做這件事，但家庭、學校和職場也可以營造環境來滋補而非耗損我們的腦袋和心靈空間。

在科幻電視影集《黑鏡》（*Black Mirror*）的某一集，一名女子的丈夫車禍身亡。[55]為取代他，她郵購了一款機器人，只要下載亡夫所有 tweet、email 和網路貼文，就可以把他模仿得維妙維肖。此外還有額外紅利：他的床上功夫比她亡夫好得多（下載了她最愛的色情片收藏）。但她後來發現，它到底不是**他**。機器人那些微小、微妙的不同處，差之毫釐，失之千里。大家都知道她的亡夫討厭迪斯可音樂。但幾乎沒有人知道——她也是有次在車上為了要聽哪個電台跟他爭吵才知道——他愛死了比吉斯（Bee Gees）的〈你的愛有多深〉（How Deep Is Your Love）。

她發現她之所以愛他愛得那麼深，一部分是因為他總是能在她以為已經摸透這個人時，又給她驚喜。這多幸運啊，《黑鏡》這一集似乎這麼說。

我們幫他人鑄造的形象——以為自己可以歸納出他們就是怎樣，以後一定會怎樣——不只會釀成排斥和傷害，也會使我們的社會生活逐漸失去各種潛能、驚奇，以及與他人連結的可能性。套用心理學的術語，這會將社會經驗「平庸化」，把實為不凡——且可能更加不凡——的事物，變得平凡無奇。

尼克・艾普利（Nick Epley）和朱莉安娜・施羅德（Juliana Schroeder）進行的一項研究證實，與陌生人不期而遇，是會帶來樂趣的。[56]在標題頗具詩意的論文〈誤求獨處〉（Mistakenly Seeking Solitude）中，兩人指出他們採訪的火車乘客一致預期，跟陌生人講話是不愉快的。但當研究人員隨機指派乘客做這件事，他們的經驗卻恰恰相反。那讓他們更開心了。雖然我們不清楚這樣的巧遇為什麼會比我們時常選擇的獨處更宜人，但我懷疑答案可能和與陌生心靈相契合的驚喜有關。我們可以時時留心，避免基本歸因謬誤傷害我們和他人的關係，切莫倉促評斷他人及他人有如此這般行徑的原因。我們可以訓練自己和孩子退一步考慮情境因素，而非對一個人妄下定論。

這樣的做法可能極具挑戰性，尤其是我們的文化已經用種族、族群、性別、殘疾、經濟成就和其他更多刻板印象汙染我們的心靈了。刻板印象這種基本歸因謬誤不僅被用於個人，更被用於整個群體。下一章，我們將探索刻板印象在我們心裡有多根深柢固、造成多大的傷害，以及我們可以做些什麼予以反擊。

第六章

他們都一樣

我們為什麼會對他人產生刻板印象；該如何停止這麼做

在拉爾夫．艾里森（Ralph Ellison）探討美國種族問題的經典小說《看不見的人》（*Invisible Man*）中，[1]敘事者之所以把黑人比作隱形人，是「因為我接觸到的人，眼睛有種奇特的傾向。那跟他們**內在**之眼的建構有關，他們是用那隻眼睛經由肉眼觀看現實」。那些看不見他的人，是透過俗稱「刻板印象」的心智構造注視他，那將整個社會群體做粗略的歸納，且主要給予負面的特色描述。刻板印象在人的歸類上犯了基本歸因謬誤：「窮苦白人垃圾」、「蠢金髮妞」、「沙豬」。刻板印象是人類思維中最根深柢固、危害最深的汙染物，也可能特別難以駁斥。刻板印象不僅滲透了美國文化，也彌漫全球各地的文化，在每一個地方將社會劃分成屬於這裡的「我們」，和不屬於這裡的「他們」。

在這部小說後來某一版的序言裡，艾里森寫道：「最重要的是，我必須把種族刻板印象當作社會進程的既定事實來處理，繼而……揭露刻板印象打算隱瞞的人類複雜性。」在我的研究中，我一直在與刻板印象的社會事實搏鬥。刻板印象一發威，我們就看不到我們遇見的人實有獨特、驚人、複雜的個體性。刻板印象讓身為平凡人的我們也能在日常生活威脅到他人的歸屬感，就算我們自認不相信那種刻板印象。

我們多數人都不是自己選擇要這般盲目的。我們，不管身處哪個社會，都是在成長過程中學會一大堆刻板印象的。儘管後來我們可能有意識地去除其中許多，但它們仍在我們心裡徘徊不去，扭曲我們對遇到個體的看法，並塑造我們對待他們的方式。另外，我們的偏見不必公然表現就能造成很大的傷害，而我們也不必非得對他人感到厭惡、輕蔑、恐懼或憤怒，才會以偏頗、有害的方式對待他們。曾以記述納粹大屠殺的著作獲頒諾貝爾和平獎的埃利·維瑟爾（Elie Wiesel）指出，我們不關心我們認為和自己不一樣的人——不同理他們、不對他們表現理解、善意和支持——這完全不需要仇恨。「愛的相反不是恨，」他說：「是漠不關心。」[2]而漠不關心源自於我們未能看見，因此未能感受對方的人性。我們不關心他們到底是誰，不把他們當獨特個體看待，反而任憑我們的心智跟著與他們有關的某一腳本走。

本身是非裔美國人的喜劇演員戴夫．查普爾（Dave Chappelle）曾在一套固定劇目中處理這個問題。[3]他描述了當他驅車穿過俄亥俄鄉下，看到很多貧窮白人吸食海洛因和其他鴉片類藥物成癮時的反應。「你知道那讓我想到什麼嗎？」他回憶道：「那讓我想到我們。」他說，那些白人看來就跟一九八〇到九〇年代快克古柯鹼大流行（crack epidemic）期間的非裔美國人一模一樣。他繼續說，那次經驗讓他「深刻體會到，當初白人社會看著黑人社會經歷快克苦難時，八成有什麼樣的感覺」。「因為，」他吊了觀眾的胃口：「我也不在乎。」他的態度是：「堅持下去啊，白人，向毒品說不嘛。*那有什麼難的？」他在諷刺我們都可能這樣對「他人」漫不經心。他在數落的就是埃利．維瑟爾指控的漠不關心。

如果我們相信只有心胸狹隘的人才會抱持偏見，相信那只是公然表現仇恨或嫌惡的問題，那我們就犯下嚴重的錯誤了。偏見也事關日常的無禮舉動，細微但傷人的怠慢。還事關

＊譯注：「向毒品說不」（Just Say No）是一九八〇至九〇年代的反毒口號，為當時美國第一夫人南茜．雷根發明。

我們未能產生的思想和感覺，我們未能採取的行動。公然表現仇恨的行為固然抓住了媒體的鎂光燈，但較不明顯的偏頗行為，例如不提供求職者面試機會，或不賞識其他人的貢獻，傷害也會累積。如果我們未能了解刻板印象是如何影響我們感知和對待他人的方式，我們就像一群螞蟻，每一隻都一直扛來一丁點泥土，堆積成歧視的蟻丘。[4]若我們想促進社會中的歸屬感，就必須矯正我們看待他人的眼光，要將他人視為個體，而非基於刻板印象的諷刺漫畫。

艾里森的敘事者並非真的隱形。他只是沒被看見。但這句話是什麼意思呢？當然，他的實體不難被看見，但那不是艾里森說的那種看。看不只是視覺的問題。如心理學家所言，看見，是一種心智和情緒的行為。我們的心智會在我們感知眼前的人時帶來預期。如果我們沿著城市街道行走，看到有什麼東西急匆匆穿過人行道，我們可能把它看成老鼠，一陣驚嚇過後才發現那是被風吹著跑的塑膠袋。我們會接收視覺線索，主要基於過去習得的預期在心智建構畫面。許多畫家都探究了我們這種視覺本質，例如印象派和立體派。他們試著以基本方式觀看，更充分地領會視覺的驚奇、實踐「看」這個詞更古老的意義：「在想像中注視」、「認出」他們描繪的景物和個體的「力量」。[5]

要體認有多少刻板印象扭曲了我們的觀點，以及我們或許可以怎麼改善，不妨想像你正在教室後面觀看四年級學生漢娜回答主考官向她提出的問題。她答錯了一些簡單的問題，有些困難的問題卻答對了。你會怎麼判定她的能力呢？

這是一九八三年約翰・達利（John Darley）和佩吉・葛洛斯（Paget Gross）的研究讓成年參與者面對的情境，[6]不過他們並非真的坐在教室裡，而是分成兩組，被告知他們會先看一段漢娜在住家附近過日常生活的影片。一組看到她在一所學校有圍欄的遊戲場玩耍，學校看來像廢棄的倉庫，而這個社區到處是年久失修的房屋。這一組也被告知漢娜的父親是肉品加工商，母親是兼職裁縫師。另一組參與者則觀看漢娜在草木扶疏的公園裡玩耍，附近都是保養得宜、有寬敞綠色草坪的大別墅，同時得悉漢娜的父親是律師，母親是作家。接著兩組人觀看完全相同、漢娜回答問題的影片，而後被要求評估她的智力。她答對一些難題卻答錯一些簡單題目的事實之所以重要，是因為假如她明顯很優秀或是很差勁，評估就比較沒有詮釋空間。模稜兩可是刻板印象的糧秣。的確，這兩組對漢娜能力的評估天差地遠。

在被要求估計漢娜在這段影片答對多少問題時，相信她來自貧窮人家的參與者平均估計她答對三〇％，認為她來自富裕人家的則平均猜她答對六七％。另外，相信她出身貧困的判斷她的能力在三、四年級之間，認為她是有錢人的則判定她整整高了一個年級，在四、五年級之間。

參與者繼續被要求針對漢娜的思考能力提供質性評估，他們描述的彷彿是完全不一樣的女孩。「漢娜難以接受新的資訊」是給「貧窮」漢娜的一句評論。反觀「富有」漢娜則被認為「有能力將所知應用在不熟悉的問題上」。這兩組人甚至覺得她所做的測驗性質不同。就算大家聽到的是一樣的問題，相信漢娜貧窮的人卻把那些問題評為比較簡單。「漢娜沒有通過簡單的測驗」，窮漢娜的觀眾這麼想，富漢娜的觀眾則斷定「漢娜進行了困難的測驗，做得相當不錯」。一如艾里森的隱形人，漢娜不是被直接看見，而是透過既定印象的濾鏡觀察。

出身沒那麼富裕的學生每天都在教室裡遭遇這種非故意的偏見。如我們在比馬龍研究中所見，老師是否相信學生有學習潛力，可能影響學生將來學習經驗的品質。最重要的是，學生常被「定型」為高潛力或低潛力，[7]而被貼上低潛力標籤的學生會被排入補救教學計畫。研究顯示這種計畫常成為學業不及格的輸送管，而少數族群和貧窮學生被指定參加的人數高得不成比例。一項譴責性的研究鎖定我們在評估學生學習潛力時所犯的偏誤，結果顯示仰賴相對客觀的標準化測驗——而非教師的主觀判斷——來決定誰可以進入資優計畫，可大幅提高少數族群學生編入的人數。由於標準化測驗也可能有偏誤，這個結果顯示某些教師對學生潛力的評估偏頗得有多驚人。

遭遇偏見也可能導致學生對學校產生疏離和幻想破滅。我有一個學生是第一代墨裔美國人，現為大學教授，她告訴我，她的兄弟就經歷過這種惡性循環。她說，他跟她一樣聰明，但高中時一段插曲害他脫離正軌。一天，他在午餐時間癲癇發作。他在餐廳地板醒過來時，身邊圍繞著校長和老師，而有人問他：「你吸了什麼？」他們認為他一定有吸毒，而那項指控——暗示他背負著貧窮拉丁裔的刻板印象——刺痛了他。後來調查結果還他清白，但老師對他的不良印象沒有消失。他開始覺得上學無關緊要。他的學業和師生關係每況愈下，沒多久就去跟狐群狗黨鬼混，最後退學了。

學生為什麼會在學校這般向下沉淪呢？[8] 相關研究顯示這個過程往往是從一次存有偏見的懲戒行動開始。當老師不尊重學生，學生通常看得出來。他們感受得到，於是故意使壞，或不求上進，讓老師更負面地看待他們，形成行為與反應互相增強的惡性循環。孩子繼續累積惡名，而老師會和彼此分享刻板印象的評斷。在我和同事進行的兩項多年研究中，就讀中學六到八年級的少數族群孩子對他們的老師愈來愈不信任。雖然每學期只下降一點點，但持續穩定下滑的結果，到中學結束時，少數族群學生和白人同儕表現的信任出現相當大的落差，而信任下滑意味少數族群學生更可能故意胡作非為。這條向下沉淪的軌線似乎是由「歧視」這種社會事實驅動：一進中學，少數族群學生真的遠比白人同儕更可能受到較嚴厲的紀律判決，尤其是在曖昧的「自由心證」情境，這讓他們開始質疑學校與校規的正當性。

除了漢娜研究，還有多項研究皆證實，明明是同樣的行為，若是由背負負面刻板印象的人所為，旁人會以較不欣賞的眼光看待（不過有一項研究呈現不同的結果）。[9]二〇一〇年有個驚人的例子著眼於職場的性別偏見：社會心理學家維多利亞．布瑞斯科（Victoria Brescoll）請研究參與者評估一位虛構的警長。[10]一組被引導相信警長是男性，另一組則被引導相信警長是女性。兩組參與者皆得知警長在部門有可靠的紀錄。獲得這樣的資訊下，參與者對警長的評估沒有顯著不同。另兩組參與者獲得同樣的資訊，但也被告知警長的紀錄有個汙點：未能派出足夠的警力平息一場轉趨暴力的抗議活動。參與者並未因此給男警長不同的評價，卻評定女警長配不上她的職務，位階低得多。男性和女性評估者呈現出同樣程度的偏見，暗示偏見的力量比偏袒某些人的想望還要強大。

之後布瑞斯科繼續進行更多透露評估女性存有偏見的研究。[11]例如，只要女性生氣或只是講很多話，就常被認為能力較差、地位較低，但當男性發脾氣或講很多話，他們卻常被視為較能幹且地位較高。有些引人入勝的研究顯示女性傾向調整自己的行為，在男性主宰的情境壓抑怒氣、少講點話，以免被這種刻板印象定型。例如在參議院，儘管地位較高的男性參議員講的話比地位較低的男性參議員多，但女性參議員在獲得較高地位後並不會多說話。

許多有關美國刻板印象效應的研究，都探討了那對非裔美國人造成的衝擊，因為誠如艾里森的肺腑之言，非裔美國人普遍身受其害。社會學家傑森・歐科諾富雅（Jason Okonofua）和珍妮佛・艾柏哈特（Jennifer Eberhardt）二〇一五年發表的一項研究檢視了黑人孩童在學校所受的待遇。[12]老師被要求依書面紀錄評斷學生的行為。有些老師得知學生名叫傑克（Jake）——一般認為是白人名；其他老師得知學生名叫達內爾（Darnell）——一般認為是黑人名。接著兩組老師都讀到這個學生上課睡覺，甚至在老師叫他專心後繼續兩手托腮、閉上眼睛。然後老師要在數值尺度上評估這名學生的個性，並建議因應之道。

若只有上述資訊，教師在這名學生有多愛惹麻煩和該多嚴厲處罰等方面，給傑克和達內爾相同的評分。這或許令人意外，但畢竟老師本來就是致力於培育學生、公平對待學生的。然而，在下一個研究階段，老師得知另一天，該名學生在教室裡晃來晃去，跟朋友講話，製造混亂。這會兒刻板印象的糧秣就比較多了。對兩名學生的評價出現差異。評估傑克的老師給他差不多的評價，但達內爾就是完全不一樣的故事了。老師嚴厲相待，在「愛惹麻煩」這項給他更高評分，並認定他的行為是冰山一角，建議他該受到嚴懲，有的甚至建議休學。對黑人孩子來說，老師彷彿採用「兩次違規就出局」的政策。

刻板印象的評斷足以毀掉人生。大量研究顯示被迫休學可能對學生的歸屬感和成功的可能性造成無法挽回的傷害。[13]休學是一種讓問題雪上加霜的「解決方案」，除了侵蝕孩子的歸屬感，更會讓一些孩子就此走上失業和監禁之路。這是太高比例的少數族群孩子被迫面臨的命運，偏偏抗議不公的抱怨屢屢遭到駁斥。

很多人質疑，諸如此類的研究室實驗能否如實反映在現實世界運作的刻板印象。[14]為確認這件事，崔維斯．里德爾（Travis Riddle）和史黛西．辛克萊（Stacey Sinclair）評估了全美各地九萬六千三百六十所學校超過三千兩百萬名學生的資料。他們發現在種族主義較盛行的郡（用另一項全國普查資料衡量），對黑人學生採取的懲戒措施比白人學生嚴厲。甚至在研究人員（從統計學角度）控制了該郡的人口、黑人居民比例、平均教育程度、犯罪率、地理區和經濟流動程度等變因後，結果依舊成立。這效應固然小，但當我們處理的是數百萬學生加乘的重要後果，小小的效應也有大大的影響，對受波及的孩子和家人而言更是如此。

上述有關黑人學生在學校遭遇偏見的研究發現，讓我想起小馬丁．路德．金恩的一番話。他說在撤除學校種族隔離後，他會擔心一件事：黑人小孩被不愛他們的白人老師教到。指望老師愛自己的學生乍看下可能不切實際，但我愈深入鑽研有關教學的研究，就似乎愈聚焦在愛的重要性——不是爸媽和孩子之間的那種愛，而是金恩、甘地、曼德拉認真闡述的那種愛，也就是我們選擇的一種信念：相信其他人的固有價值與尊嚴。刻板印象會損害這種信念，限制我們的心靈、讓我們看不見彼此完整的人性。如前文引述，作家暨集中營生還者埃利．維瑟爾相信，愛的相反不是恨，而是漠不關心。他也把漠不關心稱作「邪惡的縮影」。刻板印象會用各種方式扭曲我們看待他群之人的眼光，剝奪他們該從別人那裡得到的信念和愛，因此當然會引領我們走向邪惡。

刻板印象造成的知覺扭曲會導致多種形式的無情。例如，我們比較容易喜愛孩子勝於成人，而白人不愛黑人小孩的一種方式，就是把他們視為年紀較長，且沒那麼純真。

二〇一四年在克里夫蘭，十二歲非裔男孩塔米爾．萊斯（Tamir Rice）在城市公園裡玩玩具槍，被一位白人警察開槍擊斃。社會心理家菲利浦．高夫（Phillip Goff）對於類似年輕黑人遭警方及法院不公平對待的案例感到心碎，而他的研究證實，黑人小孩的確比較容易不被當成小孩。[15]高夫發現，十歲以後，黑人孩子這個群體就被評為比白人孩子「不需要保護」和「照顧」。他們也被視為較不「可愛」和「純真」。高夫也請各種樣本的成年人（主要由白人組成，包括城市警察）試著憑照片猜測犯法的黑人和白人小孩的年紀。兩組違法者的外貌吸引力相仿（外貌吸引力已證實會影響人們的評估），而年齡在十歲到十七歲之間。評估者多半認為違法者大於實際年齡，這點毫無疑問，因為他們已經被貼上「罪犯」的標籤。但評估者高估黑人孩子的歲數（估計年齡減去實際年齡），竟是白人孩子的兩倍，且判斷黑人孩子的平均年齡比實際年齡大將近五歲。

刻板印象造成的傷害不會在孩子長大後戛然而止。有關聘雇決策的研究已揭露這些扭曲的稜鏡也適用於成年黑人。雖然兩位經濟學家瑪麗安娜・貝特朗（Marianne Bertrand）和森德希爾・穆萊納森（Sendhil Mullainathan）的研究備受歡迎且常被引用，但其中一項發現卻很少人提及。這項發現的主要結果是：寄到紐約市和芝加哥公司的假履歷表，[16]如果研究人員寫在表上的名字是一般認定的白人名，例如約翰（John）或昆汀（Quinton），接到回電的可能性幾乎是黑人名（如賈邁爾〔Jamal〕或拉基莎〔LaKeesha〕）的兩倍。事實上，黑人應徵者要有比白人應徵者多八年的相關工作經驗，才會接到和白人一樣多的回電。不過，那些評估黑人履歷表的人士也展現出一種「盲讀」：未能察知應徵者資歷的品質。對每一個名字的群組，研究人員寄出兩種版本的履歷表，一種有突出的資歷——較多相關工作經驗、較多技能、就業空窗期較短——另一種則資歷較薄弱。更好的資歷能讓白人應徵者獲得更多回覆，但對黑人應徵者來說就沒什麼差別。彷彿黑人應徵者的資歷是隱形似的。

社會學家狄娃・佩格（Devah Pager）進行的研究也揭露了僱用決策對黑人的系統性歧視。她訓練了黑人和白人演員在密爾瓦基各地應徵基層工作。[17]她仔細編造兩組應徵者的資歷，使之相等。這些演員（全為男性）總共在這座城市應徵了三百五十份工作。誰應徵哪份工作是由研究團隊隨機決定。結果如何？有二六％的白人應徵者獲得回音，獲得回音的黑人不到白人一半，只有一〇％。佩格也探究了應徵者是否有犯罪紀錄的影響，她也讓應徵者在這方面呈現多樣化。整體而言，犯過重罪的懲罰跟身為黑人差不多，於是這形成佩格最引人注目也最令人不安的研究成果：有重罪紀錄的白人應徵者獲得回音的可能性，比沒有重罪紀錄的黑人應徵者還**高**一點點（一七％對一四％）。

要是應徵者既是黑人**又**有重罪紀錄呢，回覆率降到五％。雇主的腦袋似乎大多封閉起來，不肯接受有入獄紀錄的黑人應給予機會、應視為具有潛力的觀念。不過，雇主在與有服刑紀錄的白人應徵者交談時，可能給予嚴厲的警告：要是應徵者偷東西或曠職，「關係就到此為止」，但他們也多半表示願意姑且相信應徵者。很多雇主在面試白人時都說了類似這樣的話：「你曾被判罪對我不成問題；我不會為此擔心。」他們在犯過錯的白人應徵者身上看到的潛力，高於犯過錯的黑人。

除了在學校和職場裡的歧視，被刻板印象定型的人也日復一日遭遇輕蔑。一項特別精心設計的研究闡明，在因違反交通法規被攔下來的緊繃情勢中，黑人和白人受到的待遇有天壤之別。

珍妮佛．艾柏哈特將其生涯奉獻於理解種族會如何塑造美國的社會生活。[18]她是黑人，著有鏗鏘有力的《偏見的力量：破解內隱偏見，消弭歧視心態》（*Biased: Uncovering the Hidden Prejudice That Shapes What We See, Think, and Do*）一書。她有些研究檢視了警方在與黑人看似良性的互動中，不意流露的細微卻影響顯著的種族歧視。

二〇〇〇年代初期，艾柏哈特辦了一場會談，邀集社會科學家和警察討論當時如山洪爆發的警察射殺黑人可疑分子事件。[19]出乎在場所有學者意料，警方固然坦承槍擊是嚴重問題，但那不是他們心目中最常出現的問題。他們說，一名警察終其生涯可能會開一次槍；他們真正需要幫助的是如何處理日常勤務的碰頭，例如例行攔檢和與黑人社群成員的對話。這些碰頭常不必要地劍拔弩張起來，有時導致悲慘的後果。就算後果沒那麼悲慘，也會在許多社群成員間留下徘徊不去的不信任。他們說，那損害了警方打擊犯罪的能力。缺乏信任，社群就不願合作，也不願透露可能有助於警察維護治安、保護人民的資訊。

艾柏哈特和博士生尼克・坎普（Nick Camp）及語言學家勞勃・沃格特（Rob Voigt）連袂與奧克蘭警察局進行非比尋常的合作，研究這些偶然相逢。研究成果在二〇一七年發表。奧克蘭警局做了勇氣十足的決定：和研究人員分享兩百四十五位警察執行九百八十一次交通攔檢的隨身密錄器影片——沒有人檢視過的珍貴資料。艾柏哈特和團隊聚焦於我們很多人都有過的平凡偶遇，沒有一次導致逮捕，而絕大多數都有連續畫面。這些攔檢的對話乍聽下完全平凡無奇，但詳細的分析顯示那對駕駛傳達了強烈的心理訊息，而這些訊息依駕駛的種族而有系統性的不同。

那些對話進行轉檔，而後由不知駕駛種族的編碼人員評估警察言論的內容（隨機選取大子集，因為資料太多，不可能做完全部）。

以下是警察和白人駕駛說話的摘錄：

「抱歉攔下你。我是警局的萊恩警員。」

「可以了，太太。請小心開車，注意安全。」

「這邊說你已經改好了。沒問題。先生，非常謝謝你。」

以下是警察和黑人駕駛說話的摘錄：

「好啦，大哥。幫個忙。把你兩隻手放在方向盤一下。」

「約翰，我可以再看看駕照嗎？……這是——這是你嗎？」

有感覺出差別嗎？

編碼人員判定，警察對黑人駕駛講的話，比對白人駕駛講的不友善、不尊重。有意思的是，那些也被判定為較「主觀評斷」，有較多負面用語。

然後艾柏哈特和同事將警察說的所有三萬六千七百六十八句話輸進電腦語言學模組——這種人工智慧技術能夠測量詞語聚集於各種語言學主題的頻率。這種分析讓我們更詳盡了解警察對待白人和黑人駕駛的差異。首先，警察對白人駕駛表現出較深的**休戚與共**態度。他們比較可能說出「開車小心」之類的話。其次，他們似乎和白人駕駛在一起比較**自在**。他們講話比較不會吞吞吐吐，冒出「呃」、「噢」之類的，或那麼常出現尷尬的停頓。研究顯示黑人可能把這些不自在的徵象視為種族偏見的證據。[20]最後，警察對白人駕駛比較**有禮貌**。他們說的「請」和「謝謝」多得多。他們會用「先生」、「太太」等正式的稱謂，而非直呼其名，或者（如果駕駛是男性）稱他「夥計」或「大哥」。對白人駕駛，他們會多用問句，少用命令句，比如會問：「你介意把手放在方向盤上嗎？」而非「把手放在方向盤上」。

在提出社會刻板印象滲透每個人心智的情況可能有多嚴重時，研究人員發現黑人警察和白人警察表現出同樣的成見。

對白人駕駛來說，較常傳達的訊息是「我尊重你」、「我在乎你」或「我把你放在眼裡」。對黑人駕駛來說，訊息多半是「照我說的做——我不在乎你」或「我沒把你放在眼裡」。誠如作者總結：「不論原因為何，我們發現警察與黑人的互動比較緊張。」不只是就逮捕、執法過當和死亡等結果而言，「而是整個人際互動就是如此，就算沒有逮捕，沒有使用武力」。他們繼續說：「這樣的差距可能產生有害的下游效應，因為個人與警察互動時受尊重與不受尊重的經驗，會在社群成員判斷警察這種機制有多符合程序正義，以及社群是否願意支持警方或與警方合作上，扮演關鍵的角色。」[21]

像艾柏哈特和同事記錄的那種日常無禮舉動，一次又一次的衝擊便可能累積成重大的損害。非裔新聞播報員布萊恩．岡堡（Bryant Gumbel）把這比作「稅」，[22]說這是「加諸美國黑人的負擔。不論你受過多少教育、賺多少錢、獲致多少成就，都要例行繳納的稅……那就是看似由你的膚色引起，眾多不尊重與無禮的事例」。

刻板印象與汙名化的傷害也被強加在其他許多被歸併為社會群體的人口上。[23]貧窮的白人，特別是鄉下出身的，已被定型為「白垃圾」、「紅脖子」、「嘎吱餅」（cracker），被貶低為懶惰、低能、骯髒、道德墮落。從古到今，身障人士也一直背負汙名。人們往往微妙或沒那麼微妙地敬而遠之或避免視線接觸。身障人士也常被人以施恩的態度對待，彷彿他們智商較低，在求職方面更是屢遭歧視。口吃的刻板印象則是過分害羞、焦慮、畏怯，以及同樣地，欠缺智慧。

就連看似正面的刻板印象也可能造成傷害。亞裔美國人被套上「模範少數族裔」的刻板印象，被描述成「一致有高成就的少數種族，透過努力工作、順應社會習俗和學術成就，充分融入美國社會」。[24]但這樣的刻板印象卻造成這個事實：少有資金用於研究亞洲移民和亞裔美國人的需求，就算他們正經歷貧窮與教育困境。衛斯理・楊（Wesley Yang）在著作《黃種人的靈魂》（*The Souls of Yellow Folk*）中尖銳地寫道：「承載著一張亞洲臉孔，你得付遞增的罰款，並非絕對，但始終無所不在，也就是說……你被推測為無足輕重，沉默而卑賤，最重要的區別特色是你毫無本事對任何人構成威脅……是毫無辨識度、隱形的奇特負擔。」這種刻板印象或許也有助於解釋亞裔在政壇、好萊塢、公司領導階層為何代表性不足。

我們有多清楚形形色色的刻板印象正影響人們的生活呢？幾乎渾然不覺。這主要是因為刻板印象可能在下意識運作，就連自稱信奉平等價值的人也是如此。研究顯示大部分的美國人都重視平等；有很多人都有自覺地拒絕刻板印象。但一旦我們在模稜兩可的情境中有排斥他人的藉口，我們通常會這麼做。[25]我們的心智就是有辦法將不公平的待遇合理化。

讓問題更加複雜的是，每當我們被抨擊有刻板印象，就常會心生不服而抗辯。但每當有人表現得彷彿被我們無禮對待，我們反而或許會想想自己是否可能真的犯了偏頗的過失——不管是做了什麼，或疏忽了什麼。事實上，問題往往出在我們**沒有**做什麼。我們沒笑。我們沒說「請、謝謝、對不起」。我們傳達了我們並未真正把這個人放在眼裡。

我們可以怎麼在和別人相處時減輕刻板印象的威力呢？第一步是承認，就算我們不想，仍可能受它支配。

知名物理學家理查·費曼（Richard Feynman）在探討偽科學的文章〈草包族科學〉（Cargo Cult Science）中寫道：「第一要務是你不可以欺騙自己——而你是最好騙的人。」[26]雖然他在此評論的是科學信仰，但要他評論社會信念一定也易如反掌。科學家和凡人一樣很容易指出扭曲同儕感知的偏見，卻很難看清自己的偏見。這是人類長久不變的傾向。兩千年前，聖馬太（Saint Matthew）懇求：「何以僅見你弟兄眼睛裡有木屑，而不思及自己眼睛裡有梁木？」

不久前的一天晚上，我去一家印度餐廳吃晚餐，因為很餓，我沒耐心等人安排座位。看到一個褐色皮膚、穿白色長圍裙的男子，我直接走過去請他帶位。他皺著眉頭說：「我不是在這裡工作的。」

他當然是在這裡工作的，我心想：他穿著圍裙欸。然後我往下看，驚恐地發現我剛看成圍裙的衣物，其實是一件比較長的白短褲。我的視覺被一種刻板印象給騙了：印度餐廳裡的印度人是餐廳員工。那一瞬間，我的腦袋繼續辯護。都該怪他啦，我狹隘的心胸說：「哪有人短褲穿那麼長的？」

所幸我理性的心智克服了卑鄙的大腦，我向他致歉。就座之後，我覺得自己像那種不敢相信自己肇事的駕駛。研究認知偏誤數十年的我，怎麼可能犯這種錯？當然，我知道刻板印象可能在不自覺中運作，但我真的、真的不相信自己這麼脆弱——我的認知竟讓我誤讀現實。我們受到文化制約，人人都很容易犯下這樣的過錯。心情慢慢平復之後，我覺得自己何其幸運能從所犯的錯誤中學到教訓。不過，這種沾沾自喜的心情沒有維持太久。過去這些日子，我還犯了多少次判斷錯誤，卻渾然不知呢？視覺錯誤或許可以很快糾正，但許多社會判斷方面的錯誤就沒辦法了。而多數時候，儘管犯了這樣的過失和怠慢，我們仍我行我素，不曉得自己已然造成傷害。

我們並非欠缺公正客觀的動力。只是會在有人影射我們不公正不客觀時自我袒護。調查顯示多數美國人原則上重視平等和公正。但一旦被告知我們必須修正偏見，常見的反應是心生防衛。那就是為什麼世人提出的破除偏見之道大多起不了作用。[27]學校和職場的反偏見訓練成效令人失望，就像昔日穆扎弗・謝里夫試著透過宗教布道教營隊孩子「愛你的鄰居」的做法完全行不通。泰勒・菲利浦（Taylor Phillips）和布萊恩・洛威利（Brian Lowery）的研究顯示，光是提醒美國白人，美國黑人在求學、居住、醫療和就業方面處於弱勢，就會讓白人武裝起來辯稱，他們自己的人生也備嘗艱辛。所有種族中的富人在被提醒窮人處於弱勢時，都是一樣的反應。當然，活著誰不辛苦。但一聽到一群人受苦，就把他人的辛苦貶得比我們低，這樣是不合邏輯的。合邏輯的做法是表達同理。

在我們想方設法對抗刻板印象之際，須將會產生反效果的防衛心納入考量。要人公正客觀是沒有用的，因為人都已認定自己公正客觀了。社會學家艾密里歐・卡斯提亞（Emilio

Castilla）請一群經理人評估多位員工，[28]看要讓誰升遷，其中有男有女，資格全都符合，而他跟他們說，保持公正很重要。這樣的干預會在升遷和加薪決策上減少對女性的偏見嗎？不會。不減反增。

艾瑞克・烏爾曼（Eric Uhlmann）和我也發現類似的結果。我們請一群參與者指出他們是否同意一些會提醒他們客觀判斷有多重要的敘述，[29]例如，「多數情況下，我會試著做看起來合理、合乎邏輯的事情」。我們請他們和另一組沒有回答這些問題的人進行假設性的聘雇任務，結果發現，被提醒客觀有多重要的參與者，反而反映出更大的性別偏見。由於我和烏爾曼事先給了小小的「指點」：一系列包含「粉紅」、「芭比」等詞彙的謎語，他們應用了浮現腦海的性別刻板印象。看起來，在人們被提醒自己有多重視客觀時，他們會認為自己已經很客觀，因此更無拘無束地依照浮現腦海的偏頗思想行動，結果受到刻板印象更大的影響。他們彷彿對自己說了：「如果我這麼想，那就一定是事實。」

所以，我們該怎麼辦？在致力改變制度和法律的同時，我們也要在日常生活盡一切努力來減少刻板印象造成的傷害。

一種策略是思考我們身處的**情境**——那可能如何不知不覺中助長偏誤。海蒂・弗列提

（Heidi Vuletich）和凱斯・潘恩（Keith Payne）的研究強有力地闡明了這個概念。[30]他們分析了多種旨在翻轉對黑人隱性偏見的心理干預措施，在多所大學學生身上實行的成效。儘管一些干預實施後立刻減少了偏見，但長期而言，沒有哪一種措施有持久的衝擊力。研究人員主張，學生就讀學校的本質在這種「淡出」現象扮演要角。他們在那些校園裡測量了全體學生展現偏見的平均情況，結果發現經歷過干預的學生所展現的偏誤，會回歸校園的基準。

是什麼樣的校園情境發揮這種影響力呢？或許部分是學生和教職員有意無意展現的態度。但有些校園的一種實體特色似乎也起了作用：公開展示南方邦聯雕像。如果校園有這種雕像，學生隱形種族偏見的程度也較高。這個發現說明種族主義的歷史象徵會產生久久不散的效應。這些雕像不只會帶給許多黑人師生痛苦，可能也有助於維繫潛藏內心的反黑人偏見。另一個能預期校園偏見較嚴重的因素是教職員的種族多元性較低。在第三部分，我們將看到幾個例子，學校和職場的實踐者嚴格審視並改變環境特徵來對抗偏見、促進全體的歸屬感。在個人層次，我們也可以將更個人的情境營造得更好。[31]我們可以找志同道合的朋友，加入參照群體來強化我們想要秉持的態度，多接觸質疑普遍文化刻板印象的資訊——這些全都是簡單但成效卓著，且獲得研究背書的策略。

我們也可以用各種鼓勵「尊重」的方式自我訓練——這個詞對成年人和青少年都是「社交貨幣」。「敬你」（respect），我的青少年兒子在和朋友碰拳頭道別時會這麼說。在思索這個詞為何能贏得如此廣泛的文化認同時，我查了它的語源學，才發現它原始的意義是「再看一遍」或「再看仔細點」——「re-spectate」。一個簡單小字，卻充滿智慧。這個詞語內嵌了對抗刻板思維的方式：**再看一遍**——再看仔細點。時時提醒我們自己尋找個體，拒絕刻板印象。這正是自我欺騙——費曼說我們非常容易掉入的陷阱——的部分矯正方法。

艾柏哈特及同事和奧克蘭警局的合作案，就展現了讓人們停下來、想一想、再看一遍的力量。他們請警察遵守新的攔停協定：[32]攔停前先問自己：「這是情資導向（intelligence-led）的嗎？是或不是？」這個問題讓警方三思而後行，想想是否真的有攔停的正當事由。這種做法在思想和行動之間引進「心理摩擦力」。推行該政策的那一年，警方攔停非裔美國人的比例降低四三%，在此同時犯罪率也持續下降。

我們還有一種方式能夠「再看一遍」，並讓自己察覺刻板印象可能正主導我們評價和對待他人的方式：蒐集資訊，據以判斷偏見是否在我們身處的情境裡起了作用。在秉持這種精神的干預中，我最喜歡的是知名偏見學者約翰．多維迪奧（John Dovidio）一九九〇年代與國防部合作進行的措施。[33]國防部對晉升高階軍官的種族差距感到不安，儘管許多少數族裔候選人完全符合資格（即如軍方所言：「在禁區裡」），差異依舊持續。彷彿少數族裔的候選人沒有完全被看見。

多維迪奧和同事提出一種簡單的干預，讓人事部門可以看得更仔細些。在為期三年的時限內，研究人員請部門人員監控在晉升比例上是否有任何種族不平等，如有，請加以說明。這比「客觀」、「公正」的指令更進一步。除了讓研究得知數據顯示的情況，同時也是一種問責。當人們知道必須解釋自己的決定，就更可能修正偏誤，因為他們會以外人的眼光看待自己的決定。這項干預協助部門人員察覺，他們其實做了不利少數族裔軍官的決策。而實施這種小小干預的結果，晉升率的種族差距消失了。卡斯提亞設計的類似干預措施則消除了一家大型服務業公司的經理人給男性白人員工更高調薪的傾向。[34]干預之後，男性白人員工與其他員工的差距消失了。此外，少數族裔員工的調薪也遠比之前符合他們的在職評量。

還有一個擊退刻板印象的方法是「心理暫停時間」，[35]如第五章所討論，這有助於我們創造更深刻反省當前情境的心智空間。當心智以這種方式重建，就比較不會仰賴像刻板印象那樣的捷徑——更願意考慮情境和情境之中個體性的微妙差異。在我們於職場、學校、家裡的情境使我們匆促、緊張的時候，心理暫停時間最為重要。在暫停時間可以做確認價值觀的活動和各種正念練習，例如品嘗日常經驗、專注於呼吸和身體的感覺，甚至練習冥想。

回到情境營造的主題，讓我們再次回想一下我們討論過的干預**不會**做什麼。它們不會試圖「修正」種族歧視的人。那可能是副產品，但不是干預瞄準的目標。干預旨在讓人們更清楚地察覺情境、情境對他們的衝擊，以及他們對情境產生的作用。爸媽、老師、經理人、教練——我們每一個人——都可以花點時間思考，我們可能怎麼因為刻板印象形塑了我們對情境和情境中人的認知，而對我們孩子、學生、員工，以及在日常生活偶然相逢者的歸屬感構成威脅。

下一章，我們將探究人若感覺自己身在充斥刻板印象的團體，知道自己必須持續應付偏見，會怎麼因為備受威脅而逐漸失去歸屬感。然後我們要再次思考可以如何重新塑造那些情境，來為所有人創造歸屬感和機會。

第七章

別人怎麼看我？

我們如何背負刻板印象，又可以如何透過營造情境來解套

刻板印象帶給歸屬感的威脅不只是因歧視而起。就算身在被定型團體裡的個人並未在特定情境遭遇名副其實的偏見，知道自己的團體**可能**被人瞧不起，就足以對他們的身心幸福造成傷害。《白人的脆弱》（*White Fragility*）的作者羅賓·迪安吉洛（Robin DiAngelo）曾寫到哪些負面訊息會普遍傳遞給美國黑人。[1]她說「白人有價值」、「黑人無足輕重」等訊息「無時無刻不像大雨打在身上，偏偏我們沒有傘」。外頭的風暴可能會製造裡面的心理混亂。

繞舌歌手阿姆（Eminem）在電影《街頭痞子》（*8 Mile*）詮釋「心理風暴」可能怎麼使

人心神不寧，就連歷史上非受壓迫族群出身的人也不例外。[2]

扮演他年輕時候的「另我」（alter ego），名叫「兔子」（Rabbit）的白人饒舌歌手試著像阿姆一樣闖進底特律樂壇。我們第一次遇見兔子是在後台的化妝室，他正盯著鏡子裡的自己，耳機迸出音樂。他正試著平靜下來，因為他準備要在饒舌對決出賽。要是他贏了，那可能是大好機會。但要贏，一定會累個半死。如我們即將看到的，饒舌對決是激烈無比的殊死戰，宛如說話版的跆拳道。每名出賽者有四十五秒的時間朝對手狂轟濫炸，全都要當場即興創作。每一記重擊可能都極具毀滅性，不是落在身體，而是自尊，而那種痛苦可能有過之無不及。讓事情更糟的是，觀眾更是薄情寡義，聞到血腥味就興奮地嘲笑。停頓太久、結巴或掉拍的饒舌歌手最受青睞。

兔子知道這些都在等著他，而我們這些電影觀眾看得出來他很緊張。話雖如此，見到他衝進廁所吐，我們還是不免驚訝。這個情境會對他壓力那麼大，是諸多原因形成的完美風暴。研究顯示，害怕遭到社會非議的壓力，[3]可能跟等待痛苦的電擊一樣大。那一部分是因為身為社會性動物，我們擔心站在群眾面前的時候容易遭到排拒。在兔子的例子，他對饒舌的愛徒使壓力倍增。他迫不及待想攀越巔峰。而最重要的是，他是外人：他是白人，參加一場世人心目中給黑人參加的比賽。今天，那個觀念依舊存在，但在電影設定的一九九〇年代底特律更是深入人心。

兔子很清楚，其他人不認為他屬於那裡。而讓這種現實更加鮮明的是，比賽前，在他準備和其他表演者一起進入後台時，保鑣在門前攔住他，說他得和其他顧客一樣走前門——多諷刺啊，這簡直是民權法案實行前，黑人得在公共場所應付種族隔離的翻版。他在一個黑人朋友幫助下進入後台，但臨走時保鑣不忘酸他一句：「你這孩子態度很有問題。」

當兔子踏上舞台，他是全場唯一的白人，感受到社會心理學家所謂「獨奏狀態」（solo status）衝擊[4]——在某個社會情境裡，你的群體唯有你一人在場。他和他的對手在台上。兩人擲銅板，贏的人決定誰先。兔子擲贏了，選擇後唱。對手對兔子發射連珠炮似的侮辱，而我們看得出來其中許多正中要害。「你只是個有『麥』的白人，」對手即興編出：「比有來電顯示的靈媒還假。」把你的「胡扯省起來吧」，他繼續饒舌：「因為這是嘻哈，你不屬於這裡，你只是來觀光。」

換兔子了。我們知道他的朋友公認他是天才型饒舌歌手。對阿姆來說，這個評價日後將得到數百萬人認同，所以我們預期他會來個絕妙的反脣相譏。但兔子卻茫然盯著觀眾。我們可以想像他的內心獨白。「他們說得沒錯，我不屬於這裡。」「他們都認為我是個笑話。」「如果我噎住，不就證明他們是對的了。」觀眾開始反覆大叫：「噎住、噎住、噎住。」兔子和競爭對手站在同一個舞台上，但在腦袋裡，兩人卻處於截然不同的情境。又在台上煎熬幾秒鐘以後，兔子走下舞台，一個字也沒說。

兔子經歷了心理學家稱為「表現欠佳」（underperformance，指表現遜於預期）的極端例子：我們明明能把我們在乎的某件事情做好，卻沒有做好。幾乎每個人都會在某個時刻陷入這種魔咒。或許在運動比賽、發表公開演說、求職面試，或許在約會時。欲了解表現欠佳，我們就得直接探討歸屬感的力量。阿姆其實沒有親身經歷過電影裡那個場面，但如同他在回憶錄《這就是我》（*The Way I Am*）所寫，他多的是噎住的經驗。[5]「那就是『白人不會跳』理論，」他說：「沒有人認為白人男孩能贏。」

看到阿姆在饒舌生涯初期表現不佳（他在書中寫到自己於好幾場重要賽事都是如此），很多人可能會猜想他就是沒太高的饒舌天分、不夠機智、缺乏毅力，或者就是「不具備成功要素」。但在我看來，他表現不佳的一大主因是心理學家所說的「刻板印象威脅」。身為白人，他知道別人給他的刻板印象是他不屬於饒舌，使他感覺到強烈的焦慮，深怕自己實現觀眾眼中的刻板印象。就是這種潛在的畏懼使兔子在台上怔住。

沒有背負刻板印象的人，可能難以完全體會這股恐懼的力量。但對於別人怎麼看待我們，幾乎每個人都或多或少感受過焦慮，比如剛做第一份工作、上新學校、第一次見情人的家人等等。我們也可能在任一種社會互動中感受到某種程度的焦慮。對於這種相當普遍、深怕自己會得到負面評價的憂慮，心理學家也取了名字：社會評價威脅（social evaluative threat）。[6]

我曾在效力於阿姆斯壯教授時蒙受這種威脅。雖然心地善良，他也以鄙視胡說八道著稱。他會給學生的報告下旁注，而其中惡名昭彰的是他會畫一堆發臭的糞肥，上面還插了把鏟子。唯恐學生不明白，他甚至畫上幾小條彎彎曲曲的線段，描繪從那堆東西飄出的惡臭。跟他開會簡直要人命。他會毫不猶豫地質疑或批評從你嘴巴吐出來的東西。

我們開會的經過一般會像這樣。我在做了足足一星期的準備後來到他的辦公室。但幾乎毫無例外，當我分享我已做了一些研究的構想，或對某些結果的解釋時，他都會冷冷地看著我，眉毛拱起（我解讀為困惑加懷疑）。然後他會問我一個問題，我沒有好的答案。不知道說我不確定沒關係，我會答得吞吞吐吐、斷斷續續，腦袋疾速飛過一連串折騰人的想法：「他會覺得我很笨嗎？如果他覺得我很笨，那我可能真的很笨吧。」我很清楚這個惡性循環：因為我擔心自己看起來很笨，我就會表現得很笨，而這又使我擔心自己看起來很笨的憂慮變本加厲。但這個心理迴圈一啟動，就停不下來了。所幸，如同阿姆斯壯教授有次跟我解釋的，他會如此苛刻是因為他在乎他的學生，擔心要是自己沒有那麼嚴格地挑戰他們，學生就無法在「現實世界」立足。他也不是永無止境地批判，而只要得到他最微小的讚美：微微點頭表示認同，或奇蹟中的奇蹟：「這個想法不錯」，我就會興高采烈地離開會議。

後來當我開始研究刻板印象的威脅，我回想當年因為老是懷疑阿姆斯壯教授如何看待我而苦苦掙扎的事，才驚訝地發現，我的恐懼完全是情境使然。在課堂和會議外，他風度翩翩，有時還會邀我和研究室裡的其他人去他家共進晚餐。我們有振奮人心的對話，而我感到舒服自在，會公開分享想法，一次「我很笨嗎」的懷疑都不曾掠過腦海。

我也想到我對這個行業的歸屬感，會隨著跟他一起開的會議是否進行順利而有一百八十度的轉變。一場差勁的會議會讓我沮喪一整個星期，開始設想替代生涯規劃——最喜歡的一個是在墨西哥海灘小鎮開咖啡館。

在我回想這些的時候，我想到高夫曼曾寫道，我們的社會自我——他稱作我們的「臉」[7]——是我們最「私人的所有物」，可能給我們最大的「安全和愉悅感」，但他也警告，我們切勿忘記那不是我們的財產，只是「借來的」。某種程度上，我們是否會對自我感到安全——即我們通稱的自尊——取決於和我們共處某個情境的人，是否給了我們安全感。就算是我們之中最有自信、最優渥、最才華洋溢的人，也可能在特定情境中引發社會評價威脅。

對於背負負面刻板印象的人來說，完全不需要阿姆斯壯教授懷疑的眼光就能觸發危機感。我可以想像，萬一我是——比如黑人好了，跟他開會的壓力可能更巨大。身在背負刻板印象的群體，光是刻板印象彌漫的事實，就足以發揮和懷疑眼神一樣的效應。他們要與這樣的體認共存：某些情境可能藏有地雷，可能會把他們的安全感炸成碎片。就連凱瑟琳．葛蘭姆（Katharine Graham）這樣的權威人士都述說，當她在一九六〇年代接掌《華盛頓郵報》（*Washington Post*），成為第一位領導美國大報的女性時，她「覺得我永遠在考試，答錯一題就當掉」。[8]

在刻板印象預測較差表現的情境，例如參加標準化考試，隨之而來的社會評價威脅通常會損害表現，形成自我應驗的預言。克勞德．史提爾和同事在一九九〇年代初期進行的開創性研究揭露了刻板印象的運作方式。身為美國黑人，史提爾自然對這種威脅不陌生。在著作《韋瓦第效應》（*Whistling Vivaldi*）裡，他寫到七歲時他被禁止去鎮上的公立游泳池游泳，發現原來大家認為他和白人本質不同，認為他是「黑色」的那一刻，心裡有多震驚。[9]成為研究心理學家後，他決定詳加探究人們會用哪些方式試著應付被套上刻板印象的情況。一個令他念念不忘的例子來自黑人作家布倫特・史黛波斯（Brent Staples），他發現如果自己夜裡出門散步時哼著韋瓦第的曲子，就可以擺脫黑人刻板印象，不會遭受嚴厲眼光。這是他自己小小的情境營造之舉，有助於讓他融入緊張的情境。「聽到我哼的曲子，緊張便從人們身上流走。有些人甚至微笑地在黑暗中與我擦肩而過。」史提爾想發掘其他方式來減少刻板印象背負者所受的威脅。

詹姆斯・鮑德溫、杜博依斯（W. E. B. Du Bois）、拉爾夫・艾里森等黑人作家都描述過受制於各種已知刻板印象的心理經驗。艾里森小說《看不見的人》裡的黑人敘事者述說了一個擺脫刻板印象威脅的時刻。他向一名街販買了奶油甘藷，決定當街吃給眾人看。他彷彿逃出心理的牢籠，而在他享用肉多味美的甘藷時，他默想：種族主義最大的勝利是「只要讓我們面對我們喜歡的東西，就能給我們莫大的羞辱」。[10]

史提爾和同事以科學方法研究刻板印象威脅的性質、程度和效應，並協助找出與之對抗的途徑。他和學者約書亞・亞倫森（Joshua Aronson）和史提夫・史賓塞合作。史賓塞聚焦在刻板印象威脅會如何損害女性在數學和科學中的表現，史提爾和亞倫森則負責調查刻板印象威脅是否可能助長不同種族學術成就的落差——那似乎從兒童學校教育就開始出現，而隨著時間愈拉愈大。

在一九九五年具影響力的論文〈刻板印象威脅與高學術成就非裔美國人的智力測驗成績〉（Stereotype Threat and the Intellectual Test Performance of Academically Successful African Americans）中，史提爾和亞倫森證明刻板印象威脅確實會損害測驗成績，[11]而這有助於解釋背負刻板印象的少數族群學生，為何會長期、普遍學業成績不良。這裡的「成績不良」類似阿姆的另我所經歷的「表現欠佳」，指學生的準備和能力讓我們預判會有更好表現（依機率模型〔statistical model〕判定），結果卻不如預期的現象。原始研究的發現已得到史提夫、亞倫森等人所做的一連串後續研究支持。不過，我將著眼於他們的第一項研究，因為在我心目中，那至今仍是嚴謹又豐富的翹楚。

如果你是美國教育體系的產物，你可能從一年級到高中畢業每一年都會做某種標準化測驗。如果你上大學，可能會考SAT或ACT；如果你繼續攻讀研究所，可能會考GRE、LSAT、MCAT或GMAT其中之一。美國迷戀標準化測驗，因為美國近乎虔誠地執著於測量固有能力。數十年來，入學決策皆繫於學生在這種測驗的分數，而有成千上萬其他紀錄顯赫的學生，卻因測驗分數較低而被阻斷教育機會。儘管史提爾、亞倫森、史賓塞和許多其他研究人員已證實，這種測驗有不利某些群體的系統性偏誤，現實仍是如此。

為他們的研究，史提爾和亞倫森請史丹佛大學生來到他們的研究室。半數學生是黑人，半數白人。他們選擇的是已決心要在課堂積極求表現，且全心全意讓自己變得優秀的學生。這些史丹佛大學生的成績都很好。

每名學生單獨來到專屬於他／她的會議，由穿著體面的白人男性實驗人員接待。陪同學生來到一張桌子後，實驗人員說明，學生要解決一些語文的問題，實驗人員向一組學生解釋那些問題將「相當準確地測驗你的語文能力和限制」。離開房間讓學生應試時，他請學生努力「幫助我們分析你的語文能力」。至於另一組學生，實驗人員則說問題旨在幫助他了解「與研究語文問題有關的心理因素」。他離開房間時會告訴學生：「雖然我們不會評估你的能力，但請你努力幫助我們分析解決問題的過程。」我直接引用研究腳本是因為，如我們已經見到的，選用的詞語對情境營造有相當大的影響。而研究人員選用這些詞語是為了喚起／關上黑人學生智力較低的刻板印象。

兩組學生做的測驗一模一樣，題目很難，甚至對這些學生菁英也是如此，包含GRE語文題型中最難的問題。這是情境營造的另一個要素。如果測驗不夠挑戰性，就可能不足以觸發刻板印象威脅。另外，學生只有三十分鐘完成三十道題，因此在懷疑的幻想中浪費的每一秒都很珍貴，而這也提高了任何先入為主的想法損害表現成績的機率。

結果令人驚訝。被告知測驗是測量能力的黑人學生，表現遠比同組白人學生來得差。但被告知測驗只是要評估問題解決過程、與能力無關的那組學生，黑人學生的表現就好得多，大幅縮小與白人同儕的差距。

為揭露這樣的差異可能是什麼樣的思考過程造成，研究人員又請另一組學生樣本進行同樣的程序。不過這一次，在被告知測驗目的之後、進行測驗之前，他們要回答一些調查問題、完成一些任務。一項調查請他們指出自己有多喜歡各種活動，其中一些在刻板印象中是黑人可能喜歡做的，就像艾里森愛吃甘藷，不過在這個例子是繞舌和籃球。被告知測驗將測量智力的黑人學生，對這些活動的喜歡程度不如被告知測驗與能力無關的群組。研究人員斷定，不願張揚興趣的學生是在反抗刻板印象。

被誘發的刻板印象也顯現在兩組黑人學生完成填字遊戲的方式，例如——CE。第一組黑人學生填了較多種族詞語，如「RACE」，第二組學生則填了較多非種族詞語，如「FACE」。第一組學生也陷入社會心理學所謂的「自我設限」（self-handicapping），在回答另一個調查問題時指出他們前一天晚上睡得比平常少。對此研究人員的詮釋是：他們預期自己會在測驗表現不佳，而為此預先提出解釋。相形之下，白人學生不論是否相信測驗目的在評量自己的能力，反應都差不多。令人酸楚的是，進行問卷調查時，若給予可填寫或不填寫種族的選擇，有七五％以為將參加能力測驗的黑人學生留下空白。至於另一組，每一個人都寫了自己的種族。研究人員同樣將此詮釋為刻板印象已在那群黑人學生心中浮現的徵兆。

這項針對刻板印象威脅所做的研究多少有點爭議。首先，製作標準化測驗的公司反對測驗結果呈現系統性偏頗、對背負刻板印象的群體不利的證據。有些批評來自研究社群內部。我把主要的技術性批判寫在注釋裡。[12]自那些研究在一九九五年進行以來，世事已多變化，包括美國選出第一位黑人總統。然而，兩項包羅萬象的綜合分析（其中一項近至二〇一九年）仍顯示刻板印象對於表現有強大的衝擊力，[13]不過有個重要的前提：要像兔子那樣，置身於在意自己的表現，且必須將能力發揮得淋漓盡致的情境。

刻板印象威脅會油然而生，並非因為人們相信自己背負的刻板印象可能是真的。如史提爾所說，刻板印象威脅本質上是一種情境式的不信任。[14]在刻板印象會起作用的情境中，你不知道自己是否會被人透過他所謂「貶低的稜鏡」看待。就連高自尊的人也可能擔心在學校、職場或其他他們想要成功的競技場，被人以這種方式貶低。

你甚至不必是被評價的那個人就能感受到刻板印象威脅。因為這種威脅是因擔心別人如何看待你的社會團體而起，只要團體裡有其他人——不必是你——身在可能會被人以刻板印象看待的情境，就可能被啟動。一位史丹佛畢業的長期同事：胡立歐・賈西亞（Julio Garcia）協助我理解這件事。

雖然他的標準化測驗成績一直很好，也在學術上表現優異，身為背負刻板印象的少數族裔，每當其他拉丁裔做了或說了什麼可能助長負面刻板印象的事情，他仍會感到緊張。刻板印象可能劫持群體團結，把它變成武器。因為族群成員感覺彼此關係緊密，刻板印象會使他們覺得受到彼此的威脅。[15]

賈西亞和我設計了一連串實驗來探討這種效應，在二○○五年發表。我們基本上是重啟了史提爾和同事進行的刻板印象研究，不過改了一個地方：我們的黑人並未參與測驗。他們只是**看著**一個黑人同學——其實是實驗者的同謀——準備參加一項測驗，且被告知測驗將測量「你的語文能力和限制」。這名同謀表達了對自己能力的懷疑，說：「這種標準化測驗我都做得很爛。」至於對照組，則是看著同一名黑人準備完成「語文謎題」，而沒有表現出懷疑。之後，這些旁觀者填寫一些問卷，他們以為是另一項研究要用，其實是用來測量他們是否覺得受到威脅。相對於對照組，實驗組的黑人回答出較低的自尊，較不同意「我覺得自己聰明伶俐」和「我覺得他人尊重我、欣賞我」等敘述。其中有些人，當他們和那位同學回到同一個房間後，會把自己的椅子挪開，名副其實地疏遠那個人，不想跟他扯上關係。賈西亞和我在數學和工科女學生之間見到類似的結果：觀看女同學準備參加據說將測量數學能力的測驗後，她們也有這種反應。

我們很多人都有過類似這樣的感覺：我們認同且被視為其中一分子的團體裡某個人的言行，讓我們覺得受到威脅。身為美國人，如果我們赴國外旅遊，我們可能會意識到「醜陋美國人」的刻板印象：大嗓門、漫不經心、邋裡邋遢，而亟欲避免產生一丁點證明那種刻板印象為真的證據。有次我在拜訪法國時就是這樣。某天我不小心把口香糖包裝掉在人行道上被路人斥責，就此喚起這種刻板印象。之後有一天，我坐在咖啡館的時候，有個身穿夏威夷襯衫和一九八〇年代招搖彩色印花短褲的美國人，和他朋友在另一桌坐下來。那人大聲呼叫侍者，把他們當僕人一樣使喚，還大聲對朋友說話，大聲到別桌的顧客都聽得到。我覺得好丟臉，彷彿屋裡所有法國人——以及所有美國人——都認為我跟他一樣。負面刻板印象就是以類似這樣的方式，讓被它貶低的人們對同樣的情境產生不同的感受。就算自己不是展現行為或被直接評估的那個人，也會覺得自我意識面臨危機。我還可以回家，安全無虞地避開醜陋美國刻板印象的眼光。但每一天，清醒的每分每秒，在學校、在職場受刻板印象監視的衝擊，是可能持續削弱歸屬感的。

我和葛瑞格・華頓在二〇〇〇年代初期進行了一系列研究，想評估「刻板印象威脅」對黑人學生歸屬感的影響。[16]我們認為，背負負面刻板印象會使黑人學生更可能在面對白人學生覺得稀鬆平常的經驗時，質疑自己的歸屬。我們徵募了黑人和白人大學生，把他們打散分成三組。我們借用了社會心理學家諾伯特・施瓦茲（Norbert Schwartz）的技術，[17]在電腦科學這個極耗心力的學科創造學生歸屬感的潛在威脅。我們請第一組學生列出兩個他們在電腦科學系的朋友，第二組則列出八個。第一組學生都覺得列出名單很容易。第二組學生則幾乎都覺得列出八個朋友很難，有些甚至辦不到。我們認為很難想出八個朋友這件事可能會使黑人學生斷言：「我不屬於這裡。」第三組是「對照組」——我們並未要他們列出朋友。接下來，我們請三組每一個成員評定覺得自己有多屬於電腦科學系，也評定他們相較於同儕在這門學科的成功潛力。

黑人和白人學生都覺得很難在電腦科學系列出八個朋友。差別在於他們如何**解釋**這種困難。這一組的黑人學生回報的歸屬感比其他兩組黑人來得低。他們自評在電腦科學界的發展潛力，也遠低於平均值——僅在第三十百分位數，反觀另兩組黑人學生則略高於五十百分位數。白人學生平均自評在四十三百分位數，不受交友問題影響。

從這樣的結果看來，列出朋友的難題似乎只會讓黑人萌生「我這種種族不屬於電腦科學」的念頭。「列八友組」的黑人學生還回答了另一個問題，答案再次印證了這種解釋。這個問題是他們會不會建議兩個同學修電腦科學學位。我們給他們兩個同學的簡介，而照片顯示一個是黑人，一個是白人。黑人學生在建議白人同學上沒有顯現差異。但儘管「列兩友組」和「未列朋友組」的黑人學生有七七%建議黑人同學念電腦科學系，「列八友組」的黑人學生卻只有三〇%建議。

你或許以為黑人學生是因為列出很多白人好友而覺得受挫，但事實似乎不是如此。研究後，我們請參與者告知每一位朋友的種族。我們發現黑人參與者列出的白人朋友數與歸屬感無關。與歸屬感**確實**有關的是他們評定這個列出朋友任務的困難度。彷彿黑人學生已將「絞盡腦汁」詮釋為電腦科學不適合「像我這樣的人」的證據。[18]

有人提出，「刻板印象威脅」研究顯示一個人感受到的種族和性別歧視，可能有多少是「自己幻想的」。這種觀點說反了。是我們文化本來就有種族和性別歧視的事實，教人提防刻板印象，甚至連尚未發生或可能不會發生的情境中都是如此。這麼一來，在未背負刻板印象的人眼中稀鬆平常的儀式，例如標準化測驗，就變得充滿可怕的意義、絕非公平賽場。

無疑地，如同強納森．海德特（Jonathan Haidt）和葛瑞格．路加諾夫（Greg Lukianoff）在《為什麼我們製造出玻璃心世代？》（*The Coddling of the American Mind*）一書中所探究，人可能過度敏感，看到其實不存在的怠慢。[19]但很多人，特別是掌握權力、並未持續受到刻板印象威脅的人，可能看不到其實存在於他們周遭、對背負刻板印象的人顯而易見的怠慢。另外，人被偏見「燙傷」後，哪怕只有一、兩次，他們也可能變得時時提心吊膽，以免又被燙到，而這合情合理。這是一種心理制約，我們就是透過這種基本機制認識環境中的危險。在由我教過的學生寇迪．曼克（Kody Manke）主導的研究中，經歷一次刻板印象威脅的體驗，女性和非白人學生都顯現出持續好幾星期的後遺症：[20]相對於未受威脅的對照組，女性在一項後續測驗中成績較差，非白人學生則預期自己更可能在學校遭受刻板印象對待。被套上刻板印象的經驗可能強烈到人會開始預期且察覺到它。而且你不必直接被燙傷。知道偏見與排斥始終可能在你身處的社會作祟便已足夠。

哪些類型的經驗會教會人像這樣提高警覺呢？

電影《郵報：密戰》（*The Post*，女星梅莉史翠普精湛地飾演《華盛頓郵報》長期發行人凱瑟琳．葛蘭姆），[21]以及電影大幅援用的葛蘭姆自傳《個人歷史》（*Personal History*），都鏗鏘有力地述說了人是如何得知刻板印象會貶低他們和群體的其他成員。在自傳裡，葛蘭姆說到她從小就被教導，出版業沒有女性的位置。依循往例，她的父親尤金．邁耶（Eugene Meyer）沒有把《華盛頓郵報》傳給女兒，而是交給女婿菲爾．葛蘭姆（Phil Graham）。邁耶告訴她：「不該讓男人為妻子效力。」我們可以把這種態度歸咎於邁耶的性別歧視，但那這樣就對他犯了基本歸因謬誤了。在那個年代，一九四〇年代，性別歧視是常態。家母在一九七〇年代初期結婚後出去上班，而她記得她的父親，雖是仁慈又慷慨的模範，卻對她的決定大惑不解，還對她說：「妳為什麼要奪走一個男人的工作？」如葛蘭姆所寫：「我接受我那一代想當然耳的觀念：女性的智力不如男性，也就是除了家庭和小孩，我們無法勝任治理、領導、管理的工作。」當她在丈夫過世後毅然決然接下發行人一職，她寫道：「我似乎一直背著不適任的包袱。」

這種經驗的心理壓力在電影裡化為一個令人煎熬的場景。葛蘭姆召開一場董事會，打算在會中提出《郵報》要上市的股價。她知道自己會遭遇頑強抵抗，因為董事一定會認為價格太低。但報告能否順利，端看她能否取信於人。她緊張得不得了，事前演練再演練。她精通她的業務，因為準備充分，她甚至覺得有點自信了。但在她步向會議室途中，她朝走廊旁邊望去，看到一長排公司創辦人的紀念照——全都是白人男性的黑白照。刻板印象威脅就此觸發。

她打開會議室的門，看到整間身穿西裝的白人。他們全都圍桌而坐，聊天說笑，用肯定、團結的話語相互梳理，怡然自得。會議開始，會議桌前端一位外表高貴、頭髮灰白的男性面露不悅，如她預期表示發行價格太低。那會造成虧損，他說，接著便拿紙筆當場計算起來。葛蘭姆知道答案，大可打斷他奪回主導權。但她只喃喃自語：「三百萬。」沒有人聽她說話，因為他們都沒有把焦點擺放她身上，不期待她會講出什麼有用的東西。「三百萬！」那名董事算完後宣布。這意味著，他繼續說，我們要開除很多記者，多達，他又頓了一下，請在場另一名男性董事回答……「二十五人」，葛蘭姆又喃喃自語，說完那人才驚呼：「二十五人！」

然後另一名董事說投資人會因此卻步，因為他們擔心葛蘭姆沒有能力「賺大錢」。這些攻擊都在葛蘭姆預料之中，也排練過如何反駁，但這會兒她一個字也擠不出來。她低頭看她寫在黃色便條簿上的筆記，但看來像鬼畫符。這是典型的「表現欠佳」。她望著天花板，試著讓心理遠離那種情境，喚回她的力量。但話還是說不出口。她的親信弗里茨．畢比（Fritz Beebe）律師救了她，幫她提供事先準備好的答覆。

假如葛蘭姆之後（或許在一對一談話中）跟董事說到會議室裡那些男人的言行「扣下她的扳機」，讓她覺得自己不屬於那裡，他們很可能會告訴她：「那全是妳的幻想。」但事實上，刻板印象確實一直強加在她身上。

如葛蘭姆在回憶錄中描述，除了女性低人一等的文化制約，她在《郵報》遭遇的公然偏見不勝枚舉。她曾建議文學部門聘用一位女性編輯，結果被阻止，說僱用女性是不可能的。「截稿時間太晚了，週末壓力太大了，這份工作對體能的要求太嚴苛了。」這些理由如此簡單明瞭，葛蘭姆並未表示異議。當時這些正是葛蘭姆自己也要面對的日常屈辱。曾領導報社的丈夫過世時，很多人以為她會把公司賣掉。她一再拒絕，又一再遇人施壓，準買家紛紛想說服她，如同一位出價人所言，對一家由遺孀繼承的報社來說，這是正確且平常的事。

葛蘭姆一再經歷高夫曼所謂的「羞辱」（mortification）。[22]羞辱的可怕不僅在於它發生時製造的痛苦，它還會讓人預期痛苦可能隨時在類似情境復發，使人得時時保持警覺，不論構成威脅的事件到底有沒有發生。高夫曼是在一九五〇年代晚期長期觀察一間精神療養院機構人員與病人之間的互動後提出這個詞彙。雖然他觀察的是一間專門機構，他的觀察卻可以更廣泛地應用於各式各樣的主流機構，包括學校和職場。

高夫曼在精神療養院的日常邂逅中發現混亂的社會控制機制。那次經驗讓他的覺察力更加敏銳，使他進而明白，所有社會控制的關鍵都是腐蝕性的訊息，包括微妙的和公然的，以損害人的社會價值、自信和主體感，使之無法以持久的方式生活。關於病患，高夫曼發現有一種達成社會控制的方法是剝奪他們對於何時用餐、吃些什麼的掌控權，以及要他們先得到許可才能使用盥洗室。這傳遞了什麼樣的訊息？「你們對基本身體機能不再有完整的掌控權了。」高夫曼提到有名護士這麼問病患：「你兩隻襪子都穿了嗎？」然後沒等他回答，就彎腰看著他赤裸的腳丫子。她似乎不是蓄意，但實際傳遞的訊息是：「不管你回答什麼，或你說了什麼，都不重要。」病患也會眼睜睜看著許多個人物品被拿走，他的服裝得換成每名病患穿的灰褐色長袍。高夫曼寫道，病人「被剝奪了許多大家習以為常」，有助於鞏固自我意識的「確認、滿足和防衛」。他做成結論：病人的「自我被有系統地羞辱了，就算往往不是故意為之」。

「羞辱」（mortify）的字面意義實為「處死」，而我懷疑高夫曼精心挑選這個詞是因為在他心目中，這些日常儀式就像微小的社會性死亡。誠然，療養院是極端的情境，而大部分的工作場所、學校和各種社會情境沒有那麼會羞辱人。但這些環境許多仍會讓人身陷社會學家海德威・李（Hedwig Lee）和瑪格烈・貴子・希肯（Margaret Takako Hicken）所稱，偏見對受害者施加的「千刀萬剮」（death by a thousand cuts）。[23]

當然，有些羞辱明目張膽。籃球傳奇卡里姆・阿布都－賈霸（Kareem Abdul-Jabbar）就曾強有力地描述一次羞辱的經歷。[24]他在著作《籃球讓我成為更好的人》（*Coach Wooden and Me*）寫到有一次他在高中球賽中場時間和隊友坐在休息室。他們目前落後，教練（不是書名裡的伍登教練）正對他們大吼。賈霸記得教練「用食指，彷彿匕首一般指著我」說：「你打得跟黑鬼一樣！」他彷彿被這句話刺穿了。「有些要素排出我的身體。我完全無法從椅子站起來，就算體育館失火也一樣。我的臉好燙，彷彿反覆被甩巴掌。我的心好像被塞進一顆核桃。」他不只覺得被「背叛」，還覺得「毫無價值，彷彿被我在乎的人扔進垃圾桶」。

跟我有點交情的凱斯也告訴我他經歷過的一次可怕的羞辱。他患有神經疾病，會扭曲脊椎、抑制生長。他只有三呎高，得弓著身子走路。上下公車是艱鉅的挑戰，他得抓住扶手把自己撐起來轉上去。這條路線平常的司機對他很有耐心，但一天來了個新駕駛。看著凱斯轉出巴士後，他大叫：「公車是給人坐的。」

更常見的是細微但仍傷人的貶低和不尊重的訊息，透過言行舉止，或該採用而未採用的言行舉止傳遞——即作為與不作為的輕罪。蜜雪兒·賀布爾（Michelle Hebl）和潔妮莎·夏皮羅（Jenessa Shapiro）詳盡記錄了強加於體重過重、多元性別和病人身上的羞辱。[25]在一項實驗中，研究人員請助理在衣服裡藏了假體，讓他們看起來胖胖的，然後去一間百貨公司購物。在另一項研究，助理戴了寫著「我 Gay 我驕傲」的帽子去應徵工作。第三項研究，助理則戴著「癌症生還者」的帽子。接下來研究人員比較了他們在這些情境中獲得的待遇，與同一批助理在未偽裝成刻板印象團體一分子的時候獲得的待遇。在所有研究中，他們都是在代表刻板印象團體時獲得較負面的待遇，旁人會避免視線接觸、較少點頭、較常皺眉、較粗魯無禮。賀布爾等人發現，就連執業醫師也表現出這樣的偏誤。當病患的資訊被研究人員竄改成體重過重而非一般體型時，醫師暗示他們會少花點時間在病患身上，且較可能主張幫他們看診是在「浪費時間」。而這類羞辱毒性最劇烈之處在於它們曖昧不明，因此受害者很難確定偏見到底有沒有起作用。他們可能得耗費許多珍貴的心理和情緒資源來釐清究竟發生了什麼事，試著解釋自己為何莫名焦慮。

社會學家凱薩琳·艾汀（Kathryn Edin）寫到窮人在尋求支援時面臨的羞辱。[26]她寫：「要是公私部門協助貧民的任何方案，在設計時都以社會共融為決定性原則，要是以建立尊嚴和提升對主流社會的歸屬感，作為食物銀行和遊民收容所的規範，情況會是如何？」我們的家庭、社區和民主都會從中獲益，她這麼寫。研究可為佐證。凱瑟琳·湯瑪斯（Catherine Thomas）和同事進行的研究發現，就肯亞奈洛比的貧民而言，若財政援助以「充權」方式進行（empowering，「讓人們支援自己在意的人，協助社區共同成長」），而非微妙傳達他們被視為「貧困」的傳統做法（「消滅貧窮、協助貧民滿足基本需求」），他們會對學習如何創業表現出更大的興趣，也對本身掌控經濟成果的能力展現更高的信心。

一旦羞辱日積月累，人們便可能提防更多羞辱。神經科學研究顯示，在反覆暴露於意料外的惡性刺激後，幾乎所有生物都會提高警覺，嚴防它在類似情境再次出現。[27]身體的威脅反應會逐步升高，不只在面臨壓力時如此，等待下一波壓力來臨時也是如此。社會學家喬·費金（Joe Feagin）採訪的一位年長黑人女性形容在她身上的效應，說過去六十年來，她每天早上離開家時都要穿上「盔甲」，「為公共場所的汙辱和歧視做足準備，就算那天那些事沒有發生」。

作家塔納哈希·科茨（Ta-Nehisi Coates）在著作《在世界與我之間》（*Between the World and Me*）寫到同樣長久的警戒，指出那抽乾了「不可測的能量」。[28]這種警戒緊張、累人且致命。雖然提高警覺是偏見的合理反應，是要因應偏見可能發生的求生機制，那卻可能像個不時震天價響的警報系統——使人無法專注於工作或學業，且令人精疲力竭。這種警戒的殺傷力究竟有多大，最鮮明的證據或許在於它對健康的影響，我們將在第十一章討論相關研究。

明智干預最重要的目標之一就是阻止或減輕這些羞辱造成的傷害。一個簡單的起步是去除情境中所有暗示刻板印象可能獲得支持的特徵，[29]例如校園裡的南方邦聯雕像，或僅榮耀白人的紀念照。創造更多元的教育和工作環境，推行威懾偏見和歧視的政策也是關鍵。

我們也可以營造向人們保證他們屬於這裡的情境，例如引進自我肯定、鞏固而非羞辱自我的經驗。一種做法是價值肯定練習，[30]我和胡立歐．賈西亞、瓦萊麗．勃迪－葛林納威（Valerie Purdie-Greenaway）和強納森．庫克（Jonathan Cook）進行的研究證實成效卓著。我的摯友胡立歐在二〇一九年過世，見解深刻的他一路教導我，而我倆都沒想到我們二十年前展開的研究，會帶領我們走上這樣的旅程。得到附近一所中學的許可和邀請，能與該校學生合作後，我們便著手進行一項隨機對照試驗，希望藉此減輕當今最迫切的社會問題之一：學校裡的種族成就差距。這相當急迫是因為在美國，教育成就是經濟流動的河床。[31]

我們請老師隨機讓五〇%的七年級生進行一項肯定活動，納入那些孩子在開學時必須完成的資料袋。袋中包括一張清單，列出對前青少年時期相當重要的價值觀，像是愛護家人朋友，而學生被要求把他們覺得重要的項目圈出來。接下來練習會鼓勵他們更深刻地思考他們的價值觀，要他們想想那些價值觀在什麼時候對他們重要，為什麼重要，然後簡單寫下這些問題的答案。這是用來辨識他們心裡「特別的東西」，很多學生不會在課堂表現出來的事情。其他五〇%學生則完成對照活動，書寫中性主題，例如某種不重要的價值或晨間例行公事。干預大約進行十分鐘。

我讀了數百篇價值肯定的文章，雖然大多很短，但幾乎都是肺腑之言。課業表現沒那麼好的孩子通常有最刻骨銘心的事情要說，像是一個孩子寫到他怎麼照顧他生病的媽媽，另一位則寫到足球如何帶給他快樂。這個活動之所以具有強大的心理效用，是因為它將人連上能賦予他們意義的「重大」價值觀。[32]從這個較高的心理棲息地，困難的情境感覺起來就沒那麼險惡了。

在秋季學期的尾聲，我們比較了完成價值肯定活動的學生和對照組學生的成績。我們發現這對受到刻板印象較大威脅的學生有正面的影響。就這所學校而言，那個群體主要由黑人學生組成，而黑人學生人數約占全校總人數的一半。事實上，我們後來發現，最大的受惠者是歸屬感最漂泊不定的人：長期成績不佳、曾在基礎調查中報告感覺自己不屬於學校的黑人學生。對他們來說，活動的效果是幾乎進步整整一級分，[33]這暗示他們擁有被嚴重壓抑的潛力，而干預將之釋放。事實上，自我肯定過的黑人學生中，只有九%的學業成績在D以下，對照組的黑人學生則有二〇%。

既然初期成果看似大有可為，我們繼續為這些七年級學生提供價值肯定活動。且每一次都改變活動內容，以免孩子覺得無聊（活動樣本可在我的網站 geoffreylcohen.com 找到）。我們在學期結束時查看成績，驚訝地發現效益持續存在。事實上，那對成績的衝擊不但有所提升，還擴展到所有核心課程：數學、英文、社會研究、科學。當我們於往後兩年調查自我肯定組黑人學生在學校的歸屬感，那證明比對照組的同儕更強大且穩固——不僅比較高，且比較不會在他們某次成績不佳或（在後續研究）當天過得不如意時下降。

我和長期同事大衛・薛曼（David Sherman）及凱文・賓寧（Kevin Binning）進行的後續研究，在美國西部山區一所中學經濟弱勢的拉丁裔移民學生身上複製了這些效應。[34]另外，呼應瑪莉・安斯沃斯的洞見——歸屬感會鼓勵追求挑戰——我們發現自我肯定過的少數族裔學生看似嚮往更大的挑戰。他們報名大學預備課程的比例是對照組同儕的五倍。老師比較看好他們的前景，他們也比較不會被指定參加學校的補救教學——研究顯示，對許多少數族群學生來說，這就像是判了學業上的死刑，[35]把他們推上低期望的軌道。

在帕克·高耶（Parker Goyer）主導的研究中，我的研究室發現，在上述原始研究的干預結束七年後，自我肯定過的黑人參與者就讀大學的比例比對照組高出一四%。[36]彷彿在人生成形階段建立歸屬感，為他們奠定了爬升求學階梯的立足處。

或許有人認為這些發現純屬巧合，但由博爾曼率領的團隊，已在一整個中學學區如數複製。[37]研究人員也追蹤學生往後五年的情況——他們全都念完中學，高中畢業了。二〇二一年，團隊報告價值肯定干預對於黑人和拉丁裔學子的正向效應不僅持續，還隨時間提升了。干預措施亦降低他們的退學率、提高高中畢業率一〇%，大幅縮小與未背負刻板印象同學之間的差距。

價值肯定也被證實能改善各種團體的智力表現，[38]包括低所得大學生和成人、身障者、發展中國家的線上學習者，以及對學校沒有明確歸屬感的白人大學生。此外，詹姆斯·瓊斯（James Jones）採訪過非白人學生，發現很多人提到校園裡的社會肯定經驗——啟蒙恩師在意他們關心的事，同儕支持與種族正義相關的理念——能支撐他們的歸屬感，就算他們在校園其他地方面臨種族歧視的待遇。[39]在自我不斷被羞辱的體制中，社會肯定的經驗有助於穩固自我。瓊斯也暗示，如果校園和課程本身不至於讓少數族群感覺疏離，這種自我肯定經驗的情境就沒有那麼不可或缺了。

自我肯定，一如其他各種明智干預，絕非萬靈丹，[40]也不是百分之百奏效。的確，有些研究無法複製自我肯定的效益。二〇二一年由吳澤臻（Zezhen Wu，音譯）主導的綜合研究整合了所有在教室裡測試價值肯定的研究，[41]發現整體而言有正向效益。不過有一些警告。干預在背負刻板印象的學生實際表現不如同學的教室，以及提供較多資源支持學生學習的學校，運作得最好。換句話說，似乎要有威脅和機會同時存在，自我肯定才有幫助。適時也很重要。因為早期經驗可以觸發良性循環，及早的肯定可能比得到的「劑量」來得重要。在一項研究中，讓學生在開學第一週獲得價值肯定，效果比兩週後顯著。[42]如我們將持續看到的，一個人的生活和社會情境裡的若干關鍵條件，對價值肯定和其他明智干預的成效有巨大的衝擊。沒有哪種干預人人、處處、時時適用。重要的是那一種干預能否在人的心裡產生共鳴，與他們的生活有所連結——而那反過來取決於干預有沒有在適當的時間地點，為適當的人提供適當的支援。

許多針對刻板印象威脅的研究，目標都在協助有色人種和其他在歷史上遭到排斥的族群成員因應教育方面所受的威脅——這合情合理。對這些團體來說，刻板印象威脅可能是限制機會的慢性作用力。然而，只要身在自覺會被人透過刻板印象檢視的情境，刻板印象威脅可能對任何人構成阻礙。我們很多人都經歷過這種事，包括歷史上未被邊緣化的群體成員。例如研究顯示，美國白人在參與種族議題討論時也會遇上刻板印象威脅，而類似的明智干預也可以給予幫助。

「美國人為什麼要假裝從來沒有奴隸制度存在呢？」[43]當年還是心理學研究生的德國人露絲·迪特曼（Ruth Ditlmann），這麼問她的指導老師：哥倫比亞大學心理學教授，也是我合作密切的同事勃迪－葛林納威。那時迪特曼剛來到美國，在勃迪－葛林納威的督導下完成論文。迪特曼這個問題是在電話上問的：春假期間從維吉尼亞打來的電話。她想多了解有關奴隸的歷史，因此去維吉尼亞拜訪一座老奴隸農場。但此行讓她更加困惑。導覽幾乎沒有提到奴隸制度的戰慄，僅指出「僕人」睡在哪裡，蓄奴的白人和黑奴多麼喜歡在休息時一起喝薄荷朱利普（mint julep）這種南方飲料。那段歷史完全被「消毒」了。相反地，迪特曼知道在德國，法律明令禁止對大屠殺輕描淡寫，例如聲稱毒氣室只是用來清洗集中營囚犯所穿的衣物。

身為非裔美國人，勃迪－葛林納威解釋，假如導覽正確解釋歷史，多數白人是絕對不會造訪那些農場的。她介紹「白人脆弱」的概念給迪特曼認識。[44]這個詞是羅賓・迪安吉洛在二〇〇六年創造，用以形容只要出現種族議題，許多美國白人就會展現的防衛和缺乏「心理耐力」（psychological stamina），尤其是他們對於美國種族影響力的假設遭到質疑的時候。很多白人都否認種族歧視依舊存在。也有很多人，固然承認這是個問題，卻說自己是「色盲」，會致力追求種族平等。但我做過的研究顯示這些白人——擁護種族「無足掛齒」信念的人——可能就是在聽到有人自稱遭遇種族歧視時百般狡辯的那個。

曼德茲（Wendy Berry Mendes）、布拉斯科維奇（Jim Blascovich）、里契森（Jennifer Richeson）等人所做的研究發現，白人成年人會在和黑人對話時表現出生理威脅反應，[45]尤其是帶有種族色彩的議題，例如警方的種族剖繪。這種威脅可能強烈到對話結束後，白人在認知控制任務上的表現大不如前。這種反應可說是刻板印象威脅使然，因為白人擔心自己被視作種族主義者。尤其是自稱致力追求種族平等的白人，可能覺得這種對話更具威脅性。他們在「不要被視為種族主義者」這件事上已投入更強烈的身分認同。許多白人感受到刻板印象威脅的事實造成一個不幸的後果：很多人開始避免這樣的對話，特別是跨種族的對話——而萬一真的非參與不可，他們多半會把焦點擺在捍衛自己的觀點，而非學習。

迪特曼想知道可以怎麼讓這些對話進行得更好，因此決定加以研究。她先邀請成年白人和黑人回顧一段令人不安的美國奴隸史資訊。[46]然後她請黑人參與者寫下心得感想，而她拿去和白人參與者分享。在另一項研究中，她則請黑人和白人參與者就奴隸為題進行難以啟齒的對話，錄影、轉錄，交由獨立編碼人員評估。

迪特曼觀察發現，在其中一些交流，不論是透過文字或面對面，白人參與者展現的焦慮比其他交流來得低。在之後進行的祕密調查中，他們沒有大肆誹謗他們的黑人對話者，對於黑人同伴分享的奴隸制度資訊也表現出更高的興趣。他們也記得較多黑人同伴在對話裡說的，表示他們聽了更多，也學到更多。

緊接著迪特曼開始研究黑人參與者的表達方式，尋找有哪些差異可能會對白人同伴構成影響。她並未發現黑人參與者提出困難議題的多寡有太大不同。他們幾乎都沒有迴避奴隸制度的嚴酷事實，畢竟那些在媒體報導或學校教授的歷史都沒有夠廣泛的描繪。很多黑人參與者都表現出痛苦。其中一人說：「看到我的同胞承受的痛苦和徹徹底底的絕望……人性幾乎被剝奪殆盡，我心亂如麻。」

不過，迪特曼確實見到在成效卓著的交流中，黑人參與者對白人同伴的情感投入有顯著不同。黑人參與者會設法——包括用言語和非言語的方式——平息白人參與者感受的刻板印象威脅。其中一種做法是一種肯定的形式。他們問了白人同伴朋友、家人和嗜好，也就是給白人參與者機會說明自己值得讚賞的價值觀，及傳達完整的人性。黑人參與者也會用「你真是一針見血」之類的肯定敘述來促進和諧。他們有時也會表達自己相信種族終會和睦，暗示他們認為白人能夠和他們一起實現正義，例如這樣說：「希望有一天，美國白人和非裔美國人可以坐在同一張桌子，稱兄道弟。」至於當面對話的非言語交流，成功對話中的黑人參與者會傾身靠近白人同伴，且會讓身體姿勢正向同伴，而非側著。這個體貼的對話風格似乎向白人傳達「我把你視為有尊嚴、值得尊敬的人」的訊息，減輕了白人蒙受的刻板印象威脅。

一如迪安吉洛把刻板印象比作暴風雨來襲的凶兆，刻板印象威脅可能隨時引燃，因為刻板印象就是如此普遍。所幸我們仍可能營造情境來緩和它。我們將在第三部分看到，還有一些刻板印象威脅的解藥，已證實具有可與自我肯定媲美的強大效用。較大的社會刻板印象和歧視問題，固然必須透過社會政策和社會變革來處理，但在此同時，作為個人及制度的一分子，為保護受威脅者遠離風暴，我們能做的事情也很多。

第八章

從你臉上就看得出來（或者看不出來？）

如何透過同理心來解讀他人

戴夫．貝瑞（Dave Barry）寫過這麼一篇逗趣的專欄：[1]羅傑和伊蓮是一對情侶，剛用完愉快的晚餐，正開車回家，羅傑開。伊蓮默默回想兩人的關係，說：「你知道嗎，到今天晚上，我們約會整整六個月了？」

羅傑什麼話也沒說，於是伊蓮開始胡思亂想：「我剛那樣說是不是為難他了。說不定我們的關係讓他覺得被束縛了；說不定他以為我是在催他負責任，而他不想，或還不確定要不要許下承諾。」

這同時羅傑則在想：「所以意思是……讓我想想……二月我們開始交往時，我剛拿到這部車，意思是……讓我看看里程表……哇！我早該換機油了啦。」

兩人的沉思繼續背道而馳：

伊蓮：「他不高興。從他臉上看得出來。或許我的解讀完全錯了。說不定他覺得我們的關係給他的還不夠，他想要更親密、更多承諾；說不定他感覺到了，甚至比我自己更早發覺，我一直有所保留。沒錯，我猜一定是這樣。」

羅傑：「然後我還得再請他們看看變速器。我不在乎那些低能兒怎麼說，這換檔就是怪。」

伊蓮繼續說服自己羅傑在生她的氣，因為她不確定他是否真是她尋尋覓覓的白馬王子，這時羅傑則在思考他要對汽車技工說的話。突然，伊蓮淚如雨下。他莫名其妙，完全搞不清楚自己哪裡惹到她。

最後伊蓮說：「我只是……只是……還需要一點時間。」羅傑在白日夢中被嚇醒，明白現在他得小心講話。戴夫．貝瑞寫道：

接下來是十五秒的沉默，羅傑腦袋快轉，努力想出安全的回應。最後，他想出一個他覺得或許可行的答覆。

「好。」他說。

他這個「好」毫無意義，但他覺得那會被理解成支持，確實如此。伊蓮很高興他如此善解人意。不過那晚回到各自家裡後，她輾轉難眠，擔心自己害兩人橫生阻礙。至於羅傑，他感覺到某件大事臨頭，但覺得自己永遠想不出來，所以他打開電視，津津有味地嚼著洋芋片。

貝瑞描述的情節固然引人發笑，悲傷的事實是，這樣的誤讀常損害人與人之間的關係，不論是情侶間，或家人、朋友、同事、我們在日常生活偶遇的陌生人之間。

在許多情境中，我們會為疏遠我們的人編造想法和情緒，結果引發衝突。我們常過分相信自己能解讀別人的行為、表情、身體語言和語氣，遠超過實際能力。往往，正因我們認為自己善於解讀他人，我們不會問他人的想法和感覺，就算那可能促成重要的發現，有助於建立人際連結。

假設你有個親戚——阿姨好了——支持你覺得道德敗壞的候選人。你可能跟她一起看電視，然後出現那位候選人的競選廣告，他說了一些你覺得冒犯人的話。阿姨哼了幾聲。你或許會把那詮釋成「瞎挺」的表現。但如果你問她是否真是如此，你可能會發現她哼了幾聲是因為對候選人感到挫敗，她也覺得那些話說得不得體。（也可能她是有點消化不良，根本沒注意到廣告。）要是你問她為什麼還支持那位候選人，她或許會解釋她也希望他停止這樣的言論，可是她更擔心他答應解決的問題——或許也是你擔心的問題。那可能開啟一段饒富思想的討論，藉由增進互相了解來強化連結。可惜，我們常不去確認我們的讀心術是否準確，反倒絕口不提我們的詮釋，在心裡寫起小說，取代我們身邊的血肉之軀。誤解的鴻溝會把人們拆散。

許多學術研究都顯示我們對他人的解讀可能有多偏離事實。我在讀研究所時參與過一項，真的開了眼界。我當年的指導老師克勞德．史提爾派我去密西根大學探究為什麼餐廳裡的黑人和白人學生傾向分開來坐——很多大學都這樣，到現在還是。史提爾要我採訪學生、取得他們的觀點。很多黑人學生解釋他們選擇和黑人坐在一起的原因，和這位受訪者所說的類似：「我們整天都要和白人互動。不用多久你就累了。」當我進一步探究，問那是不是因為白人同學都有種族歧視，他們通常這樣回答：儘管有時可能如此，但更重要的是他們不知道白人學生怎麼看待他們，所以他們覺得自己必須時時保持警戒。他們說這很累人。另一方面，白人學生則多半回答是黑人學生不想跟他們坐，而他們是尊重對方的意願。

讓我驚訝的是兩組學生都不了解對方在想什麼。我採訪的學生中，甚至沒有人就這件事問過另一群人的想法。

我的訪問也透露，在獨自拿著托盤走進餐廳找地方坐的時候，黑人學生和白人學生都對自己屬於哪裡感到不確定——正是「歸屬感不定」（我和華頓後來記錄的）的一種典型表現。學生最多只能容忍自己像迷途羔羊獨自流浪五秒鐘，然後就會趕快選一張他們有信心別人會歡迎他們的桌子。兩群人都在尋求類似臉孔的安慰，但雙方看來都不知道原來對方跟自己一樣焦慮。對黑人學生來說，因為他們在白人為主的校園裡是少數，這種歸屬感不定又更劇烈。

數年後，我很高興讀到社會心理學家妮可・薛爾頓（Nicole Shelton）和里契森所做的研究呼應了我在這些學生評論中看到和聽到的事情。兩位研究員問了黑人和白人大學生一系列的問題，[2]他們的答案透露兩個群體都有強烈的意願去結交更多跨種族的朋友，偏偏也都以為另一個種族的學生普遍沒那麼感興趣。薛爾頓和里契森進一步探究，得知雙方主要都是因為怕被拒絕，才不肯試著建立跨種族的友誼。在此同時，兩組學生也都以為對方不像自己那麼擔心會被拒絕。

誠如這項研究所闡明，我們之所以過度仰賴自己對他人想法與感覺的詮釋，不只是因為我們過分相信自己的讀心術，也因為我們經常覺得我們的不安全感獨一無二。於是我們開始感到焦慮，不知怎麼和他人公開討論不自在的議題：我們無法想像自己該怎麼帶入話題。要克服這種障礙，明白這點甚有幫助：這種焦慮相當正常，且可以克服。

提姆．威爾森（Tim Wilson）和同事研發了一套明智干預來讓人們洞悉這件事。[3]他們請大學一年級白人學生觀賞一段影片，影片中，同校的一位白人學生和一位黑人學生討論他們是如何突破兩人最初的尷尬而結為莫逆。然後參與者要寫下一次原本以為不可能跟某人成為朋友，後來發現自己錯了的親身經歷。接下來一個星期，相較於對照組，這些學生在學校交到較多少數族裔的朋友（依 Facebook 朋友的種族組成判斷）。

我們也常因為未能考慮對方身處的情境而誤讀他人。有一回，我和一群乘客一起排隊等候登機。前方櫃台開始廣播什麼事情，一個年輕人走了過去。我看得出來他只是想把廣播事項聽得更清楚，但隊伍裡有位女性長輩誤以為他要插隊。「我們在排隊」，她語帶不快地說，而他不耐煩地回她：「少煩我。」這會兒她覺得不受尊重了。她回了一句冒犯的話，兩人開始你一言我一語，愈說愈生氣，最後衝突以婦人這句咆哮收場：「你這個年輕人真的非常無禮。」

這兩個人都沒有考慮到情境會影響他人的行為。假如考慮了，他們或許就能避免口角，甚至化敵為友。

讓這個問題雪上加霜的是，對於如何詮釋他人釋放的若干「信號」，例如臉上表情和肢體語言，我們有受到文化制約的假設。人們的外表、穿著、講話大聲或輕柔，以及其他許多身體和聲音表現，據說都會告訴我們他們是什麼樣的人，而我們也傾向依據這些線索做極快速的評斷。

到底有多快呢？普林斯頓認知心理學家亞歷山大．托多洛夫（Alexander Todorov）及其團隊進行的研究闡明了這點。他們請參與者看幾張靜態的臉部照片，[4]請他們判斷每一張照片中的人有多值得信賴。參與者一次只看一張臉閃現，每次一秒，同時接受功能性磁共振造影，監控腦部活動。接觸一張臉不到五百毫秒，參與者的杏仁核便已啟動，也就是起了情緒反應。對於人們認為靠不住的表情，杏仁核比較活躍，就像遇到威脅時的反應。托多洛夫也發現，一般而言，眾人對於某張臉不值得信任愈有共識，每個人的杏仁核對於那張臉的反應就愈強烈。這樣的發現暗示，在我們憑直覺反應的時候，我們其實也是從眾。我們一直在順應社會對於我們該如何解讀人的期望。

托多洛夫發現他的參與者在評斷臉孔可否信賴時，一般是跟著感覺走。一旦有瞬間評斷（snap judgment）在我們的意識出現，就可能會固著在那裡。為什麼呢？因為我們並不了解我們有多少感知是由我們自己的心智創造，因而誤認突然冒出來的想法和印象更貼近事實真相。事實上，我們認為那些想法和印象那麼快、那麼容易冒出來，就代表它們正確，這是犯了認知心理學家丹尼爾·康納曼（Daniel Kahneman）和阿莫斯·特沃斯基（Amos Tversky）所稱的「可得性捷思法」（availability heuristic）：[5]認為心智容易獲得的東西，立即浮現腦海的東西，比較可能是真的。

這些瞬間判斷會使我們過分強調人們外表和行為的特徵，就算那可能不是好的指標。且以評估政治候選人為例。托多洛夫和同事出示兩位候選人的黑白大頭照，兩位來自不同政黨，代表不同州競選美國參議員，[6]並先確認參與者不認識候選人。閃現照片一秒後，研究人員請參與者很快指出自己覺得哪一張臉看起來比較能幹。被判定外表較能幹的候選人，有六八％贏得選舉。那不算精準，尤其如果你覺得就機率而言，參與者的猜測應有五〇％是勝選者的話。但這樣的結果暗示，候選人的選舉命運約有三六％取決於看了靜態大頭照一秒鐘的第一印象，[7]完全沒有參考與其政策或政治理念有關的資訊，甚至沒有聽過他們的聲音、見過他們的肢體動作。

除非我們相信候選人的外表是能力的可靠指標，這個發現會令我們不安，因為那暗示我們對候選人的評估遠比我們想像中膚淺，且受制於文化對外表的成見。在納利尼・安巴迪（Nalini Ambady）的相關研究中，學生在學期結束後就老師有多稱職、自信和溫暖所做的評鑑，與觀察者只看兩秒**無聲**教學影片所做的瞬間判斷呈現強相關。事實上，這些瞬間判斷預測了教師期末評鑑中大約五〇％的變異。[8]

我們可能會慶幸自己的瞬間判斷有如此出色的洞察力：後來的評價跟起初沒什麼證據所做的判斷相當吻合。但別忘了，我們對他人的評判是在獲得充分資訊作為依據之前即已形成。我們可能喜歡把人想像成要讀的書，但當我們試著閱讀，卻往往連第一句都沒讀完——說不定連封面都沒翻開。如我們在前幾章所見，我們的瞬間判斷不僅預測未來，還創造未來。我們會依我們既有的成見行事，而這就宣判了他人的命運——我們認為他們注定該有的命運。[9]

我們的瞬間評斷顯然會使一些人犧牲歸屬感，還要付出更巨大的社會成本。我們真的想依據政治人物的外表，他們是否有明眸皓齒和剛毅的下巴來做取捨嗎？真的想排斥那些外表和自我表現——不論是透過身體語言或說話——不大符合社會「正常」詮釋標準的人嗎？

友人馬汀是癲癇症患者，他得服藥避免發作，而藥物使他說話變慢。只要給他機會，他都會有出色表現。他成年後在家鄉消防站擔任緊急醫療技術志工，備受喜愛。但馬汀很難找到及維繫工作，原因之一是面試表現不佳。他沒辦法簡潔地回答問題，有時講話慢到很難聽懂。最後他終於找到穩定的職務，我另一個開公司的朋友給了他工作。「那時我僱用他，現在我還是會僱用他。」他到今天仍這麼說。

馬汀就是那種在轉瞬即逝的面試時間裡看不到希望的人。[10]我猜想基於類似理由，他也很難談戀愛，而這反映了我們社會對看來有點「不正常」的人抱持的偏見。馬汀一個人住。所以一次癲癇發作期間，他最後臉朝下趴在床上，沒有人在旁邊幫他翻身，所以他窒息了。

我們對他人性格和心理狀態的評斷，有時更能反映我們自己的情況，而不是他人的情況。[11]誤讀在我們覺得緊張、不安全、受威脅的時候更容易發生。耶魯大學莎拉．魏爾特

（Sarah Wert）的研究請兩兩一組的朋友寫下一次感覺被排斥的經歷，他們寫著寫著，竟說起雙方認識的第三人的難聽閒話。魏爾特認為，人會透過確立誰不屬於這裡來重建歸屬感。大衛・鄧寧（David Dunning）和他的同事所做的研究發現，人們在自尊受到威脅時，會更嚴格執行自己那一套成功標準，相信跟他們不一樣的人更不可能在人生各領域功成名就。我們貶低他人，有時是為了提升對自己的感覺。只要聚焦自己的狀況：處理難熬的情緒、反思重要的個人價值，就可以避免這樣的誤讀。

另一個禍害的根源是我們會曲解別人焦慮的原因。焦慮是現代社交生活再常見不過的情緒。我常去本地一家酒吧，那裡的酒保以善於營造有歸屬感的氣氛著稱，很像老電視影集《歡樂酒店》（*Cheers*）。資深酒保布雷克有夠神奇，就算顧客來自各行各業，就算吧台時有爭執，他就是有辦法讓每個人覺得自在，賓至如歸。當人們在任何場所感到焦慮，比如擔心自己格格不入，他們會洩露那股焦慮，而容易產生誤解。

我就是在那間酒吧的一場社交災難中經歷過這件事。一個朋友介紹我給他的女性友人貝絲認識。貝絲告訴我她擁有連鎖美髮沙龍店，我告訴她我在大學教書。然後我補充說我覺得美髮業很有意思。這是肺腑之言。身為社會心理學者，我為人的髮型和身分認同息息相關的現象深深著迷。但貝絲皺著眉頭，看來很生氣，而我看得出來是我那句話惹到她，也許認為我自認高人一等、語帶嘲諷而不誠懇。我慌了。開始心跳加速，冷汗直流。我結結巴巴地企圖解釋，但我遲疑不定的樣子八成讓我更像因為侮辱人而內疚。我們的共同朋友察覺事有蹊蹺，走了過來。當他在旁聽我講話時，我覺得我看到他翻了白眼。不確定他們到底怎麼看待我，我突然對他們身上每一個非言語的線索極度敏感，而這使我思緒紊亂，話講得更不清楚。我覺得彷彿陷入評斷的流沙，愈掙扎，就陷得愈深。我開始給每一句話加上問號，彷彿在說：「這樣OK嗎？」我避免視線接觸；他們雷射般犀利的眼神讓我繃得更緊。

我的補救措施徒勞無功。貝絲哭了起來。她甚至要布雷克把我趕出去。我們的共同朋友一邊安慰她，一邊低聲在我耳邊說：「傑佛，我對你很失望。」被人當成冒失鬼，我深感挫折，也覺得被冒犯。顯然，我沒有夠清楚地解釋我發自內心的興趣。或許，直接跳到美髮的話題，我不經意地貶低了她身為企業家的角色。但同樣顯而易見的是，貝絲誤解了我。她把我的焦慮視為進一步的「洩露」。假如她真能讀懂我的心，她會知道我的「洩露」其實是我希望互動順利，且因為不順利而心煩。也許身為在男性主宰的矽谷經營事業的女性，貝絲以往曾跟太多傲慢的男人打過交道，致使她懷疑我也是一丘之貉。

我們常把他人的焦慮解讀為討厭我們的徵兆。[12]這可能是真的，但也可能是對方擔心**我們**不喜歡或不尊重**他們**。不妨想想跨種族的邂逅。白人有時會在這樣的偶遇中發出難以控制的非言語信號，例如避免視線接觸、頻繁眨眼、講話吞吞吐吐，流露出不自在和焦慮。然而這曖昧就曖昧在儘管偏見可能導致這種非言語的「洩露」，擔心被**視為**懷有偏見也會。換句話說，人們「洩露」的焦慮可能真的是他們希望這次交流進行順利，且擔心不順利的徵兆。我們每個人都很容易被這樣誤讀。我們有時會進入人際互動的鏡廳，陷入我們以為別人以為我們怎麼想的困局——而這會造成各式各樣的浩劫。

我們試圖解讀他人心思的舉動有太多缺失，因此需要我們努力發掘別人到底在想什麼、有什麼樣的感覺，而非自以為知道。但是要怎麼做呢？簡單到刺眼的答案是：問吧。

我曾經參加一場婚禮，在會場中遇到一位名叫艾瑪的中國老婦人。當我告訴她我是心理學者，她對我敞開心扉，請我建議怎麼跟她住北京的孫女聯絡感情。她們以前一直很親密，每星期都用 Skype 聊天。但當孫女步入青少女後，她似乎從她和她爸媽身邊溜走了。她開始喝酒，參加太多派對，學業也受到影響。她們透過 Skype 的對話曾經生動活潑，現在卻不時穿插尷尬的沉默。艾瑪告訴我，她不知道怎麼讀懂孫女的心思。不知她為什麼會變成這樣。我建議她只要問問孫女的觀點就好；例如問她日子過得怎麼樣，或感覺怎麼樣。這些問題或許能給她一扇窗，讓她一探孫女的生活。

艾瑪顯然被我如此簡單的建議嚇了一跳。她靜靜想了幾秒，然後我們便分開了。但派對結束時她朝我衝過來，興奮地說：「重點是窗子！」

我給她的建議，但願我可以獨攬所有功勞，但那其實是出自其他三位社會心理學家：艾佑爾（Tal Eyal）、史泰福（Mary Steffel）和艾普利（Nicholas Epley），他們在二〇一八年發表了標題為〈搞錯觀點：準確理解另一人的心智需要觀點採擇，而非觀點獲取〉（Perspective Mistaking: Accurately Understanding the Mind of Another Requires Getting Perspective, Not Taking Perspective）的論文。[13]

三位學者進行了一系列研究，證明在判斷他人的情感和看法時，試著「想像對方的觀點」並不如我們想的那麼有效。事實上，綜觀所有研究，每當人們試著「易位思考」時，準確性多半會受創。艾普利在他引人入勝的著作《為什麼我們經常誤解人心？》（*Mindwise*）中提到，就連熱戀中的情侶也是如此。艾普利指出，試著想像他人的觀點反倒可能削弱我們的理解力，因為到頭來我們往往會把**自己**想像成對方，就算對方可能身在截然不同的處境，且喜好與我們迥異。

艾普利建議我們不要試著想像他人的觀點，而要**問**，這也就是他所謂的「觀點採擇」。他和同事證明，當他們請參與者提出問題，試著了解另一人及另一人的興趣、態度、嗜好時，參與者的預測更符合對方的自述。就連已婚伴侶也是如此。與其絞盡腦汁想像你的伴侶有多想週末去露營，不如開口詢問。這乍看下明顯到近乎愚蠢，但妙就妙在，艾普利和同事證明，人並未充分認識到，只要提出好的問題，以及同樣重要地，傾聽回答，就可能獲得理解的效益。

艾普利寫道，很多年前，軍隊試著預測撤銷「不問、不說」政策（禁止男女同性戀公開服役的政策）對軍官的效應。一項以退休軍官為對象的調查顯示，大多數受訪者預測，基於他們的經驗，撤銷會損害軍人士氣。國防部也問了現役軍人認為自己會有什麼樣的反應，結果絕大多數不是說沒有差別，就是說有正面效益。很多人都遇過同性戀的軍官，一點問題也沒有。誰是對的？一項針對政策撤銷實際影響所做的研究給了答案：現役軍人。

另一個觀點採擇的例子來自凱瑟琳．湯瑪斯和她的同事，[14]她們研究了經濟援助奈洛比窮人的最好方式。如我們在前文看到的，「充權」式的給予，也就是強調「協助社區成長」，比傳統的「協助窮人滿足需求」更能提升民眾學習創業的興致。但研究人員也發現，當他們請另一組同樣來自奈洛比的參與者猜測社區民眾會對不同援助方式作何反應時，他們平均來說猜對了。由此可見，如果你在思考以哪種方式援助民眾最好，不妨直接問他們。

事實上，社會科學行之有年的一種方法論，就是以觀點採擇的價值為基礎：質性訪談（qualitative interview），而最好的質性訪談就是和他人開誠布公地以他們的觀點聊聊他們的故事。那能強有力地矯正我們可能憑刻板印象做出的假設。牙買加裔美國作家及社運人士瓊．喬丹（June Jordan）寫了一篇文章批判白人研究員和藝術家常妄自想像黑人在美國的處境，而不聆聽真正經歷那種處境的人怎麼說，文章的標題道盡她的無奈：〈論聆聽：這樣聽比較好〉（On Listening: A Good Way to Hear）。[15]

凱薩琳．艾汀曾運用質性訪談來細微了解貧窮經驗。[16]她的成果徹底推翻了我們對於所有族群勞動階級男人的刻板印象。她有許多受訪者具有創業精神，會學習多種技能來「多方下注」和滿足獨立自主與自我表現的需求，接受訓練而從事理髮師、柴油技工、刺青藝術家、DJ等工作，甚至身兼多職。很多人「超時」勞累地工作，幾乎沒有人有充足的休閒時間。很多受訪者也排斥前一代父親的硬漢形象。他們全都欣然接受父親的角色，既想讓家人不愁吃穿，也願成為情感的依靠。一位受訪者說成為父親「教會〔他〕純粹的愛」。很多男人都指出，和孩子分開會使他難過不已。「簡直把我給毀了。」一個人這麼說。艾汀也觀察到許多未婚男性受到社會政策直接影響，「覺得自己身為男人和父親的價值被貶低了」，因為他們「啪地一聲拿到兒童贍養令，卻沒有任何制度擔保他們有親子時間」。艾汀的觀點採擇讓她做成這個結論：「經過數十年針對窮人的研究，我們發現共同主題是對基本人類尊嚴和尊重的渴望。」

這不是說人一定能正確分享自己的觀點。丹尼爾・吉伯特（Daniel Gilbert）、提摩西・威爾森（Timothy Wilson）和同事證明，在自我解讀時，我們也會受制於許多成見和盲點，[17]包括傾向對自己有利的，而忽略我們感覺和想法中可恥和為難的層面。在這裡，我不鑽研這項規模龐大的研究——吉伯特的著作《快樂為什麼不幸福》（*Stumbling on Happiness*）和威爾森的《佛洛伊德的近視眼》（*Strangers to Ourselves*）都處理得非常出色——只想簡單凸顯兩個重點。一、人可能不曾注意自己抱持某些想法和感覺的真正原因。所以開啟觀點採擇過程最好的方式或許是請對方描述觀點，而非解釋為什麼會有那些觀點。說說我們自覺想到**什麼**和感受到**什麼**，是較不帶臆測、不易出錯的行動。二、避免提出只會加深我們自己信念的問題，也可以幫助他人更準確地表達自己的觀點。問一名政治保守派「你為什麼覺得自由派威脅性那麼大？」可能會招致反效果。這樣的問題往往會使對方心生防衛而得到會加深我們信念的資訊。但如果我們在詢問時敞開心胸，真誠地詢問對方的想法和感覺，他們可能會吐露意想不到的資訊，使我們能夠把他們視為獨特的個體，而非透過刻板印象看待。問一名政治保守派「你對基本工資調漲有何看法」或許能激起一段更富有思想和啟發性的討論。

請他人分享觀點不僅能促成人與人間更精確的理解，也能營造一種默契，讓彼此願意更深入、更詳盡地相互了解。問題能創造人與人間的理解和溫暖，這種力量在社會學家亞瑟·亞倫（Arthur Aron）和妻子臨床心理學家伊蓮·亞倫（Elaine Aron）的出色研究中得到印證。他們對陌生人之間可能如何建立親密的連結深感興趣。經由許多研究，他們創造了他們所謂的「三十六題愛上你」（fast friends procedure）。[18]

陌生人兩兩一組，連問彼此三十六個問題——亞倫夫婦琢磨很久的問題。第一個問題是：「如果你可以選擇世上任何一人，你想去誰的晚宴作客？」第二題是：「你想成名嗎？以什麼樣的方式？」第三題是：「打電話之前，你會先排練自己要說的話嗎？為什麼？」第四題是：「你『完美』的一天包含哪些事情？」問題會愈問愈親密：例如，「你覺得你跟你媽媽的關係怎麼樣？」以及「假如你今天晚上就會死，沒有機會跟任何人說話，你最遺憾沒有告訴別人什麼事？為什麼你還沒說出口呢？」在安全的環境分享脆弱能促進連結。這些問題普遍能營造親密感覺，能淹沒我們以為很重要的、在各種個人喜好上意見不合的衝擊。「三十六題愛上你」甚至促成不止一次求婚。

社會心理學家伊莉莎白・裴吉－顧爾德（Elizabeth Page-Gould）和羅道福・曼多薩－丹頓（Rodolfo Mendoza-Denton）所做的研究證實「三十六題愛上你」可作為提升社會歸屬感的干預措施。他們讓拉丁裔和白人學生齊聚一堂，請他們找同膚色或不同膚色的對象互問問題。[19]他們發現找不同族群的對象做這項活動的經驗，對原本擔心會因族群問題遭到排斥的拉丁裔學生特別有幫助。依據這些學生後來的回報，比起當初和同族群成員完成這項活動的拉丁裔學生，他們對於大學的經驗感到更滿意，也更願意鼓勵朋友就讀大學。後來一項研究甚至證實，跨種族互動的「三十六題愛上你」可以降低拉丁裔和白人學生的皮質醇反應（社會評價威脅的一種生物指標）。另外，在對另一族群看法相對負面的參與者之中，交到不同種族的朋友也促使他們在校外的日常生活展開較多跨種族的對話。一段友誼就可以形成巨大的差異，不只把兩個人繫在一起，也把兩人和兩人的共同世界連結起來。就此而言，阿姆、凱瑟琳．葛蘭姆，和其他許多在本為局外人的世界「辦到了」的成功人士，都說自己曾有一個「圈內人」朋友充當兩個世界之間的橋梁。

為什麼問人關於他們自己的問題，會是如此強有力的建立連結的媒介呢？一個理由是那是對他人的肯定，讓他們覺得自己很有趣，覺得對話者更是認為他們值得密切關注。另一個理由更簡單：我們可藉此互相了解、建立更真誠的關係、學習怎麼提供更個人化的支援。

擔任家庭教師可以將觀點採擇的力量發揮到淋漓盡致。一名好的家庭教師是最有效的教育干預，[20]只要一次授課就可以創造非凡的學習效益，就連不合群和成績欠佳的學生也不例外。

社會心理學家馬克．萊珀（Mark Lepper）進行過絕妙的研究，探討某些家庭教師的成效何以比其他家庭教師高得多。他把他的研究室布置成迷你教室，和共同研究者瑪麗亞．伍佛頓（Maria Woolverton）招募了家庭教師和多位數學不好的十歲學生。然後他們觀察並錄下授課經過，有些教師效果普通，有些教師成效卓著。

是什麼成就了成效卓著的家庭教師呢？[21]首先，他們沒有直接進入教學，反倒先問學生他們的嗜好和興趣。就像艾倫的三十六個問題，這些問題是在給學生肯定，讓他們覺得自己被視為一個完整的人，而不只是「數學有問題的小孩」。肯定自己是個有趣的個體後，學生就會比較樂意自我挑戰了。問這些問題也有助於家庭教師了解可以怎麼激勵個別學生。

這些問題也創造了教師和學生之間的連結，而教師不會只把問題當開場白。優秀的教師會一直問問題，讓孩子全心投入自己的學習過程。引人注目地，當萊珀和伍佛頓編寫文字紀錄時，他們發現家庭教師有九〇％的話語是問句。例如，他們不會解釋「你該加在個位數這一行，不是十位數那一行」，而會問：「你要從哪裡開始？個位數這一行還是十位數這一行？」聽雙方互動，你簡直以為是學生在教老師。為繼續找出孩子理解的缺口究竟在哪裡，優秀的家庭教師會對答錯的學生說：「請告訴我你為什麼這樣想。」這會引導學生明白他們的想法哪裡出錯。我喜歡把這些睿智的家庭教師想成學生的雪巴嚮導，引領他們自己登上高峰。

萊珀繼續將他從研究獲得的洞見應用在為美國海軍訓練軍校資訊科技學員的專業教官

上。[22]這是美國海軍最受歡迎的教育途徑，因為這些技能對於操作巨大的船艦和複雜的互聯技術至關重要。萊珀參與創造「數位教官」（Digital Tutor）的計畫，那以他的家教研究為基礎，使用盡可能模擬睿智人類家教的介面。那會問問題而非授課，會提供暗示來協助學員自己找到答案，並且間接而非直接肯定學習者。成果顯著，不出一個月就把學員的成績提升到老練船員的等級。後來，「數位教官」的一個變化形應用在未受僱的退伍軍人身上，協助其中大多數在微軟、亞馬遜和其他科技公司找到資訊科技類的職務。

我們全都聽過這句話：同理他人就是設身處地。但如果對方的人生經驗和觀點與我們迥異，一旦我們試著設身處地，反而可能背離事實。我們需要設法培養真正的同理心，[23]而在我們愈來愈多元、愈來愈分歧的社會，這個任務愈來愈迫切。

一個看來頗有希望但沒獲得什麼關注的方法是在我於史丹佛完成學業期間，由研究所同學羅納度·曼多薩（Ronaldo Mendoza）發展。他想判定我們可以怎麼真正了解他人的經驗，尤其是對他們所說的話或所做的事動怒的時候。曼多薩滿懷希望，寫道：因為沒有哪兩個人一模一樣，每一次相遇「都是研究同理心的良機」，[24]而就每一次相遇而言，「我們都是新學生」。

他所進行一項別出心裁的實驗，[25]提供了一種強而有力的創造同理心的策略。我在這本書介紹的研究幾乎全都發表於同儕審查的期刊，但曼多薩這項研究沒有。他沒有進入學術界，一如太多博士論文，他的作品被束之高閣，無人聞問。但我認為那是史上針對同理心進行最重要的研究之一，而一如我們將在第十三章看到的，後來的研究皆支持他在促進同理心來消弭政治分歧方面的新發現。

曼多薩招募了幾對大學情侶或摯友，請他們每一個人做好準備，討論對方做過困擾他們的事情。在研究室裡，每一個人都和朋友或伴侶訴說委屈。接下來雙方都要評定自己覺得有多了解對方的感受，以及覺得對方多理解他們。

再接下來，針對其中一群雙人組，曼多薩請每個人「想想你提到的事件，然後試著設身處地、換位思考」。這是標準的同理心歸納。他們被要求用文字描述對方的處境，以及「若換成是他們身處那個情境」，他們會「作何感受，如何行動」。例如有個年輕女性提出這樣的不滿：她和男友的前女友都去醫院探望出不幸意外的朋友，結果男友先安慰前女友，才來關心她。她試著設身處地，想像若換成她會有什麼感覺、會怎麼做。

至於第二群雙人組，曼多薩試驗了一種全新的干預。他請他們想想他們舉出的事件，描述他們認為「當伴侶做出那件困擾他們的事情時」，伴侶「有什麼樣的**感覺**」。他並未請他們思考那個情境會讓**他們**有什麼樣的感覺，而是想想那會讓**他們的伴侶**有什麼樣的感覺。然後他請他們回想**自己**人生中一個**可比擬的情境**：「你覺得你當時的感受，和你認為你伴侶的感受類似。」這一招，曼多薩建議，比較可能喚起真正的「同理心」，因為這個詞的德文起源：「einfühlen」，原意是指「**感覺**自己進入」。

這兩個群組的每一對搭檔都要輪流和伴侶分享自己的文字回應。也就是說，他們給出自己的觀點，也獲得伴侶的觀點。接下來每一對的兩個人都要再次評定自己有多了解伴侶，以及覺得伴侶有多了解他們。

彙編完資料後，曼多薩做出兩項發現。就第一群組，他發現個人對自己和對方理解程度的評分沒有提高，事實上，有些人還回說感覺自己**更不**了解伴侶了。為什麼呢？因為多數時候，在我們想像自己置身與他人同樣的處境時，我們會斷言：「我才不會像他們那樣做呢!」於是這反倒讓我們更沒有同理心。比如,那位不滿男友先在醫院安慰前女友的女性寫道:「我會先確定〔我的伴侶〕沒事才去安慰或關心朋友。」干預後,她對於自己有多理解男友的評分,從六分(滿分九分)掉到兩分,男友對於自己感受到多大程度理解的分數,也從七分銳減為兩分。

第二項發現是,以情感為基礎的同理心干預能增進相互理解。這一群雙人搭檔的評分,增加得遠比第一群來得顯著。想想另一位女性的反應:她的主訴是她的男友會稱讚「某些女孩看起來頗有魅力」。她寫說,他說他只是「陳述事實」,完全沒有暗中貶低她的意思。她在練習時想到一個事實不像但情緒很像的情境:

> 我想到高中時有個類似的情境,我評論我朋友寫的一首詩不夠強烈,沒什麼震撼力,而這惹惱了她,我覺得我是實話實說,但我朋友聽不進去。

她給自己有多理解男友的評分從七分提高到八分,而令人印象更深刻的是,男友對於感覺女友有多理解自己的評分從兩分進步到七分。曼多薩指出,在以情感為基礎的同理心群組，有好幾個伴侶「連上線」的美妙時刻，有些人回說，對於自己提出的不滿，他們覺得對方終於「懂了」。

我們都有林林總總的經驗和回憶可用來提升對他人的同理心——如果我們願意的話。我們可以將我們的回憶視為強化連結的試金石，而非拿來自我譴責的沉重巨石。想像可比擬的情境——我們和害我們受委屈的人，或以我們討厭的方式回應我們的人有類似感覺的情境，能助我們善解他人，了解他們的行為是受到情境因素影響。

我們不能也不該停止善解他人。某種程度上，正向的社會互動，和支撐歸屬感的連結，取決於人善解他人的能力。不過這裡的關鍵字是「善」。我們的誤讀太常使情況雪上加霜。

身為社會科學家，我有一個特權是我們在日常社會生活中太少獲得的：發現我有多常出錯的機會。設計一場實驗的過程會迫使你具體舉出一項假設，並加以明確地測試。數據不會在乎你怎麼想。提出問題，而後分析數據——如我所見，分析數據就是一種傾聽。如果你對人們會做什麼的揣測錯了，你會發現的。於是我有好多悲傷的星期五——數據大量湧入的日子。但在我們的日常社會生活中，我們鮮少有機會發覺我們錯得有多離譜。那鮮少昭然若揭，我們也不會問問題來測試我們的想法。我們心裡的偏見不只會導致錯誤，還會讓我們看不見那些錯誤。我的感覺是，釀成那麼多誤解和衝突的就是這些認知偏誤，勝過任何道德缺失。藉由認識艾蜜莉・普羅尼（Emily Pronin）所謂的「偏誤盲點」，[26]我們可能要迎向三大挑戰：

一、謙遜：提防過度相信自己的判斷，切莫想當然耳地認定自己對他人的想法都是正確的。

二、同理：試著體認他人的焦慮和不安全感會塑造他們的行為，就像我們的焦慮和不安全感會塑造我們的行為。

三、溝通：問他人怎麼想，因為如果不問，就剝奪自己學習和連結的機會了。

要應付這些挑戰、克服我們的偏誤，需要努力。但只要使用這裡介紹的觀點採擇工具，只要不斷演練能把偏見清出腦袋和心靈的心理自我照顧技巧，我們就可以改變解讀他人的方式——解讀得更好。

請記得這句格言：「別光是讀，也要傾聽。」對於我們遇見的人，我們會一直編造假設，但我們可以在心裡退後一步，敦促自己重新思考。我們可以提醒自己去試著了解對方真正看到、感覺到的情境，就算我們對其表象不以為然。不管某人看起來有多奇怪，我們都可以想想，說不定，因為文化制約使然，我們才是奇怪的那個。[27]具備這一點點智慧，加上充分的練習，我們就會更善於詢問而非假設，更善於解讀情境，以及情境影響人的方式，更善於以同伴情感（feelings of fellowship）為基礎，培養同理心。

第三部分

在各行各業培養歸屬感

第九章

學校裡的歸屬感

營造可助學生成長茁壯的情境

有時候，只要表示理解和支持，哪怕再細微，也可以將感覺陌生和險惡的處境轉變成感覺吸引你、歡迎你的情境。

一個清爽的秋日，我帶女兒去她中學的第一天新生訓練。她準備要讀六年級。當我們走進學校大門，看到相較於她先前念的小型小學，可謂雜亂無章的校園，我頓時心生忐忑，不知該往哪裡去，該做些什麼。我可以想像我女兒的心情，雖然我只看到一些暗示。她兩膝微彎，彷彿背著重物，兩臂在身前垂下，彷彿準備墜落。我試著想些話來安慰她，但在我說出口之前，一個生氣勃勃、笑臉盈盈的學生走過來，用一聲親切活潑的「哈囉！」歡迎我們。

她馬上開始跟我女兒聊起來。她說這是她第二年在這間學校，然後問我女兒小學念哪裡。原來她們上同一所，而後馬上發現她們一年級給同一位老師教，都覺得很喜歡她。我女兒笑了，放輕鬆了。接下來學姊把她介紹給其他一些孩子認識，不一會兒，我女兒就跟著她的新朋友蹦蹦跳跳地離開，探索校園去了。

從我們開始上學的第一刻起，經歷一個又一個年級，從國中到高中，很多人還上了大學，我們可能常覺得被「歸屬感不定」壓垮。就算在低年級，學校也可能競爭激烈，不只學業上，社交上也是如此。讓事情更棘手的是學生帶著形形色色的人生經驗來到學校，因此對於學習和社交做了不一樣的準備。幼童第一次上學可能是人生最興奮，也可能是最可怕的過渡期。這一路上的每一步，都會有威脅歸屬感的東西冒出來，不論是分配給新的老師、參加運動隊伍或樂團，或面對飲酒吸毒等同儕壓力。社群媒體更火上加油，擁有全套排斥、霸凌、羞辱同學的手段。

關於校內歸屬感不定的討論大多著眼於少數族群學生的經驗，因為他們面對著格外艱困的挑戰。但就算是人緣好或出身優渥、學業及課外活動皆表現優異，看似「什麼都有」的學生，也可能對歸屬感充滿懷疑而備受折磨。拜讀前美國副總統迪克・錢尼（Dick Cheney）

的回憶錄《我這一生》（*In My Time*）時，[1]得知他曾在耶魯大學經歷嚴重的歸屬感不定，我好不訝異。他在一九五九年入學，念了一年就休學。他向來是個好學生，是高中美式足球明星選手，還贏得全額獎學金，卻在耶魯大學班上表現不佳。「我認識了一些志同道合的傢伙，跟我很像的年輕人，跟我一樣適應不良，也跟我一樣認為啤酒是人生必需品，」他寫道：「我繼續累積壞成績，繼續違反校規。」錢尼說他在學校覺得格格不入。在懷俄明州鄉村小鎮卡斯珀長大的他，在赴耶魯之前，往東最遠只到過芝加哥。他記得，在他於紐哈芬下火車的那一刻，「我覺得有點像來到另一個國度」。就算他高中最好的朋友與他同行也一樣。他覺得跟耶魯同學相處起來很尷尬，因此只交了一小撮朋友。「我很多同學都上過預校，」他寫道：「他們的經歷跟我截然不同，知道很多我不知道的事。有時我甚至覺得他們在講另一種語言。」

搬回懷俄明家中後，他在懷俄明大學攻讀學位，在那裡覺得自在又活躍。錢尼後來成為頂尖的「華盛頓圈內人」（Washington insider），三十四歲被任命為史上最年輕的白宮幕僚長。之後他當選聯邦眾議員，連任十年，再來先後出任國防部長及副總統。他並不缺乏歸屬的天分，而他在耶魯的經驗告訴我們，在甲校環境學業優良、社交活躍的學生，換到乙校後，歸屬感也可能陷入掙扎。

教育社群愈來愈清楚歸屬感對於學生在校經驗的重要性，以及教師和行政人員可以扮演的支援角色。已經有相當多研究證實，[2]自稱有強烈歸屬感的學生多半也有較強的學習動力、學業表現較佳、出席率較高、品行不端及威脅健康的行為較少、自尊心較高、心理也比較健康。坊間已經發展出一些培養在校歸屬感的絕妙工具，但仍需要更多努力，以及更大規模地採用有效的方法。

在提升所有學生歸屬感的時候會遇到一道阻礙：[3]我們，包括個人與機構，要如何因應學生的多元背景。這宛如一座山脈綿亙全美——史上最多元的社會。克勞德・史提爾認為，對於美國的身分認同問題，太多人採取「色盲」的解決途徑，而那基本上意味著，我們忽視這些問題。但要設計一個理想的多元社區——一個如史提爾所言，「為每一個人運作得宜，人人覺得有歸屬感、可以信賴，知道自己不會因為身分而受阻」的社區，我們必須認清，學生的身分認同會形塑他們的在校經驗。唯有如此，我們才能建構不分種族、性別、信仰或階級，「真正把大家連結起來的環境」。

獎學金、大學財務援助和其他經濟機會的來源，對創造更有包容力的學校至關重要。經濟學家艾瑞克．貝廷格（Eric Bettinger）和 H&R Block 公司合作，為大學年紀低收入家庭的學生提供八分鐘的教學：如何填寫大學財務資助申請表。[4]相較於沒有獲得這項干預的對照組，這些學生上大學的比例高了八％。假如有一百萬名低收入學生獲得干預，估計其中就會多八萬人上大學。這項研究顯示，培養歸屬感的一大重點，是引領人們來到機會之門。

學生一進學校，影響歸屬感的一大因素便是學校的氣氛，以及教職員能否確立灌輸尊重和包容規範的政策和實務。前幾章介紹過一些發展至今最有效的手段：亞隆森的「拼圖教室」、帕勒克在全校播種反霸凌規範的途徑，以及修復正義。這些都利用了勒溫「小團體的力量可以營造歸屬感」的洞見。[6]如前文所述，我和同事曾讓學生進行「價值肯定」的練習來抗衡他們感受到的刻板印象威脅。[6]這些在學校不難實施；我們可以鼓勵學生在遇到壓力時做這些自我肯定的活動，例如學年一開始、考試前、申請大學期間——有太多學生在這些時候錯過機會，或在十字路口轉錯彎了。我們已經看到，學校也可以請中學、高中、大學、研究所的學長姊和將入學的新生分享當初他們不確定自己屬於哪裡的經驗，來培養歸屬感。[7]華頓、葉格、吉齊塞克（Rene Kizilcec）等人已證明，諸如此類的明智干預可以在線上提供給成千上萬名學習者。

明智干預的效應甚至可從一人擴散到另一人，提升整體的表現。我教過的學生約瑟夫·鮑爾斯（Joseph Powers）主導的研究發現，若碰巧有多一、兩名高風險的學生獲派在教室實行價值肯定的干預，成效會外溢到所有背景的同學身上，[8]提升大家的表現。班上受挫的學生比較少，教師就能接觸更多孩子，因為現在他們有更多時間和資源可以運用了。

與各級學生鍛造更穩固的連結也是當務之急。教育工作者可以憑直覺在全國各地的小區塊做這件事，尤其是早期。我兒子的幼兒園老師會在學年開始前訪問每一位孩子的家庭，只待半小時，希望更了解她未來的學生，並得知他們最喜歡的玩具。這對我兒子大有幫助，讓他能安心自在地度過剛進幼兒園的過渡期。艾琳·古薇爾（Erin Gruwell）曾和加州的高風險青少年合作，請他們寫日記來將自身困擾轉化為個人價值觀及故事，[9]成果彙編成《街頭日記》（*The Freedom Writers Diary*，後改編成同名電影，由希拉蕊·史旺〔Hilary Swank〕領銜主演。）

但在孩子成長到某個年齡，大約十二歲後，我們好像就忘了連結的重要性。[10]頂尖教育心理學家潔奎琳娜·艾寇斯（Jacquelynne Eccles）很久以前就指出，比起準備考試和社會秩序，培養與學生的連結敬陪末座。但事實上，隨著孩童進入青春期，歸屬感的重要性不減反增，而在教育階梯的每一梯級上，包括大學和研究所，它始終是關鍵的主題。例如華頓和我就發現，若要請大學生做枯燥的工作，比如旋轉木板上的釘子，只要有別人一同參與，他們報名的動力就會大得多。

師徒計畫是建立和保護歸屬感的強大工具，尚未提供的學校應儘速實施。許多校外組織都會為孩童和青年提供師徒制度。幫導師與高風險年輕人配對的美國大哥大姊會（Big Brothers Big Sisters of America）已證實成效卓著。[11]我自己曾在高中、大學和研究所擔任過導師，而這些經驗鼓舞我針對師徒制進行研究。我密切觀察導師可以造成多大的衝擊，幫助被邊緣化的年輕人建立歸屬感。

葛瑞格・華頓、夏儂・布雷迪和我進行的研究檢視了師徒制對黑人大學生的成效。[12]我們向來認為黑人大學生常經歷「歸屬感不定」，而我們的研究發現，建立師徒關係有助於培養黑人學生的歸屬感。此外，很多學生和導師發展了長久的連結，導師在學生畢業後仍協助他們追求對個人更有成就感的事業。師徒制對所有大學生的正面效益也獲得蓋洛普（Gallup）一項研究成果證實。那追蹤了三萬多名大學畢業生的後續發展，發現最能預測畢業生工作是否敬業、生活是否精彩的因素不是他們所上的大學是公立私立、是大是小、菁英與否，而是在念大學的時候，他們是否找到支持他們、「鼓勵他們追求夢想」的心靈導師。

社會心理學家塔拉・丹尼西（Tara Dennehy）和尼蘭納亞・達斯古普塔（Nilanjana Dasgupta）發現，師徒制在幫助女學生克服理工科教育的刻板印象威脅上，有強大的功效。[13]他們招募一百五十位即將入學且打算主修工程學程的女大學生，隨機分成三組。第一組會遇到一位女導師——比她們大幾歲、熟門熟路的學姊。第二組也有導師，不過是男生。第三組則未納入師徒制。有導師的學生大一那年平均只和他們碰四次面，每次約一小時，此外偶爾會寫 email 或簡訊請教導師問題。

有什麼重大發現嗎？計畫結束後兩年，有女導師的女學生仍維繫歸屬感，其他兩組的歸屬感則呈現穩定下滑，不過有男導師的那組衰退得較少。這項發現很重要是因為歸屬感是預測女學生能否在工程學程持續下去的最重要因素。[14]第一年過後，沒有一位有女導師的女學生退出課程，反觀其他兩組則有一五%。就短短四小時的輔導而言，這是豐碩的報酬。

輔導時間雖短，卻能成功，原因是它們經過精心設計。研究人員並非像其他許多師徒計畫那樣，只幫導師和學生配對，說聲「加油」就算。他們已經培訓過導師，教他們如何分享自己歸屬感不定的經驗，以及他們的因應之道——援用華頓和我在社會歸屬感干預方面創造的主要訊息：碰到障礙很正常，可以用時間和策略加以克服。學生獲得智慧的過程確實加快了，導師當初恨不得自己早點學會的課題，現在在學弟妹入學時就傳承給他們了。導師也發起社交活動，和學生建立穩固的個人連結。他們也從旁輔導，助學生建立社交網絡，指點他們運用有助於生涯發展的資源，例如暑期實習計畫。以上師徒計畫的所有層面，目的都在幫助學生安然度過自身處境。此外也傳遞了一個強烈的心理訊息：「我們相信你。成為專業工程師絕非遙不可及的幻想。」

男導師能幫助女學生在大一期間維持較高的工程學科成績，但並未提高她們留在工程學程的意願，也沒有使她們更嚮往追求理工科的生涯或更高學位。與之相較，女導師確實提升了這些成果。這很可能是因為女導師提供了兩種男生無法提供的東西：一是同性別的成功榜樣：「跟她們很像」，且已經成功、證明有可能成功的模範；以及為她們量身訂做的資訊：如何在男性占優勢的環境應付身為女性的歸屬感不定。

擁有女導師也會減輕性騷擾的威脅，[15]而性騷擾可能對人的歸屬感產生毀滅性的效應。作家娜歐蜜・沃爾夫（Naomi Wolf）敘述了她就讀耶魯大學時，一次遭到頂尖學者哈洛・卜倫（Harold Bloom）騷擾的創傷。那時她對寫詩感興趣，敬他為首屈一指的文學評論家。一次碰面時，卜倫把一隻手放在她的大腿內側。那「將我身為耶魯學生的榮譽感摧毀殆盡」，她回憶道。的確，研究顯示，只要請學生**想像**某位教授的非禮舉動，就足以使他們懷疑自己的學術能力、表現出對該教授的領域性興趣缺缺，以及自尊受挫。這些效應在女學生和男學生身上都會出現，而對女性的衝擊稍大於男性。

另一個在學校促進歸屬感的方法是「文化相關教學法」（culturally relevant pedagogy，CRP）。[16] CRP指的是將學生成就列為首要、為學生提供維護文化完整性的方式，並培養運用學術內容的批判能力等教育實務。對CRP有廣泛研究的湯姆．狄伊告訴我，那就像「出奇密集且持久的社會心理學干預」。狄伊和同事的靈感來自一系列歷史悠久且影響深遠的質性學術成就，包括格洛麗亞．珍．拉德森－比林斯（Gloria Jean Ladson-Billings）的先驅研究，這些研究凸顯了CRP對非白人學生的教育力量。狄伊對兩個灣區學區的研究提供了CRP有正面影響的證據。一項研究著眼於舊金山聯合校區（San Francisco Unified School District）九年級族群研究的課程。第二項研究著眼於奧克蘭的非裔美國人男性成就（African American Male Achievement，AAMA）計畫，娜伊拉．蘇雅．納西爾（Na'ilah Suad Nasir）等人的優美著作《我們敢說愛》（*We Dare Say Love*）就詳盡介紹了這項創舉。

AAMA以一個提供年輕黑人肯定敘事的班級為中心，這些敘事旨在讓他們更了解自己、種族身分、非洲和非裔美國人的歷史，甚至生命的意義。這個班級的學生指出他們覺得自己被當成人類，而非透過刻板印象的稜鏡看待。

狄伊和共同作者艾蜜莉・潘納（Emily Penner）對此族群研究課程進行了嚴謹的評估，結果令人瞠目結舌：那提高了學生的GPA達一・四級分。那可是整整進步一個字母等級，再加半個。四年後，約有九〇%參與課程的學生從高中畢業，同儕則為七五%。他針對AAMA的第二項研究則發現那攔腰減半了高中年齡黑人男孩的輟學率，對黑人女孩的輟學率也有外溢效應。「很多有邊緣化歷史的學生都把學校視為非常疏離的空間」，狄伊在受訪時這麼說，並補充：這些課程的衝擊「使我們不得不徹徹底底重新思考我們對促進教育平等的想法」。他的研究成果極具說服力地印證了：明智的情境營造可能改變學生的人生軌跡。

個別教師在與學生的日常互動中，也可以做很多事情來培養學生的歸屬感。事實上，研究顯示師生關係的品質對學生的歸屬感會造成強烈的衝擊，通常比學生和同儕的關係更強烈。[17]

我的朋友史提夫在美國中西部長大，自幼家貧，而他告訴我一個老師如何改變他的一生。小時候，他原本預期自己會繼續窮一輩子，因為他在學校成績不好。他覺得大部分老師都用刻板印象看他：又一個沒什麼潛力的貧窮農家子弟。

但他四年級的辛恩老師卻會敏銳地觀察學生。她發現史提夫雖然家庭作業做得不錯，但上課時每當她把問題寫在黑板上，他總是答不出來。有天，辛恩老師請他下課後留下來，把她寫在黑板上的東西念給她聽，這才發現他根本看不到——需要戴眼鏡。一配好眼鏡，他就進步神速。不過辛恩老師不僅幫助他把東西看得更清楚，也幫助他更了解自己的潛力。她給了他額外的功課；他勇於接受挑戰。她告訴他他可以靠他的「腦袋」，不用靠「體力」維生；他有潛力出人頭地。而他辦到了。

教師訓練大多包含一些提升學生歸屬感的教學，而一項針對美國教師進行的調查顯示，有七六%的受訪者曾接受過這樣的教學，而多數想獲得更多。[18]協助教師培養學生的歸屬感一直是敝研究室進行教育研究的重點。其中一系列研究聚焦於一個關鍵問題：老師以何種方式評鑑學生的作品。最能提升學生歸屬感的師生關係是「學生感覺得到教師尊重、鼓勵和傾聽」，以及「教師公平公正且保持高度期望」的關係。[19]我們把那種教學風格（在給學生批判性回饋的脈絡下）稱作「明智的批評」。[20]在設計這種風格時，我們受到全美許多教師和學校成功故事的啟發：他們幫助了未獲充分資源的學生實現夢想。

不過，提供教益與鼓勵兼具的回饋可能是個棘手的挑戰。史提爾、羅斯和我稱之「導師的兩難」。我們必須提供學生改善作業與學習所需的資訊，但批評卻可能損害他們的信心和動力。[21]研究顯示少數族群學生尤其在意批評，因為他們很清楚那種認為他們的能力與努力皆不如人的刻板印象。他們可能以為老師會抱持這種偏見。而從老師那方面來看，由於擔心害孩子苦惱，他們常不敢出言批評，而這會傷害學生的表現。國家科學研究委員會（The National Research Council）做成結論：成效最好的老師會結合「照顧與支援的環境」和「學業壓力」，而他們將學業壓力定義為「著眼於學習和較高的期望」。若能給得明智，批評將是一大關鍵——既能傳達殷切期望，又能緩和少數族群學生可能對師長抱持可以理解的不信任。

史提爾、羅斯和我想找個辦法協助教師提供不分種族的學生都能欣然接受的回饋。我們請一組史丹佛學生（半數黑人、半數白人）來到我們的研究室，告訴他們我們正在編一本期刊來介紹全國各地的優秀教育工作者。我們請他們寫一封信推薦他們最喜歡的老師，並告訴他們寫得最好的會刊在期刊上。我們有說清楚，寫推薦信的技巧需要文字優美、條理分明的能力。為什麼要如此大費周章？因為我們希望他們認真看待這個情境——感覺投入。而有鑑於刻板印象威脅的問題，我們希望他們把那個情境設想成可能會產生刻板印象的情境，以便我們估量我們的實驗或許可以怎麼幫助他們抵禦這種威脅。我們也問學生能否讓我們拍張照和投稿一起刊登——使他們警覺，評鑑他們信件的人會意識到他們的種族。學生寫得相當用心，而那些信讀來鼓舞人心。

一組研究助理和我負責在不知作者種族的情況下評估這些信，然後再將信隨機分配給其中一種實驗條件。所有信件我們都會在空白處撰寫評論、提供改進的建議，並修正文法。

一組學生（仍是黑人、白人各半）會收到兩頁我們小心寫成「泛泛而論」的評論。雖然有整整兩頁，但這些評論指出的是幾乎所有信件都有的缺點，例如「形容詞很多，但具體說明很少」，並提供同樣幾乎適用於所有信件的建議，例如「你需要在信中注入更多生命力」和「讓你的信更生動、更私人、更有說服力」。學生也被告知有位賈迪納．琳賽（Gardiner

Lindsay）博士評鑑了這些信——這個姓名暗示這位博士是白人。

至於第二組學生，我們同樣給他們兩頁評論，但這一次會先提供少許表面上是琳賽教授手寫的正面回饋，例如「整體而言，寫得很好」；「你的熱情……展露無遺」；「你有一些有趣的想法……建立了一些好論點」。這樣的回饋旨在反映多數老師會給的回饋。研究顯示一般教師會先強調正面的評價。

最後一組學生，我們提供明智的批評，也給他們兩頁評論，但會先給下面這段琳賽教授的手寫評論：

> 在我看來你非常認真地進行這項任務，所以我也要認真地給你一些直接而誠摯的回饋。信本身沒有什麼問題——你遵照指示、列出老師的優點、提供佐證，以及更重要的，書寫流利、文情並茂。另一方面，若以更高標準評判，真正重要的問題——也就是你的信會不會刊登在我們的期刊上——我有幾個嚴肅的保留意見。我在後面幾頁提供的評論相當具批判性，但我希望對你有所幫助。請記得，若非基於我在你信中讀到的，覺得你有能力做到我提到的更高標準，我就不必費心給你這些回饋了。

這段話是經過謹慎設計來給予學生肯定，並讓黑人學生對抗刻板印象威脅，傳達評鑑者認為學生的能力不只如此，可以符合更高的標準。還記得比馬龍效應嗎？我們認為讚揚學生的**潛力**而非現有表現是一大關鍵。

為判斷這三種批評的效力，我們請學生完成一項簡單的調查，問他們對於所獲得回饋的看法、想不想修改信件，以及他們有多重視寫作。

我們發現明智的批判會使黑人學生不再那麼相信自己的信是被偏頗地評鑑。其他兩組的黑人學生都比白人學生懷疑有偏見作祟，明智批判組的黑人學生卻跟白人學生一樣認為回饋客觀公正。而在三組之中，明智批判組的黑人學生也表達了最高的修正動力。白人參與者——不必和種族刻板印象搏鬥的史丹佛學生——在所有群組的回應大都相當正面，認為設立高標準是必要條件，而評審相信他們有潛力達標。但是在明智批判組，所有學生，不分種族，都表達出一種更強的信念：文章寫得好對於他們對自己的觀感相當重要，也可能為未來生涯奠定基礎。彷彿這一次實驗室營造的相遇已經影響了他們的自我概念。

在一場後續實驗中，我們請學生修改最初的作品，成果十分深刻。我們是請主修理工科的男女學生來到我們的研究室，[22]要他們針對自己最喜歡的研究發表簡短的TED式談話，再給予批判性的回饋。我們希望明智的批判能減輕女生遭受的刻板印象威脅。那做到了。相較於只獲得批判性回饋的女生，獲得明智批判的女生最後發表了更好的談話（由獨立評審收聽錄音後評定）。她們納入批評者所給予一項關鍵建議的人數，是對照組的七倍。

我和同事針對中學生進行的一項明智批評研究也產生驚人的成果，證明它有塑造學術軌跡的實力。[23]我們請七年級學生寫一篇文章描述他們心目中的英雄——歷史人物、家人、老師、教練，或朋友都可以。我們事先已和學校老師一起規劃過課程，那需要老師和學生先花幾堂課聊聊何謂英雄，以及關於這個主題的閱讀材料。這些方法都是為了鼓勵學生付出努力來提升作文品質。

在老師方面，我們為評鑑作文建立了一套有五大關鍵標準的規則：開頭和結論明確、議論具說服力、舉例支持論點、敘述清楚、文法正確。我們請教師照他們平常批改文章的方式給予學生批評鼓勵，以凸顯明智的回饋有別於日常教學的功效。

第一組學生，我們請老師寫下這個註記，也就是出自我們第一項研究的明智回饋註記的簡化版：「我給你這些批評是因為我對你有非常高的期望，也知道你辦得到。」第二組學生，我們請老師這樣寫：「我給你這些評論是為了讓你得到一些回饋。」

我們請老師事先寫好上述註記，小心不讓老師知道哪些學生會得到哪一種註記，然後請研究團隊隨機附在不同學生的文章上面，再發還給學生。如此一來，我們就能真正判讀註記的因果影響。

我們為所有學生提供修改文章的選項，而獲得明智批評註記的學生申請修改的人數顯著增加，黑人學生的幅度更是驚人。獲得一般註記的白人學生有六二％申請修改，明智批判組則有八七％；黑人學生的數字則從一七％提高至七二％。

明智的批評提高了學生改善作品的動力，也建立了學生對師長的信任，讓他們覺得自己被看見、被尊重、被欣賞。那將批判轉化為肯定，不再是威脅。從學生的觀點來看，那現在意味著「我相信你」而非「你是笨蛋」。我們找七年級學生進行在校研究是因為我們發現，對師長失去信任是中學生遭遇的重大問題。尤其對非白人學生而言，不信任會妨礙學習，[24]大幅降低他們多年後進入四年制大學的可能性。當然，明智的批評對所有年紀都很重要，包括學業早已結束後的工作情境。但我們認為，中學應該是個脆弱點，[25]也因此是提升學生信任的機會之窗。

在與同事葉格、賈西亞和勃迪－葛林納威進行的研究中，一項針對中學生所做的研究成果分析證明了在這扇機會之窗實行明智的批評具有後續效應。[26]曾對學校成年人表達較低信任的黑人學生受惠最多，且長短期來看皆是如此。在學期末一項調查中，他們比對照組的同儕更信任老師。正因更信任，他們下一學年在學校惹的麻煩也比較少，違反校規的情事只有對照組同儕的一半。最驚人的是，五年後，根據官方入學紀錄，有七成曾獲得明智批評註記的黑人學生進入四年制大學就讀，對照組則只有四成。

如果連在形成期的一句話都能產生這般結果，教師的巨大影響可見一斑。回到雷・布萊伯利的比喻，適當時機的一次支援行動，就像推倒長長一列骨牌的第一支，且愈後面骨牌愈大。一句安慰、一次適時的拍背可能如浮光掠影，卻是意義深刻，甚至改變人生的經驗。當然，真實的明智批評若能持續進行，可望會有更深刻的影響。

以明智批評為主題的研究顯示，你不必犧牲學術標準就能保護歸屬感。明智批判會對學生說：「標準很高，但你可以超越。」老師不是本來就該告訴學生，他們相信學生有能力達到更高的標準嗎？我們合作過的老師都說他們沒有在給學生批評的同時做這件事。另外，研究顯示能給少數族群學生鞭辟入裡且具建設性的教師少之又少。[27]肯特・哈柏發現，白人教師常會粉飾批判，對少數族群學生提供過於正面的評論，部分是投鼠忌器，怕學生說他們有刻板印象。那不只是欺騙學生、隱瞞他們進步所需的資訊，也會導致學生的不信任，因為學生可能感覺自己並未獲得誠實的回饋，甚至將此視為教師不相信他們具有潛力的徵象。

不過也有老師確實實踐了明智的批評。我的黑人同事穆罕默德就分享了年輕時一個老師改變他的故事。他出自低收入家庭，拿到某私立高中的獎學金。但他告訴我，他原本一直得過且過，然後十年級時被分配給一個數學老師。那位老師是褐色皮膚的南亞裔，仔細了解了穆罕默德。幾天後，他叫穆罕默德放學後去辦公桌找他。「穆罕默德啊，」他說：「人們對你的期望比較低；他們覺得你過得去就好。」然後他簡單地補充：「可是我知道你有能力做到更多。」這一句話，穆罕默德說，永遠改變了他。我問他為什麼，他說：「我覺得被看見了。我完整的自我被看見了。」

顯然，有些老師神奇地將明智批評的訊息傳遞給學生。不過研究顯示有更多老師還可以學習怎麼做。短短一句話就可能對黑人孩子的命運造成巨大的差異，顯見他們平常可能連一絲該得到的認可都鮮少得到。

為什麼少數族群的學生在校比較不容易得到認可呢？我們的研究顯示，這通常不是老師或學生單方面的錯，而要歸咎於兩人之間一種有毒的動力，[28]就像跳一支舞的雙方無法同步動作，而對彼此的挫折感愈來愈重。我們在教師與黑人學生，特別是男孩的互動中鑑定出這種動能。很多非白人學生在進入中學時積極進取、信任老師。但隨後他們不符比例原則地被叫進辦公室或放學留校——且行為多半沒有確切違規，暗示老師常不自覺地抱持成見。這可能在任何族群的教師身上發生，雖然美國黑人學生的老師大多是白人。如此一來，黑人學生便失去對教師的信任，對學校的歸屬感亦隨之流失，使他們變得更叛逆，更暴躁易怒。而隨著他們的行為和表現愈趨惡化，教師就愈覺得他們愛惹麻煩。教師忍無可忍，動輒訴諸懲戒，例如叫去辦公室、放學留校、勒令停學，希望把孩子拉回正軌。但那些行動往往使問題源頭更趨惡化——男孩對於自己是否屬於學校感到懷疑。對教師來說，要屈服於心智的易感、妄下評斷，太容易了。基本歸因謬誤在此釀成傷害。刻板印象也準備好隨時被取下文化的書架，拿來理解孩子。

好消息是，既然問題存在於教師和學生之間的回饋迴路，一點點適時的小干預，久而久之就可能形成巨大的差異。當學生在適當的時機確定自己獲得尊重，確定老師相信他們的潛力，新的成功動能便生成了。

為幫助老師培養辨識這種動力及為其修正的能力，前史丹佛大學研究生傑森．歐科諾富雅試驗了一種提高教師意識的方法。[29] 歐科諾富雅的父母分別是奈及利亞人和美國南方黑人，而他這麼回想自己在田納西孟斐斯成長的日子：「我有歧視受害者的切身經驗，甚至好擔心自己會成為美國黑人的惡例。」他看著哥哥們在學校惹上麻煩，跟學校愈來愈疏離。他覺得，這大半是教師對於黑人在學校的經驗缺乏了解所致。

現為加州大學柏克萊分校教授，歐科諾富雅曾主導一項研究，揭露一種讓教師睜開眼睛、看清情境在學生的生活具有何等力量，又不至於讓教師築起防衛的方法。在為時七十分鐘、分成兩階段的線上訓練課程中，他將同理心的美德和技能與一群中學教師本身的價值觀連結起來。他們讀到，**有些**老師並未察覺讓所有學生覺得自己屬於這間學校有多重要，有些老師並不了解孩子在校素行不良是因為他們覺得自己不屬於那裡。但**如他們所知**，傑森的課程繼續說，教師可以也確實擁有相當大的力量，能透過與學生建立穩固的關係、試著從學生的角度了解學校，來提高學生的歸屬感。他舉了幾個學生訴說的親身經歷來闡述這些論點。例如：

> 中學時，我不覺得自己屬於那裡。在我看來老師老是關照其他學生。所以我上課不專心，有時還會惹麻煩。有一天我放學被留下來，而我的老師不是光坐在那兒，而是跟我聊聊到底發生什麼事。他真的有聽我講話。然後他告訴我他中學也惹過麻煩，但事情會好轉的。知道學校裡有我可以信任的對象真好。

這種觀點採擇有助於老師體會，學生行為不當常是因為歸屬感受到威脅，以及支持學生的歸屬感有多重要——**尤其**是他們行為不當的時候。目標在於遏止基本歸因謬誤，引導老師採取關愛而非懲罰的紀律觀念。

當我和歐科諾富雅討論這項研究時，我說他的做法是為教師示範如何同理。可是他說他不是這樣看。他只是讓老師重新連上他們本來就有的信念和價值觀，幫助他們看出在日常課堂實踐的機會。「老師感到沮喪」，他與我分享，因為他們覺得自己是「壞人」或「不得不維持學生秩序，但那並非他們分內之事」。他說他想傳達給他們的訊息是：「你們是身在前線的教師。你們扮演沒有其他人能扮演的關鍵角色：塑造這些孩子的人生。」

接下來他請老師寫下本身對於支持學生的看法，以及處理師生衝突的經驗。他的敘述讓我聯想到第一章介紹過的情境營造原則。在歐科諾富雅解釋這項活動的時候，教師是被「視為正向改變他人的專家和媒介看待，不是接受矯正的對象」。這種做法的關鍵是告知老師，他們所寫的內容也會傳給其他老師看，協助其他老師了解這些議題的重要性。想知道老師們寫些什麼嗎？以下是其中一位老師的回應：

> 我**從不**記恨。我一直提醒自己，我的學生都是別人的兒子或女兒，愛他們勝於世上一切。他們是人家生命裡的光！

也有很多老師寫自己的親身經歷：

> 我記得小時候很擔心學校老師會怎麼對待我。但我永遠記得麥克布萊德老師，她給我

尊重和信任。她親身示範，老師可以一手改變學生對學校的感受。現在我將尊重學生列為要務，而我發現他們會回敬我更多的尊重。

這項研究的成果相當戲劇性。官方學校紀錄顯示，到那一學年結束，相較於對照組的教師（線上課程聚焦在科技輔助學習的方式），參與過這項短暫訓練的老師提交的學生停學案件足足少了一半。

或許有人會懷疑，是那些老師放過該勒令停學的學生吧？並非如此。研究人員也檢視了未參與干預的教師所提交的停學案，結果發現人數也大幅縮減。這樣看來，改善師生關係的教師不僅讓自己的工作更輕鬆，也讓其他老師的工作更輕鬆了。這次訓練提升的成果擴及所有族群、不分性別的學生。更重要的是，對於曾有停學歷史的學生，成效更是顯著。這樣的學生若是在未參與訓練的老師班上，再度停學的比例有五一％，但在受過訓練的老師班上，數字銳減至二九％。實施干預後，這些學生和老師的關係也改善了，學生表示自己感覺更受尊重。

見到這種戲劇性的成果，數個學區都實行了歐科諾富雅的教師訓練方案。有鑑於停學對學生和其家庭會造成毀滅性的衝擊，[30]歐科諾富雅的干預讓人對於改善許多孩子及其照顧者的人生充滿希望。要是干預提供給全國兩萬名高中老師，每名老師平均一年教五十個學生，那麼估計就可能有百萬名學生受惠，少五萬兩千名學生被勒令停學。

讓我們停下來想想歐科諾富雅的明智干預做了什麼事。某種意義上，他的干預目標是讓老師更明智。那鼓勵老師從更多面向看待他的學生，帶領老師脫離動輒把不良行為和劣根性畫上等號的傾向——那是基本歸因謬誤的反射性評斷。這種干預的力量主要來自它鼓勵老師換個角度看待學生，尤其是學生行為惡劣的時候。這幫助他們從學生的觀點了解學生的處境，進而了解，原來老師擁有那麼大的能耐，可以把學生的處境塑造得更好。

這種干預的衝擊也來自它給老師的尊重，在維護老師歸屬感的同時，協助他們修正路線，是授予他們權力，不是給他們指令。歐科諾富雅明白，要以同理心解讀學生，需要肯定、開放的心靈，[31]而非封閉、防衛的心胸。我們覺得「忍無可忍」的剎那，就是最容易做出倉促評斷的時候。而這就是為什麼肯定、支持性的學校環境不只對學生好，也對老師有益。

探討教育歸屬感的篇章，若不處理青少年面臨的特別挑戰，就稱不上完整。許多給爸媽和教育工作者關於孩童發展的建議，都特別著重在最早的階段，尤其是一到三歲。這階段有時被描繪成「不成則敗」時期，對孩子有一輩子的影響。針對那個生命階段已進行過諸多重要的研究，[32]產生諸多寶貴的見解。不過了解這點也很重要：艱難的人生早期經驗，可以靠日後的正向經驗扭轉。反觀在最支持的家庭長大的孩子，也可能在學校複雜的環境裡遭遇深刻的挑戰。我們一生脆弱的節骨眼很多，機會之窗也很多，[33]而一點點支持就可能受用無窮。

孩子會在十一、二歲左右開始經歷改變的混亂，[34]不只是生理的變化，還有社會及心理的變化。生理的變化大家都很清楚。孩子照片中的差異總讓我驚奇——十一歲中學入學時拍的照片，和十三、四歲中學畢業時拍的照片，看起來可能是完全不同的兩個人。較難理解的是孩子面臨的社交情境——很多是我們看不見的——以及累積的心理效應。身為成年人，我們可能再也無法體會青少年面臨多強烈的社交壓力，以及社群媒體怎麼讓問題雪上加霜。青少年出現焦慮、憂鬱等心理健康問題的比例在過去幾年大幅攀升，COVID-19 疫情更使趨勢加劇。青少年自殺的人數自二〇〇六年起持續增加，到二〇二〇年六月疫情巔峰之際，表示自己曾在過去一個月認真考慮自殺的青少年人數，已增至去年同期的五倍。就算沒有出現這樣的熊熊烈火，很多青少年也因這幾年的日常挑戰，正在應付珍貴心理資源緩慢燃燒的耗損。孩子在校的歸屬感、對學校成年人的信任感、他們的自尊，以及追求學業成績的動力，常在青少年時期衰退。不顧後果、衝動魯莽的行為則愈來愈多。

我們可以做些什麼來支持孩子度過轉型期呢？我們可用數種方法提升他們的歸屬感。一項研究以具全國代表性的一萬兩千名青少年為樣本，結果發現對於每一種青少年風險行為和困擾——包括情緒困擾、藥物濫用、暴力和自殺傾向，最強大的兩個保護因子都是：[35]他們在學校有多強烈的歸屬感，以及他們在家裡有多強烈的歸屬感。「歸屬感效應」凌駕了學業成績、自尊、宗教虔誠、留級、父母缺離、家庭擁槍等影響。上述許多風險因子因「肉眼可見」而吸引我們關注，但連結的重要性卻因難以「看見」，往往躲過我們的目光。

偏偏有太多中學和高中營造了會威脅學生歸屬感的情境——不是故意，而是因為錯將焦點擺在孩子的性格，而非他們的環境。儘管大眾已十分關注同儕的角色，例如研究霸凌，但許多問題其實是校長、教師和其他職員所制定、執行的實務和政策所引發。我最喜歡的一篇教育論文，標題即囊括了這個洞見：〈我們對早期階段的青少年做了什麼？〉（What Are We Doing to Early Adolescents?）作者艾寇斯和同事主張，學校很多運作方式都莫名與青少年對歸屬和連結的渴望背道而馳。

我拜訪過許多中學，知道很多學校都很出色，但就連一些最優秀的學校也有一些實務像極了高夫曼在精神療養院觀察到的羞辱儀式。學校通常不鼓勵同儕交際，不只課堂上如此，下課時在走廊也是如此。守時被視為基本美德，整天透過鐘聲規律執行——借自工廠的儀式。校方做紀律決策時通常不會假定青少年無辜，[36]還會施予嚴厲的懲戒，例如勒令停學，而研究顯示這弊大於利。學生有時會被冤枉，而且往往沒有機會洗刷冤屈。這自然會侵蝕學生在學校的歸屬感，以及對成年人的信任。

另一個問題是師生關係一般不再像小學時那麼密切。在多數中學和高中，學生一天輪流上不同課程，而各科的授課老師都不一樣，這會使師生之間更難建立信賴關係。

學生之間的零和競爭也會對歸屬感構成威脅。學校以優良學生名單將稀少的「榮譽」資源人為分配給少數菁英。很多老師相信不論學生表現如何優異，他們只能給那麼多A、那麼多B。如穆扎弗．謝里夫在數十年前證明，這樣的做法會助長分歧。[37]競爭也支配著運動，各種隊伍的名額有限；就連課外社團的會員也競爭激烈。另外，來自較不富裕人家的孩子可能做不到「付費入場」的條件而無法加入團隊運動或課外活動，偏偏這些正是讓這類學生獲得成就感，並且和學校成年人建立支持性連結的良機。研究已令人信服地證明團隊運動和課外活動對所有年輕人具有強大的正面影響，[38]尤其是備受困擾的年輕人。要提升青少年的教育與康樂，降低這類活動的門檻是學校明顯該採取的步驟。

我們還能做些什麼來支持青少年呢？我們知道一種做法沒有效：加以訓斥，要他們循規蹈矩。事實上，一項研究顯示當青少年躺在功能性磁共振造影（ＭＲＩ）機器上聽母親批評他們的聲音片段時，他們大腦中與負面情緒有關的區域變得活躍，與同理心和觀點採擇有關的部位則沉寂下來。[39]彷彿青少年正讓自己從批評抽離。庫爾特・勒溫若地下有知，可能會警告我們這種鐵腕策略的危險。

有哪些替代方案？其一是跟青少年說話，不要對他們說教。迎合他們的喜好來建立連結，證明你珍視他們覺得重要的事情。一項明智干預出色地做到這件事，[40]目的在增進學生對科學和數學的興趣。這項由茱迪・哈拉基維茲（Judy Harackiewicz）和同事設計的干預訓練爸媽和高中年齡的孩子討論科學和數學的果實如何化為電玩、手機等形式充斥他們的生活。相較於對照組，這項干預增加了學生在高中最後兩年修習科學和數學課程的人數。

研究也顯示一種受勒溫啟發的方法成效良好：那在民主作風的成年人指導下，吸引青少年從事能賦予他們機會凸顯最好自我的活動。沒錯，提供青少年一些基本資訊、幫助他們做出好的決定；也透過鼓勵他們參與能實踐歸屬感和責任感的活動，例如志工團體，協助他們體驗歸屬感和負責任青年的身分。諸如此類的計畫比資訊宣傳更能預防青少年做出魯莽舉動，例如不安全的性行為。[41]

至於反霸凌方案，[42]多數方案無法奏效是因為只用道德勸說。但確實有成功的明智干預，例如鼓勵青少年視彼此為「未完工程」而非「完成品」的互動式活動。價值肯定的活動也可能有幫助；它們已證實能提升學業成績和改善管教行為，且不只是黑人和拉丁裔，所有不分種族、性別的青少年皆能獲益——只要活動及早在中學過渡期之初進行，且在後來面臨龐大壓力時繼續提供各種變體。價值肯定的活動也能維護學生彼此之間的關係——這是歸屬感的根源——讓他們繼續投入。在凱特・托瑞茨基（Kate Turetsky）的領導下，我的同事和我在吃重的分子與細胞生物學入門課（介紹被學生通稱為「除雜草」課程的主修）的開始與結束時畫出大學生的社交網絡。我們發現在開學時被鼓勵書寫核心價值觀的學生，在學期結束時交到較多朋友，而相較於未書寫核心價值觀的對照組，這些學生繼續修習生物科學進階課的人數多了一二%。

還有一種策略可協助青少年認識值得嚮往的行為：迎合他們的價值觀。世人賦予青少年的刻板印象就是自我中心，甚至過分執著於日常生活的戲劇性事件。但其實很多青少年對世界形勢深感興趣，[43]也想要盡一己之力幫助世界成為更好的地方。若能引導他們將這些價值觀和體現價值觀的行為連在一起，他們會更願意實踐那樣的行為。那正是伊莉莎白．帕勒克在動員學生「民團」對抗霸凌時所用的策略。

克里斯．布萊恩（Chris Bryan）和同事所做的一系列設計巧妙的研究，在提高青少年選擇的飲食品質上成效斐然。[44]他們的做法就是讓青少年將自己的價值觀連上健康的飲食行為。一群學生獲得有關營養和良好飲食習慣的標準資訊。另一組則得到一篇內幕報導，鉅細靡遺地揭露食品工業用了哪些欺騙和操控的手法來煽起人對脂肪、高糖食物的喜好，尤其鎖定孩童和窮人為目標。「他們僱用科學家找出大腦裡的盲點。然後發明食物騙使大腦渴望愈來愈多糖和脂肪，不管你餓不餓」，學生讀到這些。他們也讀到其他學生的證言，說明他們計畫「反擊」，「少買、少吃加工食品」，宣揚一種既吸引青少年的正義感，也迎合他們酷愛叛逆的新規範。之後，一場略作變化的干預堪稱神來一筆，促使孩子實踐一項「讓它成真」的活動：取來食品廣告，把它們變成「真的」。例如，一則麥當勞廣告把一個高聳的大麥克放在這麼一串文字後面：「你點沙拉時真心想要的東西。」一個學生加了幾個字，把這句話變成：「你點沙拉時真心想要的東西，就該是沙拉。」

相較於獲得健康飲食資訊的學生，明智干預組的孩子在隔天點心時間做了較健康的選擇；在接下來三個月的後續研究中，他們也較可能在午餐時買水果和牛奶，代替汽水和餅乾。

爸媽和教育工作者可從這裡汲取的重點是，你想透露的資訊，要連結上青少年深深在意的事情。同時也別低估他們有多想做好事、當好人。

套用葉格和華頓的說法，上述干預措施都不是「神奇子彈」，[45]一擊見效，而比較像火星觸發連鎖反應。再多肯定的言語也無法幫助不會讀寫的學生精通英語，或飢腸轆轆的孩子著眼於棘手的數學問題。支持、辨識、強化學生成長的經濟和人力資源必不可少。羅森塔和雅各森以這句俏皮話囊括了嵌在他們「教室比馬龍研究」裡的智慧：「期望愈高，得到愈多。」[46]我建議不妨改寫為：「期望愈高，**給予**愈多，得到愈多。」最好的教室像交響樂團一樣包含各種強化「你屬於這裡」的訊息，並營造這種現實的元素。

例如，在歐米德．佛圖希（Omid Fotuhi）和菲利浦．艾瑞特（Phillip Ehret）主導的研究中，我的研究室發現價值肯定的干預能提高低所得學生申請並獲得經濟援助上大學的比例，[47]但前提是除了給予肯定，我們也要在那一年數度在申請程序的適當時機用便條紙提醒他們採取下一步驟，就像踩著梯階往上爬。同樣地，經濟支援也可以活化價值肯定和其他明智干預的效應。一項綜合分析檢視了所有以學生為對象的價值肯定研究，結果證實這樣的干預措施在財務支援較佳的學校成效較好。教室規範和老師的身教也可以強化歸屬感的訊息，與明智干預相輔相成。名副其實的機會，以及願意掌握機會的心理狀態，是這首交響樂的重要音符。

我們也必須記得，明智干預之所以明智，是因為我們能夠鑑識我們試圖支持對象的心理經驗。要是沒有那種同理心，干預就無效了。一次，在我於矽谷一家公司發表談話後，一位經理跟我索取一份我們的明智批評註記，以便天天提供給所有員工。這就畫錯重點了。干預背後的關心和真誠才是要點。事實上，針對最優良教師的研究顯示，他們有一個共同點：對學生的潛力深具信心，也在和學生的日常相處展現那樣的信心。[48]

我們也要尊重學生的親身感受，試著「體會」。「問問題」沒有其他替代做法，問完問題，就要和學生或同事一起研擬適合情境的解決方案——有時得在幕後合作。「如果你感覺不自在，請告訴我」是指導原則。不管你自認知道多少，你通常都沒有自己想像中那麼了解對方的處境。讓我們看看兩個例子。[49]

根據史蒂芬斯（Nicole Stephens）、馬爾庫斯（Hazel Markus）及同僚的研究，多數美國大學的教職員傾向相信學生主要是受追求熱情、為前程鋪路的渴望驅動。然而，這些研究員也指出，許多低所得學生在被詢問時表示他們主要是受到維持家計和回饋社區的渴望所驅動。研究顯示，入學手冊和使命宣言若能更貼近低所得學生的動力，就能緩和他們的歸屬感不定、提升他們的表現。

還有一個觀點採擇的例子來自夏儂．布雷迪領銜的研究。她在調查多所大學的學務職員後發現，他們大多**希望**學生對校園有歸屬感。他們的職責之一是在學生表現欠佳時寄信給學生，而布雷迪在檢視這些信件的確切影響後發現：學生壓倒性的反應是羞愧。羞愧是歸屬感的剋星。根據臨床心理學家朱恩・譚格尼（June Tangney）的說法，那會讓人「無地自容，想找個洞鑽下去」，打消尋求必要幫助的念頭，也不想了解其實很多人有過類似經驗。夏儂與數個學生事務職員合作，設計了一封信，比較明智的信。那融入這本書介紹的許多策略，例如讓學生相信自己擁有達到高標準的能力，並引用學長姊的故事來傳達在學校遇上難題很正常，且可以克服。她的實驗發現，新的信件可以把重要訊息傳遞給學生，而不致減損他們的歸屬感。

所有特定的研究發現都匯聚成一個普遍的課題：避免用基本歸因謬誤妄加評斷。獲取學生的觀點是一種抗衡方式，另一種則是不要把焦點擺在評鑑學生，而是透過改善情境來讓他們發揮實力，或起碼協助他們安然度過。如果教育體系少花點資源辦理琳瑯滿目的能力測驗，多花點資源試著透過營造更好的情境來培養能力，我們的學校就會更有成效且公平得多。[50]

一次個人經驗讓我了解社會心理學的智慧有多重要，又有多難以捉摸。儘管出自好意，我們卻很容易落入基本歸因謬誤，無法詮釋他人的觀點和人生經驗。在我們感到疲倦、緊張、沒安全感時尤其容易如此。我曾在我指導過的一個學生身上犯過這種錯誤。

幾乎每一所大學的教職員每年都會花點時間討論研究生有哪些進展。這些對話雖然大多有正面意義和助益，但有時我們會講到某個學生進度緩慢，似乎需要加點什麼。但那個「什麼」十之八九朦朧不明，我們得在黑暗中跌跌撞撞地摸索答案。我懷疑這種對話的目的——評估學生進展——會致使我們把心思集中在人的評價而非情境上。我的例子是這樣的：我有個見解不凡的學生名叫迦勒（他同意讓我分享他的故事）。他做事富有靈感，但進度沒有我們期望的那麼快。我試著不要過度批判，但還是忍不住對他說了我希望他在進度緩慢時「多點衝勁」、「埋頭苦幹」之類的話。

剛進那所大學任教的我，花了一年時間才比較自在地改弦易轍。我逐漸明白，該放下心智的相機來看待迦勒。我其實早就知道他的家庭生活困苦，卻一直未能體察那可能是限制他的因素。我找他聊了聊。他來自貧窮的農村家庭，是家族裡第一個念研究所的人。他的雙親有一人連高中都沒畢業，所以當迦勒高中畢業時，全家歡欣鼓舞，因為他「辦到了」。他的兄弟姊妹各自陷入不同的金錢和家庭混亂。其中一個在一場家庭派對遭遇槍擊事件受了重傷，一個無家可歸得和迦勒同住，而迦勒試著幫他找工作、重振人生。家人持續需要他支援財務。他寄了錢，就算他也只領微薄的研究生津貼。我這才了解我指導的不只是迦勒，而是**處於他的情境中**的迦勒。

雖然我擔心我的同事會認為我在幫他找藉口，我還是決定跟他們說明迦勒的處境。也許他們會認為我是差勁的指導教授。但我話一出口，就連最頑固派的教授也開始腦力激盪，設想我們可以怎麼幫助我的學生，例如幫他申請額外的獎學金。我們群策群力，以我從來沒想像過的方式給予支援。迦勒振作起來，蓬勃發展。那一部分可歸功於我們給他的客觀支持，但我想也是因為我們的支持傳達了這個主觀訊息：「我們相信你。」現在我這位學生是成功的教授，也是著名的指導老師，桃李滿天下——包括其他來自弱勢背景的學生。迦勒的故事闡明了莉絲白．舒爾（Lisbeth Schorr）的金玉良言：[51]她在廣泛考察全國各地成功的學校和社會計畫後做出這個結論：「就它們願意給予反應、願意不辭辛勞堅持到底來看」，它們「比較像家庭而非官僚」。

社會心理學的課很容易教，但不容易理解，要實踐又更難了。我們可能得花上一輩子的時間才能去除有害的文化制約、認清認知偏誤。反覆的提醒是有幫助的。所幸，「教育」（educate）一詞就在提醒了。它源於拉丁文，原意為「取出」。一般觀念認為教育者是「注入」知識與資訊的人，但更好的比喻與之恰恰相反：教育者是看出、取出隱藏潛力的人。

第十章
職場上的歸屬感
對抗職場歧視、打造團隊精神

在著作《工作焦慮》（*Anxiety at Work*）中，企業文化專家艾德里安・高斯蒂克（Adrian Gostick）和切斯特・艾爾頓（Chester Elton）寫到一位大學剛畢業的年輕雇員雪柔，在一家投資銀行找到她心目中的夢想工作。[1]她有閃亮的學歷，包括近乎完美的大學GPA，工作所需的技術也用得得心應手。她也具有社交能力，很快就能交到朋友。但她卻在工作上感受到強烈的「歸屬感不定」，見到從聲譽更高的學校畢業、曾在大公司得到寶貴實習經驗的同事，便自慚形穢。她指出「每天早上，公司都會發出大宗email表揚別人的成就」，又更加深她的懷疑。「感覺就像譏諷。」她回憶道。沒多久，一到星期日晚上，恐懼就排山倒海而來，她好怕回辦公室。她和主管談到她的憂慮，主管只叫她不要擔心，使她的懷疑和壓力不減反增。然後有一天，她沒有進辦公室。一如近年來愈來愈多員工的情況，她「化為幽靈」，不告而別，再也沒有和她的主管和辦公室任何人聯繫。

雪柔的「歸屬感不定」案例或許看來極端，但研究顯示，人在職場感覺疏離的問題愈來愈普遍。職場議題權威蓋洛普所做的調查揭露，美國只有三分之一左右的員工「熱衷於他們的工作，有熱忱且投入」。[2]這比二〇〇〇年的二五%來得好，但還有許多進步空間。

能培養歸屬感的公司，員工敬業度和留任率皆較佳。就連小小的連結經驗也證實能產生大大的效益。賓州大學華頓商學院教授亞當·格蘭特（Adam Grant）證明，在多元如救生員和募款的職業中，相較於聽到工作如何增進技能的員工，當員工聽到同事訴說工作互助合作的故事，他們會交出更高的績效、打卡上班更多時數、工作得更勤奮。[3]

我和產業合作的經驗告訴我，雖然幾乎每一名經理人都會告訴你培養歸屬感有多重要，但他們很少真能察覺威脅歸屬感的事物，就算那些在他們的職場裡形塑著每一名員工的日常經驗。觀點採擇對他們有幫助。

有數個原因使歸屬感在職場面臨那麼多挑戰。最重要的原因是最明顯，但也最容易被忽略的一個。有太多工作不穩定、薪資不足以支應個人及家庭所需的事實名列榜首。[4]迪頓和凱斯寫道，穩定而工資合理的工作是「有尊嚴、有意義的」生活的基礎。如馬汀・桑德布（Martin Sandbu）在《歸屬感的經濟學》（*Economics of Belonging*）書中所述，過去二十年來美國之所以深陷歸屬感危機，部分原因可溯至政府和產業未能針對二十年來技術的革命性發展做出適切的反應——那摧毀了沒有大學文憑的美國人的機會。

每一天，職場情境裡都有多種特徵可能對歸屬感構成威脅。過去二十年在家工作者人數增加，加上自由接案工作攀升，已弱化同事的連結，讓許多員工倍感孤立。威權式的管理風格也是幫凶。有些經理人採用懲罰、強制的領導實務，讓員工覺得無力且未獲充分賞識；庫爾特・勒溫曾警告，那些會營造出分裂、仇恨的工作氣氛。研究顯示，我們每一個人，包括經理人，傾向於低估他人受到歸屬感驅使的程度，[5]認為別人不會因此為更大的使命做出貢獻。因此，太多主管太過仰賴有限的物質誘因工具組，例如獎金，不然就是靠威脅。要是經理人能克服這種盲點，就可能釋放職場裡更大的潛力，我們將在後文舉例。

在所有威脅歸屬感的因素之中，由來已久的歧視問題最強大也最迫切；所以，為振衰起敝，我將從這裡開始。

雖然長久以來，很多公司公開宣稱他們致力打造更多元的勞動力，他們努力的結果通常令人失望，[6]有些方案甚至適得其反，降低了多元性。如法蘭克・多賓（Frank Dobbin）和亞莉珊卓・卡列夫（Alexandra Kalev）在二〇一六年《哈佛商業評論》（*Harvard Business Review*）很多人讀過的封面故事〈為什麼多元方案會失敗〉（Why Diversity Programs Fail）裡報導，從一九八五到二〇一四年，在員工超過百人的美國公司裡，黑人居管理職務的比例僅從三％增加到三・三％。根據較近期的資料，到二〇二〇年時，數字仍只有三％。另一項常見的改善目標，即白人女性擔任管理角色的人數，增加得比較多，從一九八五年的二二％增至二〇〇〇年的二九％，二〇〇〇到二〇一四年停滯，至二〇二〇年再略升至三二％。少數族群仍面臨聘僱歧視，女性仍未達到同工同酬，且持續和性騷擾奮戰。多年前克勞德・史提爾記錄了一個常見的模式：一旦某個組織僱用了一名少數族裔員工，它未來就會僱用得更少，名副其實地安於現狀。

缺少多元性不只欠缺公平，也對公司不好。凱瑟琳・菲利浦（Katherine Phillips）綜合分析了大量證據，證實多元性基於數個原因可提升績效。[7]生活經驗類似的員工團隊通常有重疊的知識基礎和趨於一致的觀點，這可能使團隊成員所做決定的品質，不如由經驗知識範圍更廣的員工組成的團隊。比起多元團體，同質性較高的團體較不會質疑彼此的觀念和想法，反倒強化彼此觀點，而這可能導致在判斷時過度自信，無法考量替代選項，以及欠缺創新。工作團隊的多樣性有助於約束這樣的相似與傲慢，讓眾人注意產品服務還可以用哪些方式提高對更廣大顧客群的吸引力。

幾乎所有公司都能從打造更多元的勞動力獲益。但我們能否釋放多樣化的好處，取決於我們營造的情境，從招募過程、僱用經驗到日常管理皆是如此。如果我們營造了能為全體培養歸屬感的情境，多樣化的效益將會浮現。

不過有個問題：職場情境中有許多威脅歸屬感的因素，當權者常看不見。我在矽谷一家有意提升多元化的大公司擔任顧問時，深刻體認到這個問題。管理階層遭遇挫敗：黑人和拉丁裔應徵者來公司面試的表現不佳，雖然他們邀請進園區的求職者都有漂亮的文憑，不夠漂亮的不會受邀。我發現經理人並未考量這個事實：公司現任黑人和拉丁裔員工，幾乎全數從事低階工作，比如停車員。見到少數族裔只能擔任這樣的職務，可能對應試者發出信號：種族刻板印象會在這裡發揮作用，而研究顯示，這會平添刻板印象威脅、損害表現。[8]

對許多公司來說，如何吸引多元背景的應徵者是另一項挑戰。這個問題有個容易修正的源頭是徵人啟事的措辭，那可能在有意無意間，令特定族群倒胃口。一項研究發現像「我們是雄霸市場的工程公司，擁有許多頂尖客戶」這種在男性主導的職業司空見慣的職務描述，會使女性放棄應徵，不如「我們是一群工程師，跟許多感到滿意的客戶關係穩固」來得好。[9]因為像「雄霸」這樣的詞彙會令人聯想到男子氣概，這篇啟事會使女性懷疑自己適不適合這份工作，因此就不會表現出那麼濃厚的興趣。使用這種會微妙區分性別的語言所引發的效應固然是無心之過，但事實證明那可能十分強烈。

同樣地，根據勃迪－葛林納威和同事的研究，強調公司相信相似的員工具有凝聚力，並聲稱「你的種族、族群、性別、宗教，在踏進門的那一刻就不再重要」的職務敘述，並無法可靠地提升少數族裔應徵者的信賴感和歸屬感，[10]不如凸顯公司致力落實多元化、相信員工的差異是力量泉源的聲明。事實上，堅稱機構致力落實多元化的聲明，已證實能提升少數族群的表現。

一旦女性、少數族群和其他代表不足的團體進入面試階段，他們就受制於評價方式的偏見——就算已有無數研究揭露問題，仍穩如泰山的偏見。想要培養多樣性的公司可以承認並處理這些偏見，這實屬不易，因為偏見通常是在潛意識運作。不過，如我們將在後文看到的，公司可自由運用一些明智干預來達成任務。

一個受偏見影響的惡例是：白人面試官在面試少數族群應徵者時，有時會表現出不自在的跡象，[11]這可能對應試者的表現有不利影響。伍德（Carol Wood）、贊納（Mark Zanna）和庫柏（Joel Cooper）在一九七四年進行了開創性的研究，而他們的發現得到後續研究支持。三人在研究白人主考官面對白人與黑人應試者的言行舉止後發現，主考官在面試黑人時犯的言語錯誤較多，似乎也較難以掌握自己的思路，常尷尬地重複一樣的話。在黑人應徵者面前，白人主考官也比較常說「呃」，語帶遲疑，常句子講到一半停住。更驚人的是，他們坐得離黑人應試者比較遠，面試時間也會縮短幾分鐘。這些差異相當細微，若非仔細量化評估難以察覺。

然後研究人員訓練一群新的面試官，以這種不自在的方式和一群白人求職者互動，看看這種風格會不會對他們產生不良影響（對照組是以正常方式面試的白人求職者）。應徵者被錄影（主考官在鏡頭外），而他們的表現送交獨立評審裁決。相較於以正常方式面試的應徵者，那群像黑人一般進行面試的白人應徵者被獨立評審判定較不適合那份工作。我們不知道為什麼，但很可能是白人應徵者在這些互動中覺得較不自在。不安是會傳染的。研究人員做成結論：「若假設黑人表現的『問題』不完全是在黑人身上，而是在互動環境本身」，我們或許能找出更好的方法來估量員工的潛力。

研究也揭露了企業評估男性和女性的方式蘊含什麼樣的偏見。[12]丹娜・坎澤（**Dana Kanze**）和同事研究了創業投資家如何面試籌募資金的企業家。研究人員發現他們問男性和女性企業家的問題類型不盡相同。對女性企業家提出的問題聚焦在事業可能會遇上哪些難題，問男性的問題則著眼於事業有哪些**正面**的潛力。

創業投資家似乎也以不同面向評估男性和女性企業家的能力和性格。例如在一項研究中，一般男性企業家被描述具有「年輕有希望」、「具侵略性，但確實是出色的企業家」、「謹慎、理性、頭腦清楚」等特色；相反地，一般女性企業家，如果年紀輕，就會被描述為「欠缺經驗」、「熱情有餘但優柔寡斷」、「太過謹慎、缺乏膽識」。這樣的評價或許可部分解釋男性和女性獲得創業資本的差異。二〇一九年由哥倫比亞大學商學院和倫敦政治經濟學院聯合進行的研究發現，女性企業家不會獲得資金的機率比男性高出六三％。

雇主挑選雇員的標準也可能造成排斥。世人對於哪些特質是成功要素的觀念，有些可能帶歧視意味。例如相信熱情是成就首要驅動力這點，就是十足的西方動力觀念。[13]在我的學生李星宇（Xingyu Li，音譯）和文化心理學者馬爾庫斯主導的研究中，我們分析了一項針對五十九個社會具代表性的一百多萬名學生所做的研究資料，結果發現學生對某領域表現的熱情與他們在該領域成就的關聯性，在東方社會（較互助互賴）出身的學生身上比西方社會（較獨立自主）的學生來得薄弱。執意尋找「熱情」的跡象可能會使學校和雇主忽視許多學生和求職者的潛力，尤其如果他們是出自世界各地許多較重視互助互賴勝過獨立自主的文化。

偏見會透過另一種方式顯現在僱用決策中，羅倫．李維拉（Lauren Rivera）的研究就揭露這點。她研究了全美大公司的僱用過程，[14]發現公司常以應試者「不適合」他們的組織為由來解釋自己為什麼排除身分或地位不同於關鍵決策者的求職者，特別是出自低收入背景、少數族群和女性應試者。這種不適合的感覺從何而來？通常是來自面談。主考官可能會問：「你在工作之餘從事哪些休閒活動？」如果答案是高爾夫而非保齡球，受訪者比較可能被正面看待。不過偏見也可能遠比這隱伏得多。研究發現多數人一般會認為，不分種族、性別、階級，跟我們有相同特質的人，比較可能成功。我們會以能提高我們自尊的方式來定義工作、學業或生活成功所需的「要件」，基本上會想：「如果我有做這件事，那就是成功的徵兆。」如果我打高爾夫、看美式足球、讀《紐約客》（*New Yorker*），我會把這些活動詮釋成屬於「可能成功」那一類的檔案介紹。面試會為這樣的偏見提供豐富的糧草，會給我們太多餘地尋找自己的迷你翻版，不會帶來多元性的員工。

我們甚至可能為了偏袒特定族群的人，而無意間改變自己對做好某項工作所需特質的認識。烏爾曼和我進行的研究揭露人會改變自己對於警長工作所需經驗和個人特質等標準，[15]來為自己屬意男性候選人甚於女性開脫。我們請一組參與者評估一位男性候選人，他被描述成擁有許多會被人憑刻板印象與「讀書人」連在一起的特質。他有大學學歷、行政技能、警察人脈，但沒什麼街頭經驗。此外他和媒體溝通無礙，有妻子和小孩。另一組參與者則看到男性候選人擁有許多會被人憑刻板印象與「實務派」連在一起的特質。他的學歷沒有比較高，但個性頑強、曾在棘手的地區服務過。他也敢於冒險、體格好，一個人住。在這兩個例子，參與者都評定男性候選人擁有的特質，比他沒有的特質，對警長的工作更重要。換句話說，他們翻新了自己對該職務標準的評估，以順應那位男性候選人的資格條件。在男性候選人有家室的那一組，就連「有孩子」也被評為對工作比沒孩子重要。反觀在評估女性候選人時，參與者就不會依照她據說擁有的特質來改變自己對警長條件的看法。我們的結論是：參與者本來就抱有男性比較適合警長工作的偏見，於是他們的心智會設法為聘用那位男性找理由。因為想要聘用那位男性，又想聲明自己是依照候選人的優點做決定，只好改變優點的標準。

這樣的偏見似乎是在不自覺的情況下運作。為偏袒男性求職者改變最多標準的人——暗示偏見較嚴重——在研究結束時卻自評為最客觀的人。他們認為自己為那個職務挑選了合適的人，但事實上他們是為那個人挑選了合適的標準。於是我們再一次見到要實踐理查・費曼這句格言多難：「第一要務是你不可以欺騙自己——而你是最好騙的人。」

儘管僱用方面的偏見最常對女性和少數族群不利，但其實可能排除任何被視為外人的人，包括某些職業的男性。一項研究顯示，認定女性較適合某種工作的偏見，例如「女性研究」教授，會透過同樣的翻新標準過程不利男性求職者。這樣的偏見不僅會造成歧視，還可能使歸屬感不定變本加厲，因為求職者會感覺自己被以偏頗的眼光看待。

公司可以做些什麼來處理這些難以捉摸的歧視源頭呢？

一個策略是建立明確的僱用標準，嚴格遵守。烏爾曼和我設計了一套簡單的明智干預來實行這個程序。我們請一些評鑑人員在審核求職者資格之前，先承諾遵循對警長工作重要的候選標準。相較於對照組給男性候選人的評價仍高於條件類似的女性候選人，接受干預的評鑑人員給男女候選人是否合格的評價就相當一致。部分拜這項研究之賜，這種「承諾遵循標準」的做法被全美各地的公司採納為僱用政策。類似的實務也可以用於面試：事先決定要問所有應試者的問題。

還有其他營造情境的方法可以促進職場上的公平。我們在本書前文看過，請決策者監控並解釋升遷和加薪方面的種族和性別失衡，能大幅縮減差距。還有一種干預可協助公司對抗偏見：盡可能不要讓決策者知道求職者的種族、性別，以及是否為其他背負刻板印象之社會群體的一分子。[16]

僱用過程裡還有一個環節可能導致歧視的結果：使用職業測驗，這可能會觸發刻板印象威脅。兩種可能有助於平息這種威脅的明智干預是自我肯定和社會歸屬感干預法。一項研究發現，對警察工作的求職者來說，在職業測驗之前先進行價值肯定練習，能提高少數族群應試者的過關率。[17]

自我肯定也可以幫助面試官和決策者擺脫有害的偏誤。研究顯示，我們對他人的評價常訴說我們自己的心理需求，多過他人的優點。[18]處理那些需求可以造就更公正的評價。例如一項由史提夫‧費恩（Steve Fein）和史提夫‧史賓塞所做的研究證實，價值肯定活動可讓非猶太人不再動輒依「猶太美國公主」這個流行的反猶太刻板印象來評斷女性猶太裔求職者。同樣地，研究顯示肯定自我的經驗，例如因工作幹得不錯而得到正面回饋，可讓人不再動輒以自以為是的方式狹隘地定義何謂成功。

這些營造情境的例子雖然無法完全根除刻板印象，但或許能防止刻板印象影響僱用決策。

這些干預皆非保證萬無一失。如我在這本書一再強調的，明智干預的衝擊力取決於特定情境的其他作用力，而其中許多我們可能並未察覺。這表示在營造情境時，我們必須在實施任何變革前後隨時監控成果，來評估我們是否更接近目標。差距縮小了嗎？新的晉升程序是否以相同比例提拔合格的男性和女性？借用勒溫的比喻，如果我們不監控邁向具體目標的過程，我們就像沒有羅盤的船長，在汪洋中漂流，不時猛力操舵，卻始終原地打轉。[19]

研究顯示在公司以聘用更多女性為目標實行嚴謹方案五年後，白人、黑人、西班牙裔和亞裔女性擔任管理職務的人數平均成長一〇%左右，[20]這不禁使我們燃起希望：事情是會好轉的。提升多元性也可望帶來進步；對於長久以來被排斥的族群來說，若有榜樣存在，就可以降低他們的刻板印象威脅和歸屬感不定。[21]

話說回來，創造更多樣化的勞動力，只是非做不可的步驟之一。我們也必須在公司裡營造情境，為初來乍到、出自各種背景的員工培養歸屬感。羅賓・艾利（Robin Ely）和大衛・湯瑪斯（David Thomas）這兩位多樣性研究的先驅寫道，有太多公司只是「添加多樣性，然後胡攪一番」。[22]他們未能解決職場裡會減損歸屬感的特徵。其實公司有許多方法可以透過言語和行動來培養員工的歸屬感。其中之一是強有力地聲明並實踐促進包容的政策。

出於怠惰，很多人對於促進族群和性別平等政策的價值表示懷疑。但證實這種政策有正面效應的研究，深深鼓舞了我。二〇一九年，由威廉・霍爾（William Hall）和東尼・施梅德（Toni Schmader）主導的縝密研究，評估了工程領域實行性別包容政策的效應。[23]這些政策包括動用資源解決工作家庭失衡（如育兒）、處理騷擾的政策、兩性均等的教育及訓練機會，以及維護多元價值的招聘廣告和使命宣言。結果，相較於未實行的公司，女性在實行這類政策的公司感受到較低的刻板印象威脅，也表示和男同事有較正面的互動。基本上，那裡的女性覺得較被接納。

社會心理學家瑪莉・墨菲和伊莉莎白・康寧以她們的研究為基礎，提出另一條培育歸屬感的途徑：提升工作文化的「成長心態」。[24]成長文化之中的規範著眼於**進步**而非**證明**。墨菲調查了數家「財星一千大」公司的員工，發現任職公司相信「能力並非一成不變，而是可以培養和擴充」的女性員工，比較不擔心負面的刻板印象。的確，在這樣的成長文化中，男性和女性員工都會更信任公司、覺得更投入、更強烈支持創新、創造力、合作、合乎道德的行為，以及承擔風險。引用新聞報導，墨菲列出全錄公司（Xerox Corporation）在前任執行長安妮・慕凱（Anne Mulcahy）領導下的正面範例。「在公開聲明中，高階主管驕傲地敘述他們執行長三十五年來的成長與學習——從業務代表爬升到組織領導人」，而其重點不在「證明一個人或一個部門有多聰明」，而在於「投入各種經驗，與發展更多方面的才華」。

另一個營造歸屬感氛圍的方式，是將自我肯定的價值織入公司的使命。[25]這可以讓眾人為共同目標一起努力。關於這種實務，我見過最好的描述來自史蒂芬・柯維（Stephen R. Covey）的經典之作：《與成功有約：高效能人士的七個習慣》（*The 7 Habits of Highly*

Effective People）。造訪一間飯店時，柯維對它在每一環節、每個想像得到的層面無懈可擊的服務感到驚訝。那實踐了那家連鎖飯店的座右銘：「絕不妥協的個人化服務。」柯維問經理人他們是如何達成如此出色的標準。經理人解釋，那家飯店提出了自己的使命宣言，那固然與連鎖集團的使命一致，亦切合「我們的情境，因時因地制宜」。柯維問宣言是誰想出來的。經理人回答：「大家一起。」房務員、服務員、櫃檯人員全都有所貢獻，而這句使命宣言的價值觀已注入員工的每一個決定和每一次互動。呼應庫爾特・勒溫領導人的民主精神，柯維指出將員工和員工本身的價值觀納入公司的使命是基本要務。「記下來、打星號、圈起來、畫底線，」他寫道：「**沒有參與，就沒有認同**。」我們尚須進行更多研究來闡明這類政策對公司的影響，不過這是一個有希望的徵兆：以共同價值觀將員工凝聚起來的政策，會對公司文化造成正面衝擊。

「走民主途徑發展飯店的座右銘」很可能就是成功的關鍵。當理想上所有層級的員工都有機會對如何解決問題表達意見，有機會感覺自己是團隊受尊重、受珍視的一分子，對公司的歸屬感就會油然而生。而要讓員工覺得被尊重、被視為公司運作所不可或缺，一個辦法是告訴他們公司正在處理的要務，並請他們一起發展成功的策略，就像勒溫在睡衣廠的研究裡所做的。Netflix 也實行類似的做法，[26]如該公司長期人才長珮蒂·麥寇德（Patty McCord）在著作《給力》（*Powerful*）所述。該公司定期為所有新員工召開會議，讓各部門主管就每一個人參與公司事業的部分進行詳盡的報告，並鼓勵員工提出問題。公司的策略性挑戰和計畫也會徹底描述。這麼做的目的是讓所有員工明白自己可以為公司的使命貢獻什麼，同時傳達：他們每一個人都被視為對公司的成功至關重要。

呼應勒溫的說法，民主式的員工共融不是放任。領導人應設定目標，而這適用於所有管理階層，從執行長到小團隊的組長都是如此。審閱過大量研究，頂尖組織研究員理查·哈克曼（J. Richard Hackman）發現，在工業和幾乎所有領域，團隊很少交出應有的表現。[27]事實上，他們的表現常遠低於依個別團員的能力和經驗所做的預期，這是為什麼呢？因為多數團隊的組織和管理方式，無法讓個別成員做出最理想的貢獻，也無法確保所有成員的投入能進行有建設性的整合。哈克曼強調務須讓領導統御與員工自主取得適當的平衡，主張經理人應針對「**方向**、團隊追求的最終狀態」行使權威，而「要運用哪些**手段**完成那些目標」的自主權，「應明確交給團隊本身」。當然，領導人可以設定的關鍵指令之一，就是營造公正、包容的工作環境。

領導人也可以透過「微規範」（micro-norming）來設定團隊的方向，也就是投入看似微小的行為來建立強大的規範。例如亞當・格蘭特強調領導人應把團隊或公司成功的願景連上一套言行合一的核心價值觀，這有助於員工把他們的工作視為有意義和肯定自我的事情。[28] 在一項實驗中，他請一位軟體公司的經理對新聘銷售人員發表簡短的激勵談話。經理明確有力陳述公司的願景，以及員工的工作如何與那息息相關，並表達他相信他們有能力實現大家共同的夢想。格蘭特和該公司精心設計的一次體驗，更增強這番話的力道：請來一位銷售人員付出努力的直接受惠者：一位不同部門的員工，他提供個人證詞，說明銷售部門是如何創造了工作、籌得了薪資。這項把新員工和他們的工作連結起來，也把員工彼此連結起來的干預，在往後七星期提振了銷售和營收。接受干預的工作者比未獲得干預的對照組多創造了兩百多筆銷售。

還有一個為員工培養歸屬感的方法是籌組團隊、鼓勵團隊一起解決問題。這賦予團隊所有成員經常表達看法和貢獻才能的機會。但這些團隊的領導者要建立規範讓同事相互尊重、在討論時給予每一個人空間，並仔細聆聽彼此的意見。我們在前文見到地位較高的學生可帶頭建立校內的反霸凌規範，同樣地，團隊裡地位最高的經理人也能確立強有力的規範。一大關鍵目標是提升領導力學者艾美・艾德蒙森（Amy Edmondson）所說的心理安全，[29]她形容這是「相信環境對人際上的冒險安全無虞。人們能在必要時暢所欲言，說出關係重大的構想、問題或憂慮，不會被無端打斷。當同事互相信任、彼此尊重且感覺自己能夠甚至一定得直言不諱，就是有心理安全存在」。不論個別成員有多聰明伶俐、多才華洋溢，倘若團隊氣氛並未營造讓人暢所欲言的心理安全，他們就可能不會全心做出有價值的投入。Google一位經理人告訴我：「要是你沒有建立心理安全，就差不多等於錯失團隊每個人的潛力了。」

不相信培養歸屬感有多重要的經理人，我們或許可以拿那對團隊績效的影響來說服他。[30]Google所進行一項眾所周知、名為「亞里斯多德計畫」（Project Aristotle）的研究，判定心理安全是它所有最高績效團隊共有的關鍵特徵。學術研究也揭露，要是員工沒有得到尊重，績效就會一落千丈。在二〇一八年一項研究中，以色列的二十四支醫療團隊（每一支都由一名醫師和兩名護理師組成）得悉一個寶寶患病，必須在一小時內做出診斷。他們被告知有位頂尖醫學專家會透過網路攝影機觀察他們，之後實驗人員會致電專家，而團隊會聽到他們的通話內容。事實上，實驗人員播放的是事先錄好的訊息，而有一些團隊會聽到專家說他「對以色列的醫學品質印象不怎麼樣」，要是他們在他手下工作，恐怕「連一個星期也撐不了」。聽到這種貶低言論的團隊在診斷和醫療程序上的表現都比聽到中性評論的團隊來得差。為什麼呢？研究人員證實粗魯的評論會使工作者心生防衛，分散他們對手邊工作的注意力，讓他們不願分享資訊或求助。另外，後續研究發現粗暴的言論會像病毒一樣擴散，感染其他工作者的內心，使他們更可能覺得他人抱持敵意，並回敬敵意。

問問題，即觀點採擇的基礎，也可以培養員工的歸屬感，不論是在合作解決問題的會議中，或經理人和員工之間的一對一交談。我們在前文見到，問人關於他們自己及價值觀的問題，可以建立默契。那傳達了他們被視為完整的人，而非一部工作機器裡的小齒輪。喬福瑞・桑契斯・柏克斯（Jeffrey Sanchez-Burks）和同事進行的研究發現，來自拉丁文化的員工特別容易被肯定人際關係的職場經驗打動，[31]例如問問他們週末過得怎麼樣、家人好不好、看了哪些電影，和其他社交生活層面的問題。不過幾乎所有員工都能從職場的人際連結獲益。

我和同事賈岳（Yue Jia，音譯）所做的兩項田野實驗，都證實了詢問自我肯定的問題有顯著功效。[32]兩家公司的員工（一家是貨運服務，另一家是計程車服務）被隨機分派回答兩個問題：他們最重要的價值觀，以及那種價值觀為什麼重要——這是標準的價值肯定提示，而他們要把答案寫下來。我們推測這個活動能助他們抵擋受僱的壓力、記得他們的工作是與本身價值觀相契合。相較於撰寫較不重要價值觀的對照組，這些員工在往後兩個月的績效較佳。好處在研究之初曾表達自己累壞了的員工身上格外明顯。在阿爾加萬・薩勒斯（Arghavan Salles）主導的研究中，同樣的價值肯定活動提升了女性外科住院醫師的績效（依其臨床督導給她們的正式評價衡量）。

在團體會議中，問問題也有助於確保人人有機會參與，以及人人的觀點都被聽見。「好的領導力就是問出好的問題」，曾在矽谷企業擔任高階主管及顧問四十年的約翰・海格（John Hagel）這麼說。他論及，太多領導人想當然地認為「大膽斷言……能為他們的能力增添信心」。[33]但他指出，遠比那更有效的是「具啟發性、讓對方明白他們沒有答案的問題」。當然，有些員工比較沉默寡言，因此經理人可以實踐的另一種「微規範」形式是留意那些未暢所欲言的員工，提出像這樣的問題：「卡羅，你在這方面經驗豐富；你有什麼想法？」來誘使他們投入。要是某位員工看似特別靦腆或沒安全感，一個增添安全感的方式是：在公開問一個問題之前，先在會議前收集每個人的意見，**然後**說：「卡羅，關於這個案子，我覺得你寫得很有見地，你可以和團隊分享你的想法嗎？」

儘管這些實務衝擊強大，但如果管理階層無法攔阻刻板印象和其他關於誰屬於那裡、誰不屬於那裡的有害訊息流竄，它們的效益就無法持久。因此關鍵目標是提高眾人對偏誤問題的意識，以及多元工作環境的力量，讓人人覺得自己屬於那裡。但我們已經看到，人在討論偏誤和多元問題時可能會武裝起來，我們可以怎麼有效地提高意識呢？

二〇一八年四月，新聞報導費城一間星巴克的經理報警處理兩名黑人，只因他們占了張桌子坐下來沒買東西。兩位黑人告訴到場的警員他們是在等人一起開商務會議，但還是被逮捕、上了手銬。大眾強烈抗議，公司的反應也很迅速，把那位經理開除。然後五月某一天，星巴克關閉美國所有店面，為十七萬五千名美國員工全員實施多元訓練。不過仍有很多人懷疑那場訓練的成效。

幾乎所有「財星五百大」公司都會實施多元訓練。[34]大部分的大專院校也都這麼做。多元訓練已成為市值數十億美元的產業。但這種訓練有效嗎？大致而言，根據多賓和卡列夫的說法，答案是否定的。但訓練無效並不代表多元訓練有根本上的缺失，主要是訓練的構思和實行不佳。根據該領域學界翹楚柯琳·莫斯－拉庫辛（Corinne Moss-Racusin）的說法，就多元訓練這件事，我們不該泛泛而論，因為訓練方式不一而足。成效良好與成效不彰的訓練之間，最關鍵的區分因素是計畫是否以科學研究為基礎。[35]未立基於科學研究的訓練——多數如此——沒什麼用處。

舉個有研究支持的多元訓練為例：德文（Patricia Devine）、卡尼斯（Molly Carnes）和考克斯（Will Cox）設計了提升「偏誤素養」的研討會。偏誤素養指認識偏誤問題，也了解克服問題的策略，其中包括增加與其他群體成員的互動、建立矯正偏誤的心智習慣，例如第六章描述過的習慣。檢驗研討會成效的結果令人印象深刻，三人發現，被隨機分配進行兩個半小時研討會的四十六所大專院校理工科系所，往後兩年僱用了較多女性教職員，比例從三二％提高到四七％。對照組的系所則沒有增加。另一項研究評估了參加研討會的兩千多名教授的反應，根據他們在大學工作生活調查裡的自陳，那次經驗提高了不分男女全體教職員的歸屬感。

儘管這類方案的成果都相當顯著，有一個方法特別突出，設計精湛且衝擊強烈，結合了我們介紹過許多營造情境的方式。這是由社會心理學家潔西·史密斯（Jessi Smith）和同事創造的明智干預，[36]目的在對抗大學理工科職務不利女性的偏見。過去十年，美國在這方面有長足進步，女性擔任理工科終身職務的比例，從二〇〇一年的二四%提高到二〇一七年的三七%。一個可能的因素是國家科學基金會（National Science Foundation）曾於二〇〇一年承諾資助以達成性別平等為目標的計畫。雖然離到達性別平等的里程碑還有很長的路要走，史密斯團隊設計的方案卻展現了格外美好的希望。它整合了許多多賓和卡列夫提出的建議，也已經推展得相當成功，數個組織正戮力執行。

一項實驗以一所大學理工科系所的教職員為對象，隨機分配其中十四個系所參與干預，另九個系所則為對照組，只聽取人力資源部的標準版反歧視簡報。研究人員檢視了一年期間教職員徵才的性別多元性，發現接受干預的系所邀請進校園面試的女性應徵者人數，超過對照組系所的兩倍，最終錄取的女性增加了六二%，反觀對照組僅增加二一%。另外，證據顯示女性較可能接受干預組的聘書。往後兩年，這項干預應用在該大學所有理工科徵才上，協助實現了完美的性別平等，女性恰好占所有新聘人員的五〇%。但好處還擴展到僱用之外。教職員參與干預愈深，反映出的工作滿意度和工作歸屬感也愈高——而且男性和女性都是如此。干預到底做了什麼？

干預的核心是為全體保護和培養歸屬感的實務，不只是應徵者，還有做聘用決策的教職員。他們也可能為自己的歸屬感不定受苦。研究顯示培養多元性和多元文化主義的方案可能讓白人及男性覺得被排斥而啟動防衛。[37]這個方案之所以有效，關鍵就在它精準鎖定了其他方案大多未能處理的這類歸屬感的障礙。

在開缺徵人時，遴選委員會的成員，也就是勒溫所稱的守門員，要參加為時兩小時的「研討會」——因為「訓練」一詞可能會令人起反感。多元計畫的代表和來自其他系所、曾參加過研討會的教職員也會出席。出席人數會控制在四至十人，因為這種規模的群體對於「解凍舊態度」（引用勒溫的話）和讓人們敞開心胸接受新觀念格外有效。系所也要盡可能使與會人員達成族群與性別多元；要提早寄邀請函給女性和少數族群，鼓勵他們參與。會上，先由參加過的教職員描述該系所如何提高女性比例，而這是確立一種新規範在大學生根發展的好辦法。他們的證詞也會傳遞這個訊息：多元是我們一致支持的價值觀，而我們可以一起採取步驟促進多元。參加過的教職員也描述他們認識及克服自身偏誤的經驗，詳述他們如何一步一步在自己的系所促進平等。這裡的要點傳達得很清楚：支持新的與會者及其系所、授權他們做出最好的決策。對此過程至關重要的是研討會期間沒有人責怪教職員，也沒有表現出義憤填膺的樣子。這有助於緩和教職員可能產生的防衛。重點在於眾人合力做出正向的改變。「賽場並不公平。這不是我們的錯，」一名計畫代表在一場研討會上這麼說：「但如果我們對此視若無睹，那就是我們的錯了。」

與會者不會閃躲嚴酷的真相。他們會見到數據說明他們系所的性別多元情況與全國趨勢比起來如何。他們也會見到證據顯示女性員額不足不能光用缺少女性科學博士來解釋；事實上過去二十年來女性科學博士人數已大幅增加。會中也會分享證明偏誤的力量已滲透我們日常思維的科學研究，而史密斯和同事寫道，這必須配合具體的例證說明「偏見如何以無數種方式引發刻板印象威脅、歸屬感不定、工作生活失衡，以及其他各種負面後果」。[38]研討會的目標不只在提高認知，也要提高情緒覺察力，而為了達成目標，必須運用觀點採擇。會中分享了好幾個人經歷偏誤的簡短紀錄。其中，一位研究所所長分享她年輕時應徵教職，在面試場上碰到一位男科學教授。他向她解釋他的妻子如何放棄自己的事業來支持他，然後問應試者她的先生是否也準備為她這麼做。那次經驗令人太不愉快，使她立刻對那份職務失去興趣。其他事例則包括應試者拒絕受聘，和在應徵過程退出等等。研討會採用這個程序是因為研究證實，這些親身受制於偏見的故事，[39]會比事實證據更令人難忘。莫斯－拉庫辛和同事已集結許多故事和專家訪談來闡明性別偏見，供民眾上網查詢（https://academics.skidmore.edu/blogs/vids/）。

接下來，會上會提出讓每一個參與者用來做出改變的具體策略。那很重要是因為研究證明，若只出示性別或種族偏見的證據，可能會使人們覺得無助，進一步損害而非提升女性和少數族群對職場的歸屬感。[40]與會者會拿到檢核表，表中詳載各種得到研究支持、可克服偏見及其效應的方法。他們會獲得製作共融徵才廣告的樣板、學習使用時事通訊和「listservs」（郵件自動分發系統）來招募多元人才，也會拿到工作單協助他們建立明確且具包容力的標準，來審核應徵者的申請。

相信這些步驟都是勒溫會推薦的。[41]常見的多元計畫「指揮與管制」法已成過去式——多賓和卡列夫說那「違背了我們對於該怎麼激勵人做出改變的一切知識」。不過如我們所見，研討會並非完全不加干涉。透過年度調查，每一系所都被要求為來年設定目標，並監控前一年達成的進展。史密斯及團隊會分析回應，把彙整報告寄給所有校園利害關係人，用以判定要分配多少資源和支援給各系所。史密斯告訴我，這個過程常在達成目標時創造一種慶賀感，並能提高覺察力和責任感，而我們認為這些都是能去除偏見的強大力量。

求職者也被納入計畫。他們會集合起來和系所聯絡人進行簡短對話，了解大學提供哪些機會和資源來支應教職員的需求——除了預應式的多元政策，還有有助於維持工作／生活平衡的托育中心、家庭照顧室、家庭倡護員（family advocate）等等。應試者會希望如果他們獲得聘用、決定接受職位，職場環境會以支持他們成功的方式建構。接下來應徵者會應邀在祕密訪談中提供意見（如果他們願意分享的話），允許他們表達憂慮，以及如何與大學合作解決那些憂慮。史密斯告訴我，這麼做的目標是「把應試者當人類、朋友、真真確確完整的人來對待」。這場會面會在應試者第一次進校園時進行，這是關鍵，因為那是蒐集規範、設定期望的好時機。

研究人員也發展了許多方法來支持新的女性教職員。例如，他們設立研究計畫寫作坊，因為不論好壞，在許多大學，拿到研究補助才能通行無阻。他們也為女性教職員設置傑出科學家獎，以及請德高望重的教授在新老師的第一堂課隆重介紹，讚美她們的成就。這些營造情境的方式乍看微不足道，卻是對抗「女性不屬於理工科」刻板印象的利器。

這項計畫也納入讓教職員及早反映問題的機制，讓大學能在問題釀成大禍前加以解決。一支「公平倡議」團隊擔任密友和問題解決者，如有必要，也會出任遴選委員會與求職者之間的第三方調解人。

如我們已經在這本書看到的，這項計畫**沒有**做的和它確實做的一般重要。它並未著眼於修正不當態度或去除根深柢固的偏見，就算那些確實存在。相反地，它設定了較謙遜的目標：提高人對於情境和自己的覺察力，並給予他們具體的策略和行動機會。如我們在第一章所見，這種充權、參與式的策略賦予人新的角色，並在他們身上植入新的身分。我們需要為諸如此類的計畫投入更多心力及資金。慈善基金會與企業可以扮演要角，用這些得到科學支持的策略取代現今盛行的無效計畫。

不過，既然出自這類研究的豐富資訊已唾手可得，每一個組織都可以開始執行這裡介紹過的實務。培養員工的連結感——包括員工彼此間，以及和公司之間——不必是令人卻步的任務。

第十一章

歸屬感與健康

培養歸屬感來強化我們的身心

我見到伊薩姆・達奧德（Essam Daod）的時候，他累壞了，但這不是什麼新鮮事。他和妻子瑪麗亞・賈邁爾（Maria Jammal）共同創辦了「人性救護隊」（Humanity Crew）國際組織，[1]在第一時間為難民提供心理支持。他們來帕羅奧圖募款，也非常親切，願意撥時間跟我碰面。我是從一個朋友那裡聽到他們的工作，深受鼓舞。達奧德是正牌的精神科醫師和心理治療師。他曾涉水去擠滿乘客的橡膠艇，把兒童難民拉出來。許多難民是逃離通常由殘酷民兵統治的戰區。他告訴我，幾乎所有女性都被強暴過。很多難民都患有創傷後壓力症候群。而平安抵達只是他們漫長旅程的開始。在陌生異地建立新人生將面臨許多艱鉅的挑戰，往往包括創傷引發的身心疾病。

「不過，」達奧德說：「就算身處如此嚴酷的情況，你也可以透過話語改變情境。重點在於讓創傷緩和些。」他用了最強大的方式來提升歸屬感：自我肯定。「我試著讓他們把自己視為英雄」，他在先前接受《國土報》（*Haaretz*）訪談時這麼說。他對難民說：「這需要多大的勇氣啊，你們做到了不可能做到的事，船長都以為你們死了，但你們贏得勝利。」「你們越過狂暴的海洋，你們逃離了邪惡。」這些話都是事實，而這些話賦予孩子「重述自身故事」的能力：以他們原本不會用的方式，訴說一段英勇的事蹟。話一說完，他說，孩子的神情便不再那麼緊繃，身體也放鬆了。很多孩子甚至笑了。連結於焉建立。這些孩子的心理也不再那麼拘束，這使他們更容易治療。

達奧德和「人性救護隊」的工作人員深知心理健康與身體健康息息相關，也了解，誠如許多研究證實，覺得安全、與社會相連，能促進健康。「不救心靈，」達奧德說：「是救不了身體的。」[2]

一九九〇年代晚期，我還是研究生時，史丹佛精神醫學家大衛・史匹格（David Spiegel）以一項研究在醫界掀起滔天巨浪：[3]那揭露了擁有歸屬感對健康有強大的正面效應。他評估了社會支持團體對乳癌末期女性的影響，將患症女性組成小團體，每星期聚會一次，在一名治療師的支持及主導下討論她們遭遇的挑戰和因應之道，為期一年。在他開始研究支持團體時，即一九七〇年代晚期，這種團體相當罕見。癌症患者通常覺得不該談到自己的痛苦和恐懼，甚至不該跟家人談，那會使他們被社會孤立。不幸的是，直到今天，就許多患有各種健康問題的民眾而言，情況依舊如此。末期絕症患者表達他們覺得世界已分成活人的社會和瀕死者的孤獨天地。在史匹格的一項研究中，一位食道因輻射受損的病人說她一看到別人吃東西就覺得與世界疏離，因為她連湯都很難吞嚥。如史匹格的研究顯示，支持團體在提供病患人際連結上扮演要角，有了這樣的連結，他們才能抗衡將他們與廣大世界隔開的社會孤立。就算有人作伴可能無法解決我們的問題，但一起面對問題能讓問題感覺起來沒那麼險惡，也使我們感覺更堅強。

幾年前當史匹格拜訪史丹佛的社會心理學領域回想他為期數十年的研究，[4]他告訴我們，一開始許多受邀加入團體的女性表示自己沒時間參與，而在來的人之中，也有很多人覺得不自在。不過「社會膠水」很快發揮作用。這樣的結合主要建立在真誠的情感支持，那承認她們害怕死去是正當的，允許她們吐露覺得不該和摯愛分享的事實。一名患者分享，有一天她垮下來，她的丈夫說她不會有事，這只讓她更氣。直到某一次她又垮下來，她的丈夫跪在地上跟她一起哭，她才覺得真正得到支持。她也感謝團體讓她盡情哭泣。那個團體，史匹格在研究報告中寫道，提供了「讓人產生歸屬感和表達感覺的地方」。

女性常覺得必須對家人和朋友壓抑恐懼、憤怒、悲傷，而那些小團體正是讓她們真情流露的安全空間。一位母親分享，平常她必須不時為她的家人演出「抗癌」大戲，讓她覺得肩負重擔。非當勇士不可的壓力令人筋疲力竭。很多女性也直言她們對於自己將死之事感到內疚，因為這樣會讓家人失望，令他們痛苦。史匹格告訴我們，很多參與者說這個團體是「世上她們唯一感覺自在的地方」。

除了接納，女性也在這些團體得到肯定。她們互相扮演心靈導師和顧問等自我肯定的角色，[5]研究證實這具有令人振奮的心理作用。在癌症支持團體，藉由相互關懷扶持，女性覺得更有動力照顧自己。

癌末病患會感到灰心喪志是可以理解的。然而，拜支持團體的經驗所賜，史匹格說很多女性「重整旗鼓」。很多人說覺得自己更有勇氣了。她們開始積極主動、同心協力處理她們的情境，著眼於如何善用她們所剩有限的時間，例如規劃最後一次家庭旅行。史匹格自己也曾對顯示社會支持可能延長壽命的關聯性研究抱持懷疑，因此他在一九八〇年代中期進行一項隨機實驗，測試他的支持團體對乳癌末期女性存活的效益。結果令他驚訝，被隨機指派參加支持團體的女性平均比未參與團體的女性多活了一年半。雖然並非所有研究都展現同樣的延壽效應，二〇一九年一份結合到當時為止十二項嚴謹隨機試驗所做的綜合分析，卻發現穩健的正面效應。[6]效益強大，但視條件而定——這是我們所知明智干預的典型特徵。效益唯有在樣本包含較多未婚病患的研究才會浮現。雖然我們無從得知確切原因，但很有可能是因為干預減輕了未婚病患可能感受到的孤立。婚姻對許多人來說是穩定的歸屬感來源，尤其是備受病情煎熬的人。確實，在控制病情輕重及病患年齡、種族、性別和收入等變因後，已婚的癌症患者平均比未婚者多活四個月。

之後，審慎的生物學研究已證實，如果病患沒那麼寂寞，他血液裡的癌細胞就比較不具攻擊性，複製和轉移的速度也比較慢。[7]此研究發現已啟發四種新臨床藥物實驗，透過封阻人在感覺孤單或受威脅時產生的戰／逃反應，來改善癌症患者的健康及預後。根據史匹格的發現及許多後來的研究成果，現在支持團體已普遍存在於醫療產業。許多研究已證實支持團體可能對身體健康產生顯著的正面功效，也能大幅減輕病患的憂鬱、增進整體生活品質。

許多補充研究都闡明了歸屬感會透過什麼樣的身心機制增進健康。加州大學洛杉磯分校醫學院史提夫．柯爾進行的研究尤其重要，那揭露當人們長期處於社會苦惱的情境，他們的基因會開始以不同的方式運作。當人們長期暴露於幾乎任一種劇烈的壓力源——例如身體虐待、創傷、經濟剝奪、長期歧視，或寂寞——負責啟動身體發炎免疫反應來對抗病菌等生理威脅的基因，會變得比較活躍。一旦我們的大腦感受到我們孤獨或面臨危機，我們的基因就會「聚焦」於細菌而非病毒防衛。

寇爾把這種反應稱作「對逆境的保護性轉錄反應」（conserved transcriptional response to adversity，CTRA）。[8]這裡的「轉錄」指我們DNA（去氧核醣核酸）的資訊轉錄成RNA（核糖核酸）的過程，緊接著RNA便會引導蛋白質生成來塑造身體的免疫反應。寇爾研究的轉錄模式會在兩方面被「保留」。那既被「保留」為適用於各種逆境的普遍模式，也在演化過程得到保留，顯現於從魚類到哺乳動物到靈長目等不同物種身上。那是一種適應策略，為身體的傷和細菌感染的風險預作準備。但CTRA根本上會被壓力生理機能誘發，而在我們現今生活的世界，許多「非致傷類」的心理和社會威脅都會誘發壓力生理機能，使CTRA一直加班工作。

寇爾的研究證實CTRA的基因表現不只會回應生理威脅，也會在感受到社會威脅時起反應。如他在二〇二〇年受訪時所言：「身體才不管我們怕的是什麼。」[9]不管是怕蛇、怕病毒，或害怕被他人排斥，都會「刺激我們的發炎系統……並擾亂其他種種我們維持健康所需的生理系統」。我們大腦裡的威脅偵測系統不會區分生理和心理危險的事實，乍看下或許無理性，但其實是次理性的（subrational），也就是說，威脅防禦系統是由思考極快速的深腦結構控制。那在昔日人類面臨被劍齒虎、熊、豹、獅攻擊的威脅時，是絕佳的生存優勢，但這種反應不是毫無代價。防禦系統也會在你面臨壓力但可能不會受傷時啟動，而這樣啟動的副作用是帶來罹患其他疾病的風險。經常啟動系統的代價尤其高，偏偏現代生活長期飽受壓力的結果就是如此——與以往看到一頭熊迎面而來的急劇壓力截然不同。長期反應心理威脅下，這個防禦系統可能使人衰弱，耗盡生理、認知與情感的能量。

要是CTRA經常被誘發或久久不退，寇爾解釋，它「就會像疾病過程的肥料或觸媒那樣起作用」。透過引起慢性發炎，CTRA可能誘使各種與發炎有關的疾病發動攻擊，例如癌症、糖尿病，以及動脈斑塊形成，進而導致心血管疾病、中風和神經退化性疾病。我們更新世的祖先固然常因傳染病和出血而亡，今天我們卻大多死於進程緩慢的疾病：[10]那會一點一滴攻擊我們的身體，逐漸累積生物損傷。

另外，寇爾和同事進行的實驗室研究也發現CTRA活躍的人較容易感染病毒。細胞反抗病毒的戰鬥較薄弱，因此病毒較可能破壞正常細胞機制來進行複製。若是CTRA在幾天內逐漸消退，長期健康就可能不會受到顯著影響。不過，「要是它一經啟動就持續或反覆運作數星期或數個月，就會造成比較大的傷害，且非常不容易修復」。

我們的中樞神經系統會長期傳送許多訊號給我們的基因組，其中最強勁的莫過於「我好孤單」。經由演化，我們的基因組已經「學會」在我們被孤立時，就等於置身死亡險境。「基本上，」寇爾告訴我：「CTRA是不信任與不確定給生物造成的陰影。」在我們的現代世界，健康的一大不利因素就是感覺與他人失去連結。

尤有甚者，許多心理威脅持久不退。生物學家羅伯・薩波斯基指出，對威脅的感覺可能在實際威脅遠去很久後依然留存心中，[11]因為人類的心智興好再三回想（ruminate）。我們常惦記犯過的錯，在腦海一再重播。另外，許多心理健康的折磨，例如憂鬱和焦慮，都是慢性的，可能致使人們發展「不安全的世界觀」，於是開始誇大威脅，就像焦慮症那樣。如此一來，威脅反應機制就可能永久活躍。這有助於解釋為什麼孤單寂寞、背負社會汙名，或長久暴露於其他逆境的人，往往比較不健康或早死，就算後來他們的人生已有所改善。

讓我們透過一些例子看看慢性社會逆境和疾病之間的關聯。二十年來，哈佛公共衛生教授大衛・威廉斯（David Williams）一直在記錄一種惱人的模式。他發現在美國，可以預測白人與有色人種健康差距的主要因素——連所得最高者也不例外——是人自陳是否在日常生活經歷過歧視和刻板印象。[12]事實上，就幾乎每一種病毒傳染病而言，黑人比起白人太容易感染。COVID-19疫情報告指出，在黑人、拉丁裔和美洲原住民身上，病毒致死率是白人的兩倍。其他動輒受到偏見的族群也同樣脆弱。例如LGBTQ在美國許多地區背負的汙名就被證實和不良健康影響有關，包括一九九〇年代愛滋病患較早死亡。

卡內基美隆大學（Carnegie Mellon）健康心理學家謝爾登・柯恩（Sheldon Cohen）的研究也支持慢性社會苦難和健康危機之間的關聯。他用他傑出的生涯反覆進行一項巧妙的實驗。[13]一九九一年以來，他定期租用英國醫學研究委員會位於索爾斯伯里的感冒部門（Common Cold Unit）——那裡就像進行傳染病研究的旅館兼人類培養皿——或匹茲堡一家地方旅館。場地會在研究開始前徹底消毒。然後他招募健康的自願者過去隔離五、六天，一人或兩、三人一間。隔離之初，每名自願者的鼻腔會噴入一劑感冒或流感病毒，使每名參與者接觸機會相等。他們多數時間待在房間，但有時會去公共空間用餐和社交互動。他們必須避免肢體接觸、常洗手、保持社交距離。他們會在隔離前先做篩檢，所以柯恩知道他們本來沒有罹患上呼吸道感染。

接下來，他會觀察誰感染上呼吸道疾病（感冒或出現流感症狀）以及症狀的輕重。當然，我們可以預期風險行為會產生影響，例如睡眠不足、運動量少或完全沒有，以及抽菸等等。但除此之外，根據參與者在研究開始時完成的調查，自覺較沒有社會連結或較未得到社會支持的參與者也較容易患病。為什麼會這樣？較活躍的ＣＴＲＡ可能是原因之一。從這個角度，我們可以把社會環境視為帶有社會病原體，會觸發生物反應。粗暴的話語、種族歧視的言論，和其他我們施予彼此的社會排斥，如果在我們的情境反覆出現，或在我們的心智反覆上演，都可能名副其實地滲進我們的皮膚，讓我們容易染上疾病。

世人已逐漸了解，住在美國貧窮、教育程度較低地區的民眾，也較容易出現多種生理病痛。[14]沒錯，我們的基因碼很重要，但「郵遞區號」也很重要。一項大規模研究發現，美國各縣的壽命差距可多達二十年。我們會活多久似乎取決於我們住在**哪裡**。為什麼？美國許多貧窮地區都較難取得營養的食物、教育和醫療，且暴露於較多有毒廢棄物和空氣汙染。另外，因環境使然，加上與社會和國家失去連結的感覺作祟，這些地區的居民也比更廣大的民眾感受到更強烈的苦惱。各種不和諧因素齊力創造了嚴酷的現實和被拋棄的感覺。

我們可以做些什麼來保護民眾避開這些與歸屬感受到威脅有關的健康危害呢？小羅斯福總統（Franklin Delano Roosevelt）把「免於恐懼」列入全體人類都應享有的四大基本自由時，就正中目標了。社會政策是我們可以用來達成目標的工具。

在較近期的例子，研究已鑑定出數種能降低或避免觸發威脅反應的方式。鮑比和安斯沃斯對於早期情感連結的真知灼見也涉及生物學層面：[15]就連在經濟困頓中長大的孩子也不例外，擁有一個能提供避風港、讓孩子覺得有連結、被關愛的父母親，他／她的CTRA可望較低，也更可能健康長大。

史提夫．寇爾也捎來希望；他和芭芭拉．佛列德里克森（Barbara Fredrickson）及同事在三組成人參與者身上測量多種心理變因，例如焦慮和寂寞的程度。[16]然後他們採取血液樣本評估CTRA表現，其實就是在問基因組，什麼可以構成健康的生活。結果，一項心理變因顯現為可預測較低CTRA基因表現的最強勁因素：實現型幸福（eudaimonic well-being）。心理學家用這個詞來指稱過著充滿意義、目的和真實感的生活之主觀經驗。那源於希臘文「eudaimonia」一詞，原意為「良好的精神」。這是心理學家鑑定的兩種基本幸福之一。另一種是享樂型幸福（hedonic well-being）（「hedonic」亦為希臘文，「愉悅」之意），指通常建立於感官滿足的快樂。得到享樂型幸福，你是自己沉浸正面經驗，但得到實現型幸福，你是為世界創造幸福。擁有高度實現型幸福的人傾向以「經常」來回答下面第一個問題，但未必會這麼回答第二個問題：

過去一星期，你多常覺得自己的人生有方向感或有意義？

過去一星期，你多常感到快樂？

寇爾、佛列德里克森和同事的研究也發現享樂型幸福和較低的CTRA基因表現並不相關，事實上，在一些分析，享樂型幸福還與CTRA活躍程度成正比。追求享樂、避開痛苦的人生不是健全的健康處方。善用自身力量實現滿足自利之外的承諾，例如幫助他人，看起來比較健康。

這些研究成果是如此令人驚訝，使得它們在發表時遭到猛烈抨擊。但研究人員又以另兩個樣本（皆超過一百個成年人）複製出同樣的結果。實現型幸福和CTRA基因表現之間的關係不僅呈現統計相關，且高度相關，而兩者的關係已在西方個人主義文化和東方集體主義文化複製。那甚至超越寂寞的效應，也就是如果將人的實現型幸福納入考量，寂寞就不再是能預測CTRA的因素了。這也暗示，寂寞的一大害處就是切斷人為社會目標共同努力的機會，剝奪他們的參與感。事實上，史匹格的支持團體之所以如此有效，一個原因似乎是他們給了許多女性透過協助其他病患面對癌症而找到目的感的機會。

這項研究強化了許多先前的研究成果：目的感是身心幸福的泉源。關於目的，最厲害的一件事是不論我們身處的環境有多嚴峻，我們永遠可以選擇一個。精神科醫師及納粹大屠殺生還者維克托・弗蘭克（Viktor Frankl）在經典《活出意義來》（*Man's Search for Meaning*）一書中就娓娓訴說了這件事。[17]

> 尼采這番話深具智慧：知生命之意義者，可承受生命之重……在納粹集中營，我們看得出來，知道有任務等待他們完成的人，最易存活……至於我自己，在我被帶往奧斯威辛集中營時，我準備出版的手稿都被沒收。無疑，是我想重寫這份手稿的深切渴望，助我熬過集中營的嚴酷。比方說，在巴伐利亞集中營染上斑疹傷寒時，我在小碎紙片上寫下很多有助於我重寫手稿的註記——如果我活得到重獲自由之日。我相信就是這個在巴伐利亞集中營漆黑營房裡重建失落手稿的舉動，助我克服休克的危險。

幫助人們找到目的感，是幫助他們覺得和他人有所連結的方法之一，不論連結對象是社群裡，或者更遠、更遠的人。另外，根據寇爾蒐集的新資料，目的感可協助人們減緩經濟困窘對生理造成的傷害。[18]

目的和歸屬感相輔相成。[19]我們想要有人支持的感覺，這固然沒錯，但成為社會裡一個「舉足輕重」的人，也能強化我們的歸屬感。這有助解釋為什麼經研究證實，多種旨在培養目的感的正式計畫，都對健康有正面效益。威廉・戴蒙（William Damon）曾針對目的進行過大量研究，寫過大量文章，而他證明目的對健康的調節有多重要。他認為目的有兩個面向：對世界的意義和對自我的意義。世界有需求，而你有因應需求的角色要扮演。

一項研究顯示，作家的自傳內容若提到較多他／她在有意義的關係中扮演的角色，例如為人父母，或支持鄰居、朋友或同事，這樣的作家活得比較久。[20]在其他研究，針對人類言語和文字樣本的語言學分析顯示，當事人若以社會為中心，即較常使用第三人稱複數（他們），健康情況多半較佳，包括CTRA較低，反觀若以個人為焦點，即較常用第一人稱單數（我），健康情況多半較差。[21]而且，在控制年齡、性別、種族、健康基礎指標和其他幸福的標識後，在目的測量得分較高的人，不但壽命較長，也較少受失能和疾病所苦。[22]假如我們能把目的塞進瓶子裡，那會是價值十億美元的良藥。

幸運的是，我們已經有很多強化目的感的辦法，不需要藥物。一項研究探討隨機分配參與志工計畫、幫助需要幫助者的青少年，是否展現健康效益。[23]研究人員採集這些青少年的血液樣本、檢驗多項發炎指標，包括膽固醇和白血球介素－6（interleukin-6），結果發現數值低於被分配到計畫等候名單的青少年。他們的身體質量指數也比較低。史提夫・寇爾和同事以退休長輩為對象進行類似研究，分派其中幾位參與孩童師徒計畫，結果發現他們CTRA基因活躍程度顯著下降。

正式的志願服務絕非提升目的感的唯一方法。寇爾和索妮亞・柳波莫斯基團隊進行的實驗證明，「日行一善」：常對他人做小小的親切舉動，也有幫助。[24]他們隨機把參與者分成三組：對照組繼續維持平常的活動；一組對他人表示友好，例如幫朋友做晚餐；一組則對自己好，例如去郊外走走或泡溫泉享受一下。四個星期後，只有一組的CTRA基因表現變得比對照組弱：對他人好的那一組。

我們在生活中的目的感也可能經由改變自己的看法來提升。因為情境是在我們心裡體驗，我們可以透過改變對情境的認知來改變情境。例如，我們可以仔細思考，我們的工作、我們的教養、我們和親友共度的時光，其實都是在做幫助他人的事，饒富意義。戴蒙說，相當程度上，感受目的感是我們所做的選擇，[25]而如果我們選擇欣賞我們幫助他人的方式，我們的日子就會有滿滿的目的感了。心理學家安德魯・弗利尼（Andrew Fuligni）在二〇〇九年主導一項研究，促進了我們對這方面的了解。他請一群青少年——其中多半是墨西哥裔美國人、住在城市裡的貧困地區——填寫一份調查，內容是他們在家中扮演的角色。要負擔多種家務，例如照顧患病家人、教弟妹寫作業，以及煮飯打掃的人，血液裡的發炎指數比較高。但在那些對自己的角色表現出強烈目的感，例如自認是好兒子、好女兒的青少年身上，數字就低得多了。訓練我們自己和輔導他人把我們正在扮演的角色視為具有意義，是實行這種健康觀念的簡單做法。有個同事告訴我，他之所以能夠應付一邊照顧家裡的新生兒、一邊努力當個稱職助理教授的試煉與磨難，是靠不斷告訴自己，彷彿在念什麼咒語似的：「我是英雄，我是英雄，是我寶寶的英雄。」

作為這種自我訓練的後盾，許多研究都發現價值肯定練習能促進健康。與我們的價值觀建立連結，有助於我們將焦點重新凝聚在我們的目的上，讓小問題看起來更小。[26]大衛・薛曼（David Sherman）請準備參加期中考試的大學生完成一系列書寫活動，反省他們最重要的價值觀。沒有參與這些活動的學生，尿液裡的腎上腺素（與身體威脅反應有關）濃度增加，但書寫過價值觀的學生，腎上腺素就沒有變濃了。另一項研究檢視了近期為乳癌動過手術、做過化療或其他醫療的女性。研究人員請病患進行一項書寫活動。病患在接下來三個星期聚會四次，每次二十分鐘，對下列提示做出回應。

> 我希望妳在這四次聚會寫出妳對妳罹患乳癌的經驗最深刻的想法和感覺。我明白罹患乳癌的女性會有林林總總的情緒，我希望妳聚焦在任何一種或全部都可以。在妳書寫的時

> 候，我希望妳侃侃而談……妳或許可以回想診斷前、診斷後、治療期間和現在感受到的各種感覺和改變……理想上，我希望妳把重點擺在從未和別人詳盡討論過的感覺、想法或改變。妳或許可以把妳對罹癌經驗的想法或感覺，和人生其他部分連在一塊兒，例如妳的童年、妳愛的人、妳是誰或妳想當誰……別在意文法、拼字或句構……寫就對了。

這種書寫活動在社會心理學界歷史悠久，[27] 一九九〇年由社會心理學家詹姆斯．潘尼貝克（James Pennebaker）首創並加以測試。身為不拘一格、想像力豐富的研究人員，潘尼貝克開創了這種技術，並在《敞開心胸》（*Open Up*）等著作中詳盡介紹。在這項研究，人員發現，三個月後，比起只寫癌症事實及其治療的對照組女性，完成潘尼貝克書寫活動的女性所反應的疾病相關症狀（如咳嗽、喉嚨痛等）較輕微，也比較少為癌症相關併發症約診。這是為什麼呢？之後，健康心理學家大衛．克斯威爾（David Creswell）及同事針對上述寫作內容深入分析，結果顯示最關鍵的要素是自我肯定的敘述。事實證明可能最具健康效益的是寫到本身值得讚美的特質，例如核心價值觀（「我很強悍，小小的乳癌擊不倒我，我是鬥士」）或個人意義的來源（「我們結婚三十一年了，很幸運仍相愛。」）很多人正是因為身處逆境而獲得自我肯定，除了賦予逆境意義，更將之融入他們的自我概念中。柳波莫斯基為這種干預加注一句警語：在人們回想人生的嚴峻遭遇時，把事情寫下來或講出來很重要，不能只是**想**。光「想」是沒辦法像書寫或談論那樣提供敘事閉合（narrative closure，指敘事提出的所有問題獲得解答而產生事件落幕的感覺），反倒常使人陷入反覆苦思的迴圈，把痛苦拖得更久。

雖然我們尚無法確切得知這種深刻的療傷過程是如何運作，十四世達賴喇嘛這番探討如何面對失去的話語鏗鏘有力：[28]

要熬過重大失去帶來的悲傷和哀痛，不妨把那當成動力，激盪出更深刻的目的感。我的師長過世時，我想，現在我得負起更多責任來完成他的遺願，因此我的悲傷轉化成更多的熱情、更大的決心。我告訴過失去摯友或家人的人，那固然令人悲傷，但我們應該把悲傷化為實現他們遺願的決心。假如你失去的那人看得到你，看到你意志堅定、充滿希望，他們會覺得高興。儘管失去摯愛令人傷心欲絕，但我們可以活出比以往更有意義的人生。

克莉絲汀・羅傑（Christine Logel）和我進行的一項研究評估了一種價值肯定干預的健康效益，[29]對象是一群持續面對歸屬感威脅的人：過重和肥胖者。羅傑招募了一群擔心體重問題的大一女學生，之所以挑選女性，是因為過重尤其會讓女性感到羞恥。我們請其中一些女生書寫她們最重要的價值觀，兩個半月後，相較於對照組，這些女生減重較多、身體質量指數較低、腰圍較小。兩年後，羅傑和李星宇努力追蹤到七〇％參與研究的女性，在這群當年身體質量指數相對高的女性身上見到持久的效益。當年未進行肯定練習的女學生體重**增加**，完成練習的女學生則維持住體重。一個理由可能是價值肯定練習活化了大腦的獎勵迴路，而獎勵迴路一經活化，就會壓制壓力反應。因為壓力可能誘使人吃進更多高脂高糖食物，價值肯定似乎是對抗壓力引起的體重增加的好辦法。

價值肯定練習也被證實能藉由鼓勵人們更負責地服藥、更善於接收威脅健康的資訊、更願意採納建議改變生活方式（例如飲食）來增進健康。[30]例如在一項研究中，一群酒吧常客先完成一項價值肯定練習，再讀一則描述酒精健康風險的勸說式訊息。一個月後，研究人員再和參與者聯繫，發現其中許多已減少酒精攝取；已將飲酒量降低至政府建議標準的人數，是對照組的兩倍。在另一項由心臟科醫師艾德・哈弗拉內克（Ed Havranek）主導的研究中，我和同事發現對患有高血壓的低所得黑人而言，比起對照組的病人，隨機指派在看診前先完成價值肯定練習的病人，和醫師的對話較有熱情，也較尊重。受過肯定的病患也在對話中透露較多本身醫療狀況的資訊。後續追蹤病患時，我們也發現做過價值肯定的病人比對照組更可能服用處方藥物。

二〇一八年，我很榮幸能參與由國家癌症研究所（National Cancer Institute）蕾貝卡·費瑞（Rebecca Ferrer）所主導，針對至今發表過所有研究成果進行的全面評估，衡量價值肯定的健康效益。[31]評估結果發現，所有研究都呈現正效益。那也鑑定出價值肯定在何種條件下運作得最好：對威脅有深刻認知，且可以取得改變所需物資的時候。也就是說，在人們有理由覺得受威脅（「我可能會得糖尿病」）且被提供支持改變健康的明確步驟或其他資源（例如明確的飲食指南）時，價值肯定尤其具衝擊力。換言之，價值肯定並非萬靈丹。價值肯定創造出一種開放的狀態，但要在情境的其他關鍵資源準備就緒時，才會轉化為長久的行為改變。

有鑑於這樣的發現，一些醫療專家已開始讓病患進行價值肯定。一次，我為報名史丹佛大學的健康生活計畫填寫一張表格，寫到一半赫然發現，我回答的正是出自我一項研究的價值肯定問題。

但如果你的醫療供應者尚未採用這項實務，你可以讓自己和摯愛在就診前做些價值肯定練習。（可上 geoffreylcohen.com 參考樣本。）一如其他心理暫停時間，價值肯定練習可視為一種注意力裝置，可讓我們的意識回到對我們最重要的事情，在面臨壓力時很容易看不見的事。

我也推薦一些我和同事在 COVID-19 疫情封鎖期間找了一些人測試的小小肯定活動。[32] 我們關注的是社會孤立的影響。其中一位參與者呼應了很多人的感嘆；她為失去坐在陽台跟人聊天的機會哀悼。[33] 在伊莎貝爾・泰（Isabelle Tay）主導下，我們的研究室請一些人計畫簡單的活動來提醒自己最重要的價值觀。有時我們會請他們拍張照片來反映他們最重要的價值觀，並附上文字說明。他們的回應引人入勝，因為很多時候人並沒有做什麼特殊的事情，卻回說自己有了嶄新的眼光。

例如，一位母親拍了幾朵黃花的照片，是她的孩子留在她房間窗台上的。因相處時間太少覺得未善盡母親職責，她想起「對他人仁慈和表達關心」的重要，以及「雖然我不盡職」，她的孩子仍對她展現了這些。我們一位學生拍了一棵柏樹，並寫它「昂然聳立，卻會在風中折腰」，而這正是「古波斯人對於人該如何實踐生命的象徵」。她也分享她父親的照片，說他「體現了我很多價值觀」，而他臨終前對她說的話是「立定志向，一定要從事一份讓世界變得更好的工作」。但即便是平凡日常生活的照片也有良好的成效。有一個人拍了兩條剛出爐的麵包，寫下：「我用來紓壓和與家人共度時光的一種方式：烘焙總是能為我帶來笑靨，每當看到別人喜歡我做的東西，我就不由得開心得笑了。」還有一個人拍了一隻貓的照片，只寫下：「查斯特是我的一切。我最愛他。」經由調查人們在進行活動前後的狀況，我們發現這項活動提升了應答者的歸屬感，特別是原本歸屬感最不確定的人。

我和同事拉賈・布哈爾加瓦（Raj Bhargava）被許多回應深深打動，因此為高中和大學生設計一門課程，來幫助他們與他們的核心價值觀取得聯繫，並依據這些來在生活中營造情境。課程的衝擊大到連我們都訝異，好幾個學生釐清了志向和人生決定，且整體而言，課堂上學生回報的幸福和目的感都大幅躍升。

我也很驚訝地看到另一種我們研究過的明智干預對健康有強大的效用：明智的批評。[34]我們在對一群學生進行數次干預後採集了他們的血液樣本，檢驗結果發現，協助學生以我在第九章介紹過的方式「明智地」看待批判，降低了他們的CTRA（對逆境的保護性轉錄反應），且此功效不只見於弱勢學生，而是見於全體學生。我們不確定為什麼這種實務能有如此強大的生物效應，也還需要複製這樣的成果。但我想答案可能是大學生感受到的威脅大多和學業成績有關。很多學生因成績不佳、得到負面回饋而灰心喪志，且深以為恥、不肯求助。幫助學生把批評視為高標準的象徵，以及他們的老師相信他們有能力達標的象徵，或許能把原本的威脅轉化為肯定，以及為更遠大的目標奮鬥的機會。

培養歸屬感還能透過一種方式增進健康：醫療機構提供病患更親切、更溫暖的接待及後續追蹤。我曾在父親對抗癌末那一年陪他看過許多醫師，對於醫學治療有時可以多冷淡疏離、多令人洩氣感到驚訝。例如有些照護人員跟他說話時彷彿把他當小孩，有些人則把「聰明照顧」發揮得淋漓盡致。忙碌的醫師可能板著臉孔、難得花時間了解病人，這不是雞蛋裡挑骨頭：不花時間了解病人，會傷害醫療品質。保險公司運作的醫療模式，加上旨在加快病人療程的新技術陸續問世，更使這個問題雪上加霜。這些逼迫醫師一天要看好多好多病人，眼看就要切斷醫生和病人之間必不可少的連結。[35]

勞倫・豪爾（Lauren Howe）和艾莉・克拉姆（Ali Crum）已證明醫療供應者較溫暖地對待病患具有正向效應。[36]她們給了醫生一份簡短的腳本遵循：他們要隨興地自我介紹，用名字稱呼病人、維持良好的視線接觸、保持微笑、牆上掛一些漂亮的海報。看診的病患都是皮膚接觸組織胺會產生局部過敏反應的自願者。醫師在過敏處敷用乳膏——實為安慰劑。比起對照組（醫生冷漠疏遠），醫師照腳本看診的病患，過敏反應造成的皮膚腫脹有顯著消退。研究人員也設計了暗示醫生是否能幹的細節，例如表明他是「在學醫師」（student doctor）或「研究醫師」（fellow）的名牌、辦公室凌亂不堪或整齊清爽，以及是否犯下事先安排的錯誤（血壓計腕帶戴錯）。醫師態度親切的影響，跟醫師感覺能幹的影響一樣大。

醫學研究員唐諾・雷德邁（Donald Redelmeier）及同事進行的經典研究也證明支持、友善的醫病關係具有強大的力量。[37]這項研究是在急診室裡以無家可歸的病患為對象進行。除了獲得標準醫療，有些病患跟志工有愉快的互動：志工**聽**他們說話，也透過聊電視節目等共同興趣建立融洽關係，但不提供任何臨床建議。相較於只獲得標準醫療的對照組病患，這樣的互動提升了病患滿意度，也減少高成本的複診達三三%。

至於病人的後續追蹤，一項研究顯示出極正面的功效。研究人員請護理人員適時寄送明信片給曾自殺未遂的病患。明信片僅敘述醫院人員想念他們，想祝福他們一切安好，不知道他們現在過得怎麼樣。相較於沒有收到明信片的對照組，這項干預減少了將近一半再次嘗試自殺的人數。

改寫達奧德的話，有時拯救心靈是真的可以解救身體的。

然而在任何干預的背後，機構必須先洋溢著關愛的風氣，讓每一次相遇都像一個音符，共譜出響亮的樂章。就我所知，亞歷桑納州一位醫生所寫的一封信，就將這種風氣展露無遺。[38]有人在podcast裡說到妻子無法陪伴因COVID-19住院的父親，醫生如此回應：

對我來說這波疫情最難過的不是我漫長的工時，或失去與家人共度的時光，或我臉上久戴N95口罩的瘀傷。最難過的是我的病人與病情搏鬥卻沒有摯愛陪伴。以往，戴呼吸器的病患大多有家人渴望陪伴，牽著他們的手，在那可怕時刻來臨時輕聲道別。保持人身距離的悲哀就在於我們無法在最需要的時刻擁抱彼此。如同你的妻子沒辦法陪在父親身邊，很多人都渴望和他們的摯愛在一起。不知道你可不可以把這小小的安慰分享給你的聽眾，他們或許也有人正蒙受分離之苦。

在我們的醫院，沒有人是孤單的。初來乍到時不孤單，高興出院回家復原時不孤單，甚至在離開這個世界時也不孤單。我在每一次身體檢查之前，調整呼吸器或確認藥物或肺部聽診之前，都會花點時間握住病人的手，跟他們說說話，就算他們已服用鎮靜劑，就算醫袍、面具和手套分隔了我們，我會問候他們，告訴他們我們正在為他們奮戰，讓他們想起，自己是被愛的。

我們的護理師知道病人的妻子、孩子和朋友的名字，會在執行勤務時跟病人聊聊他們的事。你太太告訴我玫瑰花盛開了，一名護理師在幫病人換病床時這麼說。知道你醒了，你兒子一定會很高興，另一位說。我們在這裡，我們一直在這裡。我們知道你們好多人，好多病人家屬，願意不惜一切代價，只為親自陪在身旁。非常、非常抱歉，你們不能這麼做。但請接受我們小小的安慰，請你們放心：我們正盡一切所能當他們的家人，直到能讓他們回到你們身邊為止。他們絕不孤單。

根據一項極具影響力、對許多研究進行的複審，社會連結對人類健康至關重要的證據「確切無疑」，[39]使作者做出這個結論：「對於壽命和生活品質，從生到死，或許沒有其他任何因素有這麼大的衝擊力了。」那些正與醫療難關奮戰的人，我們每個人都可以盡綿薄之力幫助他們覺得被理解、被照料，讓他們不會感覺自己是一個人面對挑戰。研究顯示，甚至只要相信病人或照顧者求助時一定能得到社會支援，就足堪安慰了。[40] 定期打電話向親朋好友表達掛念與關愛，讓他們明白可以和我們分擔他們的恐懼，告訴我們他們的處境有多艱難；傳達支持；表示願意分憂解勞——這些不僅能強化他們的歸屬感，還能增進健康。

第十二章

警務與社區的歸屬感

建立理解來擊退系統性濫權

幾年前，吾友莎莉決定辭去郡府探員的工作，改任警員。她想在社區裡工作，認識居民，跟他們一起努力維護治安，當然還有「抓壞人」，她這麼說。莎莉擔任探員的資歷顯赫，得到最高推薦，也通過所有警察測驗。獲得加州灣區一個富裕郊區的警察局聘用時，她好不興奮。但兩個月的試用期一到，她被解僱了。

加入那個部門就像被粗暴地搖醒。首先，她原本深信不疑的那種社區參與不僅受到阻礙，還被嘲笑。在她協助一名年輕女性找到她失智迷路不見的父親，那個女兒送給莎莉花束表示感激，之後又有更多社區成員給她信函和禮物感謝她的服務。然而，好幾個同事告訴她，她不該把時間花在這種事情上。第一個月擔任莎莉督導的長官對她攔檢時尊重、友善的態度表示不滿。他告訴她，在她走近所有車輛時，手必須按住槍套，她必須假設每一個人都可能是壞蛋。莎莉喜歡「到處走動」，但他堅持警察要待在巡邏車裡監視地區。

一天，在這兩位巡邏一所大學校園時，他要她去盤查一個貌似嫌疑犯的拉丁裔男子。她遲疑了，因為覺得沒什麼好擔心的，但督導堅持。她走過去，開始有禮貌的詢問，但她的督導認為那個男子的穿著具有幫派色彩，打斷她，要她搜他身。她覺得這樣問心有愧，但也想保住飯碗，只好照辦。

來到撰寫評鑑報告的時刻，督導寫得非常苛刻。莎莉很快告訴我，那時她在警務方面還有很多得學，但她覺得那份報告非常偏頗，因此決定向上級提出評鑑裡的錯誤和偏見。申訴無效。她為社區做的許多服務也沒有任何功勞。被開除後，她幾乎一整年沒有工作，最後終於等到另一間警局的聘書，而她說她在新環境「如魚得水，快樂得不得了」。她參與公共關係事務、代表警局出席社區和郡府會議、進學校對孩子發表談話，不過，「還是得抓壞人啦」。

在她告訴我她的故事時，我認為她前警局的警務規範一定非常嚴厲。誠然，全美各地許多警局在營造社區信任上都提供良好的訓練，但要等到喬治．佛洛伊德遭槍殺，和其他許多事件引發全國對警察暴行的關注後，大家才知道少數族群遭身體霸凌的情況如此普遍，而莎莉的經驗正是系統性問題的症狀。如我們在第六章看到的，這個問題也包含日常的不敬之舉，而這些都會損害警察在大眾眼中的正當性。

目前針對如何「培養更好的警察」之事，很多工作正在進行。但或許這不是正確的使命。如果我們認為警務等同於警察是哪一種人，那任務確實是這樣。警力之中當然有壞蘋果，壞蘋果就該訓誡，甚至解除職務。但誠如前西雅圖警長諾姆．史坦普（Norm Stamper）在《保護與服務：如何整頓美國警力》（*To Protect and Serve: How to Fix America's Police*）中所寫，警務的問題是系統性的。[1]「警務壞掉了，」他說：「可悲的是，從制度一開始就壞掉了，那是以準軍事官僚組織演化至今，而這樣的編排把警員與他們宣誓保護和服務的社區分隔開來。」他主張，警務該被理解為民眾與警察之間的合作關係，跟莎莉夢想的差不多。

要建立更好的合作關係，就需要警民之間的信任。信任要怎麼培養呢？一個看來大有可為的方法是教導警察如何明確地在與民眾的互動中表現尊重。

不妨想想這個由洛林．馬澤洛爾（Lorraine Mazerolle）和她澳洲昆士蘭大學同事進行的實驗：研究人員改變了警察隨機攔檢執行酒測的方式。[2]多數駕駛都恨死了這樣的攔檢。有些會勃然大怒。馬澤洛爾和同事想看看她們能否改善這樣的遭遇。一組駕駛在被攔下時會聽到警方的標準聲明，一切如昔（警員姓名為虛構）：

> 你好，我是奧克斯利交通分局的彼得森警員。你被攔下是要請你做隨機呼氣檢測。現在我需要你提供呼氣樣本做測試使用。這是呼氣檢測裝置。請照我的指示做，我要請你把嘴巴放在吹口上，到我喊停為止。

另一組駕駛則聽到這段：

> 你好，我是奧克斯利交通分局的彼得森警員。你以前參加過隨機呼氣檢測嗎？……我們今天是隨機請車子停下來。也就是說我們不是特別挑選你進行檢測……二〇〇九年光是昆士蘭就有三百五十四個人死於和酒精相關的車禍。我們最艱難的職責就是告訴民眾他們的摯愛已經身亡或受到重傷……這是警政公報，上面有額外的犯罪預防提示。那也

告訴你社區發生的事，也給你一些重要的電話號碼，如果你遇到什麼不致威脅生命的事件想跟我們聯繫，都可以撥打。

研究人員並未真正改變警察看待民眾的方式，但確實改變了民眾感覺自己怎麼被警察看待，且效果顯著。這個新腳本就是營造情境的一例。這得多花一點時間——在這項研究是多一分鐘。它的精妙在於幾個含意甚深的小細節。第一個「說出」的訊息是團結：「我們都是這個社區的一分子。」其次是尊嚴：「我把你當同胞看，所以願意多花點時間解釋為什麼要攔下你。」第三是警察自己的人性：「看到那麼多人枉死，我心都碎了。」第四個訊息是公正：「你不是被特別單獨挑出來，而是隨機選擇的。」那些話就字面而言似乎沒什麼值得注意的，但傳遞的心理訊息卻非常強大。

在與警察短暫相遇後，研究人員請駕駛填寫問卷並寄回。幾個月後，研究人員分析完調查資料，發現相較於聽到標準腳本的駕駛，聽到新腳本的駕駛給予警察比較尊重人和公正的評價。另外，這一次的邂逅也產生漣漪效應。聽到新腳本的駕駛回報對警方全體較為信任且較具信心。受益最多的駕駛是非白人移民，他們可能常覺得不知自己是否屬於這個新國家，且可以理解地不信任警察。也有一些證據顯示這樣的干預甚至能提高駕駛對酒駕的關注；他們對這個問題的態度轉變大於對照組。

這項研究並不完美；沒有哪一項研究完美無瑕。擲回問卷的駕駛人數低於標準，不能作成穩健結論，不過從好的方面來看，兩組駕駛回應的人數差不多——這對確立成果的有效性非常重要。話雖如此，我們尚不明白可從這些成果歸納出多少結論。我們需要保持懷疑且敞開心胸。這些研究之所以極難執行有諸多原因，包括警察對學界不信任，以及純因研究方法不佳。但我認為這些數據仍給了我們重要的線索：稍稍改變警察處理警民交流的方式，就可以讓民眾覺得自己較被尊重，而反過來更信任警方、認同他們的任務。

二〇二〇年一項與芝加哥警察局合作的研究，即已為這個概念提供不錯的佐證。[3] 伍德（George Wood）、泰勒（Tom Tyler）和帕帕克里斯托（Andrew Papachristos）等研究人員和警方合作，為警察創造並執行為期一日的研討會，目的在指導警員「程序正義」——耶魯學者泰勒的用語，形容一個組織或一次交流的過程公平公正。當人們感覺塑造他們所受待遇的過程是公平的，他們就會更信任、更服從權威，就算他們不喜歡那個結果。泰勒主張，人遵守法律不是因為害怕違法的處罰，而是因為他們認為法律具正當性。

在研討會裡，警察學習程序正義的重要性與原理，也被傳授技巧，與馬澤洛爾透過重編警察攔檢腳本嵌入的技巧相當類似：在攔檢時表現團結的精神、不論任何情況都維護民眾的尊嚴、保證自己會按照公正程序行事。警察也學習種族歧視的歷史，了解偏見持久不退的威力。首要指導原則是警察必須在社區裡建立尊重與正當性，而非像「占領部隊」那樣運作，靠「指揮與管制」維持秩序。

研討會的影響不僅用隨機化實驗，也用一種幾乎一樣好的方式評估：一種交錯式計畫認養（staggered program-adoption）的設計。總共有八千四百八十位警員參與。透過追蹤警員在什麼時候參與計畫，以及他們之前、之後的紀錄，研究人員可以鎖定任何改變。這項計畫也被發現能大幅減少警察的不端行為。在研討會後兩年的時間，參與的警員遭民眾控訴行為不當的案件少了七百三十二件，足足減少一〇%。另外，在同一段時間，付錢和解警方遭控訴的案件也少了一百零五件。這樣的成果，就連原本不認為警察有偏誤問題的人也印象深刻。每一筆賠償平均要價四萬美元，也就是說，這場為期一天的研討會幫這個部門，以及全體納稅人省了四百一十萬美元。

艾蜜莉・歐文斯（Emily Owens）等人和西雅圖幾個警察轄區合作，採用不同方式改善警民互動的品質，由督導在簡單會晤中鼓勵警員遵循程序正義的規範。4

研究人員選出一千一百零五名警員（他們獲選是因為曾有社區民眾對他們提出申訴），隨機分成兩組。其中一組，小隊長把警員叫進辦公室，態度尊重地請他們回顧一起警民事件的處理方式。他仿照勒溫民主領導人的參與式風格進行討論，讓警員不會築起防衛。儘管小隊長強調警察的使命是依程序正義執行法律，他也解釋這次會面的目的只是聊聊警員如何在特定事件發生時運用程序正義，以及有沒有什麼值得學習的。小隊長善用好的問題來徵求他們的見解：

你在那起事件中學到什麼？
你原本以為你到場時會看到什麼，而你人到現場看到的真實情景為何？
隨著真相大白，你融入了哪些新資訊來做決定？

談話尾聲，小隊長翻轉階級腳本，問：

對於我在這次會面期間的表現，你們有任何回饋意見嗎？

沒有說教，沒有怪罪。研究結束時，參與會面的警員回報感覺自己說的話對督導很重要——自己有發言權——而研究顯示，這正是程序正義運作良好的關鍵要素。分到另一組的警員則沒有進行這樣的對話，讓研究人員可以測量討論的效益。兩組警員的行為在一個半月後進行評估，開過會的警員涉入暴力事件的可能性少了三三%。他們也比較可能用發傳票取代逮捕，暗示他們懂得防止事件惡化、擦槍走火。

這些警員也較積極與民眾接觸，對話後那一週攔停的次數比對照組高出三、四倍。這乍看下似乎過度熱心，但事實上，與一般認知相反，城市裡少數社群的多數成員其實希望警察進行這種更積極主動的介入。他們希望警力壯大而認真，不只是行使權威。這種對於攔停增加的解釋得到這個研究成果的支持：這些警察也較可能主動給予社區某種形式的協助，例如幫助跌倒的民眾。

因為我們會信任讓我們感受到溫暖的人，另一個強化程序正義的策略是警方要和社區打造正向的關係。但因為預算被刪除，警力之中許多與社區關係有關的職務，例如吾友莎莉目前擔任的職務，已遭裁撤。擔任這些職務的警察會把焦點集中在建立與社區之間的聯繫。他們會出席郡府會議、參與鄰里守望相助、和年輕團體合作、調解鄰居糾紛、拜訪學校和社區活動。一旦財務吃緊，這些通常是最先被砍的職位，因為他們被認為不及打擊犯罪重要。但研究顯示社區關係或許才是警政部門在預防犯罪方面最珍貴的資源。

為何程序正義如此重要？[5]一個答案是因為他們肯定自我價值。泰勒指出合乎程序正義等於向民眾傳達他們被看見，且在權威眼中被重視。事實上，誠如馬修・利伯曼（Matthew Lieberman）在著作《社交天性》（*Social*）指出，公平的對待，一如所有社會酬賞，啟動的獎勵迴路和糖果啟動的大致相同。我們有些人從小到大習慣被公平對待，唯有在它被抑制時才注意到它有多重要。經歷過不公平待遇的人（警察、老師，甚至銷售人員給的），都知道那感覺起來有多惱人，多不正當。彷彿我們不值得享有人該享有的尊重似的。但一旦獲得公平的待遇，民眾就會更欣然接受社區的規範。在一項評估這種效應的研究中，事實證明家暴犯行者若覺得警方以程序正義相待，就比較不會再於家裡犯下另一起暴行。

一位同事的故事闡明了權責機構可以帶來多麼強大的價值肯定，協助民眾步入正軌。同事的姪女數度違法，最終鋃鐺入獄。獲釋之後，她又違反假釋條件，回去坐牢。她似乎陷入一個反覆的循環。不過，在她下一次被宣判時，法官告訴她：「我希望妳過得好，也相信妳有能力擁有成功的人生。」因為這位年輕女性從小習慣法官對她聲色俱厲，他這番話產生了強大的肯定效應。他提振了她的信心，讓她相信自己有能力掌控人生，而她做到了。

二〇二一年一項由歐科諾富雅和同事進行的實驗提供了科學證據，證明類似這種肯定違法者的交流可以產生強大的效應。[6]他們創造了三十分鐘的訓練模組，鼓勵假釋官與假釋犯建立互相尊重的關係，賦予權力、給予肯定。十個月後，相較於接受對照版訓練的官員，這些假釋官的假釋犯再次被捕的人數較少。

這項研究暗示，當民眾覺得自己被給予完整的尊嚴和尊重——當他們產生歸屬感——個人責任，也就是民主社會的基礎價值，就會更容易生根。

這種種改善警民關係策略的光明前景，在紐澤西州肯頓市獲得驗證。過去肯頓一直有「被希望遺忘的城市」之名。它是全美經濟最衰弱、犯罪最猖獗的城市之一，二〇一二年的犯罪率比許多發展中國家還高。但拜警政革新及其他社區改進措施所賜（政治左翼及右翼都表示歡迎），這座城市恢復生氣，犯罪率也降低了。這些改革得到當時的共和黨州長克里斯・克里斯提（Chris Christie）支持，援用自由派及保守派學界數十年來的學術成就。（給執法人員及社區重要關係人的指南可上 https://www.niot.org/cops/camdensturn 查詢。）

如紀錄片《肯頓的轉變》（*Camden's Turn*）所呈現，一切是從僱用一位富有靈感與創新力的新警長史考特・湯姆森（J. Scott Thomson）開始。[7]他回憶道，警方必須發起「一場政治運動來克服長年的不信任」。本身是白人的湯姆森對城市龐大黑人人口的經驗和觀點展現了敏銳的感受力。這些人口有充分的理由不信任警方，他說，因為很多人見過警察濫用權力或對社區問題漠不關心。另外，他也了解警方殘暴對待黑人的漫長歷史，而他主張，雖然今天的警察不須「為」過去負責，卻須「對」過去負責，因為是警察以往的作為塑造了現今民眾對他們的觀感。他認為，警察的責任之一是記取那段歷史的教訓，一言一行都要努力實踐身為警察的意義，重新塑造警察的形象。

為修正導致不良關係的心理因素，湯姆森安排了研討會指導警察何謂隱性偏見，以及那可能如何致使他們給非白人差別待遇。他也針對日常警務發布許多新的命令。一個引人注目的變革是他要求加快對事件報案電話的反應，使平均反應時間從一小時銳減至不到五分鐘。他明確地著眼於將警察的角色及身分從「戰士」轉變成「守護者」。警察學習如何避免情況愈演愈烈而使自己和他人陷入險境，也學習以「化干戈為玉帛」為目標。維護自身安全，且隨時為危險做好心理準備是警察的首要之務。但警員有些言行卻會使衝突火上加油，使自己反倒變成事件相關人士眼中的危險人物。在言行舉止上，他們其實可以秉持營造情境的精神來防止衝突徹底失控。

警察也被指示為社區警務投入更多心力，要走出巡邏車、步上人行道，和居民聊聊、了解他們關心什麼，這能促進觀點採擇。湯姆森告訴他們：「我不會算你們逮捕幾個人，也不在意你們開了幾張罰單。我們希望你們建立關係。」以這種方式巡邏，甚至在冬天暴風雪中也不歇息，警員成為社區居民熟悉的臉孔。肯頓警察局也舉辦「認識警察」活動，警員和孩子玩觸式橄欖球（touch football）、供應冰淇淋，也訪問小學、念書給孩子聽。湯姆森了解，透過讓孩子感覺自己被視為重要的社區成員，可以從源頭防止他們參與犯罪活動。他也建立師徒計畫，讓前受刑人勸年輕人行走正途。

更高的目標，即創造歸屬感的另一要素，也持續強化。[8]警方和社區不再像過去那樣以「我們vs他們」互相看待，開始把彼此視為有共同理念的夥伴。湯姆森也擔任社區環境改善的先鋒，例如拆除廢棄樓房、開闢更好的公共空間。他從毒販手中奪回公園，也為孩子創立棒球聯盟。他了解，倘若警察和民眾都把改善社區生活視為更高目標，一個他們必須攜手努力才能達成的目標，雙方的「我們vs他們」觀念就會讓位給信任，而信任正是實質改變的必備條件。簡單地說，他是傑出的情境營造者。

誠然，肯頓市的「轉變」尚未獲得正式學術性評估，而評估這種全社區干預措施的因果影響，永遠是一大冒險。不過，與另一項經審查的研究合起來看，肯頓市的故事闡明了明智干預有可能融入整個社區的一貫警務執行。眾所期盼的改善需要時間，但在湯姆森五年任內，暴力犯罪率下降二一%。光看殺人案則下降二八%。官方紀錄顯示高中畢業率上升，也有更多商店開張。整座城市的生活氛圍好轉，展現新的活力。孩子在公園玩耍，社區居民外出散步，也彼此交談。

肯頓市的故事證明，就算在看似毫無希望的環境，面面俱到的情境營造也可能經由照應每個人對歸屬感的需求，催化出實質社會轉變。

第十三章 歸屬感與我們的政治

營造情境來彌合黨派分歧

就讀康乃爾大學一年級時，我有個室友名叫漢克，他對各種政治議題的觀點跟我南轅北轍。那一部分是因為我是在紐澤西郊區長大，他則生長於喬治亞鄉下。經歷過一段大一新生的歸屬感不定，我慢慢覺得自在，但漢克卻告訴我他還是找不到歸屬感。例如他一看到牛仔褲顏色故意刷淡的學生，就會怒從中來；他自己穿正統的深藍色款式，褪色都是穿到褪的。有次一個學生決定戴大衛．克羅克特（David Crockett）的浣熊帽做裝飾，漢克大為反感。當時「文化挪用」（cultural appropriation）一詞尚未流行，但他認為一個美國東北郊區居民支持殺害動物作為時尚宣言，是狂妄自大的表現。而政治取向無疑使他的歸屬感不定變本加厲。他是深厚的保守派，而康乃爾校園的一般文化相當自由派。

好幾個晚上，在我們針對某些政治議題進行馬拉松式的辯論後，我幾乎徹夜未眠。通常，我們原本是在各自的書桌幹活，這時突然有人冒出一句評論，或許是讀到什麼被激怒。漢克常不認同作者的觀點，例如某位生物學家寫到較低等的動物也有同性戀。有次我天真地問他隔天要不要參加支持墮胎權的集會。這一句話如星火燎原一發不可收拾，而我們的戰鬥有時激烈到房裡聚集一群觀眾瞠目結舌。從同志權利到墮胎到貧窮到種族，我覺得漢克的政治觀點好可怕。例如他覺得罵「黑鬼」（N-word）無所謂，因為那個詞代表的意義對他和對黑人及其他多數人不一樣。他也主張應立法禁止同性戀，因為那違反自然。

我以為我應該能講道理打敗他，讓他相信他觀念偏狹，結果每每為此吃盡苦頭。他口若懸河且知識淵博。他曾是高中辯論隊的明星，事實證明名不虛傳。他也已經徹底思考過他的見解，而我驚恐地發現，那比我能提出的還透澈。漢克常輕易把我的議論貶得一文不值，而就算我深信我的道德觀念正確，我還是辯不過他。有次我真的暴怒激動到舌頭打結，只能一語不發地瞪著他，覺得好想揍他一頓。

不幸中的大幸是漢克為人親切寬厚，我們爭吵後，他總是先表示友好來恢復我們的關係。這種話也是我很難說出口的。我會把我們的爭吵放在心上，產生怨恨。當年我對自己無能動搖他的觀念倍感挫折，但現在我會把我們的爭論視為我政治意識發展的構成要素。我逐漸不情願地了解，我很多最強烈的信念並非基於當時我可以清楚闡述的理性論據，而是一時興起、用來辯解的合理化行為。我也學到一如許多研究顯示，人一般不會因為聽了什麼論點而改變政治觀念，起碼在缺乏恰當的討論條件時不可能。偶爾，我會向漢克提出絕妙至極的論點，他會承認我那一點正確，但他整體觀念絲毫不為所動。

由於黨派之爭自一九九〇年代中期以來愈益熾烈，許多民眾對極端、無事實根據的觀點堅信不移，「人就是不會改變觀念，尤其是對政治議題」的看法已非常普遍。社會心理學研究很早以前就顯示，「確認偏誤」會使人忽視與他們觀念牴觸的資訊，甚至變得更執著。社會心理學對理解這種惱人的現象也有重要貢獻——從數十年前開始。

一九七七年，李．羅斯、查爾斯．洛爾德（Charles Lord）和馬克．萊珀（Mark Lepper）合力進行了一項迄今仍最清楚闡明下面這件事情的研究：人在回應與自己看法牴觸的資料時，會表現出抗拒和極化。[1]研究請來死刑的支持者和反對者審閱一系列繁雜的證據，與死刑作為遏制殺人政策的效力有關。參與者審閱了議題正反兩方的科學證據，那已審慎製作，在方法上呈現出同等的嚴謹。其實那些研究都是捏造的，因此研究人員可巧妙地操作，讓同樣的研究方法創造出支持或不支持的成果。結果如何？確認偏誤。雙方都認為研究比較支持自己的看法。同一份研究，假如支持他們的觀點，他們就會讚譽有加，如果不然，就會挑剔其方法有瑕疵。更任性的是，隨後參與者還會宣稱，整體而言那些證據讓他們相信自己對死刑的看法比原本想的更正確。正因這樣的偏誤，只讓民眾接觸到替代觀點，例如改變社群媒體的動態消息，是不大可能產生期望中的效果的。研究顯示，那甚至可能反讓人陷得更深。例如，雖然所費不貲，美國選舉的政治宣傳活動實際上不會影響選民的選擇。

麥可．施瓦爾貝（Michael Schwalbe）在我的研究室主導過一項類似的研究，探討民眾對二〇一六年總統選舉的看法可能如何影響他們判斷假新聞的敏銳度。我們招募了超過一千五百位自由派和保守派，並確定樣本能反映美國人口分布。我們讓參與者觀看和唐納．川普有關的新聞報導，其中有些支持川普，有些反川普。[2]有些報導是真的（「就任兩年，川普有權誇耀股市」），有些是假的，甚至光怪陸離（「川普扮成教宗參加私人萬聖節性狂歡」和「川普打敗西洋棋大師賽冠軍馬格努斯．卡爾森〔Magnus Carlsen〕」）。我們請研究參與者評估每一篇報導是真是假的可能性，結果發現雙方展現的偏誤程度大致相同，保守派極易相信有關川普的好新聞，不論真偽，自由派則極易懷疑，不論真偽。事實上，參與者會把支持本身觀點的假新聞判斷成比違背觀點的真新聞還要真實。

事實證明高學歷和低學歷人士一樣容易被假新聞操弄。此外，在被問及他們想要分享哪種故事時，自由派和保守派人士都較可能在社群媒體和朋友分享切合他們觀念的新聞，間接促成假新聞傳播。我們的心智並非一視同仁的資訊處理器，借用社會心理學家阿里．克魯格蘭斯基的比喻，它們比較像磨坊，把我們日常生活的穀物碾碎成「我們的途徑就是正確途徑」的確證。

這項發現似乎證明這樣的絕望不是憑空想像：我們不可能抑制黨派之見、謀求共識來解決我們的社會問題，尤其又有許多其他強大因素加劇美國及世界各地的政治極化。例如，在美國，贏者全拿的選舉制度助長了「我們 vs 他們」的思維。媒體窄化成黨派傳聲筒也起了重大作用。社會心理學家已經發現，我們的心智較易受到負面資訊強烈吸引，[3]這讓媒體，包括主流傳播媒體和社群媒體，更樂意塞給我們充滿惡意、販賣恐懼的報導。研究也顯示我們自以為能客觀判斷這些資訊，實則不然。一邊是偏頗與完全謬誤的報導，一邊是我們自以為客觀的幻想，兩者結合成劇毒。施瓦爾貝的研究發現，可預測更容易相信假新聞的兩大因素分別是較常觀看不均衡的媒體，**以及**相信自己的政治觀念不會受到錯誤資訊和其他偏頗作用影響。

要了解如何解決政治分歧，我們需要先了解它的成因。[4]托爾斯泰（Leo Tolstoy）似乎深知為什麼政治爭論往往只會導致固執己見而非改變觀點。在他的小說《安娜．卡列尼娜》（*Anna Karenina*）中，一個人物問另一人，為什麼人要在「明明沒有誰可以說服誰」的時候爭執不休，得到的答案是：「因為人無法了解對方想要證明什麼。」事實上，人為己見爭論的原因多半是想證明他們是自己選擇的政治「部族」裡的中堅分子，不是想證明他們的觀點正確。他們效忠他們的團體更勝於效忠他們的見解。這句話甚至適用那些可以滔滔不絕有條不紊地為其觀點辯護的人；一如我們每一個人，他們或許渾然不知自己背後真正的動力。當你規勸他人多做批判性思考或多吸收點資訊時，並不會改變他人的觀念，還往往造成反效果，就是這種團體效忠發酵。就連聲譽卓著的政治專家和社會科學家在面對證明他們預測錯誤的證據時（這種例子屢見不鮮），也會展現強烈的確認偏誤。這個問題是如此顯著而普遍，使美國情報體系已經找社會心理學家合作，研發訓練模組來指導分析師心理偏誤。

所幸，對於我們可以如何撲滅分歧之火，社會心理學研究已有深刻的洞見。如我們已經看到的，在極化，以及伴隨極化而來的非人化和妖魔化，背後最大的驅動力就是歸屬的渴望。如果我們想要打開心理空間來理解他人，搭起跨越政治界線的橋梁，就必須承認人之所以會為己見爭執鬥氣，主因是他們覺得相反的觀點威脅到他們的歸屬感，甚至威脅到他們的自我概念。況且，這種威脅感並非完全不理性。首先，那部分深植於生物學。[5]神經科學研究顯示，當人們讀到挑戰長久政治信念的敘述時，他們的生理威脅反應會逐漸升高——從杏仁核活動增加得知。反觀在他們做成結論、把相斥的證據合理化時，大腦與獎勵或強化有關的部位就會活化。我們的生物威脅和獎勵系統會增強對團體觀念的效忠。

另外，政黨多半會對表達異議的團體成員有激烈的反應。[6]我記得有則新聞報導講到有位人士長期是在地民主黨團體的一分子，卻在二〇一六年大選支持川普。雖然他在團體裡的資歷很深，也和許多成員交情匪淺，還是遭到驅逐。二〇二〇年總統大選，喬治亞州共和黨籍州務卿在駁斥選舉舞弊指控後，遭到一些黨內同志詆毀，這也是與政治部族意見不同者得面臨排擠的明顯案例。

為什麼相反的鐵證歷歷在目，人還要如此固執己見，原因或許不難理解。以往，被逐出部族會對生存構成實質威脅，而我們的大腦似乎還是這樣看待這件事。為了保護自己，我們會有意無意地絞盡腦汁，讓自己與部族一致。

為探查歸屬的渴望是如何驅使我們違抗理性辯論的精神，我進行了一系列研究來揭露這種合理化的過程。[7]在從多所大專院校募來自由派和保守派學生後，我把他們帶進研究室，他們以為自己參加的是新媒體記憶研究，但實為政治態度研究——我們必須要詐掩蓋研究真正的目的，否則他們會表現得不自然。我們請他們讀一篇報紙報導，文中敘述一項福利政策，以及那是否得到共和黨或民主黨國會議員支持。雖然報導看起來像真的，但參與者並不知道那其實是杜撰的，且內容經過精心編寫。一組參與者讀到民主黨人支持政策，共和黨人反對政策；第二組參與者讀到的立場顛倒；至於第三組，則沒有給予黨派立場。另外，一組參與者會讀到政策將為窮人提供慷慨的住屋、糧食和教育支援，另一組則會讀到支援只有最低限度。然後我們會假借「你的態度可能會影響你對報紙內容的記憶」的名義，詢問參與者本身對該福利政策有何看法。

照理說，如果忠於本身政黨的意識形態和立場，共和黨員會支持最低限度的福利政策，民主黨人會支持慷慨版。在參與者並未獲得有關政黨態度的資訊時，他們確實如此。但只要得知政黨擁護什麼，不論政策如何描述，參與者都會遵從政黨的意見，就算那些意見其實與政黨意識形態背道而馳。甚至在兩項政策並列呈現時也是如此。這些學生是如此熱切地支持報導中政黨倡導的政策，很多人表示願意寫封長信給公共政策智庫幫它背書。

人心擅長把諸如此類的矛盾合理化的事實，也得到這項研究另一部分印證。支持「嚴厲」政策的民主黨人在被問及原因時，寫到讓窮人學習自助人助的重要，認為該政策符合民主黨為窮人提供機會的價值。被告知政黨支持「慷慨」政策的共和黨人則辯解，他們是基於共和黨公開表明對人道主義的信仰而支持。雙方都沒有說他們支持政策是因為政黨支持。事實上，他們堅決否認這點。就算在完全匿名之下，他們仍將政黨的意見評為他們政治觀點最不重要的決定因素，遠不及政策的實際內容和自己的道德原則。這樣的結果顯示順從黨意的過程可能有多不自覺。

許多研究都複製過「政黨提示」使我們兩極化的力量，包括大型全國代表性樣本：例如在美國有自由派和保守派對環境政策、農業補助和 COVID-19 政策的意見；在荷蘭有公民對移民政策的意見。在國際政策方面，團體效忠也時常輾壓政策內容。以色列人若認定和平計畫是由以色列代表制定，就會加以支持，就算那其實是巴勒斯坦代表團在一九九三年雙邊和談上提出。如神經科學家馬修．利伯曼所寫，我們的心智就像雙面間諜，暗中為我們的團體工作。[8]不管我們的團體希望我們以哪種方式聽令行事，我們就會照辦——服從得令自己意外。

政治分析家、《我們為什麼會兩極化》（*Why We're Polarized*）一書的作者伊茲拉・克萊恩（Ezra Klein）寫了一篇探討這些發現的文章，標題為〈解釋華盛頓的心理學理論令人憂鬱〉（The Depressing Psychological Theory That Explains Washington）。[9]但在我們犯下基本歸因謬誤，說「人笨得可以」之前，我們必須了解團體主要是經由形塑我們對世界的感知來影響我們。[10]想像你住在被占領的土地，雖然你想要和平，但還是害怕被剝削。你讀到一項和平計畫將提供「安全部隊」。你認為「安全部隊」是一小批警力，還是大規模、鎮壓用的軍力呢？如果你得知你的團體支持計畫，推斷為第一種比較合理，反之，如果你得知你的團體反對計畫，你就會猜想是第二種。我們對現實的判斷該「從上而下」，由我們的團體塑造，還是「從下而上」，光由事實塑造，是很難回答的問題。

真正令人困擾的是，當我們的判斷是從上而下時，我們很少能徹底察覺，因此我們會把反方斥為偏誤，相信**我們**才是客觀的人。[11]若我們只在一個部族裡生活，極度服從在這種同質性高的環境可能有很多好處，但在許多團體必須共同生活的社會，這卻是分歧甚至暴力的處方。如果有某一項政策比我方提出的任何政策來得優異，我們卻只因為那是對手提的就拒絕接受，那我們能達成什麼共識呢？

儘管我們的心智可能這般偷偷摸摸地欺騙我們，但一些削弱這種潛意識偏誤的方式，已證實相當有效。社會心理學已洞悉人可能會在哪些時候敞開心胸接受與本身觀念牴觸的資訊，又為什麼如此。研究也顯示就算人不會改變想法，也可能受到啟發，而對他們原本認為執迷不悟或具威脅性的人表示尊重，甚至同理。

在我和漢克相處的經驗中，我就見證過人確實有可能打開心胸，甚至大幅改變想法。我們當室友之後的那一年，我參加海外課程，而回到康乃爾的某天，我碰到漢克。他掛著比我印象中燦爛的微笑，看起來也快活得多。他告訴我在我出國時，他參加了兄弟會，因為他想要找到一群他覺得合得來的學生。雖然倉促，他還是找到了一個他相當喜歡的兄弟會。那些男生很友善，他覺得跟他們相處很自在，他們也接納他。幾星期後，和那群兄弟共進晚餐時，漢克講起他對同性戀的看法，這時一位弟兄猛力放下餐具，瞪著漢克。「你剛剛譴責了我的一生！」說完就走。

漢克嚇呆了。他不知道那位弟兄是同性戀，而且原來還有其他一些弟兄也是。

「我常想到你，」漢克對我說。我曾對他表明的那些論點，當時絲毫無法動搖他的信念，但後來開始產生迴響。他找他冒犯的那位弟兄談過了，了解他傷了對方的感情，也了解恐同症普遍會造成的傷害。他的心打開了。接下來，他的心智也打開了。

當時漢克仍住在宿舍，一天他注意到他先前在洗手間看到的一張宣傳一場同志權利會議的傳單被撕掉了。漢克告訴我，那件事發生時他仍不支持同志權利，但他支持言論自由，也堅定地反對審查。他在宿舍到處問，想找出是誰把海報撕掉的，結果發現是個我記得相當親切逗趣的人。但他隸屬預備軍官訓練團（ROTC）——軍方獎學金計畫——而當時該組織的規範是不贊同LGBTQ人士的。漢克找那人談了，兩人一言不合，起了爭執。那人把漢克摔到牆上，出言恫嚇，還舉起拳頭瞄準他的臉。我很驚訝漢克竟擔起捍衛同志權利的角色。大三那年期末，他更公開發表許多我曾跟他說過有關同志權利的論點。他改變觀念不是因為那些論點，而是因為他後來認同一支團體，他在意其中的成員，且那個團體提倡且實踐包容的規範。他也得到團體成員的肯定，而如我們將看到的，那正是讓人敞開心胸的催化劑。

我從漢克的轉變學到，人有時會改變觀念，甚至是根深柢固的政治觀念，不是因為邏輯法則，而是出於心理法則。漢克的弟兄帶給他強大的歸屬感，而強大的歸屬感給了他同情和安全感來敞開心胸。這種改變也需要時間。重點在於，**如果**我們想要建造跨越黨派分歧的橋梁，就必須設法減輕人們歸屬感所受的威脅，包括一考慮對立觀點就會觸發的威脅。

一種做法是為抱持相反意見的人提供若干價值肯定。[12]我和亞倫森及史提爾合作設計了一系列研究，觀察政治對抗讓自我感受到的威脅，是否能透過肯定他們在其他領域珍視的價值觀加以減緩。效法李．羅斯等人的經典研究，我們招募了死刑的支持者及反對者，帶到我們的研究室。運用價值肯定程序，我們首先請他們從列表中挑選一個價值觀（我們已小心排除政治方面的價值，讓參與者可將自我價值集中在身分認同以外的領域），然後請他們寫出哪一種價值對他們最重要。接下來他們會讀到長達三頁，與他們死刑立場相反的科學文章。文中幾乎每一個面向對支持者和反對者都一模一樣，援引同樣的研究和研究方法。唯一的差別在結論。在反對者看來，文章與他們的觀點牴觸，主張死刑可嚇阻有殺人意圖者，藉此保護人命。在支持者眼中則恰恰相反。我們請另一組參與者寫下一個他們覺得不重要的價值觀，以及別人為什麼可能覺得那很重要——很好的寫作練習，但不是能肯定自我的習題——然後閱讀相同的文章。比起價值未被肯定的對照組，價值肯定組的參與者就算不認同那篇死刑文章的結論，也將之評為較具說服力，且作者較負責任、較有見地。（研究結束時，所有參與者都會聽取完整彙報。）

一場後續實驗運用了一種更有力的自我肯定：參與者接收到正向回饋，讚揚他們善於察言觀色，結果證明，一旦得到肯定，死刑的支持者和反對者對死刑的態度都變得比較溫和。肯定組態度趨近中立的百分比，約比未肯定組增加二三%。

因為我們的研究是在一九九九年發表，這種自我肯定能鼓勵接納相反資訊和觀念的效應已被一再複製。在二〇〇七年一項研究中，我和同事證明，若讓墮胎辯論正反兩方先完成價值肯定，他們會更願意在墮胎立法協商中尋求共識，例如要不要在第三孕期（third trimester）限制墮胎，也比較不會詆毀對方偏頗不講理。二〇一一年，莎賓娜・切哈伊奇–克蘭西（Sabina Čehajić-Clancy）和同事證明，先完成價值肯定的以色列公民比較願意在以色列處置巴勒斯坦人的議題上承認羅斯所謂的「嚴酷的真相」，例如：以巴雙方都可能在衝突時犯下暴行、問題需要兩國方案才能解決，以及他們時常對巴勒斯坦人的遭遇產生罪惡感，卻只能壓抑。二〇一五年，在凱文・賓寧主導下，我和同事發現先完成價值肯定的美國公民比較可能根據表現優劣（經濟硬數據）而非民調滿意度來評價美國總統。

在現實世界，如卡特總統在《與卡特對話》（*Conversations with Carter*）一書中所述，一九七八年的《大衛營協議》（Camp David Accords）就是價值肯定緩和政治對立緊繃、協助覓得若干共識的一例。[13]他安排了這場高峰會，邀請以色列總理梅納罕・比金（Menachem Begin）和埃及總統沙達特（Anwar Sadat）到馬里蘭州大衛營進行為期一週的協商。簽署和平協議的機會看似渺茫。埃及希望以色列歸還土地和政治犯，以色列堅決反對；以色列希望埃及承諾永久停火，埃及並不願意。協商觸礁，比金總理起身走人，但卡特在電梯外攔住他。

卡特從一個文件夾取出九張他、比金、沙達特在高峰會上的合照，拿給比金，告訴他這些可以送給比金九個孫子當紀念。每一張相片的背面，卡特都已寫上比金其中一個孫子的名字。比金看著那些照片，沉默了一會兒，熱淚盈眶。然後他大聲念出每一個孫子的名字，說：「一定有辦法，一定找得到方法的。為了我們的孩子，為了下一代。」比金回去協商。那週結束，他和沙達特握了手——他們簽下歷史性的《大衛營協議》。

卡特讓比金想起自己對家庭價值的重視，以及為了我們的子孫，一定要讓世界更好的深切承諾。

以個人之姿，我們可以怎麼為政治分歧另一邊的人提供肯定，來建立更好的關係，甚至找出共識呢？首先，我們可以表明自己信仰雙方的共同價值，例如家庭、讓下一代承繼更好的世界，以及關心朋友和社區等。我們可以避免有意無意地暗指他們的觀念是基於無知或偏見，改以誠懇、好奇的態度詢問對方有什麼想法，又為什麼那樣想——這有助於讓對方感覺自己被看見、被聽見。我們也要尊重地聆聽他們的答覆。這般嘗試觀點採擇的結果可能令我們驚訝。在很多例子，我們會發現，我們和對手意見不合不是因為雙方抱持不同的價值觀或對同樣的議題有不同的見解，而是因為我們對那個議題的認知不同。[14]自由派和保守派為社會安全、福利、墮胎權利爭執不下時，往往不明白他們是從對事實不同的假設出發，包括社會真正的問題為何，以及實際要考量的政策。透過觀點採擇，我們可以更清楚地釐清歧見的根源，一起努力克服。

我們也可以留心我們使用的語言，磨練我們「觀點給予」的技巧。每當我在政治對話期間看到對方故意戲劇性地停頓，接著迸出這樣的斷語：「話雖如此」、「我告訴你」或「真相是」，都可以感覺威脅感在體內源源冒出來。尤其令人討厭的是「你不懂啦」，那暗示有什麼東西漂浮在我們上空，像是什麼柏拉圖的原型，明眼人都看得到。我們很多人都會落入這種修辭的陷阱，因為我們的心智讓我們看不見自己的偏誤，也因為這樣說話令人滿足，會啟動到大腦的獎勵系統。

於是乎，如果某人支持我們選擇結盟團體的觀點，我們往往就會頌揚他，若不支持，就會貶低他。如果我們卸下防衛，對他人的信念或論點表示尊重，或至少表現出興趣，例如用「我明白你的意思，我以前沒有這樣想過」或「那很有意思，你可以多說一點你為什麼這樣想嗎？」來回應，對方也比較可能卸下防衛。當然，如同任何策略，那有時未必恰當。有時我們主張或反對的立場是基於道德甚至攸關生死，暗示接受相反意見有失允當。但最起碼，我們可以秉持好奇、開放的態度開啟更多對話，且寄望跟我們說話的人會有良好的回應。

這不是說我們一定要改變自己的觀念，或不管怎樣都要把那當成有討論空間的事情來表達。你的觀念可能是建立於穩固的事實或個人經驗，就像LGBTQ的觀念，或非白人對普遍差別待遇和警察濫權的看法。重點是，要讓別人願意打開心胸領略我們的觀點，最好的方法是尊重地聽他們說話，並修飾我們的表達。例如在討論歧視時，以偏概全的敘述不如像這樣的措辭：「我深信歧視依舊普遍是因為我親身經歷過，我很多朋友和家人也經歷過。」

說到諸多黨派議題，同樣由施瓦爾貝領頭的研究顯示我們使用的語言可以減輕政治極化與敵意。[15]施瓦爾貝招募了由七百名民主黨和共和黨支持者組成的網路樣本，大致平均分配於兩組。二〇一六年九月，川普和希拉蕊．柯林頓（Hillary Clinton）第一場總統大選辯論前一天，研究人員鼓勵一組參與者把自己和他人的政治立場視為有討論空間的事務。首先，他們要回答一連串問題，並且每一題都問他們對美國選民有什麼**想法和感覺**，並評定他們**認為**己方或另一位候選人的支持者有多理性、容易受騙和偏頗。接下來，他們要讀一篇我們撰寫的部落格文章，文中表達以許多資訊為根據而與他們相反的立場，不過是當成意見來陳述，充分運用「我認為」、「我覺得」、「我相信」等詞彙。我們稱這組為「意見建構組」。

至於對照組，我們也請他們回答同樣一連串關於美國選民的問題，但沒有特別要他們回答自己的想法或感受。然後他們會讀同樣的部落格，但表示純屬己見的詞語都刪掉了。

作答結束，我們請兩組參與者表達對那位部落客的印象，他們一致認為部落客的觀念極端。但「意見建構」組的成員比較不會把部落客的信念歸咎於自利或採信宣傳或錯誤資訊。那很重要是因為，促使對立陣營被妖魔化的緣由不只是我們認為那些人相信**什麼**，還有我們認為他們**為什麼**相信。[16]如果我們認為他們是仔細思考過議題才作成結論，就比較不會對他們抱持敵意。的確，我們在研究中發現「意見建構組」給了部落客「比較理性、沒那麼邪惡」的評價。

接著我們請參與者觀看隔天的第一次總統辯論。之後我們問他們對辯論的看法，比起對照組，「意見建構組」比較不會認為他們中意的候選人勝過對手。再過三星期，也就是最後一場總統辯論後，「意見建構組」裡民主黨人和共和黨人極端看待兩位候選人，以及詆毀意見對立人士的傾向，都比對照組來得低。

來到研究尾聲，我們請所有參與者從一系列選書中挑一本免費帶走，這些書包括會給候選人正面光環的書籍，如川普的《交易的藝術》（*The Art of the Deal*）和希拉蕊的《抉擇》（*Hard Choices*），也有負面看待候選人的書，如《揭露最真實的川普》（*Trump Revealed*）和反希拉蕊的《性格的危機》（*Crisis of Character*）。「意見建構組」的成員比對照組更可能挑選正面介紹另一黨候選人的書。

最令人感到希望的是兩組參與者表達對兩位候選人觀感的方式出現轉變。有些人的說法比較像無可爭辯的事實聲明，有些人則比較像主觀陳述，運用「我覺得」、「我認為」等詞語。比起對照組，「意見建構組」參與者的表達比較主觀、比較不像事實聲明，雖然我們並未公然建議他們這麼做——也雖然他們接觸意見建構的干預已經是好幾個星期前的事了。我認為這是個好兆頭：我們愈多人把觀點當成意見來表達，就會鼓勵更多人學我們這麼做，而這有助於緩和防衛和極化。

我不是在鼓吹我們全都不該再試著讓觀念對立者的信念更接近我們自己。這正是民主公民的基本進取精神之一。我主張的是，如果我們訓練自己在徵求他人觀點時秉持真正好奇及尊重的態度，承認我們自己的觀點也是有討論空間的意見、強調雙方共有的價值領域，我們將能取得最大的進展，製造最小的極化火花。多數時候，承認我們並不確定，也可以更精確、更誠實地表達自己的意見。

就我所知最動人的研究之一，即二〇一七年政治學家布魯克曼（David Broockman）和約書亞．卡拉（Joshua Kalla）針對名為「深度遊說」（deep canvassing）[17]的明智干預所進行的研究，就展現了結合這些策略來討論政治議題的效用。他們與LGBT中心和SAVE兩個洛杉磯組織合作，訓練了一支遊說團隊，接著赴佛羅里達政治相當保守的邁阿密－戴德郡，分散開來，挨家挨戶敲選民的家門，討論保護跨性別人士免於歧視的法律。爭議性議題的對話當然可能擦槍走火。但忠於「對話」（conversation）這個詞的原意：「輪流」（to turn with），這些對話皆經過仔細設計，旨在建立合作。

研究人員從登記選民名單中招募了一千八百位居民，將之隨機分成兩組，讓他們接受遊說者的拜訪。針對對照組，遊說者進行十分鐘探討環境議題的對話，另一組則進行有關跨性別人士及其政治保護措施的對話。結果，第二組支持跨性別人士的人數有顯著並持久的增加。

你可能認為任何一種干預要發揮這種效用，一定要對居民展現強有力的論據。但這項研究的對話最值得注意的特色，反倒是它欠缺什麼。遊說者沒提出什麼直接的主張。雖然事實昭然若揭，遊說者就是支持跨性別權利，但始終沒有強迫選民接受他們的觀念。他們沒有流露出高人一等的姿態。

相反地，他們讓選民扮演享有權力的角色。選民被告知：你在未來的選舉可能面臨一個重要的決定。你握有推翻或支持立法保障跨性別人士權利的投票權。接下來說服者會詢問他們對此議題的意見。說服者已受過訓練，不會對選民的答案表達評斷，或流露出任何欣喜或不悅，只是仔細聆聽。他們會提出像是「您可以多說一點嗎？」之類的問題，絕對不會說我們討論過的那種「讓我告訴你真相」之類的語言。遊說者也會試著建立連結。如果原本戴墨鏡，現在會摘掉。他們會保持視線接觸，在恰當的時候微笑，身體向著選民而非外面——研究顯示這能促進連結和學習。[18]他們給選民表達及探究想法的空間，也秉持真誠、好奇的態度聆聽，讓選民覺得受到肯定、自己的見解很重要。遊說者也受過訓練，會「大膽假設」每個選民都有喜歡或覺得有趣的事情。

接下來，遊說者會播放一段正反方辯論跨性別權利的短片，包括一位真正的跨性別人士訴說他的掙扎。

播完，遊說者會問選民對影片的感想，以及這個問題：「每個人都會在某個時間點遭遇評斷，那很難受。你可以告訴我你曾在什麼時候感覺被人評斷，或因為你的身分受到差別待遇嗎？」如果選民拒絕，遊說者會問他是否見過別人遭受這樣的評斷，而那帶給他們什麼樣的感覺。這些問題採用了曼多薩在一九九〇年代設計且測試過的建立同理途徑：讓人回想自己人生經歷過類似情緒的類似情境。

幾乎每一位選民都會分享故事。要是選民遲疑了，遊說者會分享親身經歷過的故事。有時對話會變得親密，雙方都流露脆弱。接著選民會被問到，他們討論的經歷是否讓他們更能體會跨性別人士的感受。很多人給予肯定的答覆。一位曾為軍人的選民在對話開始時並不同情跨性別人士，之後他娓娓細訴他因患有創傷後壓力症候群，找工作屢屢踢到鐵板的經歷。他很氣別人只基於這個單一事實就對他全部人格妄下定論，而他回答，現在他可以理解跨性別人士只因一個身分面向就求職遭拒的心情。透過分享故事、對彼此流露脆弱，選民和遊說者成了同伴，讓人想起庫爾特・勒溫創造的民主討論團體。

要到討論完畢，遊說者才會解釋為什麼他們個人認為應通過包容跨性別人士的法律，但並未強迫選民接受他們的觀點。他們只是表達看法，用「我想」開頭。

對話結束，遊說者問選民：「現在我們已經聊過這件事了，如果明天就要投票決定要不要將跨性別人士納入我們的反歧視法，你會投贊成還是反對呢？」這最後一個問題的目的在於透過一段總結來把轉變鎖住，即勒溫所謂的「凍結」。很多人說對話改變了他們的觀點。但更了不起的是三個月後，由第三方請他們做的調查發現，相對於之前討論環境議題的對照組，這些參與者持續對跨性別人士抱持較低的敵意、較能抵抗反跨性別的宣傳，也比較支持反歧視法保障跨性別人士。

之後，布魯克曼和卡拉運用其他數個議題複製了他們的發現。例如他們鼓勵受訪者分享自己身處弱勢而有人展現同情的故事，藉此營造對非法移民的同理心。聽到仇恨受害者苦苦掙扎的故事，比聽到包容的抽象議論更可能讓人改變。這樣的故事可藉由凸顯普世一致的人類感受和價值觀，幫助我們體會他人的經驗。[19]花點時間和我們原本抱持負面觀感的人相處，也可能打開我們的眼界。猶他州長史賓塞・考克斯（Spencer Cox）在和跨性別年輕人相處後一改反跨性別立法的立場，公開說明：「和這些孩子相處，會使你的心發生重大的轉變。」

另一個營造同理心來彌合政治分歧的例子來自二十世紀懸宕最久的一場政治衝突。先前已在促成和平協議上貢獻卓著的李・羅斯，於一九九〇年代和「社區對話」（Community Dialogue）團體合作，協助他們在愛爾蘭獲致和平。[20]他們邀來衝突雙方的一群中產和勞動階級代表，以及警方、政治人物和曾犯下恐怖行動的準軍事人物。這些人的努力大力促成《貝爾法斯特協議》（Good Friday Agreement）簽署，為北愛爾蘭的暴力畫下句點。

對這個過程至關重要的是，所有參與者都被要求分享這場衝突如何影響他們和家人的故事。聯合派（Unionist）——希望繼續政治效忠大不列顛——解釋接受完整的愛爾蘭身分取代英國身分有多難，放棄懲罰那些曾犯下恐怖行動，卻將共組新政府的愛爾蘭共和軍（Irish Republican Army）分子又有多難。對民族派（Nationalist）來說，他們得以解釋放棄讓愛爾蘭成為單一國家、由多數人統治的夢想，他們歌謠和故事裡的英雄為此拋頭顱灑熱血的夢想有多難。聽雙方訴說他們有多少孩子、配偶、父母、手足因這場衝突死亡或殘廢，是這個過程的另一關鍵。羅斯指出，到儀式尾聲，雙方都比較願意接受尋找非暴力路線的必要性了。

總而言之，在與政治對手對話時：

- 務必尊重對方，將對方視為正直之人，這可以透過言語或非言語傳達。
- 傳達你對學習的好奇和興致；成長型心態能鼓勵你自己和對方敞開心胸。
- 把你自己的觀點當成「意見」而非「事實」來陳述。
- 運用故事來呈現問題的人的面向。[21]雖然我們必須當心故事有誤導的可能，但比起單用事實或議論，故事能協助人們更充分、更全面地理解問題。
- 運用能使對方反省或察覺信念與價值牴觸的問題，來探究對方的想法以及為什麼那麼想。
- 透過詢問對方是否曾有過委屈受害的感覺，或許也問問他們是否願意分享他們的經驗，來喚起他們對其支持政策或言論所造成負面效應的同理心。
- 脫離團體的影響，與個人交談，在勒溫創立的那種小型特別團體裡進行一對一的對話和討論，比既有團體之間的辯論和談話更見成效。

• 給對方一點時間思考對話造成的影響。
• 如果可能，進行面對面的對話。深入遊說及許多用來彌合分歧的干預都有一個不可或缺的要素：親自交流。身體語言和眼神接觸都能訴說我們的溫暖和尊重。我們在聲音裡傳達的情感和溫度可能和我們使用的文字一樣重要——相信每個爸媽都知道這點。事實上，研究發現人在親耳聽到他人用自己的聲音解釋立場時，比讀取文字紀錄較不可能詆毀對極化政治議題信念相反的人。[22]

不過，當然，有時我們必須靠簡訊或社群媒體互動，而在這些時候，我們必須加倍努力來彌補沒有非言語管道的缺憾。我們在這些媒體中的情緒通常比我們想像中更難讀，尤其是在文字裡。[23]於是，交流可能演變成口誅筆伐。有更好的互動方式嗎？一位研究人員傳了「明智的『Tweet』[24]給曾在 Twitter 上對其他用戶使用「黑鬼」的用戶（全都白人）。他設計了好幾款機器人，即虛構的「Twitter 用戶，傳送訊息給冒犯人的用戶，其中一個表面上有數百名追蹤者的偽白人用戶，所傳送的這個訊息長期減少了種族歧視的言論：「嘿，朋友，請記得當你用這種言論騷擾人家時，是會對真人造成傷害的。」

這不是說我們不該大聲斥責種族主義者，而是說，與其直接發動攻擊，或許不如從保護人們的歸屬感開始改變。就算無法透過非言語的互動，我們也可以運用詞語做到這點。

如果我們小心以這些方式營造使人敞開心胸而非心生防衛的情境，直接處理棘手的主題會比逃避更能促成改變。只要不讓別人覺得受威脅，我們或許會訝異我們竟能在增進理解方面造成那麼大的突破。

應用這些原則需要練習。失敗在所難免。有時，試著易位思考只會讓我們覺得沮喪，好想直接開戰，放棄和解。毫無疑問，有時這種極端的步驟必不可少。但學術研究壓倒性的主題是：我們太快走那條路了。我們之所以常有「狗改不了吃屎」的感覺，是因為我們一直拿同一串錯的鑰匙開同一扇門，或者只是因為改變發生得比我們期待得慢，就像漢克和我那樣。

有些組織已融合這些課題發展出計畫，[25]讓大眾一起消弭政治分歧。其中一個這樣的團體是成立於一九七〇年代的民眾行動組織（People's Action），目的在對抗阻止黑人搬進白人社區的「畫紅線」（redlining）歧視做法。羅伯特・庫特納（Robert Kuttner）在《美國前景》（*American Prospect*）中報導，二〇一七年該組織創辦另一項計畫：訓練志工赴貧窮社區挨家挨戶拜訪二〇一六年投票給川普的白人居民，和他們聊聊他們正在搏鬥的問題，以及是否覺得川普政府的政策對他們有幫助。這群遊說者明白表示自己是民主黨支持者，但並未強迫灌輸他們的觀念。透過問問居民的生活、仔細聽他們說話，遊說者給他們肯定，幫助他們感覺被將心比心地對待，而且是社區的重要一分子。藉由提出好的問題，遊說者也引導居民注意，他們的政治信念，和川普政府的政策能否滿足需求的現實之間，有沒有「不一致」。[26]

遊說者也鼓勵居民充分參與改變的過程，給他們空間思索他們提出的問題，並拿定主意。遊說者也訓練有素地將對話轉為討論遊說者和居民之間的共同利益。至於此次深刻說服的效應，研究顯示有三%民眾被說服——他們原本全都表示打算再度投給川普，後來改投喬・拜登（Joe Biden）——而庫特納指出，在決定選舉結果的搖擺州，這三%比拜登獲勝的差距還大。

有些組織則將焦點擺在促進民主黨人和共和黨人，以及獨立選民之間的群體對話，[27]讓他們打開心胸接納彼此的意見、擊退敵意。其中一場是「客廳對話」（Living Room Conversations），在其網站上提供多項指導原則幫助主辦人引導「有助於建立連結的有意義對話」（https://livingroomconversations.org/）。他們建議組成四到六人的團體，每一名參與者各問三輪問題。第一輪問題援引自價值肯定的研究：

- 你對於你的家人、社區和國家有哪些希望和憂慮？
- 你最好的朋友說你是什麼樣的人？
- 什麼樣的目的感、使命感或責任感引領你的人生？

政治學家詹姆斯・菲什金（James Fishkin）及同事主辦了溫暖但資訊密集的小組討論，讓自由派及保守派人士參加，結果這些討論大幅降低了參與者對反對派的敵意。這些干預像極了庫爾特・勒溫倡導的安全、民主論壇。

我們每一個人都可以選擇加入這樣努力經營的活動。藉此，我們或許可以深入了解那些我們原本難以理解的人，甚至有助於緩和社區和全國各地騷亂不安的緊張。不過，即便在日常生活中，我們也可以是孕育文明、培養歸屬感的催化劑。儘管我們該努力改善我們的機構與制度，包括媒體和政府，我們也可以認真透過日常交流的一言一行來減少直接衝突，或許還能鼓勵他人敞開心胸，激盪出豐富的同情。

重點整理

我們可以如何建立歸屬感

儘管針對歸屬感不定的研究顯示歸屬感有多容易受損，營造情境的科學卻證實人人皆有豐沛的力量足以對抗我們和他人身上的不確定。我們的生活都是一連串情境組成，其中不乏瑪莉・安斯沃斯所謂的「陌生情境」，會對我們的歸屬感構成挑戰。憑藉著本書介紹的觀念和工具，我們可以鞏固我們和他人之間的連結感，讓眾人更有勇氣迎接這些挑戰。

情境的力量是人人都有的力量。要善用這些力量，我們可以努力成為敏銳的情境觀察家。我們可以思考哪些情境可能讓他人感到艱難，例如在一個房間裡只有他一人隸屬某個團體。我們可以將更多注意力擺在人與人的關係，而非如此聚焦於人的特質上。我們也必須當心情境可能會觸發我們的錯誤認知和不當反應。我們被刻板印象支配了嗎？我們是否自以為理解某人行為的動機，實則不然？我們起防衛反應了嗎？只要更善於覺察是哪些作用在塑造情境和我們自己，我們就可以對情境取得一些掌控權，尤其是掌控本身在情境裡的行為。

要解決歸屬感危機，社會政策和制度變革固然至關重要，但我們每個人也可以善加利用眼前的情境。人人都可以透過投入情境營造來支持他人的歸屬感，和強化、保護我們自己的歸屬感。我們應用愈多本書介紹的識見和方法，就會在充權的回饋迴路引出愈多正向成果。我們每天都可以尋找練習的機會，甚至在社會生活最不起眼的角落，都蘊藏良機。

一個關鍵步驟是培養察覺力，充分了解下面這些能支持歸屬感的思考方式和行為模式：

◎對抗基本歸因謬誤。

要改善情境，我們需要看它真實的面貌。謹記基本歸因謬誤的威力有助於緩和衝動，不再恣意認定他人乃故意冒犯或恫嚇。我們必須記得考慮可能引發他人行為的情境因素，包括不是我們而是他們所感知的面向，這樣才能取得更好的立足點，來以正向的方式改變行為。

◎採擇觀點和培養同理心。

我們可以透過發問、不靠直覺臆測，繼而仔細聆聽，來克服這樣的衝動：相信我們感受到的，就是別人對情境、自己和我們的想法和感覺。在試著同理冒犯我們的人時，不要想像我們在他們的情境會怎麼行事，不妨問問他們的感覺，然後試著回想自己人生中有沒有類似的情境讓我們產生類似的感覺或反應。[1]

◎避免專斷。

我們通常認為獨裁者是傲慢專橫的政治領袖，但通常不大願意承認——我們在日常生活可能都是獨裁者，認為「我們的方式」才是「正確的方式」，不同意的人若不願意改變，就該誹謗或驅逐。就算我們是站在善的那一邊，獨裁作風也很難贏得人心。藉由提醒自己，強迫他人改變觀念的做法通常只會招致反效果，我們可以改而效法深刻遊說者來有效打開對方的心胸。我們可以分享自己的故事，也請準對手說說他們自己的故事，給大家心理空間思索新的觀點。

這不是說我們該一直壓抑自己的意見，或永遠以避免衝突為要務。有些場合需要我們斷然駁斥他人表達的觀點或犯下的無禮、有害惡行。要是有人罵出帶種族意味的侮辱，明確表示我們認為這種行為不對通常是恰當之舉。如果我們聽說某位同學或同事遭到謾罵或霸凌，指出那種待遇大錯特錯或許是最好的做法。這樣的反抗行動可以建立規範，是行為的強大驅動力。但我們在表達自己的同時，甚至包括在劍拔弩張的情境中，也應努力避免傷害他人的歸屬感。如此我們才有最好的機會讓他們理解甚至採納我們的論點。

◎別盡信你所想的。[2]

這句妙語來自保險桿貼紙，可回溯古代道家思想，精煉了許多關於偏見的智慧。只因為我們怎麼想，甚至看到什麼，不代表那是真的。我們過分相信本身思想、感覺和認知的價值，用那些來診斷眼前呈現的事物，而不了解那常是不可信賴的心智建造物。我們在試圖解讀他人時，往往是讀自己的腳本和刻板印象。評斷時，往往太過信任漂浮在心智裡的情緒和衝動。辯論時，往往未認清我們的觀點是被強大但看不見的影響力形塑，例如規範和順從的壓力。要擊退這些偏見，一個辦法是充分了解我們有可能抱持偏見的事實。

幾乎人人都有過這種奇妙的經驗：我們睡著時墜入的夢境，感覺起來好真實，就算夢裡荒謬至極。醒來後的生活固然在很多方面和夢境不同，卻都有這個特色：我們的心智同時創造我們的感知，並當成**現實**加以體驗。[3]只要我們明白我們的心智在醒來後仍在創造現實，就會更懂得去質疑我們的感知、營造更符合價值觀的情境。

◎你為什麼做跟你做了什麼一樣重要。

任何明智干預的效力都取決於我們所感覺的激勵因素。要是學生或員工認為「我相信你有能力達成更高的標準」的訊息只是場面話，意在操控，而非真實反映對他們的信心，這句話就沒用了。研究顯示，讓我們覺得連結最深的是被看見、獲得真誠回應的感覺。[4]明智的干預是表達真實信念、觀感或渴望的工具，並非操控的詭計。它是真實連結的入口點，而非替代品。例如，研究顯示，一旦人們覺得被迫做價值肯定，或覺得他人擺出高姿態，價值肯定就失效了。[5]「你需要肯定自己來提升表現」的訊息可能比完全不提供肯定傷害更大。重要的不只是我們做了什麼事，而是那件事會被怎麼解釋。

數十年前，還是大學生的我，希望能更深入認識一個宿舍同學。我敲了她的門，送她一只綁了絲帶的小透明塑膠袋，裡面裝著五彩繽紛的糖果。她不知道的是，這份禮物實為我當時效力的教授艾莉絲・伊森（Alice Isen）設計的明智干預。[6]她證明這份小禮物能強有力地引發好心情，而好心情可能是黏合劑。我希望這份禮物能表達我對同學的正面情感。確實她的眼睛為之一亮，微笑浮現臉龐。然後，為了給她深刻印象，我解釋說這份禮物經科學證實能引發好心情。彷彿我彈錯一段旋律的某個音符似的，她臉上的愉悅瞬間消失無蹤。她聳聳肩，說了謝謝，便把門關上。

這件小趣事傳達了我們做某件事背後的**原因**，和那件事本身一樣重要，甚至猶有過之。這個教訓也適用於我們為自己提供的明智干預。與其說是我們做了什麼，不如說是我們那麼做的原因，在日常生活帶給我們目的感和歸屬感，而這正是幸福健康的重要來源。

◎思考時機。

我們常在錯的時機做對的事。批評、肯定、建議、保證，全都有其必要性，但我們在**什麼時候**給，跟我們有沒有給一樣重要。在所有支持歸屬感的時機中，通常以剛遇上挑戰和剛進入過渡期時效果最好。一開始，過程還可以改變。一旦影響逐漸累積，軌線就可能難以扭轉了。

◎睜大眼睛在社會交流裡航行。

請記得，不管我們本意有多良善，都有造成社交意外的可能性。家父教我開車時不斷提醒我，駕駛員最重要的盟友不是高超的技術，而是提高警覺。他說，如果你發現麻煩來了，或是基於路況，預期可能會有麻煩，你幾乎可以避免所有意外。他說，沒看到的最難防。影響社會交流狀況的因素常常隱而未現，使我們的日常生活充斥著為歸屬感發生意外衝突的可能。我們沒辦法避免所有甚至大部分的衝突，但愈提高警覺，就愈可能順利度過情境——也更善於營造情境。

◎不要光解讀他人；請改變他們的情境。

在繼續尋找「適合」的學生、員工和伴侶的同時，我們也要提醒自己，人最好的一面較可能在情境適合他們時浮現，而我們可以努力營造那樣的情境。

◎堅持下去。

明智干預的研究成果也凸顯了一種美德：耐心。因為我們看不透別人的心理，重大的心理轉變可能在我們完全不知情之下發生，尤其是未見行為改變時。另外，如同許多地理現象，一個人經歷的轉變可能如此漸進而細微，短期內看不出來。避開或放棄讓我們失望或我們不認同的人，是沉重的壓力。但經由學習與我們的不自在和平共處、欣然接受成長的心態，我們或許會訝異，原來人可以走那麼遠。

◎切莫低估連結的潛力和連結的力量。

儘管研究證實要改變人的觀點難上加難，明智的干預仍能為我們和我們視為敵手的人，以及視我們為敵手的人搭建橋梁。明智的干預也可能釋放學校、職場、醫療中心和家庭隱藏的潛力。這絕非巧合——很多時候，那些被認為不完全屬於那裡的人，也拜這些干預所賜，發揮了潛能。偶爾，微小的支持舉動或短暫的連結片刻會產生持久的餘波，就像一顆石頭投入池子激起的漣漪。

下面這些見解可說是情境素養的基礎，只要加以理解，我們將更有能力運用這套核心實務來在日常生活建立歸屬感。

一、**提出問題、聆聽答覆**：只要領會我們可以探究出多少關於人類及人類環境的事物，好奇心就會受到驅使。接下來，對他人展現真誠的好奇，是建立連結的強大途徑。透過獲知他人的觀點，而非猜測，我們會更懂得如何提供他人真正需要的支持。

二、**提出你的觀點**：與觀點採擇的需要互補的是觀點給予。我們通常沒有深入探究我們何以抱持那些觀念和感覺，亦無法清楚闡述之。更詳盡地分享，特別是我們自己的故事，可促使他人用嶄新的眼光看待我們。研究顯示，除了說明我們有哪些感覺，也解釋我們**為什麼**有那些感覺，可避免別人對我們產生刻板印象。[7]在我們不同意的時候，我們依舊可以表達我們的觀點，但就像有禮貌的駕駛要切入繁忙的車道，我們該打方向燈顯示我們的意圖，給人們一點時間在心裡為我們騰出空間。慢慢來。

三、**要有禮貌**：每一種文化都有其禮節是有原因的，高夫曼認為我們小小的尊敬儀式與幾乎所有文化紀念聖者的宗教儀式都有雷同之處，也是有理由的。[8]不要隨便插嘴；說「請」、「謝謝」；不管有意無意，造成傷害時都要致歉，就算似乎是對方過分敏感；這些都象徵我們視對方隸屬於我們該表示尊重的圈子。

四、**肯定**：我不是指對著鏡子念乏味的讚美或自我諂媚，研究顯示這會有反效果。[9]我是指我們該創造機會，就算只是小小的機會，讓人表達他們是誰、重視什麼，以及感覺被重視。與一般認知不同，許多自我肯定都不是採用「我很棒」、「我很聰明」或「我受人喜愛」的句型，而是「我忠於這件事，理由是……」，這樣才能「鞏固」自我。我們錯失太多肯定他人的機會，而諷刺的是，肯定他人是在乍看下他人最不值得肯定的時候——受到威脅、壓力或築起防衛時——最重要的事。

五、**避免專斷的語言**：記得在表達意見之前加個「我想」，這可以傳達我們了解我們只是從自己的觀點出發，世上可能還有其他觀點。我們也可以公開表達對議題的矛盾心態：對於許多重要議題，我們都是矛盾的。我們應花點時間了解對立的觀點，就算我們難以苟同，也可以透過表現仔細聆聽來建立和諧關係，而非把觀點投射到他人身上。在給予批判性回饋之前，我們可以先打個招呼、告知意圖，就像使用明智的批評，讓我們的建議不會被視為專橫，而是關心、尊重的姿態。

六、運用非言語管道：傳遞非言語的線索暗示自己對他人感興趣且尊重對方，具有強大的連結作用：點頭、微笑、傾身靠近、視線接觸。不過，很容易表現過火，而研究顯示我們所做害處最大的一件事，就是被認定為虛假。職場和學校的輕佻舉止也可能傷害歸屬感和表現。話雖如此，讓我們的非言語行為精確地表現我們對他人的適度興趣，大致來說是件好事。

七、小心駕馭自己：家父認為，要當個細心敏捷的駕駛，最重要的是腦袋要清楚。如果你累了、生氣或壓力大，請離開道路，調整自己。最起碼，要多質疑自己的心智。同樣的課題也適用於社交生活。一旦覺得受到威脅，我們便再也看不到自己的價值觀——那顆指引方向的北極星，也就是我們希望自己和世界變成什麼樣子。這時我們自然會用更多能量處理內心，為體貼他人付出的心力就少了。我們愈能培養自己的歸屬感，就愈能培養他人的歸屬感，也比較不會順從那些閃過腦海的有害刻板印象、腳本和規範。要「再看一遍」——如同「respect」這個詞要我們做的事——我們需要有清楚的腦袋和心靈空間。

八、**小心營造你的情境**：因為我們是**誰**和我們在**哪裡**密不可分，我們可以透過營造情境來刻劃自我。[10]我們可用來營造日常情境的一個方法是擔任守門員：有許多社會影響力會波及我們自己和我們關心的人的生活，我們要善盡把關之責。運用這本書討論過的「心理暫停時間」和「頭腦體操」來耕耘豐富的社交生活、和家人朋友保持聯繫、設法表達我們的價值觀，例如投身於比我們更遠大的目標，這些都能在我們追尋歸屬感的過程中，使我們更強大。

覺察力和好習慣都可以透過練習來培養。不管我們已經懂得多少，我們永遠要學習如何將知識應用於新的情境。我們太容易忘卻教訓，一激動或盛怒就看不見教訓的相關性。「就算是研究心理學的人，」一個朋友曾在爭執不下時跟我說：「你有時也會茫無頭緒。」我認為在防衛時，「茫無頭緒」就是我們會退回的人類原始設定，除非我們不斷練習如何應用我們知道的事情。就連已故的偉大和平締造者尼爾森·曼德拉都說：「我不是聖者，除非你認為聖者是個不斷嘗試的罪人。」[11]

我們在追求強化歸屬感的同時，都可能給予和接受彼此的幫助。雖然事情常無法如我們期望那樣改善，但細微的姿態和短暫的連結經驗都可能產生驚人的效果。我們可能深獲鼓舞。歐巴馬總統在評論他自己的人生旅程時說，很多人都在適當的時機給了他那種支持。回想他們的影響有多深遠時，他提出一個願景，說明我們全都可以怎麼找到機會提供這樣的協助：「你會想看看自己能否想出法子，把星塵灑在其他人身上。」[12]

在任何一天、任何一次邂逅，我們都可以找到法子召喚一些營造情境的魔法。在協助他人培養歸屬感的同時，我們也會覺得與他人連結得更緊密、更有力、更充實而滿足。我們可以把每一個情境都創造得好一點，為自己，也為與我們共享情境的人。

致謝

我在這本書裡介紹的研究是多位科學家多次合作的成果，從一九三〇年代庫爾特．勒溫和他的門生開始。我要感謝社會心理學的研究人員創造了這個領域的知識，也感謝社會心理學的教師將這些知識傳達給更多受眾了解。

情境的力量在史丹佛大學心理學系得到印證，數十年來，他們支持、催化出無數重要的社會心理學研究。史丹佛教育研究所同樣孕育了許多在這個範疇打拚的研究員。我要感謝我在史丹佛的同事們。

我深深感激我的指導老師史提爾、羅斯和馬爾庫斯。他們教給我這一行必備的工具，和一套一路伴隨我研究和教學的價值觀。他們卓越的見解在這本書俯拾皆是。羅斯特別值得一提是因為他在我寫這本書時過世了。他投入漫長的學術生涯深入探究認知偏誤，而我認為察覺認知偏誤是培養歸屬感最重要的步驟之一。

我長期的同事賈西亞和勃迪－葛林納威也是我的精神導師。我們大部分的研究，也就是我在本書從頭到尾描述的研究，是我們合作數十年的產物，對此我萬分感激。亞倫森和哈柏也是我長久的同事，不時激勵我、教導我。鄧寧是我大學時給我大力協助又寬宏大量的恩師；他教給我許多學問至今依然受用。已故的席格勒（Ed Zigler）是寬厚的恩師，協助我在廣大的兒童發展背景找到教育研究的定位。華頓、薛曼、庫克和葉格也在本書的核心研究及概念上扮演重要角色，我很幸運這些年來能和他們有過多次美好的合作和對話。同樣地，柳波莫斯基的研究、洞見和回饋也對我的研究室針對明智干預的研究貢獻良多。曼多薩是我研究初期的靈感來源。近期，他和莉雅·林（Leah Lin）也對本書的數個部分提供見解深刻的回饋。

我要謝謝許多研究生、博士後研究員、教職員同事和專案人員，我很榮幸跟他們合作，而這本書描述的許多研究都是由他們擔任開路先鋒，包括 Nancy Apfel、Peter Belmi、Kevin Binning、Shannon Brady、Patricia Chen、Phil Ehret、Omid Fotuhi、Parker Goyer、Adam Hahn、Tiffany Ito、Shoshana Jarvis、Yue Jia、Rene Kizilcek、Xingyu Li、Kirsten Layous、

Wonhee Lee、Christine Logel、Kody Manke、Joseph Moore、Joseph Powers、Stephanie Reeves、Arghavan Salles、Michael Schwalbe、Nurit Shnabel、Arielle Silverman、Suzanne Taborsky-Barba、Isabelle Tay、Kate Turetsky、Eric Uhlmann。我也要感謝許多研究助理和共同研究的大學生勞心勞力，協助實現我們的研究。

沒有許多基金會和組織鼎力相助，包括國家科學基金會、史賓塞基金會（Spencer Foundation）、威廉・葛蘭特基金會（WT Grant Foundation）和羅素・塞奇基金會（Russell Sage Foundation），我的研究室沒有一項研究可成。

感謝 Emily Loose 針對本書初稿提供卓越的編輯和鞭辟入裡的回饋。Park & Fine 的 Alison MacKeen 和 Celeste Fine 有耐心且巧妙地帶領我度過這本書的提案和出版過程。Alison MacKeen 也在這本書發展的最早階段提供敏銳又細心周到的回饋。我要感謝 W. W. Norton 的 Alane Mason 的回饋和指導，也要感謝 Norton 的創意出版團隊。Patricia Wieland 和 Rebecca Munro 提供仔細的編輯回饋。

很高興有機會能向多位人士學習，他們親切地提供細心而具批判性的回饋、與我暢談他們的經驗和研究、分享他們的故事，或同意為本書受訪，這些人士包括 Joseph Anderson、

Elliot Aronson、James Comer、Rodolfo Cortes Barragan、Eric Bettinger、David Broockman、Steve Cole、Essam Daod、Maria Jammal、Thomas Dee、Geraldine Downey、Don Green、Edmund Gordon、Rainier Harris、Laura Kiken、Arie Kruglanski、Jung Eun Lee、Mark Lepper、Kenneth McClane、Salma Mousa、Jason Okonofua、Elizabeth Paluck、Emily Pronin、Jackie Rosen、Robert Rosenthal、Mary Rowe、Nidia Rudeas-Gracia、Norbert Schwarz、Mark Snyder、Jessi Smith、Mohammed Soriano-Bilal、Steve Wert、Tim Wilson、Philip Zimbardo。也感激已故的 James March 給我許多極具啟發意義的對話，以及他的臨別贈言：「多了解唐吉軻德。」

非常感謝其他分享回饋、參與對話、提供其他各種明智干預而對本書貢獻良多的朋友，包括 Joe Artale、Raj Bhargava、Joseph Brown、Joanna Castro、Peter Cohen、Jonathan Cook、Geraldine Downey、Mazyar Fallah、Lior Goldin、Margaux Malyshev、Heather McCormick、Dev Patnaik、Sharam Pavri、Mehran Sahami、Jeff Schneider、Ray Shanley、Bennett Wilburn。

感謝 Sarah Wert 和我的孩子 Benie 及 Emrey Cohen 以各種方式挑戰我、改變我。當然，也要大大感謝 Susan Cohen、Roger Cohen 和 Barbara Cohen，從過去到現在，他們永遠都在。

10. Cf. Clifford Geertz, *The Interpretation of Cultures: Selected Essays* (Basic, 1973), 35.
11. Quoted from Nelson Mandela, *Mandela: An Audio History*, Joe Richman and Sue Johnson, prod., National Public Radio, 2004.
12. Obama is quoted from an interview with David Letterman, on *My Next Guest Needs No Introduction*, Netflix, 2018.

3. As pondered by a character in Christopher Nolan, dir., *Inception,* Warner Bros., 2010.
4. Harry Reis, "Perceived Partner Responsiveness as an Organizing Theme for the Study of Relationships and Well-Being," in *Interdisciplinary Research on Close Relationships: The Case for Integration,* eds. L. Campbell and T. J. Loving (American Psychological Association, 2012), 27–52.
5. D. Sherman et al., "Affirmed yet Unaware: Exploring the Role of Awareness in the Process of Self-Affirmation," *Journal of Personality and Social Psychology* 97(5) (2009): 745–64; and Arielle Silverman, Christine Logel, and Geoffrey Cohen, "Self-Affirmation as a Deliberate Coping Strategy: The Moderating Role of Choice," *Journal of Experimental Social Psychology* 49(1) (2013): 93–98.
6. Alice Isen, Kimberly Daubman, and Gary Nowicki, "Positive Affect Facilitates Creating Problem Solving," *Journal of Personality and Social Psychology* 52(6) (1987): 1122–31.
7. When a female professional explained *why* she felt angry, she was not subjected to the usual denigration received by angry women: Victoria Brescoll and Eric Uhlmann, "Can an Angry Woman Get Ahead? Status Conferral, Gender, and Expression of Emotion in the Workplace," *Psychological Science* 19(3) (2008): 268–75.
8. Penelope Brown and Stephen Levinson, *Politeness: Some Universals in Language Use* (Cambridge University Press, 1987); and Erving Goffman, "On Face-Work: An Analysis of Ritual Elements in Social Interaction," in *Interaction Ritual* (Doubleday, 1967), 5–45.
9. See, for instance, Geoffrey Cohen and Claude Steele, "A Barrier of Mistrust: How Negative Stereotypes Affect Cross-Race Mentoring," in *Improving Academic Achievement: Impact of Psychological Factors on Education*, ed. J. Aronson (Academic Press, 2002), 303–327.

Science 28(12) (2017): 1745–62.

23. Justin Kruger et al., "Egocentrism over E-mail: Can We Communicate as Well as We Think?" *Journal of Personality and Social Psychology* 89 (2006): 925–36.
24. Kevin Munger, "Tweetment Effects on the Tweeted: Experimentally Reducing Racist Harassment," *Political Behavior* 39(3) (2017): 629–49.
25. Robert Kuttner, "Healing America," *American Prospect*, November 23, 2020.
26. Participatory processes often create "cognitive dissonance," and then help people to resolve it through democratic discussion. See Chapter 1 and Leon Festinger, *A Theory of Cognitive Dissonance* (Stanford University Press, 1957).
27. Linda Taylor et al., "Living Room Conversations: Identity Formation and Democracy," in *Building Peace in America*, eds. Emily Sample and Douglas Irvin-Erickson (Rowman & Littlefield, 2020), 63–74; and Alice Siu et al., "Is Deliberation an Antidote to Extreme Partisan Polarization? Reflections on America in One Room," Working Paper, APSA Preprints, 2020. *Braver Angels* is another organization that facilitates these conversations, https://braverangels.org.

重點整理

1. Ronaldo Mendoza, *Emotional Versus Situational Inductions of Empathy: Effects on Interpersonal Understanding and Punitiveness*, PhD dissertation, Department of Psychology, Stanford University, 1996.
2. See Chapter 28 of Stephen Mitchell, *The Second Book of Tao* (Penguin Press, 2009): "Free yourself of concepts; don't believe what you think."

on Door-To-Door Canvassing," *Science* 352(6282) (2016): 220–24; and Kalla and Broockman, "Reducing Exclusionary Attitudes Through Interpersonal Conversation: Evidence from Three Field Experiments," *American Political Science Review* 114(2) (2020): 410–25. For additional details about the mechanics of deep canvassing, I drew on Ella Barrett et al., *Trans-formation: Testing Deep Persuasion Canvassing to Reduce Prejudice Against Transgender People*, SAVE and Leadership LAB of the Los Angeles LGBT Center, July 31, 2015, https://leadership-lab.org/wp-content/uploads/2016/04/Miami-Report-Final-v4.pdf.

18. See, for example, Ruth Ditlmann et al., "The Implicit Power Motive in Intergroup Dialogues About the History of Slavery," *Journal of Personality and Social Psychology* 112(1) (2017):116–35.
19. Relatedly, Robb Willer and colleagues find that political appeals can be effective when it connects to the values of the group we are engaging with: Matthew Feinberg and Willer, "The Moral Roots of Environmental Attitudes," *Psychological Science* 24(1) (2012): 56–62. For Spencer Cox story, see "Gov. Cox Gives Emotional Stance on Bill Targeting Transgender Youth," ABC4.com, video, February 18, 2021.
20. Many of Ross's stories, as well as an engaging review of the insights of social psychology, can be found in Thomas Gilovich and Lee Ross, *The Wisest One in the Room: How You Can Benefit from Social Psychology's Most Powerful Insights* (Free Press, 2016).
21. Emily Kubin et al., "Personal Experiences Bridge Moral and Political Divides Better Than Facts," *Proceedings of the National Academy of Sciences* 118 (6) (February 9, 2021).
22. Juliana Schroeder, Michael Kardas, and Nicholas Epley, "The Humanizing Voice: Speech Reveals, and Text Conceals, a More Thoughtful Mind in the Midst of Disagreement," *Psychological*

Personality and Social Psychology 93(3) (2007): 415–30; Sabina Čehajić-Clancy et al., "Affirmation, Acknowledgment of In-Group Responsibility, Group-Based Guilt, and Support for Reparative Measures," *Journal of Per-sonality and Social Psychology* 101(2) (2011): 256–70; and Kevin Binning et al., "Going Along Versus Getting It Right: The Role of Self-Integrity in Political Conformity," *Journal of Experimental Social Psychology* 56 (2015): 73–88. For some studies that did not support the debiasing effects of affirmation, see Lyons et al., "Self-Affirmation and Identity-Driven Political Behavior," *Journal of Experimental Political Science* (2021), 1–16. However, the majority of these studies did not present participants with psychologically threatening information, such as strong counter-attitudinal evidence, so there was no defensive response for affirmation to ameliorate.

13. Don Richardson, ed., *Conversations with Carter* (Lynne Rienner, 1998), 161.
14. Ross and Ward, "Naive Realism" and Asch, *Social Psychology*.
15. Michael Schwalbe, Lee Ross, and Geoffrey Cohen, "Overcoming the Objectivity Illusion: Using Linguistic Frames to Reduce Political Polarization," Annual Meeting of the American Psychological Society, San Francisco, 2018.
16. *Why* we think others believe what they do can matter even more than *what* we think others believe: Ross and Ward, "Naive Realism"; Schwalbe, Cohen, and Ross, "Objectivity Illusion and Voter Polarization"; and Pronin, Kennedy, and Butsch, "Bombing Versus Negotiating."
17. This material is drawn from an interview with David Broockman on May 18, 2020, and from the following sources: Broockman and Joshua Kalla, "Durably Reducing Transphobia: A Field Experiment

boundary conditions on political conformity, see Lelkes, "Policy over Party: Comparing the Effects of Candidate Ideology and Party on Affective Polarization," *Political Science Research and Methods* 9(1) (2021): 189–96.

8. Matthew Lieberman, *Social: Why Our Brains Are Wired to Connect* (Crown, 2013).
9. Klein, "The Depressing Psychological Theory That Explains Washington," *Washington Post*, January 10, 2014. See also Ezra Klein, *Why We're Polarized* (Avid Reader Press/Simon & Schuster, 2020).
10. For the "security force" example, see Maoz et al., "Reactive Devaluation." For a deep discussion of the cognitive basis of conformity, see Solomon Asch, *Social Psychology* (Prentice-Hall, 1952), Chapters 14, 15, and 19.
11. For the role of perceived bias in fueling social conflict, this classic reads fresh today: Lee Ross and Andrew Ward, "Naïve Realism: Implications for Social Conflict and Misunderstanding," in *The Jean Piaget Symposium Series: Values and Knowledge*, eds. E. S. Reed, E. Turiel, and T. Brown (Lawrence Erlbaum Associates, 1996), 103–35. See also Emily Pronin, Kathleen Kennedy, and Sarah Butsch, "Bombing Versus Negotiating: How Preferences for Combating Terrorism Are Affected by Perceived Terrorist Rationality," *Basic and Applied Social Psychology* 28(4) (2006): 385–92; and Schwalbe, Cohen, and Ross, "Objectivity Illusion and Voter Polarization."
12. For the debiasing effects of affirmation, see Geoffrey Cohen, Joshua Aronson, and Claude Steele, "When Beliefs Yield to Evidence: Reducing Biased Evaluation by Affirming the Self," *Personality and Social Psychology Bulletin* 26(9) (2000): 1151–64; Cohen et al., "Bridging the Partisan Divide: Self-Affirmation Reduces Ideological Closed-Mindedness and Inflexibility in Negotiation," *Journal of*

5. Jonas Kaplan, Sarah Gimbel, and Sam Harris, "Neural Correlates of Maintaining One's Political Beliefs in the Face of Counterevidence," *Scientific Reports* 6(1) (2016): 39589; and Drew Westen et al., "Neural Bases of Motivated Reasoning: An fMRI Study of Emotional Constraints on Partisan Political Judgment in the 2004 U.S. Presidential Election," *Journal of Cognitive Neuroscience* 18(11) (2006): 1947–58.
6. For the story of the Democratic dissident, see "Beer Summit," *This American Life*, Episode 683, September 20, 2019. For the story of the Republican secretary of state, see Lindsay Wise and Cameron McWhirter, "Georgia Republicans Worry Trump Feud Could Hurt Key Senate Runoffs," *Wall Street Journal*, November 16, 2020.
7. Geoffrey Cohen, "Party over Policy: The Dominating Impact of Group Influence on Political Beliefs," *Journal of Personality and Social Psychology* 85(5) (2003): 808–22. For follow-ups, see Flores et al., "Politicians Polarize and Experts Depolarize Public Support for COVID-19 Management Policies," Proceedings of the National Academy of Sciences (in press, 2022); Maykel Verkuyten and Mieke Maliepaard, "A Further Test of the 'Party over Policy' Effect: Political Leadership and Ethnic Minority Policies," *Basic and Applied Social Psychology* 35(3) (2013): 241–48; Phillip Ehret, Leaf Van Boven, and David Sherman, "Partisan Barriers to Bipartisanship: Understanding Climate Policy Polarization," *Social Psychological and Personality Science* 9(3) (2018): 308–18; and Ariel Malka and Yphtach Lelkes, "More Than Ideology: Conservative-Liberal Identity and Receptivity to Political Cues," *Social Justice Research* 23 (2010): 156–88. For the study with Israeli versus Palestinian peace proposals, see Ifat Maoz et al., "Reactive Devaluation of an 'Israeli' vs. 'Palestinian' Peace Proposal," *Journal of Conflict Resolution* 46(4) (2002): 515–46. For

Opposing Views on Social Media Can Increase Political Polarization," *Proceedings of the National Academy of Sciences* 115(37) (2018): 9216–21. For research on the inefficacy of persuasive campaigns, see Joshua Kalla and David Broockman, "The Minimal Persuasive Effects of Campaign Contact in General Elections: Evidence from 49 Field Experiments," *American Political Science Review* 112(1) (2018): 148–66.

2. Michael Schwalbe, Katie Joseff, Samuel Woolley, and Geoffrey Cohen, "Party Over Reality: The Dominating Impact of Partisanship on Judgments of News Veracity," manuscript under review, 2021. Quote from Arie Kruglanski, Donna Webster, and Adena Klem, "Motivated Resistance and Openness to Persuasion in the Presence or Absence of Prior Information," *Journal of Personality and Social Psychology* 65(5) (1993): 861–76, on 862.
3. John Tierney and Roy F. Baumeister, *The Power of Bad: How the Negativity Effect Rules Us and How We Can Rule It* (Penguin, 2019). For a review of the "objectivity illusion," see Emily Pronin, Thomas Gilovich, and Lee Ross, "Objectivity in the Eye of the Beholder: Divergent Perceptions of Bias in Self Versus Others," *Psychological Review* 111(3) (2004): 781–99.
4. Leo Tolstoy, *Anna Karenina* (McClure, Phillips, 1901), 449. For research showing overconfidence and confirmation bias among political "experts," see Philip Tetlock, *Expert Political Judgment: How Good Is It? How Can We Know?* (Princeton University Press, 2017). For a write-up of the impact of the training modules aimed at raising awareness of bias, see Carey Morewedge et al., "Debiasing Decisions: Improved Decision Making with a Single Training Intervention," *Policy Insights from the Behavioral and Brain Sciences* 2(1) (2015): 129–40.

Public Policy 17(1) (2018): 41–87.

5. Tom Tyler, *Why People Obey the Law* (Princeton University Press, 2006); and Matthew Lieberman, *Social: Why Our Brains Are Wired to Connect* (Crown, 2013). Raymond Paternoster et al., "Do Fair Procedures Matter? The Effect of Procedural Justice on Spouse Assault," *Law and Society Review* 31(1) (1997): 163–204.
6. Jason Okonofua et al., "A Scalable Empathic Supervision Intervention to Mitigate Recidivism from Probation and Parole," *Proceedings of the National Academy of Sciences* 118(14) (April 6, 2021).
7. Not in Our Town and U.S. Department of Justice COPS Office, *Camden's Turn: A Story of Police Reform in Progress,* video, 2017. See also Sonia Tsuruoka, *Camden's Turn: A Story of Police Reform in Progress—A Guide to Law Enforcement and Community Screenings*, Office of Community Oriented Policing Services, Washington, DC, 2018.
8. See Chapter 4.

第十三章

1. Charles Lord, Lee Ross, and Mark Lepper, "Biased Assimilation and Attitude Polarization: The Effects of Prior Theories on Subsequently Considered Evidence," *Journal of Personality and Social Psychology* 37 (1979): 2098–109. A follow-up found actual attitude polarization rather than simply perceived attitude change for those partisans who expressed relatively stronger confidence in the objectivity of their political side's position: Michael Schwalbe, Geoffrey Cohen, and Lee Ross, "The Objectivity Illusion and Voter Polarization in the 2016 Presidential Election," *Proceedings of the National Academy of Sciences* 117(35) (2020): 21, 218–29. For research on how exposure to opposing views can backfire, see Christopher Bail et al., "Exposure to

https://cafe.com/stay-tuned/stay-tuned-note-from-a-doctor-in-arizona/.

39. Julianne Holt-Lunstad et al., "Advancing Social Connection as a Public Health Priority in the United States," *American Psychologist* 72(6) (2017): 517–30, on 527.
40. T. A. Wills and M. C. Ainette, "Social Networks and Social Support," in *Handbook of Health Psychology*, eds. A. Baum, T. A. Revenson, and J. Singer (Psychology Press, 2012), 465–92; and Youngmee Kim et al., "Only the Lonely: Expression of Proinflammatory Genes Through Family Cancer Caregiving Experiences," *Psychosomatic Medicine* 83(2) (2021): 149–56.

第十二章

1. Norm Stamper, *To Protect and Serve: How to Fix America's Police* (Bold Type Books, 2016). As quoted in Michael Martin, host, "Former Police Chief Has a Plan for 'How to Fix America's Police,'" interview with Stamper, *All Things Considered*, National Public Radio, July 10, 2016.
2. Kristina Murphy and Lorraine Mazerolle, "Policing Immigrants: Using a Randomized Control Trial of Procedural Justice Policing to Promote Trust and Cooperation," *Australian and New Zealand Journal of Criminology* 51(1) (2016): 3–22; and Mazerolle et al., "Procedural Justice, Routine Encounters and Citizen Perceptions of Police: Main Findings from the Queensland Community Engagement Trial (QCET)," *Journal of Experimental Criminology* 8(4) (2012): 343–67.
3. George Wood, Tom Tyler, and Andrew Papachristos, "Procedural Justice Training Reduces Police Use of Force and Complaints Against Officers," *Proceedings of the National Academy of Sciences* 117(18) (2020): 9815–21.
4. Emily Owens et al., "Can You Build a Better Cop?" *Criminology and*

of-Concept for Text Message Delivery of Values Affirmation in Education," *Journal of Social Issues* 77 (2021): 888–910. In the course taught by Raj Bhargava and me, students completed surveys assessing their purpose and well-being at the beginning and end of the class, and they showed statistically significant gains. Other psychological timeouts, such as mindful meditation; have been shown to have positive effects on physical health by lessening stress and improving social connection. See Emily Lindsay and J. David Creswell, "Mechanisms of Mindfulness Training: Monitor and Acceptance Theory (MAT)," *Clinical Psychology Review* 51 (2017): 48–59.

33. Hazel Markus, Catherine Thomas, Michael Schwalbe, Macario Garcia, and Geoffrey Cohen, "Inequality in Coping and Loss: Mostly Surviving, Some Thriving in the COVID-19 Crisis," *AVP Crisis Monitoring Series,* May 2021.
34. Greg Walton, Shannon Brady, Hazel Markus, Steve Cole, and Geoffrey Cohen, "Wise Criticism and CTRA," manuscript in preparation, Stanford University, 2021.
35. Abraham Verghese et al., "The Bedside Evaluation: Ritual and Reason," *Annals of Internal Medicine* 155(8) (2011): 550–53.
36. L. C. Howe, J. P. Goyer, and A. J. Crum, "Harnessing the Placebo Effect: Exploring the Influence of Physician Characteristics on Placebo Response," *Health Psychology* 36(11) (2017): 1074–82.
37. D. A. Redelmeier et al., "A Randomised Trial of Compassionate Care for the Homeless in an Emergency Department," *Lancet* 345(8958) (1995): 1131–34; and G. L. Carter et al., "Postcards from the EDge: 5-Year Outcomes of a Randomised Controlled Trial for Hospital-Treated Self-Poisoning," *British Journal of Psychiatry* 202(5) (2013): 372–80.
38. "Humor in the Time of Corona," *Stay Tuned with Preet*, April 2, 2020,

2016), 111–12.

29. Christine Logel and Geoffrey Cohen, "The Role of the Self in Physical Health: Testing the Effect of a Values-Affirmation Intervention on Weight Loss," *Psychological Science* 23(1) (2012): 53–55; and Logel, Xingyu Li, and Cohen, "Affirmation Prevents Long-Term Weight Gain," *Journal of Experimental Social Psychology* 81 (2019): 70–75. For research showing that values affirmations activate brain reward circuitry, see Janine Dutcher, J. Creswell et al., "Self-Affirmation Activates the Ventral Striatum: A Possible Reward-Related Mechanism for Self-Affirmation," *Psychological Science* 27(4) (2016): 455–66.
30. Christopher Armitage et al., "Self-Affirmation Increases Acceptance of Health-Risk Information Among UK Adult Smokers with Low Socioeconomic Status," *Psychology of Addictive Behaviors* 22(1) (2008): 88–95; and Edward Havranek et al., "The Effect of Values Affirmation on Race-Discordant Patient-Provider Communication," *Archives of Internal Medicine* 172(21) (2012): 1662–67. For a review, see David Sherman et al., "Self-Affirmation Interventions," in *Handbook of Wise Interventions: How Social-Psychological Insights Can Help Solve Problems*, eds. G. Walton and A. Crum (Guilford, 2020): 63–99; and Cohen and Sherman, "The Psychology of Change: Self-Affirmation and Social Psychological Intervention," *Annual Review of Psychology* 65(1) (2014): 333–71.
31. Rebecca Ferrer and Geoffrey Cohen, "Reconceptualizing Self-Affirmation with the Trigger and Channel Framework: Lessons from the Health Domain," *Personality and Social Psychology Review* 23 (2018): 267–84.
32. These psychological timeouts can be delivered via online platforms or mobile technology, e.g., Kody Manke, Shannon Brady, McKenzie Baker, and Geoffrey Cohen, "Affirmation on the Go: A Proof-

Teresa Seeman et al., "Intergenerational Mentoring, Eudaimonic Well-Being and Gene Regulation in Older Adults: A Pilot Study," *Psychoneuroendocrinology* 111 (January 2020): 104468.

24. S. K. Nelson-Coffey et al., "Kindness in the Blood: A Randomized Controlled Trial of the Gene Regulatory Impact of Prosocial Behavior," *Psychoneuroendocrinology* 81 (2017): 8–13; and Teresa Seeman et al., "Intergenerational Mentoring, Eudaimonic Well-Being and Gene Regulation in Older Adults: A Pilot Study," *Psychoneuroendocrinology* 111 (2020): 104468.
25. Damon, "Path to Purpose"; and Andrew J. Fuligni et al., "Daily Family Assistance and Inflammation Among Adolescents from Latin American and European Backgrounds," *Brain, Behavior, and Immunity* 23(6) (2009): 803–9.
26. David Sherman et al., "Psychological Vulnerability and Stress: The Effects of Self-Affirmation on Sympathetic Nervous System Responses to Naturalistic Stressors," *Health Psychology* 28(5) (2009): 554–62; and Carissa Low et al., "A Randomized Controlled Trial of Emotionally Expressive Writing for Women with Metastatic Breast Cancer," *Health Psychology* 29(4) (2010): 460–66.
27. James Pennebaker, *Opening Up: The Healing Power of Expressing Emotions* (Guilford, 1997); J. D. Creswell et al., "Does Self-Affirmation, Cognitive Processing, or Discovery of Meaning Explain Cancer-Related Health Benefits of Expressive Writing?" *Personality and Social Psychology Bulletin* 33(2) (2007): 238–50; and S. Lyubomirsky, L. Sousa, and R. Dickerhoof, "The Costs and Benefits of Writing, Talking, and Thinking About Life's Triumphs and Defeats," *Journal of Personality and Social Psychology* 90(4) (2006): 692–708.
28. Fourteenth Dalai Lama, Desmond Tutu, and Douglas Carlton Abrams, *The Book of Joy: Lasting Happiness in a Changing World* (Avery,

https://doi.org/10.1111/cdev.13434.

19. In Sheldon Cohen's research, both feeling supported *and* participating in social roles that support *others* each independently predicts resistance to infectious disease: Cohen, "Psychosocial Vulnerabilities to Upper Respiratory Infectious Illness." For evidence that purpose has two facets, see William Damon, *The Path to Purpose: How Young People Find Their Calling in Life* (Free Press, 2009).
20. Sarah Pressman and Sheldon Cohen, "Use of Social Words in Autobiographies and Longevity," *Psychosomatic Medicine* 69(3) (2007): 262–69.
21. Matthias Mehl et al., "Natural Language Indicators of Differential Gene Regulation in the Human Immune System," *Proceedings of the National Academy of Sciences,* 114(47) (2017): 12554–59 (the supporting online information provides evidence related to the use of firstperson singular pronouns); and L. Scherwitz et al., "Self-Involvement and Coronary Heart Disease Incidence in the Multiple Risk Factor Intervention Trial," *Psychosomatic Medicine* 48(3–4) (1986): 187–99.
22. Andrew Steptoe et al., "Subjective Wellbeing, Health, and Ageing," *Lancet* 385(9968) (2015): 640–48; Patrick Hill and Nicholas Turiano, "Purpose in Life as a Predictor of Mortality Across Adulthood," *Psychological Science* 25(7) (2014): 1482–86; and O. Zaslavsky et al., "Association of the Selected Dimensions of Eudaimonic Well-Being with Healthy Survival to 85 Years of Age in Older Women," *International Psychogeriatrics* 26(12) (2014): 2081–91.
23. Hannah Schreier, Kimberly Schonert-Reichl, and Edith Chen, "Effect of Volunteering on Risk Factors for Cardiovascular Disease in Adolescents: A Randomized Controlled Trial," *JAMA Pediatrics* 167(4) (2013): 327–32. For a study on elderly mentoring youth, see

Medicine 177(7) (2017): 1003–11; and Angus Deaton and Anne Case, *Deaths of Despair and the Future of Capitalism* (Princeton University Press, 2020).

15. John Bowlby, "Maternal Care and Mental Health," *Bulletin of the World Health Organization* 3 (1951): 355–533; and Mary Ainsworth et al., *Patterns of Attachment: A Psychological Study of the Strange Situation* (Lawrence Erlbaum Associates, 1978). For the protective biological effects of parental support, see E. Chen et al., "Maternal Warmth Buffers the Effects of Low Early-Life Socioeconomic Status on Pro-Inflammatory Signaling in Adulthood," *Molecular Psychiatry* 16(7) (2011): 729–37; and C. E. Hostinar and G. E. Miller, "Protective Factors for Youth Confronting Economic Hardship: Current Challenges and Future Avenues in Resilience Research," *American Psychologist* 74(6) (2019): 641–52.
16. For the original study and replications, see Barbara Fredrickson et al., "A Functional Genomic Perspective on Human Well-Being," *Proceedings of the National Academy of Sciences* 110(33) (2013): 13, 684–89; and S. W. Cole et al., "Loneliness, Eudaimonia, and the Human Conserved Transcriptional Response to Adversity," *Psychoneuroendocrinology* 62 (2015): 11–17. For evidence that eudaimonia predicts CTRA gene expression in collectivist cultures, see Shinobu Kitayama et al., "Work, Meaning, and Gene Regulation: Findings from a Japanese Technology Firm," *Psychoneuroendocrinology* 72 (2016): 175–81.
17. Viktor Frankl, *Man's Search for Meaning: An Introduction to Logotherapy*, 4th ed. (Beacon, 2000), 109.
18. Steve Cole, personal correspondences, October 2020. See also Kendall Bronk et al., "Purpose Among Youth from Low-Income Backgrounds: A Mixed Methods Investigation," *Child Development* 91 (2020),

and colleagues linking race-related stress to disease, e.g., Mahasin Mujahid, Sherman James, et al., "Socioeconomic position, John Henryism, and Incidence of Acute Myocardial Infarction in Finnish Men," *Social Science and Medicine* 173 (2017): 54–62; A. Geronimus et al., "'Weathering' and Age Patterns of Allostatic Load Scores Among Blacks and Whites in the United States," *American Journal of Public Health* 96 (2006): 826–33. For reports on the COVID death rate, see Centers for Disease Control and Prevention, "Risk for COVID-19 Infection, Hospitalization, and Death by Race/Ethnicity," May 26, 2021. For research on the effects of stigma on the health of LGBTQ people, see Mark Hatzenbuehler and John Pachankis, "Stigma and Minority Stress as Social Determinants of Health Among Lesbian, Gay, Bisexual, and Transgender Youth: Research Evidence and Clinical Implications," *Pediatric Clinicals of North America* 63 (2016): 985–97; and Steven Cole et al., "Social Identity and Physical Health: Accelerated HIV Progression in Rejection-Sensitive Gay Men," *Journal of Personality and Social Psychology* 72(2) (1997): 320–35.

13. Sheldon Cohen, "Psychosocial Vulnerabilities to Upper Respiratory Infectious Illness: Implications for Susceptibility to Coronavirus Disease 2019 (COVID-19)," *Perspectives on Psychological Science* 16(1) (2020): 161–74; and Cohen et al., "Psychological Stress and Susceptibility to the Common Cold," *New England Journal of Medicine* 325(9) (1991): 606–12.

14. Chirag Lakhani et al., "Repurposing Large Health Insurance Claims Data to Estimate Genetic and Environmental Contributions in 560 Phenotypes," *Nature Genetic* 51(2) (2019): 327–34. For research on the effects of geography on biological health, see Laura Dwyer-Lindgren et al., "Inequalities in Life Expectancy Among US Counties, 1980 to 2014: Temporal Trends and Key Drivers," *JAMA Internal*

8. S. W. Cole, "The Conserved Transcriptional Response to Adversity," *Current Opinion in Behavioral Sciences* 28 (2019): 31–37. The material here also comes from Cole, "Meng-Wu Lecture, Center for Compassion and Altruism Research and Education," Stanford University, 2013; and from generous personal correspondences with Cole.
9. Quoted from interview with Population Reference Bureau, "Stress and Fear Could Take a Toll on Our Health During the Coronavirus Pandemic," May 14, 2020, https://www.prb.org/news/stress-and-fear-could-take-a-toll-on-our-health-during-the-coronavirus-pandemic/.
10. Robert Sapolsky, *Why Zebras Don't Get Ulcers: The Acclaimed Guide to Stress, Stress-Related Diseases, and Coping*, 3rd ed. (Holt, 2004); and Peter Sterling, "Principles of Allostasis: Optimal Design, Predictive Regulation, Pathophysiology, and Rational Therapeutics," in *Allostasis, Homeostasis, and the Costs of Physiological Adaptation*, ed. J. Schulkin (Cambridge University Press, 2004), 17–64.
11. For two treatments of this idea, see Sapolsky, *Why Zebras Don't Get Ulcers*; and Susan Nolen-Hoeksema, "Responses to Depression and Their Effects on the Duration of Depressive Episodes," *Journal of Abnormal Psychology* 100(4) (1991): 569–82. Neuroscientific research suggests that chronic stress can arise from an "unsafe worldview": Jos F. Brosschot et al., "Exposed to Events That Never Happen: Generalized Unsafety, the Default Stress Response, and Prolonged Autonomic Activity," *Neuroscience and Biobehavioral Reviews* 74(Pt B) (2017): 287–96.
12. See, for instance, R. Clark, N. Anderson, V. Clark, and D. Williams, "Racism as a Stressor for African Americans: A Biopsychosocial Model," *American Psychologist* 54(10) (1999): 805–16. See also the pathbreaking research of Sherman James, Arline Gernonimus,

Jammal on April 18, 2018, and from an interview that Daod did with Ayellet Shani, "When African Refugees Board Boats to Italy, They Know They're Going to Die," *Haaretz*, April 3, 2018.

2. Shani, "When African Refugees Board Boats to Italy."
3. David Spiegel et al., "Effect of Psychosocial Treatment on Survival of Patients with Metastatic Breast Cancer;" *Lancet* 334(8668) (1989): 888–91; and Catherine Classen and Spiegel, *Group Therapy for Cancer Patients: A Research-Based Handbook of Psychosocial Care* (Basic, 2008).
4. David Spiegel, "Mind Matters: Stress, Social Support, and Cancer Survival," presentation, Department of Psychology, Social Lab, Stanford University, 2014.
5. For benefits of giving advice, see Lauren Eskreis-Winkler et al., "A Large-Scale Field Experiment Shows Giving Advice Improves Aca-demic Outcomes for the Advisor," *Proceedings of the National Academy of Sciences* 116(6) (2019): 14808–10.
6. Spela Mirosevic et al., " 'Not Just Another Meta-Analysis': Sources of Heterogeneity in Psychosocial Treatment Effect on Cancer Survival," *Cancer Medicine* 8(1) (2019): 363–73. For marriage and cancer survival, see Susan Lutgendorf et al., "Social Influences on Clinical Outcomes of Patients with Ovarian Cancer," *Journal of Clinical Oncology* 30(23) (2012): 2885–90.
7. S. W. Cole et al., "Sympathetic Nervous System Regulation of the Tumour Microenvironment," *Nature Reviews Cancer* 15(9) (2015): 563–72. For an example of a drug-based clinical trial with cancer patients based on this research, see Jonathan Hiller, Steven Cole, et al., "Preoperative β-Blockade with Propranolol Reduces Biomarkers of Metastasis in Breast Cancer: A Phase II Randomized Trial," *Clinical Cancer Research* 26(8) (2020): 1803–11.

colleagues' intervention was informed by self-determination theory, which has long highlighted the importance of belonging in motivation and thriving: Richard Ryan and Edward Deci, *Self-Determination Theory: Basic Psychological Needs in Motivation, Development, and Wellness* (Guilford, 2017).

37. Victoria Plaut et al., " 'What About Me?' Perceptions of Exclusion and Whites' Reactions to Multiculturalism," *Journal of Personality and Social Psychology* 101(2) (2011): 337–53.
38. Quoted from Beth Mitchneck et al., "Recipe for Change," 148. For research on defensive reactions to discussions of race and inequality, see Chapters 6 and 7.
39. For research on the power of stories, see Chapter 13. For the repository of stories and expert interviews related to the causes and consequences of bias, see "VIDS: Video Interventions for Diversity in STEM," Skidmore College website, https://academics.skidmore.edu/blogs/vids/. For research on the impact of these video resources, see Evava Pietri et al., "Using Video to Increase Gender Bias Literacy Toward Women in Science," *Psychology of Women Quarterly* 41 (2017): 175–96; and Corinne Moss-Racusin et al., "Reducing STEM Gender Bias with VIDS (Video Interventions for Diversity in STEM)," *Journal of Experimental Psychology: Applied,* 24 (2018): 236–60.
40. Corinne Moss-Racusin et al., "Gender Bias Produces Gender Gaps in STEM Engagement," Sex Roles 79 (2018): 651–70.
41. Dobbin and Kalev, "Why Diversity Programs Fail." For evidence that promoting awareness and accountability is an effective debiasing strategy, see Chapter 6.

第十一章

1. Material comes from my interview with Essam Daod and Maria

33. John Hagel III, "Good Leadership Is About Asking Good Questions," *Harvard Business Review,* July 8, 2021.
34. Matthew Brown and Christopher Chabris, "Starbucks's Troubles Can Be a Test for Anti-Bias Training: Does It Work?" *Wall Street Journal*, April 25, 2018; Frank Dobbin and Alexandra Kalev, "Why Diversity Training Doesn't Work: The Challenge for Industry and Academia," *Anthropology Now* 10(2) (2018): 48–55; Corinne Moss-Racusin et al., "Scientific Diversity Interventions," *Science* 343 (2014): 615–16.
35. Molly Carnes et al., "The Effect of an Intervention to Break the Gender Bias Habit for Faculty at One Institution: A Cluster Randomized, Controlled Trial," *Academic Medicine* 90(2) (2015): 221–30; and Patricia G. Devine et al., "A Gender Bias Habit-Breaking Intervention Led to Increased Hiring of Female Faculty in STEM Departments," *Journal of Experimental Social Psychology* 73 (2017): 211–15. See also Edward Chang et al., "The Mixed Effects of Online Diversity Training," *Proceedings of the National Academy of Sciences* 116(16) (2019): 7778–83.
36. This section draws both on personal correspondences with Jessi Smith from March 16 to April 12, 2021, and on these articles: Smith et al., "Now Hiring! Empirically Testing a Three-Step Intervention to Increase Faculty Gender Diversity in STEM," *BioScience* 65(11) (2015): 1084–87; Smith et al., "Added Benefits: How Supporting Women Faculty in STEM Improves Everyone's Job Satisfaction," *Journal of Diversity in Higher Education* 11(4) (2018): 502–17; and Beth Mitchneck et al., "A Recipe for Change: Creating a More Inclusive Academy," *Science* 352(6282) (2016): 148–49. I also drew on the extensive bank of publicly available resources to support practitioners in implementing this program, retrievable at https://www.montana.edu/nsfadvance/formsresources/index.html. Smith and

Responsibility (Silicon Guild, 2018).

27. J. Richard Hackman, "Why Teams Don't Work," in *Theory and Research on Small Groups*, vol. 4, eds. R. Scott Tinsdale et al. (Springer, 2002), 245–67, on 251.
28. Adam Grant, "Leading with Meaning: Beneficiary Contact, Prosocial Impact, and the Performance Effects of Transformational Leadership," *Academy of Management Journal* 55(2) (2012): 458–76.
29. Amy Edmondson, *The Fearless Organization: Creating Psychological Safety in the Workplace for Learning, Innovation, and Growth* (Wiley, 2018), 7.
30. Charles Duhigg, "What Google Learned From Its Quest to Build the Perfect Team," *New York Times Magazine,* February 25, 2016; A. Riskin et al., "The Impact of Rudeness on Medical Team Performance: A Randomized Trial," *Pediatrics* 136(3) (2015): 487–95; T. Foulk et al., "Catching Rudeness Is Like Catching a Cold: The Contagion Effects of Low-Intensity Negative Behaviors," *Journal of Applied Psychology* 101(1) (2016): 50–67; and Andrew Woolum et al., "Rude Color Glasses: The Contaminating Effects of Witnessed Morning Rudeness on Perceptions and Behaviors Throughout the Workday," *Journal of Applied Psychology* 102(12) (2017): 1658–72.
31. Jeffrey Sanchez-Burks et al., "Cultural Styles, Relational Schemas, and Prejudice Against Out-Groups," *Journal of Personality and Social Psychology* 79 (2000): 174–89.
32. Yue Jia, Kevin Binning, and Geoffrey Cohen, "Affirmation as a Buffer Against Employee Burnout," manuscript in preparation, 2021; and Arghaven Salles, Claudia Mueller, and Geoffrey Cohen, "A Values Affirmation Intervention to Improve Female Residents' Surgical Performance," *Journal of Graduate Medical Education* 8(3) (2016): 378–83.

Economic Review 90(4) (2000): 715–41.

17. Elizabeth Linos et al., "Levelling the Playing Field in Police Recruitment: Evidence from a Field Experiment on Test Performance," *Public Administration* 95(4) (2017): 943–56.
18. Steven Fein and Steven Spencer, "Prejudice as Self-Image Maintenance: Affirming the Self Through Derogating Others," *Journal of Personality and Social Psychology* 73(1) (1997): 31–44; and David Dunning et al., "A New Look at Motivated Inference: Are Self-Serving Theories of Success a Product of Motivational Forces?" *Journal of Personality and Social Psychology* 69(1) (1995): 58–68.
19. Kurt Lewin, "Frontiers in Group Dynamics II: Channels of Group Life; Social Planning and Action Research," *Human Relations* 1 (1947): 143–53, on 148–50.
20. Dobbin and Kalev, "Why Diversity Programs Fail."
21. Benjamin Drury et al., "When Do Female Role Models Benefit Women? The Importance of Differentiating Recruitment from Retention in STEM," *Psychological Inquiry* 22(4) (2011): 265–69.
22. Robin Ely and David Thomas, "Getting Serious About Diversity: Enough Already with the Business Case," *Harvard Business Review*, November–December 2020.
23. William Hall et al., "Climate Control: The Relationship Between Social Identity Threat and Cues to an Identity-Safe Culture," *Journal of Personality and Social Psychology* 115(3) (2018): 446–67.
24. Elizabeth Canning et al., "Cultures of Genius at Work: Organizational Mindsets Predict Cultural Norms, Trust, and Commitment," *Personality and Social Psychology Bulletin* 46(4) (2019): 626–42.
25. Stephen Covey, *The 7 Habits of Highly Effective People: Restoring the Character Ethic* (Simon & Schuster, 2004), 149–51.
26. Patty McCord, *Powerful: Building a Culture of Freedom and*

Harvard Business Review, June 27, 2017; Malin Malmstrom et al., "We Recorded VCs' Conversations and Analyzed How Differently They Talk About Female Entrepreneurs," *Harvard Business Review*, May 17, 2017; and Jorge Guzman and Aleksandra Kacperczy, "Gender Gap in Entrepreneurship," *Research Policy* 48 (2019): 1666–80.

13. Xingyu Li, Miaozhe Han, Geoffrey Cohen, and Hazel Markus, "Passion Matters but Not Equally Everywhere: Predicting Achievement from Interest, Enjoyment, and Efficacy in 59 Societies," *Proceedings of the National Academy of Sciences* 118(11) (2021): e2016964118. See also Hazel Markus and Alana Connor, *Clash! How to Thrive in a Multicultural World* (Plume, 2013).
14. Lauren Rivera, "Hiring as Cultural Matching: The Case of Elite Professional Service Firms," *American Sociological Review* 77(6) (2012): 999–1022. For research showing that we tend to create self-serving criteria for success, see David Dunning, Ann Leuenberger, and David Sherman, "A New Look at Motivated Inference: Are Self-Serving Theories of Success a Product of Motivational Forces?" *Journal of Personality and Social Psychology* 69(1) (1995): 58–68. These self-serving criteria can become quite specific and exclusionary: Dunning and Geoffrey Cohen, "Egocentric Definitions of Traits and Abilities in Social Judgment," *Journal of Personality and Social Psychology* 63(3) (1992): 341–55.
15. Eric Uhlmann and Geoffrey Cohen, "Constructed Criteria: Redefining Merit to Justify Discrimination," *Psychological Science* 16(6) (2005): 474–80.
16. Such a blinding procedure appears to have reduced gender bias in evaluations of candidates for professional orchestras in the United States: Claudia Goldin and Cecilia Rouse, "Orchestrating Impartiality: The Impact of 'Blind' Auditions on Female Musicians," *American*

Psychological Perspective," in *Social Psychology and Organizations* (Routledge/Taylor & Francis, 2011), 253–71.

8. See Chapter 7.
9. Danielle Gaucher et al., "Evidence That Gendered Wording in Job Advertisements Exists and Sustains Gender Inequality," *Journal of Personality and Social Psychology* 101 (2011): 109–28.
10. Valerie Purdie-Vaughns [Purdie-Greenaway] et al., "Social Identity Contingencies: How Diversity Cues Signal Threat or Safety for African Americans in Mainstream Institutions," *Journal of Personality and Social Psychology* 94(4) (2008): 615–30. For a randomized experiment showing the performance benefits of diversity-positive messages, see Hannah Birnbaum, Nicole Stephens et al., "A Diversity Ideology Intervention: Multiculturalism Reduces the Racial Achievement Gap," *Psychological Science* 12(5) (2021): 751–59.
11. Carl Word, Mark Zanna, and Joel Cooper, "The Nonverbal Mediation of Self-Fulfilling Prophecies in Interracial Interaction," *Journal of Experimental Social Psychology* 10(2) (1974): 109–20, on 120. For a recent conceptual replication, see Drew Jacoby-Senghor, Stacey Sinclair, and J. Nicole Shelton, "A Lesson in Bias: The Relationship Between Implicit Racial Bias and Performance in Pedagogical Contexts," *Journal of Experimental Social Psychology* 63 (2016): 50–55. For research on signs of discomfort among whites in cross-race interactions, see John Dovidio, Kerry Kawakami, and Samuel Gaertner, "Implicit and Explicit Prejudice and Interracial Interaction," *Journal of Personality and Social Psychology* 82(1) (2002): 62–68.
12. Dana Kanze et al., "Evidence That Investors Penalize Female Founders for Lack of Industry Fit," *Science Advances* 6(48) (2020): eabd7664; Kanze et al., "Male and Female Entrepreneurs Get Asked Different Questions by VCs—and It Affects How Much Funding They Get,"

of Applied Psychology 93(1) (2008): 108–24; and Renee Holloway et al., "Evidence That a Sympatico Self-Schema Accounts for Differences in the Self-Concepts and Social Behavior of Latinos Versus Whites (and Blacks)," *Journal of Personality and Social Psychology* 96(5) (2009): 1012–28.

4. Angus Deaton and Anne Case, *Deaths of Despair and the Future of Capitalism* (Princeton University Press, 2020), 8; and Martin Sandbu, *The Economics of Belonging* (Princeton University Press, 2020).
5. Chip Heath, "On the Social Psychology of Agency Relationships: Lay Theories of Motivation Overemphasize Extrinsic Incentives," *Organizational Behavior and Human Decision Processes* 78(1) (1999): 25–62; and Juliana Schroeder and Nicholas Epley, "Demeaning: Dehumanizing Others by Minimizing the Importance of Their Psychological Needs," *Journal of Personality and Social Psychology,* 119(4) (2020): 765–91.
6. Frank Dobbin and Alexandra Kalev, "Why Diversity Programs Fail," *Harvard Business Review* 94(7) (2016): 52–60; and Claude Steele and Stephen Green, "Affirmative Action and Academic Hiring," *Journal of Higher Education* 47(4) (1976): 413–35. For 2020 statistics, see Chen Te-Ping, "Why Are There Still So Few Black CEOs," *Wall Street Journal,* September 28, 2020; and "Women in Management," *Catalyst*, August 11, 2020, https://www.catalyst.org/research/women-in-management/.
7. Katherine Phillips et al., "Is the Pain Worth the Gain? The Advantages and Liabilities of Agreeing with Socially Distinct Newcomers," *Personality and Social Psychology Bulletin* 35(3) (2008): 336–50; Phillips, "How Diversity Makes Us Smarter," *Scientific American* 311(4) (2014): 42–47; and Phillips, Sun Young Kim-Jun, and So-Hyeon Shim, "The Value of Diversity in Organizations: A Social

Explain When Wise Interventions Succeed or Fail," *Current Directions in Psychological Science* 29(3) (2021): 219–26.

48. For reviews, see Cohen, Steele, and Ross, "Mentor's Dilemma"; and part 3 of Walton, Dweck, and Cohen, *Academic Tenacity*.
49. Nicole Stephens et al., "Unseen Disadvantage: How American Universities' Focus on Independence Undermines the Academic Performance of First-Generation College Students," *Journal of Personal-ity and Social Psychology* 102(6) (2012): 1178–97; Shannon Brady, *Things Usually Left Unsaid: How the Messages Offered by Educational Environments Shape Students' Well-Being and Performance over Time*, PhD dissertation, Department of Psychology, Stanford University, 2016; and June Tangney, "Interview About *Shame in the Therapy Hour*," American Psychological Association website, 2011, https://www.apa.org/pubs/books/interviews/4317264-tangney.
50. Steele, "Why Are Campuses So Tense?"; and Claude Steele, *Whistling Vivaldi: How Stereotypes Affect Us and What We Can Do* (W. W. Norton, 2010).
51. Lisbeth Schorr, *Common Purpose: Strengthening Families and Neighborhoods to Rebuild America* (Doubleday, 1997), 231.

第十章

1. Adrian Gostick and Chester Elton, *Anxiety at Work: 8 Strategies to Help Teams Build Resilience, Handle Uncertainty, and Get Stuff Done* (Harper Business, 2021), 8.
2. Jim Harter, "Historic Drop in Employee Engagement Follows Record Rise," Gallup, July 2, 2020, https://www.gallup.com/workplace/313313/historic-drop-employee-engagement-follows-record-rise.aspx.
3. A. Grant, "The Significance of Task Significance: Job Performance Effects, Relational Mechanisms, and Boundary Conditions," *Journal*

Calling in Life (Free Press, 2009).

44. Christopher Bryan et al., "Harnessing Adolescent Values to Motivate Healthier Eating," *Proceedings of the National Academy of Sciences* 113(39) (2016): 10830–35; and Bryan et al., "A Values-Alignment Intervention Protects Adolescents from the Effects of Food Marketing," *Nature Human Behaviour* 3(6) (2019): 596–603.
45. David Yeager and Gregory Walton, "Social-Psychological Interventions in Education: They're Not Magic," *Review of Educational Research* 81(2) (2011): 267–301.
46. Lenore Jacobson and Robert Rosenthal, *Pygmalion in the Classroom: Teacher Expectation and Pupils' Intellectual Development*, expanded ed. (Crown House, 2003).
47. Omid Fotuhi, Philip Ehret, Stephanie Kocsik, and Geoffrey Cohen, "Boosting College Prospect Among Low-Income Students: Using Self-Affirmation to Trigger Motivation and a Behavioral Ladder to Channel to Action," *Journal of Personality and Social Psychology* (2021), in press, https://doi.org/10.1037/pspa00 00283. For the affirmation meta-analysis, see Zezhen Wu, Thees Spreckelsen, and Geoffrey Cohen, "A Meta-Analysis of the Effect of Values Affirmation on Academic Achievement," *Journal of Social Issues* (January 14, 2021), in press. Wise interventions have greater benefit when the social context reinforces the message that the intervention aims to instill: David Yeager et al., "A National Experiment Reveals Where a Growth Mindset Improves Achievement," *Nature* 573(7774) (2019): 364–69; Stephanie Reeves et al., "Psychological Affordances Help Explain Where a Self-Transcendent Purpose Intervention Improves Performance," *Journal of Personality and Social Psychology* 120(1) (2021): 1–15; for a review, see Gregory Walton and David Yeager, "Seed and Soil: Psychological Affordances in Contexts Help to

in Mathematics and Science: An Experimental Test of a Utility-Value Intervention," *Psychological Science* 23(8) (2012): 899–906.

41. See the pioneering research on the Teen Outreach Program by Joseph Allen and colleagues, summarized at http://teenoutreachprogram.com/wp-content/uploads/2020/02/Summary-of-TOP-ResultsOct-2019.pdf.

42. For evidence that most antibullying programs don't work, see David Yeager et al., "Declines in Efficacy of Anti-Bullying Programs Among Older Adolescents: Theory and a Three-Level Meta-Analysis," *Journal of Applied Developmental Psychology* 37 (1) (2015): 36–51. Overall, across all programs, there is no discernible benefit of these programs in high school, and just a small one in elementary school. For an antibullying intervention that *does* work, see David Yeager, Kali Trzesniewski, and Carol Dweck, "An Implicit Theories of Personality Intervention Reduces Adolescent Aggression in Response to Victimization and Exclusion," *Child Development* 84(3) (2013): 970–88. For the research on the broad range of potential benefits of values affirmations among teens and young adults, see Kevin Binning et al., "Bolstering Trust and Reducing Discipline Incidents at a Diverse Middle School: How Self-Affirmation Affects Behavioral Conduct During the Transition to Adolescence," *Journal of School Psychology* 75 (2019): 74–88; and Kate Turetsky et al., "A Psychological Intervention Strengthens Students' Peer Social Networks and Promotes Persistence in STEM," *Science Advances* 6(45) (2020): eaba9221. Values affirmations have also been found to improve the GPAs of white college students uncertain of their belonging, see Kristin Layous et al., "Feeling Left Out, but Affirmed: Protecting Against the Negative Effects of Low Belonging in College," *Journal of Experimental Social Psychology* 69 (2017): 227–31.

43. William Damon, *The Path to Purpose: How Young People Find Their*

"Mental Health, Substance Use, and Suicidal Ideation During the COVID-19 Pandemic—United States, June 24–30, 2020," *Morbidity and Mortality Weekly Report* 69 (2020): 1049–57; and Jean Twenge et al., "Increases in Depressive Symptoms, Suicide-Related Outcomes, and Suicide Rates Among U.S. Adolescents After 2010 and Links to Increased New Media Screen Time," *Clinical Psychological Science* 6(1) (2017): 3–17. For research on the decrease in academic motivation and increase in risk behavior during adolescence, see Eccles, Lord, and Midgley, "What Are We Doing to Early Adolescents?"; Adele Gottfried et al., "Continuity of Academic Intrinsic Motivation from Childhood Through Late Adolescence: A Longitudinal Study," *Journal of Educational Psychology* 93 (2001): 3–13; and Kathy Seal and Deborah Stipek, *Motivated Minds: Raising Children to Love Learning* (Holt, 2014).

35. Resnick et al., "Protecting Adolescents from Harm."
36. See Chapter 6. For the harms of this harsh disciplinary approach, see Okonofua et al., "Brief Intervention."
37. See Chapter 4.
38. Joseph Mahoney and Robert Cairns, "Do Extracurricular Activities Protect Against Early School Dropout?" *Developmental Psychology* 33 (1997): 241–53; and Mahoney, "School Extracurricular Activity Participation as a Moderator in the Development of Antisocial Patterns," *Child Development* 71(2) (2000): 502–16. See also Robert Putnam, *Our Kids: The American Dream in Crisis* (Simon & Schuster,2015).
39. K. H. Lee et al., "Neural Responses to Maternal Criticism in Healthy Youth," *Social Cognitive and Affective Neuroscience* 10(7) (2015): 902–12.
40. Judith Harackiewicz et al., "Helping Parents to Motivate Adolescents

Discipline Citations Among Negatively Stereotyped Boys," *Journal of Personality and Social Psychology* 117(2) (2019): 229–59. For data showing that the majority of K–12 teachers in the United States are white, see Yeager, "Breaking the Cycle of Mistrust," 808.

29. Jason Okonofua et al., "Brief Intervention to Encourage Empathic Discipline Cuts Suspension Rates in Half Among Adolescents," *Proceedings of the National Academy of Sciences* 113(19) (2016): 5221–26. Material discussed here also comes from an interview with Okonofua on April 24, 2020.
30. See Chapter 6.
31. The role of teacher psychology in student achievement has been shown in much research. As discussed in Chapter 5, one study found that giving a values affirmation to first-year teachers led them to have better relationships with their minority students and to create more rigorous classrooms. Research also shows that certain kinds of self-affirmation reduce the tendency for evaluators to overpraise and underchallenge minority students: Kent Harber et al., "The Positive Feedback Bias as a Response to Self-Image Threat," *British Journal of Social Psychology* 49 (2010): 207–18. Research also suggests that cognitive busyness (known as "cognitive load") increases stereotyping: Daniel Wigboldus et al., "Capacity and Comprehension: Spontaneous Stereotyping Under Cognitive Load," *Social Cognition* 22(3) (2004): 292–309. Finally, supportive school climates seem to lessen teacher stress and, through this, promote more rigorous instruction of minority students: Harber et al., "Students' Race and Teachers' Social Support."
32. Paul Tough, *How Children Succeed: Grit, Curiosity, and the Hidden Power of Character* (Mariner Books, 2013).
33. Andersen, "Trajectories of Brain Development."
34. For data related to mental health of teens, see M. E. Czeisler et al.,

(2019): 1220–42; and Harber et al., “The Positive Feedback Bias as a Response to Self-Image Threat,” *British Journal of Social Psychology* 49(Pt 1) (2010): 207–18. For research on the combinatorial power of “academic press” and “caring,” see National Research Council, *Engaging Schools: Fostering High School Students' Motivation to Learn* (National Academies Press, 2004).

22. Geoffrey Cohen and Claude Steele, “A Barrier of Mistrust: How Negative Stereotypes Affect Cross-Race Mentoring,” in *Improving Academic Achievement: Impact of Psychological Factors on Education*, ed. Joshua Aronson (Academic Press, 2002), 303–27.
23. David Yeager et al., “Breaking the Cycle of Mistrust: Wise Interventions to Provide Critical Feedback Across the Racial Divide,” *Journal of Experimental Psychology: General* 143(2) (2014): 804–24. For long-term effects on college enrollment, see Yeager et al., “Loss of Institutional Trust Among Racial and Ethnic Minority Adolescents: A Consequence of Procedural Injustice and a Cause of Life-Span Outcomes,” *Child Development* 88(2) (2017): 658–76.
24. See Yeager et al., “Loss of Institutional Trust.”
25. These terms are borrowed from S. Andersen, “Trajectories of Brain Development: Point of Vulnerability or Window of Opportunity?” *Neuroscience and Biobehavioral Reviews* 27(1–2) (2003): 3–18.
26. Yeager et al., “Loss of Institutional Trust.”
27. Harber et al., “Feedback to Minorities”; Harber et al., “Students' Race and Teachers' Social Support”; Cohen and Steele, “Barrier of Mistrust”; and Grace Massey, Mona Scott, and Sanford Dornbusch, “Racism Without Racists: Institutional Racism in Urban Schools,” *Journal of Black Studies and Research* 7(3) (1975): 10–19.
28. Yeager et al., “Loss of Institutional Trust”; and J. P. Goyer et al., “Targeted Identity-Safety Interventions Cause Lasting Reductions in

interview, see Carrie Spector, "Access to Black Male Achievement Program Lowered Student Dropout Rates," Stanford News Service, October 21, 2019, https://news.stanford.edu/press-releases/2019/10/21/access-program-bol-dropout-rates/.

17. Fatma Uslu and Sidika Gizir, "School Belonging of Adolescents: The Role of Teacher–Student Relationships, Peer Relationships and Family Involvement," *Educational Sciences: Theory & Practice* 17(1) (2017): 63–82.
18. Evie Blad, "Students' Sense of Belonging at School Is Important: It Starts with Teachers," *Education Week*, June 20, 2017.
19. Gonul Sakiz et al., "Does Perceived Teacher Affective Support Matter for Middle School Students in Mathematics Classrooms?" *Journal of School Psychology* 50 (2012): 235–55.
20. Geoffrey Cohen, Claude Steele, and Lee Ross, "The Mentor's Dilemma: Providing Critical Feedback Across the Racial Divide," *Personality and Social Psychology Bulletin* 25(10) (1999): 1302–18. This paper, along with the following paper by Steele, reviews the real-world success stories that inspired wise criticism: "Race and the Schooling of Black Americans," *Atlantic*, April 1992.
21. Jennifer Crocker et al., "Social Stigma: The Affective Consequences of Attributional Ambiguity," *Journal of Personality and Social Psychology* 60(2) (1991): 218–28. For research on the underchallenging of minority students by instructors, see Kent Harber, "Feedback to Minorities: Evidence of a Positive Bias," *Journal of Personality and Social Psychology* 74(3) (1998): 622–28; Harber et al., "Students' Race and Teachers' Social Support Affect the Positive Feedback Bias in Public Schools," *Journal of Educational Psychology* 104 (2012): 1149–61; Harber et al., "The Conflicted Language of Interracial Feedback," *Journal of Educational Psychology* 111(7)

and Women's Representation in Mathematics," *Journal of Personality and Social Psychology* 102(4) (2012): 700–17; and Karyn Lewis et al., "Fitting in to Move Forward: Belonging, Gender, and Persistence in the Physical Sciences, Technology, Engineering, and Mathematics (pSTEM)," *Psychology of Women Quarterly* 41(4) (2017): 420–36.

15. Naomi Wolf, "The Silent Treatment," *New York Magazine*, February 20, 2004; and Alexandra Laird and Emily Pronin, "Professors' Romantic Advances Undermine Students' Academic Interest, Confidence, and Identification," *Sex Roles* 83(1) (2020): 1–15. Less overt harassment can also have negative effects. In a series of experiments, when women were exposed to flirtatious behavior from men in a professional setting, they experienced more stereotype threat and performed worse: Christine Logel et al., "Interacting with Sexist Men Triggers Social Identity Threat Among Female Engineers," *Journal of Personality and Social Psychology* 96 (2009): 1089–103.

16. Gloria Ladson-Billings, "Toward a Theory of Culturally Relevant Pedagogy," *American Educational Research Journal* 32(3) (1995): 465–91; and Na'ilah Suad Nasir et al., eds., *"We Dare Say Love": Supporting Achievement in the Educational Life of Black Boys* (Teachers College Press, 2018). For the two quantitative studies, see Thomas Dee and Emily Penner, "The Causal Effects of Cultural Relevance: Evidence from an Ethnic Studies Curriculum," *American Educational Research Journal* 54(1) (2016): 127–66; Thomas Dee and Emily Penner, "My Brother's Keeper? The Impact of Targeted Educational Supports," *Journal of Policy Analysis and Management* (2021), https://doi.org/10.1002/pam.22328; and Sade Bonilla, Thomas Dee, and Emily Penner, "Ethnic Studies Increases Longer-Run Academic Engagement and Attainment," *Proceedings of the National Academy of Sciences* 118(37) (2021), e2026386118. For Dee's

9. Erin Gruwell, *The Freedom Writers Diary: How a Teacher and 150 Teens Used Writing to Change Themselves and the World Around Them* (Crown, 1999).
10. Eccles, Lord, and Midgley, "What Are We Doing to Early Adolescents?" For research on doing dull tasks with others, see Gregory Walton and Geoffrey Cohen, "Mere Sociality and Motivation," unpublished manuscript, Department of Psychology, Yale University, 2005. For related findings, see Walton et al., "Mere Belonging: The Power of Social Connections," *Journal of Personality and Social Psychology* 102(3) (2012): 513–32.
11. Jean Baldwin Grossman and Joseph Tierney, "Does Mentoring Work? An Impact Study of the Big Brothers Big Sisters Program," *Evaluation Review* 22(3) (1998): 403–26; and Carla Herrera et al., "Mentoring in Schools: An Impact Study of Big Brothers Big Sisters School-Based Mentoring," *Child Development* 82(1) (2011): 346–61.
12. Shannon Brady et al., "A Brief Social-Belonging Intervention in College Improves Adult Outcomes for Black Americans," *Science Advances* 6(18) (2020): eaay3689; and Gallup Inc., *Great Jobs, Great Lives: The 2014 Gallup-Purdue Index Report—A Study of More than 30,000 College Graduates Across the U.S.,* http://www.luminafoundation.org/files/resources/galluppurdueindex-report-2014.pdf.
13. Tara Dennehy and Nilanjana Dasgupta, "Female Peer Mentors Early in College Increase Women's Positive Academic Experiences and Retention in Engineering," *Proceedings of the National Academy of Sciences* 114(23) (2017): 5964–69.
14. For other research showing the utility of measures of felt belonging in predicting women's persistence in STEM, see the research by Catherine Good et al., "Why Do Women Opt Out? Sense of Belonging

Geoffrey Cohen, "A Social Psychological Approach to Educational Intervention," in *The Behavioral Foundations of Public Policy*, ed. Eldar Shafir (Princeton University Press, 2013), 329–47, https://ed.stanford.edu/sites/default/files/a_social_psychological_approach_to_educational_intervention_0.pdf; and David Yeager and Gregory Walton, "Social-Psychological Interventions in Education: They're Not Magic," *Review of Educational Research* 81(2) (2011): 267–301. Web-based platforms and mobile technology enable widespread delivery of wise interventions, though this should be done with caution and attention to the key conditions of the three Ts we've discussed. See the work of David Yeager, Gregory Walton, Shannon Brady in the College Transition Collaborative (https://collegetransitioncollaborative.org), e.g., David Yeager, Gregory Walton, Shannon Brady et al., "Teaching a Lay Theory Before College Narrows Achievement Gaps at Scale," *Proceedings of the National Academy of Sciences* 14(24) (2016): E3341–E3348. For a promising use of mobile technology, see Kody Manke, Shannon Brady, Mckenzie Baker, and Geoffrey Cohen, "Affirmation on the Go: A Proof of Concept for Text Message Delivery of Values Affirmation in Education," *Journal of Social Issues* 77 (2021): 888–910. For an example of a mass online administration of values-affirmation and social-belonging interventions, see Rene Kizilcec et al., "Closing Global Achievement Gaps in MOOCS," *Science* 335(6322) (2017): 251–52. Additionally, Raj Bhargava and I have created an app, *Unleash*, that allows educators to deliver affirmations to their students at moments when they're most likely to help (https://www.unleash-app.com/).

8. Joseph Powers et al., "Changing Environments by Changing Individuals: The Emergent Effects of Psychological Intervention," *Psychological Science* 27(2) (2015): 150–60.

https://files.eric.ed.gov/fulltext/ED576649.pdf. See also M. D. Resnick et al., "Protecting Adolescents from Harm: Findings from the National Longitudinal Study on Adolescent Health," *Journal of the American Medical Association* 278(10) (1997): 823–32; and J. Eccles, Sarah Lord, and C. Midgley, "What Are We Doing to Early Adolescents? The Impact of Educational Contexts on Early Adolescents," *American Journal of Education* 99 (1991): 521–42.

3. Claude Steele, presentation to Social Area, Department of Psychology, Stanford University, 2020; and Steele, "Why Are Campuses So Tense? Identity, Stereotypes, and the Fraying of the College Experience," *Chronicle of Higher Education* 66(15) (December 13, 2019): B17–B20.
4. Eric Bettinger et al., "The Role of Application Assistance and Information in College Decisions: Results from the H&R Block FAFSA Experiment," *Quarterly Journal of Economics* 127(3) (2012): 1205–42.
5. The ability of small, and often honorific, groups in school to foster the belonging of minority youth was also pioneered by Uri Treisman: "Studying Students Studying Calculus: A Look at the Lives of Minority Mathematics Students in College," *College Mathematics Journal* 23(5) (1992): 362–75. Additionally, Claude Steele used small, racially mixed discussion groups in a university intervention program that he codesigned with Steven Spencer and Richard Nisbett to improve minority student achievement, as described in Steele, "A Threat in the Air: How Stereotypes Shape Intellectual Identity and Performance," *American Psychologist* 52(6) (1997): 613–29.
6. See Chapter 7.
7. See the social-belonging intervention discussed in Chapter 2. For reviews of wise interventions in education, see Julio Garcia and

24. Ronaldo J. Mendoza, *Emotional Versus Situational Inductions of Empathy: Effects on Interpersonal Understanding and Punitiveness*, PhD dissertation, Department of Psychology, Stanford University, 1996, p. 1.
25. Mendoza, *Emotional Versus Situational Inductions of Empathy.*
26. Emily Pronin, Daniel Lin, and Lee Ross, "The Bias Blind Spot: Perceptions of Bias in Self Versus Others," *Personality and Social Psychology Bulletin* 28(3) (2002): 369–81.
27. There is a cultural contributor to our blind spot. Research suggests that members of "Western, Educated, Industrialized, Rich, and Democratic" societies (referred to with the acronym WEIRD) are weird in the sense of having some unusual cognitive and behavioral penchants, compared with the 88 percent of the world's population who come from non-WEIRD societies (see also Chapter 5): Joseph Henrich, Steve Heine, and Ara Norenzayan, "The Weirdest People in the World?" *Behavioral and Brain Sciences* 33(2–3) (2010): 61–83; and Henrich, *The Weirdest People in the World: How the West Became Psychologically Peculiar and Particularly Prosperous* (Farrar, Straus and Giroux, 2020).

第九章

1. Dick Cheney and Liz Cheney, *In My Time: A Personal and Political Memoir* (Threshold Editions, 2012), 26–27.
2. For reviews, see Terrell Strayhorn, *College Students' Sense of Belonging* (Routledge, 2012); Geoffrey Cohen and Julio Garcia, "Identity, Belonging, and Achievement: A Model, Interventions, and Implications," *Current Directions in Psychological Science* 17(6) (2008): 365–69; and Gregory Walton, Carol Dweck, and Geoffrey Cohen, *Academic Tenacity: Mindsets and Skills That Promote Long-Term Learning*, white paper, Bill and Melinda Gates Foundation, 2014,

Personality and Social Psychology 36(11) (1978): 1202–12.

18. Arthur Aron et al., "The Experimental Generation of Interpersonal Closeness: A Procedure and Some Preliminary Findings," *Personality and Social Psychology Bulletin* 23(4) (1997): 363–77. The thirty-six questions are available at https://amorebeautifulquestion.com/36-questions/.
19. Rodolfo Mendoza-Denton and Elizabeth Page-Gould, "Can Cross-Group Friendships Influence Minority Students' Well-Being at Historically White Universities?" *Psychological Science* 19(9) (2008): 933–39; and Page-Gould, Mendoza-Denton, and Linda Tropp, "With a Little Help from My Cross-Group Friend: Reducing Anxiety in Intergroup Contexts Through Cross-Group Friendship," *Journal of Personality and Social Psychology* 95 (2008): 1080–94. For examples of ingroup friends who helped with the careers of those regarded as outsiders, see Eminem, *The Way I Am* (Plume, 2009); and Katharine Graham, *Personal History* (Vintage, 1998).
20. Benjamin Bloom, "The 2 Sigma Problem: The Search for Methods of Group Instruction as Effective as One-to-One Tutoring," *Educational Researcher* 13(6) (1984): 4–16; and Mark Lepper and Maria Woolverton, "The Wisdom of Practice: Lessons Learned from the Study of Highly Effective Tutors," in *Improving Academic Achievement: Impact of Psychological Factors on Education*, ed. Joshua Aronson (Academic Press, 2002), 135–58.
21. Lepper and Woolverton, "Wisdom of Practice," 2002.
22. Mark Lepper, personal communication and shared confidential data reports, February 5, 2021.
23. For a review of research on empathy by a leading researcher, see Jamil Zaki, *The War for Kindness: Building Empathy in a Fractured World* (Crown, 2019).

Measures in Social Cognition Research: Their Meaning and Use," *Annual Review of Psychology* 54(1) (2003): 297–327.

13. Tal Eyal, Mary Steffel, and Nicholas Epley, "Perspective Mistaking: Accurately Understanding the Mind of Another Requires Getting Perspective, Not Taking Perspective," *Journal of Personality and Social Psychology* 114(4) (2018): 547–71. See also Epley, *Mindwise: How We Understand What Others Think, Believe, Feel, and Want* (Penguin, 2014).
14. Catherine Thomas et al., "Toward a Science of Delivering Aid with Dignity: Experimental Evidence and Local Forecasts from Kenya," *Proceedings of the National Academy of Sciences* 117(27) (2020): 15546–53.
15. June Jordan, "On Listening: A Good Way to Hear," in *Civil Wars* (Touchstone, 1995).
16. Kathryn Edin et al., "The Tenuous Attachments of Working-Class Men," *Journal of Economic Perspectives* 33(2) (2019): 211–28; and H. Luke Shaefer, Kathryn Edin, and Laura Tach, "A New Anti-Poverty Policy Litmus Test," Stanford Center on Policy and Inequality, *Pathways*, Spring 2017.
17. Daniel Gilbert, *Stumbling on Happiness* (Knopf, 2006); and Timothy Wilson, *Strangers to Ourselves: Discovering the Adaptive Unconscious* (Belknap/Harvard University Press, 2002). As noted earlier, research shows that the interview has limited value in assessing people's abilities and in predicting their future performance (Dawes, *House of Cards*), but it is an effective tool for understanding their conscious perspective on themselves and their situations, assuming we ask good questions. For research on the importance of asking questions that challenge rather than confirm our beliefs, see Mark Snyder and William Swann, "Hypothesis Testing in Social Judgment," *Journal of*

Senate, and House elections; see also Charles Ballew II and Alexander Todorov, "Predicting Political Elections from Rapid and Unreflective Face Judgments," *Proceedings of the National Academy of Sciences* 104(46) (2007), 17948–53.

7. Here, I am referring to that portion of their fate that's left over *after* chance (50% accuracy) is taken into account.
8. Nalini Ambady and Robert Rosenthal, "Half a Minute: Predicting Teacher Evaluations from Thin Slices of Nonverbal Behavior and Physical Attractiveness," *Journal of Personality and Social Psychology* 64(3) (1993): 431–41; and Ambady and Rosenthal, "Thin Slices of Expressive Behavior as Predictors of Interpersonal Consequences: A Meta-Analysis," *Psychological Bulletin* 111(2) (1992): 256–74.
9. See Chapter 5.
10. Performance in a standard "unstructured" interview does not predict future job or school performance, though adding structure to the interview through standardized questions improves its diagnostic value: Robyn Dawes, *House of Cards: Psychology and Psychotherapy Built on Myth* (Free Press, 1994).
11. David Dunning, Ann Leuenberger, and David Sherman, "A New Look at Motivated Inference: Are Self-Serving Theories of Success a Product of Motivational Forces?" *Journal of Personality and Social Psychology* 69(1) (1995): 58–68; Sarah Wert, *Negative Gossip as a Response to Threatened Social Self-Esteem*, PhD dissertation, Department of Psychology, Yale University, 2004; and Wert and Peter Salovey, "A Social Comparison Account of Gossip," *Review of General Psychology* 8(2) (2004): 122–37.
12. John Dovidio et al., "Implicit and Explicit Prejudice and Interracial Interaction," *Journal of Personality and Social Psychology* 82(1) (2002): 62–68; and Russell Fazio and Michael Olson, "Implicit

and Paul Davies, "The Space Between Us: Stereotype Threat and Distance in Interracial Contexts," *Journal of Personality and Social Psychology* 94(1): 91–107.

第八章

1. Dave Barry, "She Drives for a Relationship: He's Lost in the Transmission," https://www.unige.ch/~gander/california/relation.html.
2. J. Nicole Shelton and Jennifer Richeson, "Intergroup Contact and Pluralistic Ignorance," *Journal of Personality and Social Psychology* 88 (2005): 91–107. Much of this mutual misperception comes from what Jacquie Vorauer and colleagues call "meta-stereotypes," stereotypes we have about how others stereotype us: Vorauer et al., "How Do Individuals Expect to Be Viewed by Members of Lower Status Groups? Content and Implications of Meta-Stereotypes," *Journal of Personality and Social Psychology* 75(4) (1998): 917–37.
3. Robyn Mallett and Timothy Wilson, "Increasing Positive Intergroup Contact," *Journal of Experimental Social Psychology* 46(2) (2010): 382–87.
4. Janine Willis and Alexander Todorov, "First Impressions: Making Up Your Mind After a 100-MS Exposure to a Face," *Psychological Science* 17(7) (2006): 592–98; and Andrew Engell, James Haxby, and Alexander Todorov, "Implicit Trustworthiness Decisions: Automatic Coding of Face Properties in the Human Amygdala," *Journal of Cognitive Neuroscience* 19 (2007): 1508–19.
5. Amos Tversky and Daniel Kahneman, "Judgment Under Uncertainty: Heuristics and Biases," *Science* 185(4157) (1974): 1124–31.
6. Alexander Todorov et al., "Inferences of Competence from Faces Predict Election Outcomes," *Science* 308(5728) (2005): 1623–26. Todorov and colleagues have replicated this effect in gubernatorial,

45. For research on the physiological threat response arising in cross-race encounters, see Jim Blascovich et al., "Perceiver Threat in Social Interactions with Stigmatized Others," *Journal of Personality and Social Psychology* 80(2) (2001): 253–67. For research on cognitive impairments among whites after cross-race encounters about racially charged topics, see Jennifer Richeson and Sophie Trawalter, "Why Do Interracial Interactions Impair Executive Function? A Resource Depletion Account," *Journal of Personality and Social Psychology* 88(6) (2005): 934–47. For results related to colorblind ideologies, see Geoffrey Cohen, "Identity, Belief, and Bias," in *Ideology, Psychology, and Law,* eds. Jon Hanson and John Jost (Oxford University Press, 2012), 385–409.
46. Ruth Ditlmann, Valerie Purdie-Vaughns [Purdie-Greenaway], John Dovidio, and Michael Naft, "The Implicit Power Motive in Intergroup Dialogues About the History of Slavery," *Journal of Personality and Social Psychology* 112(1) (2017): 116–35. The coding scheme Ditlmann used assessed affiliation imagery and was developed by David Winter, whose manual specifies the forms that affiliative statements take in conversation, including acceptance and appreciation: Winter, *Manual for Scoring Motive Imagery in Running Text,* 4th ed., unpublished manuscript, https://deepblue.lib.umich.edu/handle/2027.42/117563. A controlled experiment demonstrated that a values affirmation intervention increased white Americans' willingness to acknowledge the existence of discrimination against minorities: Glenn Adams et al., "The Effect of Self-Affirmation on Perception of Racism," *Journal of Experimental Social Psychology* 42(5): 616–26. Another way to ease white people's stereotype threat in conversations about race is to encourage them to adopt a growth mindset and to see the interaction as a learning opportunity: Phillip Goff, Claude Steele,

Journal of Educational Psychology 106(2) (2014): 375–89; Crystal Hall, Jiaying Zhao, and Eldar Shafir, "Self-Affirmation Among the Poor: Cognitive and Behavioral Implications," *Psychological Science* 25(2) (2014): 619–25; Ian Hadden et al., "Self-Affirmation Reduces the Socioeconomic Attainment Gap in Schools in England," *British Journal of Educational Psychology* 90(2) (2020): 517–36; Arielle Silverman and Geoffrey Cohen, "Stereotypes as Stumbling-Blocks: How Coping with Stereotype Threat Affects Life Outcomes for People with Physical Disabilities," *Personality and Social Psychology Bulletin* 40(10) (2014): 1330–40; Kristin Layous et al., "Feeling Left Out, but Affirmed: Protecting Against the Negative Effects of Low Belonging in College," *Journal of Experimental Social Psychology* 69 (2017): 227–31; and Rene Kizilcec et al., "Closing Global Achievement Gaps in MOOCS," *Science* 335(6322) (2017): 251–52.

39. James Jones and Rosalie Rolon-Dow, "Multidimensional Models of Microaggressions and Microaffirmations," in *Microaggression Theory: Influence and Implications*, eds. Gina Torino et al. (Wiley, 2018), 32–47.
40. David Yeager and Gregory Walton, "Social-Psychological Interventions in Education: They're Not Magic," *Review of Educational Research* 81(2): 267–301.
41. Zezhen Wu, Thees Spreckelsen, and Geoffrey Cohen, "A Meta-Analysis of the Effect of Values Affirmation on Academic Achievement," *Journal of Social Issues* (January 14, 2021), spssi.onlinelibrary.wiley.com/action/showCitFormats?doi=10.1111%2Fjosi.12415.
42. Study 2 of Cook et al. "Chronic Threat and Contingent Belonging."
43. Ruth Ditlmann, personal communication, February 23, 2021.
44. DiAngelo, *White Fragility.*

Apfel, Suzanne Taborsky-Barba, David Sherman, and Geoffrey Cohen, "Self-Affirmation Facilitates Minority Middle Schoolers' Progress Along College Trajectories," *Proceedings of the National Academy of Sciences* 114(29) (2017):7594–99.

36. Goyer et al., "Self-Affirmation Facilitates Minority Middle Schoolers' Progress Along College Trajectories."

37. Geoffrey Borman et al., "Self-Affirmation Effects Are Produced by School Context, Student Engagement with the Intervention, and Time: Lessons from a District-Wide Implementation," *Psychological Science* 29(11) (2018): 1773–84; and Borman, Jeffrey Grigg, and Paul Hanselman, "An Effort to Close Achievement Gaps at Scale Through Self-Affirmation," *Educational Evaluation and Policy Analysis* 38(1): 2016: 21–42. For long-term effects, see Borman, Yeseul Choi, and Garrett Hall, "The Impacts of a Brief Middle-School Self-Affirmation Intervention Help Propel African American and Latino Students Through High School," *Journal of Educational Psychology* 113(3) (2021): 605–20.Borman's team reported one failure to replicate the effects of values affirmation on GPA: Paul Hanselman et al., "New Evidence on Self-Affirmation Effects and Theorized Sources of Heterogeneity from Large-Scale Replications," *Journal of Educational Psychology* 109(3) (2017): 405–24. However, this research team did find that for both this cohort and another, the values affirmation intervention reduced disciplinary problems and suspension rates among black youth by roughly two-thirds: Geoffrey Borman, Jaymes Pyne, Chrisopher Rozek, and Alex Schmidt, "A Replicable Identity-Based Intervention Reduces the Black-White Suspension Gap at Scale," *American Educational Research Journal* (2021).

38. Judith Harackiewicz et al., "Closing the Social Class Achievement Gap for First-Generation Students in Undergraduate Biology,"

Mischkowski, "Two Types of Value-Affirmation Implications for Self-Control Following Social Exclusion," *Social Psychological and Personality Science* 3 (2012): 510–16. Generally, values affirmations are more effective when people write about at least one value unrelated to the threatening domain (academic achievement in this case). Research suggests that the activity broadens people's psychological perspective: Clayton Critcher and David Dunning, "Self-Affirmations Provide a Broader Perspective on Self-Threat," *Personality and Social Psychology Bulletin* 41(1) (2015): 3–18. For reviews of values-affirmation activities, the conditions under which they are beneficial, and the mechanisms through which they work, see Geoffrey Cohen and David Sherman, "The Psychology of Change: Self-Affirmation and Social Psychological Intervention," *Annual Review of Psychology* 65 (2014): 333–71; and David Sherman et al., "Self-Affirmation Interventions," in *Handbook of Wise Interventions*, eds. Gregory M. Walton and Alia J. Crum (Guilford, 2020), 63–99.

33. Cook et al., "Chronic Threat and Contingent Belonging."
34. David Sherman, Kimberly Hartson, Kevin Binning, Valerie Purdie-Vaughns [Purdie-Greenaway], Sarah Tomassetti, A. David Nussbuam, and Geoffrey Cohen, "Deflecting the Trajectory and Changing the Narrative: How Self-Affirmation Affects Academic Performance and Motivation Under Identity Threat," *Journal of Personality and Social Psychology* 104(4) (2013): 591–618.
35. see Warner Grubb, *Money Myth, The School Resources, Outcomes, and Equity* (Russell Sage Foundation, 2009); Claude Steele, "A Threat in the Air: How Stereotypes Shape Intellectual Identity and Performance," *American Psychologist* 52(6) (1997): 613–29; and J. Parker Goyer, Julio Garcia, Valerie Purdie-Vaughns [Purdie-Greenaway], Kevin Binning, Jonathan Cook, Stephanie Reeves, Nancy

28. Ta-Nehisi Coates, *Between the World and Me* (Spiegel & Grau, 2015), 90.
29. For research on the impact of stereotypical cues, see Sapna Cheryan, Victoria Plaut, Paul Davies, and Claude Steele, "Ambient Belonging: How Stereotypical Cues Impact Gender Participation in Computer Science," *Journal of Personality and Social Psychology* 97(6) (2009): 1045–60; Valerie Purdie-Vaughns [Purdie-Greenaway], Claude Steele, Paul Davies, Ruth Ditlmann, and Jennifer Crosby, "Social Identity Contingencies: How Diversity Cues Signal Threat or Safety for African Americans in Mainstream Institutions," *Journal of Personality and Social Psychology* 94(4) (2008): 615–30; and Mary Murphy, Claude Steele, and James Gross, "Signaling Threat: How Situational Cues Affect Women in Math, Science, and Engineering Settings," *Psychological Science* 18(10): 897–95.
30. Geoffrey Cohen, Julio Garcia, Nancy Apfel, and Allison Master, "Reducing the Racial Achievement Gap: A Social-Psychological Intervention," *Science* 313(5791) (2006): 1307–10; and Cohen et al., "Recursive Processes in Self-Affirmation: Intervening to Close the Minority Achievement Gap," *Science* 324 (2009): 400–3. For effects on belonging, see Jonathan Cook, Valerie Purdie-Vaughns [Purdie-Greenaway], Julio Garcia, and Geoffrey Cohen, "Chronic Threat and Contingent Belonging: Protective Benefits of Values Affirmation on Identity Development," *Journal of Personality and Social Psychology* 102(3) (2012): 479–96.
31. Raj Chetty et al., "Income Segregation and Intergenerational Mobility in the United States," *Quarterly Journal of Economics* 135(3) (2020): 1567–633.
32. Values affirmations are more impactful when people reflect on "self-transcendent" values: Aleah Burson, Jennifer Crocker, and Dominik

24. Kareem Abdul-Jabbar, *Coach Wooden and Me: Our 50-Year Friendship on and off the Court* (Grand Central, 2017), 131.
25. M. Hebl and J. Xu, "Weighing the Care: Physicians' Reactions to the Size of a Patient," *International Journal of Obesity* 25(8) (2001): 1246–52; Eden King et al., "The Stigma of Obesity in Customer Service: A Mechanism for Remediation and Bottom-Line Consequences of Interpersonal Discrimination," *Journal of Applied Psychology* 91 (2006): 579–93; L. Martinez et al., "Selection BIAS: Stereotypes and Discrimination Related to Having a History of Cancer," *Journal of Applied Psychology* 101(1) (2016): 122–28; and Hebl et al., "Formal and Interpersonal Discrimination: A Field Study of Bias Toward Homosexual Applicants," *Personality and Social Psychology Bulletin* 28 (2002): 815–25.
26. Kathryn Edin, Timothy Nelson, Andrew Cherlin, and Robert Francis, "The Tenuous Attachments of Working-Class Men," *Journal of Economic Perspectives* 33(2) (2019): 211–28; H. Luke Shaefer, Kathryn Edin, and Laura Tach, "A New Anti-Poverty Policy Litmus Test," *Pathways*, Stanford Center on Poverty and Inequality, Stanford University, Spring 2017, 12; and Catherine Thomas, Nicholas Otis, Justin Abraham, Hazel Rose Markus, and Gregory M. Walton, "Toward a Science of Delivering Aid with Dignity: Experimental Evidence and Local Forecasts from Kenya," *Proceedings of the National of Sciences* 117(27) (2020): 15546–53.
27. J. Brosschot, Bart Verkuil, and Julian Thayer, "Exposed to Events That Never Happen: Generalized Unsafety, the Default Stress Response, and Prolonged Autonomic Activity," *Neuroscience and Biobehavioral Reviews* 74(Pt B) (2017): 287–96. Quote from Joe Feagin, "The Continuing Significance of Race: Antiblack Discrimination in Public Places," *American Sociological Review* 56(1): 101–16, on 115.

The second group was asked to list nine things. The second group reported less marital satisfaction than the first group. Why? Because the effort required to come up with nine nice things led them to conclude that their partner was underperforming. These effects of such "metacognitive information" are stronger among people who feel insecure in a domain, which motivated our use of the manipulation to study belonging uncertainty. Norbert Schwarz, unpublished data, personal communication, February 17, 2019; and Schwarz, "Metacognitive Experiences in Consumer Judgment and Decision Making," *Journal of Consumer Psychology* 14(4) (2004): 332–48.

18. In the study that Walton and I conducted, women, who are also negatively stereotyped in computer science, were unaffected by the list-eight-friends manipulation. However, women *were* affected by a similar manipulation that asked them to list eight *skills* they had in computer science versus two. It seems that stereotype threat led black students to question their social belonging and women to question their ability.
19. Greg Lukianoff and Jonathan Haidt, *The Coddling of the American Mind* (Penguin, 2019).
20. Kody Manke, *Stereotype Threat Perseverance,* PhD dissertation, Department of Psychology, Stanford University, 2016.
21. Steven Spielberg, dir., *The Post*, Twentieth-Century Fox, 2017; and Graham, *Personal History*, 179, 181, 399.
22. Erving Goffman, *Asylums: Essays on the Social Situation of Mental Patients and Other Inmates*, 6th ed. (Chicago: Aldine, 1961), 45, 148, 14.
23. H. Lee and M. T. Hicken, "Death by a Thousand Cuts: The Health Implications of Black Respectability Politics," *Souls* 18(2–4) (2016): 421–45.

experimental authority present. Social-evaluative threat seems likely to be limited under such conditions, with participants caring less about their performance and perceiving fewer expressive implications of poor performance than they do in the in-person, high-stakes laboratory situations crafted by Steele, Aronson, Spencer, and others. Shewach and colleagues, it should be noted, are critics of stereotype threat. They zero in on a subgroup of studies that they favor and drop 167 studies out of a total of 212 (almost 80 percent), including the original stereotype threat studies. Doing this leads them to obtain a small effect size estimate, roughly half of the overall effect size based on the full sample of studies. Regardless of what you think of this technique, it's important to understand that stereotype threat repeatedly recurs in the real world, so even a small effect can add up to a large cumulative disadvantage: Robert P. Abelson, "A Variance Explanation Paradox: When a Little Is a Lot," *Psychological Bulletin* 97(1) (1985): 129–33.

14. Claude Steele, "Why Are Campuses So Tense, and What Can We Do?" WISE Research Roundtable, Stanford University, January 28, 2020; and Steele, "Why Are Campuses So Tense? Identity, Stereotypes, and the Fraying of the College Experience," *Chronicle of Higher Education* 66(15) (December 13, 2019): B17–B20. I am also grateful for many personal correspondences and conversations with Steele.
15. Geoffrey Cohen and Julio Garcia, " 'I Am Us': Negative Stereotypes as Collective Threats," *Journal of Personality and Social Psychology* 89(4) (2005): 566–82.
16. Gregory Walton and Geoffrey Cohen, "A Question of Belonging: Race, Social Fit, and Achievement," *Journal of Personality and Social Psychology* 92(1) (2007): 82–96.
17. For example, Schwartz and his team asked one group of married people to list two nice things their partner had done for them lately.

Interpreting Stereotype Threat as Accounting for African American–White Differences on Cognitive Tests," *American Psychologist* 59(1) (2004): 7–13. Notwithstanding these issues, the effect of removing stereotype threat consistently improves the performance of negatively stereotyped students on difficult tests in situations where they care about performing well. How much their performance improves, and the degree to which the gap between them and their nonstereotyped peers closes depends on a range of factors, such as the nature of the sample and the context of testing. Meanwhile there is little effect of these stereotype-removal manipulations on the nonstereotyped group and sometimes a detrimental effect. Greg Walton and I ascribe this latter effect to "stereotype lift," wherein nonstereotyped group members benefit from a slight performance boost in situations in which they are aware that they are on the upside of a negative stereotype: Walton and Cohen, "Stereotype Lift," *Journal of Experimental Social Psychology* 39(5) (2003): 456–67.

13. These found virtually identical effect sizes of stereotype threat: Oren Shewach et al., "Stereotype Threat Effects in Settings with Features Likely Versus Unlikely in Operational Test Settings: A Meta-Analysis," *Journal of Applied Psychology* 104(12) (2019): 1514–34; and Hannah-Hanh D. Nguyen and Ann Marie Ryan, "Does Stereotype Threat Affect Test Performance of Minorities and Women? A Meta-Analysis of Experimental Evidence," *Journal of Applied Psychology* 93(6) (2008): 1314–34. Several later replication studies suffer from two methodological flaws. Reflecting the trend toward online studies with samples of convenience, these later replications seldom recruit participants who are identified with the performance domain, and they take place entirely online, with participants taking the test under anonymous and largely unknown circumstance and without an

8. Katharine Graham, *Personal History* (Vintage, 1998), 399.
9. Claude Steele, *Whistling Vivaldi: How Stereotypes Affect Us and What We Can Do* (, 2010), xii, 242.
10. Ralph Ellison, *Invisible Man*, 2nd ed. (Vintage International, 1995), 264.
11. C. Steele and J. Aronson, "Stereotype Threat and the Intellectual Test Performance of African Americans," *Journal of Personality and Social Psychology* 69(5) (1995): 797–811. See also Steele, "A Threat in the Air: How Stereotypes Shape Intellectual Identity and Performance," *American Psychologist* 52(6) (1997): 613–29.
12. A key criticism is the use of covariate adjustment. In the original Steele and Aronson studies and in several subsequent studies, black and white students were "statistically equated" in terms of their prior SAT scores through the analytic technique of covariate adjustment. The degree of racial gap that emerged in their estimated test scores was what is referred to as the "residual gap," the difference between black and white students' performance when prior indicators of ability and preparation are statistically controlled. The use of covariate adjustment is commonplace throughout the social sciences. This means that the actual findings do *not* demonstrate that removing stereotype threat eliminates the racial achievement gap. Rather, removing stereotype threat eliminates the *residual* achievement gap. The residual gap was the phenomenon that motivated Steele's research—the persistent and pervasive gap in performance between black and white students that remains even after prior indicators of preparation and ability are controlled for. See Geoffrey Cohen and David Sherman, "Stereotype Threat and the Social and Scientific Contexts of the Race Achievement Gap," *American Psychologist* 60(3) (2005): 270–71. The latter commentary was a response to a critique by P. R. Sackett et al., "On

65(1) (2014): 333–71. For research on how mindful meditation can lessen prejudice, see Adam Lueke and Bryan Gibson, "Mindfulness Meditation Reduces Implicit Age and Race Bias: The Role of Reduced Automaticity of Responding," *Social Psychological and Personality Science* 6(3) (2014): 284–91; and Jonathan Kanter et al., "Addressing Microaggressions in Racially Charged Patient-Provider Interactions: A Pilot Randomized Trial," *BMC Medical Education* 20(1) (2020): 88.

第七章

1. Robin DiAngelo, *White Fragility: Why It's So Hard for White People to Talk About Racism* (Beacon, 2018). Quote is from Daniel Bergner, " 'White Fragility' Is Everywhere: But Does Antiracism Training Work?" *New York Times,* July 15, 2020.
2. Curtis Hanson, dir., *8 Mile*, Universal Pictures, 2002.
3. Mark Pitner and B. Kent Houston, "Response to Stress, Cognitive Coping Strategies, and the Type A Behavior Pattern," *Journal of Personality and Social Psychology* 39(1) (1980): 147–57. See also Chapter 11.
4. Denise Sekaquaptewa and Mischa Thompson, "Solo Status, Stereotype Threat, and Performance Expectancies: Their Effects on Women's Performance," *Journal of Experimental Social Psychology* 39(1) (2003): 68–74.
5. Eminem, *The Way I Am* (Plume, 2009), 18.
6. See the work of Sally Dickerson and colleagues: e.g, Alex Woody et al., "Social-Evaluative Threat, Cognitive Load, and the Cortisol and Cardiovascular Stress Response," *Psychoneuroendocrinology* 97 (2018): 149–55.
7. Erving Goffman, "On Face-Work: An Analysis of Ritual Elements in Social Interaction," in *Interaction Ritual* (Anchor, 1967), 5–45, on 10.

Bridges Personal and Systemic Prejudice," *Psychological Inquiry* 28(4) (2017): 233–48; and Calvin Lai et al., "Reducing Implicit Racial Preferences: II. Intervention Effectiveness Across Time," *Journal of Experimental Psychology: General* 145(8) (2016): 1001–16.

31. For evidence that individual-level situationcrafting can lessen prejudice, see: Nilanjana Dasgupta and Anthony Greenwald, "On the Malleability of Automatic Attitudes: Combating Automatic Prejudice with Images of Admired and Disliked Individuals," *Journal of Personality and Social Psychology* 81(5) (2001), 800–14; and Patricia Devine et al., "Long-Term Reduction in Implicit Race Bias: A Prejudice-Breaking Intervention," *Journal of Experimental Social Psychology* 48(6) (2012): 1267–78.
32. Eberhardt, *How Racial Bias Works*.
33. John Dovidio, unpublished data, personal communication, October 28, 2014. The impact of monitoring decisions and increasing accountability is also addressed in Dobbin and Kalev, "Why Diversity Programs Fail"; and Philip Tetlock and Gregory Mitchell, "Implicit Bias and Accountability Systems: What Must Organizations Do to Prevent Discrimination?" *Research in Organizational Behavior* 29 (2009): 3–38.
34. Emilio Castilla, "Accounting for the Gap: A Firm Study Manipulating Organizational Accountability and Transparency in Pay Decisions," *Organization Science* 26 (2015): 311–33.
35. For research on how values affirmation can lessen prejudice, see Steven Fein and Steven J. Spencer, "Prejudice as Self-Image Maintenance: Affirming the Self Through Derogating Others," *Journal of Personality and Social Psychology* 73(1) (1997): 31–44; and Geoffrey Cohen and David Sherman, "The Psychology of Change: Self-Affirmation and Social Psychological Intervention," *Annual Review of Psychology*

Prejudice: Their Automatic and Controlled Components," *Journal of Personality and Social Psychology* 56(1) (1989): 5–18; and Eric Uhlmann and Geoffrey Cohen, "Constructed Criteria: Redefining Merit to Justify Discrimination," *Psychological Science* 16(6) (2005): 474–80.

26. Richard Feynman, "Cargo Cult Science," speech, California Institute of Technology commencement address, 1974; and Matt. 7:3, New International Version.
27. Frank Dobbin and Alexandra Kalev, "Why Diversity Programs Fail," *Harvard Business Review* 94(7) (2016): 52–60. For the research on defensive reactions to disadvantage, see L. T. Phillips and B. S. Lowery, "I Ain't No Fortunate One: On the Motivated Denial of Class Privilege," *Journal of Personality and Social Psychology* 119(6) (2020): 1403–22; and Phillips and Lowery, "The Hard-Knock Life? Whites Claim Hardships in Response to Racial Inequity," *Journal of Experimental Social Psychology* 61 (2015): 12–18.
28. Emilio Castilla and Stephen Benard, "The Paradox of Meritocracy in Organizations," *Administrative Science Quarterly* 55(4) (2010): 543–676. The instructions to be fair increased gender bias in this study, perhaps because when people try to be "fair," they are more prone to act on stereotypic beliefs they regard as true, as suggested in the research by Uhlmann in the next paragraph of the main text.
29. Eric Uhlmann and Geoffrey Cohen, " 'I Think It, Therefore It's True': Effects of Self-Perceived Objectivity on Hiring Discrimination," *Organizational Behavior and Human Decision Processes* 104(2) (2007): 207–23.
30. Heidi Vuletich and B. Keith Payne, "Stability and Change in Implicit Bias," *Psychological Science* 30(6) (2019): 854–62; Payne, Vuletich, and Kristjen Lundberg, "The Bias of Crowds: How Implicit Bias

Disrupt It, video, TED Talk, 2020.

19. Rob Voigt et al., "Language from Police Body Camera Footage Shows Racial Disparities in Officer Respect," *Proceedings of the National Academy of Sciences* 114(25) (2017): 6521–26.
20. John Dovidio, Kerry Kawakami, and Samuel Gaertner, "Implicit and Explicit Prejudice and Interracial Interaction," *Journal of Personality and Social Psychology* 82(1) (2002): 62–68.
21. Voigt et al., "Language from Police Body Camera Footage," 6524.
22. *Real Sports with Bryant Gumbel*, Bryant Gumbel commentary, HBO, aired June 23, 2020, https://www.youtube.com/watch?v=VvKPBJVAPWE&t=44s.
23. Erving Goffman, *Stigma: Notes on the Management of Spoiled Identity* (Prentice-Hall, 1963); and John Hartigan Jr., "Who Are These White People? 'Rednecks,' 'Hillbillies,' and 'White Trash' as Marked Racial Subjects," in *White Out: The Continuing Significance of Racism*, ed. E. B.-S. Ashley W. Doane (Routledge, 2003), 95–112.
24. "Uniformly high-achieving" quote drawn from Zara Abrams, "Countering Stereotypes About Asian Americans," *APA Monitor* 50(11) (2019): xx; and Wesley Yang, *The Souls of Yellow Folk: Essays* (W. W. Norton, 2019), xi–xii.
25. The tendency to exclude others based on arbitrary distinctions when the situation allows us to rationalize away our bias is discussed in John Dovidio and Samuel Gaertner's classic, "Aversive Racism," in *Advances in Experimental Social Psychology, Vol. 36*, ed. Mark Zanna (Elsevier Academic, 2004), 1–52. For more on how stereotypes can affect even people who consciously reject the stereotypes, value egalitarianism, or aspire to objectivity, see Mahzarin Banaji and Anthony Greenwald, *Blindspot: Hidden Biases of Good People* (Delacorte, 2013), xv, 254; Patricia Devine, "Stereotypes and

Brescoll, "Who Takes the Floor and Why: Gender, Power, and Volubility in Organizations," *Administrative Science Quarterly* 56(4) (2011): 622–41.

12. Jason Okonofua and Jennifer Eberhardt, "Two Strikes: Race and the Disciplining of Young Students," *Psychological Science* 26(5) (2015): 617–24.
13. Paul Hemez et al., "Exploring the School-to-Prison Pipeline: How School Suspensions Influence Incarceration During Young Adulthood," *Youth Violence and Juvenile Justice* 18(3) (2020): 235–55.
14. Travis Riddle and Stacey Sinclair, "Racial Disparities in School-Based Disciplinary Actions Are Associated with County-Level Rates of Racial Bias," *Proceedings of the National Academy of Sciences* 116(17) (2019): 8255–60.
15. Phillip Goff, Matthew Jackson, Brooke Di Leone, Carmen Culotta, and Natalie DiTomasso, "The Essence of Innocence: Consequences of Dehumanizing Black Children," *Journal of Personality and Social Psychology* 106(4) (2014): 526–45.
16. Marianne Bertrand and Sendhil Mullainathan, "Are Emily and Greg More Employable Than Lakisha and Jamal? A Field Experiment on Labor Market Discrimination," *American Economic Review* 94(4) (2004): 991–1013.
17. Devah Pager, "The Mark of a Criminal Record," *American Journal of Sociology* 108(5) (2003): 937–75. For a follow-up, see Devah Pager, Bart Bonikowski, and Bruce Western, "Discrimination in a Low-Wage Labor Market: A Field Experiment," *American Sociological Review* 74(5) (2009): 777–99.
18. Eberhardt, *Biased: Uncovering the Hidden Prejudice That Shapes What We See, Think, and Do* (Viking, 2019). Some of the con-tent here is also drawn from Eberhardt, *How Racial Bias Works—and How to*

Outcomes," *Child Development* 88(2) (2017): 658–76.

9. The study was conducted by Reuben Baron, Linda Albright, and Thomas Malloy, "Effects of Behavioral and Social Class Information on Social Judgment," *Personality and Social Psychology Bulletin* 21(4) (1995): 308–15. It failed to replicate the effect found by Darley and Gross, "Hypothesis-Confirming Bias." However, there were two methodological deviations that may explain why. First, the researchers didn't measure objective grade-level estimates of Hannah's ability but instead used subjective-scale assessments. Research suggests that the latter often hide stereotype effects: Monica Biernat, "The Shifting Standards Model: Implications of Stereotype Accuracy for Social Judgment," in *Stereotype Accuracy: Toward Appreciating Group Differences*, eds. Y.-T. Lee, L. J. Jussim, and C. R. McCauley (American Psychological Association, 1995), 87–114. Additionally, the study may have prompted participants to monitor and correct for their stereotyping by instructing them that the study's purpose was to develop "assessment procedures" for students while "remaining sensitive to students' social backgrounds." This may have alerted participants to the study's focus on social class, a major threat to validity. When subjects suspect the hypothesis, they may alter their responses to avoid confirming it. See Elliot Aronson et al., *Methods of Research in Social Psychology*, 2nd ed. (McGraw Hill, 1989).
10. Victoria Brescoll, Erica Dawson, and Eric Uhlmann, "Hard Won and Easily Lost: The Fragile Status of Leaders in Gender-Stereotype-Incongruent Occupations," *Psychological Science* 21(11) (2010): 1640–42.
11. Victoria Brescoll and Eric Uhlmann, "Can an Angry Woman Get Ahead? Status Conferral, Gender, and Expression of Emotion in the Workplace," *Psychological Science* 19(3) (2008): 268–75; and

4. I am grateful to Claude Steele for this metaphor. This chapter focuses on stereotyping, but this is only one of several powerful forces that sustain a system of advantage and exclusion (others include the media, ideologies, myths, power structures, and social policies that exacerbate inequality and segregation). For a broader discussion of these forces, see Steven O. Roberts and Michael T. Rizzo, "The Psychology of American Racism," *American Psychologist* 76(3) (2020): 475–87.
5. From Online Etymology Dictionary, https://www.etymonline.com/word/see.
6. J. Darley and P. H. Gross, "A Hypothesis-Confirming Bias in Labeling Effects," *Journal of Personality and Social Psychology* 44 (1983): 20–33.
7. For research showing that standard remedial programs contribute to student failure, see W. Norton Grubb, *Money Myth, The School Resources, Outcomes, and Equity* (Russell Sage Foundation, 2009); and Claude Steele, "A Threat in the Air: How Stereotypes Shape Intellectual Identity and Performance," *American Psychologist* 52(6) (1997): 613–29. For bias in assignment to gifted and talented programs, see Jason Grissom and Christopher Redding, "Discretion and Disproportionality: Explaining the Underrepresentation of High-Achieving Students of Color in Gifted Programs," *AERA Open* 2(1) (2016): 1–25.
8. J. P. Goyer et al., "Targeted Identity-Safety Interventions Cause Lasting Reductions in Discipline Citations Among Negatively Stereotyped Boys," *Journal of Personality and Social Psychology* 117(2) (2019): 229–59; and David Yeager, Valerie Purdie-Vaughns [Purdie-Greenaway], Sophia Yang Hooper, and Geoffrey Cohen, "Loss of Institutional Trust Among Racial and Ethnic Minority Adolescents: A Consequence of Procedural Injustice and a Cause of Life-Span

connected: Nurit Shnabel et al., "Demystifying Values Affirmation Interventions: Writing About Social Belonging Is a Key to Buffering Against Identity Threat," *Personality and Social Psychology Bulletin* 39(5) (2013): 663–76. For reviews and relevant research, see Geoffrey Cohen and David Sherman, "The Psychology of Change: Self-Affirmation and Social Psychological Intervention," *Annual Review of Psychology* 65 (2014): 333–71; David Sherman et al., "Self-Affirmation Interventions," in *Handbook of Wise Interventions*, eds. Gregory Walton and Alia Crum (Guilford, 2020), 63–99; and Clayton Critcher and David Dunning, "Self-Affirmations Provide a Broader Perspective on Self-Threat," *Personality and Social Psychology Bulletin* 41(1) (2015): 3–18. For the study testing values affirmations among teachers, see Shannon Brady, Camille Griffiths, and Geoffrey Cohen, "Affirming the Teacher: Values-Affirmation Improves Classroom Dynamics," manuscript in preparation, 2021.

55. Owen Harris, dir., *Black Mirror*, season 2, episode 1, "Be Right Back," Netflix, aired February 11, 2013.
56. Nicholas Epley and Juliana Schroeder, "Mistakenly Seeking Solitude," *Journal of Experimental Psychology: General* 143(5) (2014): 1980–99.

第六章

1. Ralph Ellison, *Invisible Man*, 2nd ed. (Vintage International, 1995), 3, 2.
2. Elie Wiesel, interview with Alvin Sanoff, *US News and World Report,* October 27, 1986. The adage appears to originate with William Stekel, *The Beloved Ego: Foundation of the New Study of the Psyche* (Kegan Paul, Trench, Trubner, 1921), 34.
3. Dave Chappelle, *Sticks and Stones*, dir. S. Lathan, Netflix, 2019.

Journal of Experimental Child Psychology 194 (June 2020).

49. Term introduced in Lee Ross and Andrew Ward, "Naive Realism: Implications for Social Conflict and Misunderstanding," in *The Jean Piaget Symposium Series: Values and Knowledge*, eds. Edward Reed, Elliot Turiel, and Terrance Brown (Lawrence Erlbaum, 1996), 103–35.
50. Daphne Bugental et al., "A Cognitive Approach to Child Abuse Prevention," *Psychology of Violence* 1(S) (2010): 84–106; and Daphne Bugental, Randy Corpuz, and Alex Schwartz, "Preventing Children's Aggression: Outcomes of an Early Intervention," *Developmental Psychology* 48(5) (2012): 1443–49; and Daphne Bugental, Alex Schwartz, and Colleen Lynch, "Effects of an Early Family Intervention on Children's Memory: The Mediating Effects of Cortisol Levels," *Mind, Brain, and Education Society* 4(4) (2010): 156–218.
51. Sonja Lyubomirsky and Matthew Della Porta, "Boosting Happiness, Buttressing Resilience: Results from Cognitive and Behavioral Interventions," in *Handbook of Adult Resilience*, eds. J. Reich, A. Zautra, and J. Hall (Guilford, 2010), 450–64. See also Sonja Lyubomirsky, *The How of Happiness* (Penguin, 2007). See also K. Klein and A. Boals, "Expressive Writing Can Increase Working Memory Capacity," *Journal of Experimental Psychology: General* 130(3) (2001): 520–33.
52. Kent Harber et al., "Emotional Disclosure and Victim Blaming," *Emotion* 15(5) (2015): 603–14.
53. See Ethan Kross, *Chatter: The Voice in Our Head, Why It Matters, and How to Harness It* (Crown, 2021); and Eli Finkel, Erica Slotter, Laura Luchies, Gregory Walton, and James Gross, "A Brief Intervention to Promote Conflict Reappraisal Preserves Marital Quality over Time," *Psychological Science* 24(8) (2013): 1595–601.
54. Often people write about how their values make them feel socially

Fixed Have Larger Racial Achievement Gaps and Inspire Less Student Motivation in Their Classes," *Science Advances* 5(2) (2019): eaau4734.

44. Claudia Mueller and Carol Dweck, "Praise for Intelligence Can Undermine Children's Motivation and Performance," *Journal of Personality and Social Psychology* 75(1) (1998): 33–52.
45. Drawn from the following sources: Larisa Hussak and Andrei Cimpian, "Investigating the Origins of Political Views: Biases in Explanation Predict Conservative Attitudes in Children and Adults," *Developmental Science* 21(3) (2018): e12567; Lin Bian, Sarah-Jane Leslie, and Andrei Cimpian, "Gender Stereotypes About Intellectual Ability Emerge Early and Influence Children's Interests," *Science* 355(6323) (2017): 389–91; Hussak and Cimpian, "An Early-Emerging Explanatory Heuristic Promotes Support for the Status Quo," *Journal of Personality and Social Psychology* 109(5) (2015): 739–52; Bian et al., "Messages About Brilliance Undermine Women's Interest in Educational and Professional Opportunities," *Journal of Experimental Social Psychology* 76 (2018): 404–20; and Bian, Leslie, and Cimpian, "Evidence of Bias Against Girls and Women in Contexts That Emphasize Intellectual Ability," *American Psychologist* 73(9) (2018): 1139–53.
46. Linda Skitka et al., "Dispositions, Scripts, r Motivated Correction? Understanding Ideological Differences in Explanations for Social Problems," *Journal of Personality and Social Psychology* 83(2) (2002): 470–87.
47. Amos Tversky and Daniel Kahneman, "Judgment Under Uncertainty: Heuristics and Biases," *Science* 185(4157) (1974): 1124–31.
48. Bram Van Bockstaele et al., "Modification of Hostile Attribution Bias Reduces Self-Reported Reactive Aggressive Behavior in Adolescents,"

has marshaled persuasive evidence that scores on the standard SAT (SAT I) capture the advantages conferred by socioeconomic status. See also William Bowen, Matthew Chin-gos, and Michael McPherson, *Crossing the Finish Line: Completing College at America's Public Universities* (Princeton University Press, 2009).

37. Gregory Walton and Steven Spencer, "Latent Ability: Grades and Test Scores Systematically Underestimate the Intellectual Ability of Negatively Stereotyped Students," *Psychological Science* 20(9) (2009): 1132–39.
38. Robert P. Vallone et al., "Overconfident Prediction of Future Actions and Outcomes by Self and Others," *Journal of Personality and Social Psychology* 58(4) (1990): 582–92; David Dunning et al., "The Overconfidence Effect in Social Prediction," *Journal of Personality and Social Psychology* 58(4) (1990): 568–81; and Cade Massey and Richard Thaler, "The Loser's Curse: Decision Making and Market Efficiency in the National Football League Draft," *Management Science* 59(7) (2013): 1479–95.
39. Matthew Salganik et al., "Measuring the Predictability of Life Outcomes with a Scientific Mass Collaboration," *Proceedings of the National Academy of Sciences* 117(15) (2020): 8398–403.
40. David Brewster, *Memoirs of the Life, Writings, and Discoveries of Sir Isaac Newton, Vol. 2* (Adamant Media Corporation, 1855/2001). "What we know is a drop, what we don't know is an ocean" is a pithier variant attributed to him but which he apparently never said.
41. Pauline Gagnon, "The Forgotten Life of Einstein's First Wife," *Scientific American*, December 19, 2016.
42. Sarah-Jane Leslie et al., "Expectations of Brilliance Underlie Gender s Across Academic Disciplines," *Science* 347(6219) (2015): 262–65.
43. Elizabeth Canning et al., "STEM Faculty Who Believe Ability Is

influences relative to our intuitions, see Ross and Nisbett, *The Person and the Situation*.

32. Yuichi Shoda, Walter Mischel, and Jack Wright, "Intraindividual Stability in the Organization and Patterning of Behavior: Incorporating Psychological Situations into the Idiographic Analysis of Personality," *Journal of Personality and Social Psychology* 67(4) (1994): 674–87.
33. Ken Richardson and Sarah Norgate, "Does IQ Really Predict Job Performance?" *Applied Developmental Science* 19(3) (2015): 153–69. The studies that yield higher estimates of the predictive power of IQ tests rely on potentially questionable statistical adjustments. What's more, most of these studies measure IQ and performance concurrently and use only a single performance metric, when what personnel offices really want to know is the degree to which IQ at the time it's measured is a useful predictor of workplace performance at a later time and over various kinds of work relevant to the job.
34. Matt Brown, Jonathan Wai, and Christopher Chabris, "Can You Ever Be Too Smart for Your Own Good? Comparing Linear and Nonlinear Effects of Cognitive Ability on Life Outcomes," *Perspectives on Psychological Science* (March 8, 2021). https://journals.sagepub.com/doi/abs/10.1177/1745691620964122.
35. Hemant Kakkar et al., "The Dispositional Antecedents of Promotive and Prohibitive Voice," *Journal of Applied Psychology* 101(9) (2016): 1342–51.
36. Saul Geiser with Roger Studley, "UC and the SAT: Predictive Validity and Differential Impact of the SAT I and SAT II at the University of California," *Educational Assessment* 8(1) (2002): 1–26; and Saul Geiser, *SAT/ACT Scores, High School GPA and the Problem of Omitted Variables: Why the UC Taskforce's Findings Are Spurious*, UC Berkeley, Center for Studies in Higher Education, March 2020. Geiser

25. Christine Rubie-Davies and Robert Rosenthal, "Intervening in Teachers' Expectations: A Random Effects Meta-Analytic Approach to Examining the Effectiveness of an Intervention," *Learning and Individual Differences* 50 (2016): 83–92; and Joseph Allen et al., "An Interaction-Based Approach to Enhancing Secondary School Instruction and Student Achievement," *Science* 333(6045) (2011): 1034–37.
26. We tend to underestimate the degree to which we—through our mere presence and actions—shape the situation and other people in it. To an extent more than we imagine, we create the quality of the situations and encounters that make up our social lives. See Daniel Gilbert and Edward Jones, "Perceiver-Induced Constraint: Interpretations of Self-Generated Reality," *Journal of Personality and Social Psychology* 50(2) (1986): 269–80.
27. Cormac McCarthy, *All the Pretty Horses* (Vintage, 1993), 194.
28. Malia Mason and Michael Morris, "Culture, Attribution and Automaticity: A Social Cognitive Neuroscience View," *Social Cognitive and Affective Neuroscience* 5(2–3) (2010): 292–306. For a guided tour of research in cultural psychology, see Hazel Markus and Alana Conner, *Clash! How to Thrive in a Multicultural World* (Plume, 2013).
29. Walter Mischel, *Personality and Assessment* (Wiley, 1968).
30. See Peter Myers and Isabel Briggs Myers, *Gifts Differing: Understanding Personality Type*, 2nd ed. (CPP, 1995); and Merve Emre, *The Personality Brokers: The Strange History of Myers-Briggs and the Birth of Personality Testing* (Doubleday, 2018). Even though the test has poor reliability and validity, it may still be useful as a catalyst for self-reflection, connection, and fun.
31. For an exposition on the role of person-based vs. situation-based

Prophecies in Training the Hard-Core: Supervisors' Expectations and the Underprivileged Workers' Performance," *Social Science Quarterly* 52(2) (1971): 369–78; and D. Eden, "Leadership and Expectations: Pygmalion Effects and Other Self-Fulfilling Prophecies in Organizations," *Leadership Quarterly* 3(4) (1992): 271–305. For research on the effects of expectancies on interpersonal interactions, see Mark Snyder, Elizabeth Tanke, and Ellen Berscheid, "Social Perception and Interpersonal Behavior: On the Self-Fulfilling Nature of Social Stereotypes," *Journal of Personality and Social Psychology* 35(9) (1977): 656–66.

24. S. W. Raudenbush, "Magnitude of Teacher Expectancy Effects on Pupil IQ as a Function of the Credibility of Expectancy Induction: A Synthesis of Findings from 18 Experiments," *Journal of Educational Psychology* 76(1) (1984): 85–97. See also the metaanalysis reported in Rosenthal and Jacobson, *Pygmalion in the Classroom*; and S. Wang, C. M. Rubie-Davies, and K. Meissel, "A Systematic Review of the Teacher Expectation Literature over the Past 30 Years," *Educational Research and Evaluation* 24(3–5) (2020): 124–79. For a critique of the Pygmalion effect, see Lee Jussim and Kent Harber, "Teacher Expectations and Self-Fulfilling Prophecies: Knowns and Unknowns, Resolved and Unresolved Controversies," *Personality and Social Psychology Review* 9(2) (2005): 131–55. A key problem with this critique is that it combines rigorous randomized experiments testing the impact of interventions aimed at altering teacher expectancies with studies that attempt to simply *measure* teachers' overestimations or underestimations of students' potential based on students' prior records. The second technique suffers from questionable methodological assumptions because students' prior records are apt to be biased by teacher expectations too.

Teacher Expectation and Pupils' Intellectual Development, expanded ed. (Crown, 2003). For the quote from Eden, see Katherine Ellison, "Being Honest About the Pygmalion Effect," *Discover Magazine*, October 28, 2015. Some of the material covered here is drawn from an interview with Robert Rosenthal on April 25, 2021.

18. This is an estimate based on available data, with the racial achievement gap estimated at 0.8 standard deviations and the 4-point Pygmalion effect being roughly 0.27 standard deviations. See Roland Fryer Jr. and Steven Levitt, "Testing for Racial Differences in the Mental Ability of Young Children," *American Economic Review* 103(2) (2013): 981–1005.
19. For one major critique, see Janet Elashoff and Richard Snow, *Pygmalion Reconsidered: A Case Study in Statistical Inference—Reconsideration of the Rosenthal-Jacobson Data on Teacher Expectancy* (C. A. Jones, 1971). For the rejoinder, see Robert Rosenthal and Donald Rubin, "Pygmalion Reaffirmed," Harvard University, Cambridge, MA, https://files.eric.ed.gov/fulltext/ED059247.pdf. The results of Dee's analysis were conveyed in a personal communication, November 24, 2020.
20. Samuel Wineburg, "The Self-Fulfillment of the Self-Fulfilling Prophecy," *Educational Researcher* 16(9) (1987): 28–37.
21. Carol Dweck, *Mindset: The New Psychology of Success* (Random House, 2006).
22. From an interview by Katherine Ellison, "Being Honest About the Pygmalion Effect," *Discover Magazine*, October 28, 2015.
23. For example, soldiers tested better when they were described to their training officers as having "high command potential," and factory workers performed better when described to their supervisors as having "high aptitude potential." See A. King, "Self-Fulfilling

Perception Processes," *Journal of Personality and Social Psychology* 35(7) (1977): 485–94; and Lee Ross, "From the Fundamental Attribution Error to the Truly Fundamental Attribution Error and Beyond: My Research Journey," *Perspectives on Psychological Science* 13(6) (2018): 750–69.

9. The Jones and Harris test of the FAE was subjected to multiple replication attempts, in Richard Klein et al., "Many Labs 2: Investigating Variation in Replicability Across Samples and Settings," *Advances in Methods and Practices in Psychological Science* 1(14) (2018): 443–90.
10. James Damore, "Google's Ideological Echo Chamber," July 2017, https://assets.documentcloud.org/documents/3914586/Googles-Ideological-Echo-Chamber.pdf.
11. For reviews of biases and their implications for social belief and behavior, see Richard Nisbett and Lee Ross, *Human Inference: Strategies and Shortcomings of Social Judgment* (Prentice-Hall, 1980); Thomas Gilovich, *How We Know What Isn't So: The Fallibility of Human Reason in Everyday Life* (Free Press, 1991); and Daniel Kahneman, *Thinking, Fast and Slow* (Farrar, Straus and Giroux, 2011).
12. Paul Simon, "The Boxer," track 1, side 2, on Simon and Garfunkel, *Bridge over Troubled Water*, Columbia Records, 1970, LP.
13. Paul Lewis, " 'I See Things Differently': James Damore on His Autism and the Google Memo," *Guardian,* November 17, 2017.
14. See Chapters 6, 9, and 10.
15. See Chapter 7.
16. Phillip Ehret et al., "Same Classroom, Different Reality: The Predictive Role of Psychological Factors in Student Learning in a Large Multi-State Database," unpublished manuscript, 2021.
17. Robert Rosenthal and Lenore Jacobson, *Pygmalion in the Classroom:*

3. Lee Ross and Richard Nisbett, *The Person and the Situation: Perspectives of Social Psychology*, 2nd ed. (Pinter & Martin, 2011). The FAE is also referred to as the "correspondence bias," especially among those reluctant to call it an "error." For a review, see Daniel Gilbert and Patrick Malone, "The Correspondence Bias," *Psychological Bulletin* 117(1) (1995): 21–38. For nuances and complexities, see the research of Bertram Malle: e.g., Malle, "How People Explain Behavior: A New Theoretical Framework," *Personality and Social Psychology Review* 3(1) (1999): 23–48. Malle suggests that dispositional or trait-based attributions of the kind the FAE predicts are fairly uncommon in our day-to-day lives when we make sense of intentional actions. I think that some of the apparent disagreement among researchers arises from their focus on different phenomena. The everyday actions that we casually observe, like someone making a purchase at a store, don't seem as susceptible to the FAE as do disagreements and differ-ences that we find objectionable or simply hard to explain—such as someone taking an excessively long time to make a purchase at the store while we wait in line behind them.
4. Naomi Adedokun, "Chadwick Boseman Tribute: Heartbreaking Moment Co-Star Breaks Down on GMB 'I Regret That,' " *Express*, August 31, 2020.
5. Tom Vanderbilt, *Traffic: Why We Drive the Way We Do (and What It Says About Us)* (Vintage, 2008).
6. Kenneth McClane, "Sparrow Needy," *Kenyon Review* 381(1) (2016): 91–102.
7. Edward Jones and Victor Harris, "The Attribution of Attitudes," *Journal of Experimental Social Psychology* 3(1) (1967): 1–24.
8. The "Quiz Bowl Study": Teresa Amabile, Lee Ross, and Julia Steinmetz, "Social Roles, Social Control, and Biases in Social-

574–87.

15. Philip Verwimp, "Machetes and Firearms: The Organization of Massacres in Rwanda," *Journal of Peace Research* 43(1) (2016): 5–22.
16. Philip Pullman said, " 'Thou shalt' might reach the head, but it takes 'Once upon a time' to reach the heart": "The Moral's in the Story, Not the Stern Lecture," *Independent,* July 17, 1996, https://www.independent.co.uk/news/education/education-news/opinion-the-moral-s-in-the-story-not-the-stern-lecture-1329231.html.
17. Elizabeth Paluck, Hana Shepherd, and Peter Aronow, "Changing Climates of Conflict: A Social Network Experiment in 56 Schools," *Proceedings of the National Academy of Sciences* 113(3) (2016): 566–71; and Philip Gourevitch, *We Wish to Inform You That Tomorrow We Will Be Killed with Our Families: Stories from Rwanda* (Picador, 1999).
18. Muzafer Sherif and Carolyn Sherif, *Reference Groups: Exploration into Conformity and Deviation in Adolescents* (Henry Regnery, 1964).
19. Salma Mousa, "Building Social Cohesion Between Christians and Muslims Through Soccer in Post-ISIS Iraq," *Science* 369(6505) (2020): 866–70. Some material is drawn from correspondences with Mousa on March 27–29, 2021.
20. John Carlin, *Invictus: Nelson Mandela and the Game That Made a Nation* (Penguin, 2009).

第五章

1. Elliot Aronson, "Jigsaw Classroom," lecture, Stanford University, 1993.
2. Meg Wagner, "Florida Grandfather Killed in Front of Family During Road Rage Clash as Victim and Attacker Both Call 911," *New York Daily News*, July 27, 2015.

9. Varda Liberman, Steven Samuels, and Lee Ross, "The Name of the Game: Predictive Power of Reputations Versus Situational Labels in Determining Prisoner's Dilemma Game Moves," *Personality and Social Psychology Bulletin* 30(9) (2004): 1175–85. I am simplifying the trade-off matrix of the Prisoner's Dilemma game to capture the gist of the dilemma.
10. The twelfth edition of *Social Animal* was cowritten with Elliot Aronson's son, Joshua, also an esteemed social psychologist: Elliot Aronson and Joshua Aronson, *The Social Animal* (Worth, 2018). For a how-to manual of situation-crafting, see Elliot Aronson et al., *Methods of Research in Social Psychology* (McGraw Hill, 1989). Some of the content in this chapter comes from an interview with Elliot Aronson on July 1, 2020. For an updated book about Jigsaw, see Shelley Patnoe and Elliot Aronson, *Cooperation in the Classroom: The Jigsaw Method* (Pinter & Martin, 2011).
11. Jon Jecker and David Landy, "Liking a Person as a Function of Doing Him a Favour," *Human Relations* 22(4) (1969): 371–78.
12. Donald Green and Janelle Wong, "Tolerance and the Contact Hypothesis: A Field Experiment," in *The Political Psychology of Democratic Citizenship*, eds. C.M.F. Eugene Borgida and John Sullivan (Oxford University Press, 2009), 228–46, on 239.
13. See Elizabeth Paluck and Donald Green, "Prejudice Reduction: What Works? A Review and Assessment of Research and Practice," *Annual Review of Psychology* 60 (2009): 339–67.
14. Elizabeth Paluck, "Reducing Intergroup Prejudice and Conflict with the Mass Media: A Field Experiment in Rwanda," PhD dissertation, Yale University, March 2007; and Paluck, "Reducing Intergroup Prejudice and Conflict Using the Media: A Field Experiment in Rwanda," *Journal of Personality and Social Psychology* 96(3) (2009):

3. Muzafer Sherif, *In Common Predicament: The Social Psychology of Intergroup Conflict and Cooperation* (Houghton Mifflin, 1966). See also Gina Perry, *The Lost Boys: Inside Muzafer Sherif's Robbers Cave Experiment* (Scribe, 2018). Sherif had conducted a variant of the study his year before, but it hadn't gone as planned because he hadn't gotten the situational details "right." He made some key changes the following year, such as isolating the two groups from each other upon arrival and better hiding from the boys the fact that they were being purposefully manipulated. It should also be noted that Sherif's study highlights the disturbingly lax ethical standards in scientific research during this era.
4. Arlie Hochschild, *Strangers in Their Own Land* (New Press, 2016).
5. James Baldwin, "The American Dream and the American Negro," *New York Times*, March 7, 1965. For research on political segregation, see Jacob Brown and Ryan Enos, "The Measurement of Partisan Sorting for 180 Million Voters," *Nature Human Behaviour* 5 (2021): 998–1008.
6. Xuechunzi Bai, Miguel Ramos, and Susan Fiske, "As Diversity Increases, People Paradoxically Perceive Social Groups as More Similar," *Proceedings of the National Academy of Sciences* 117(23) (2020): 12,741–49.
7. Shannon White et al., "When 'Enemies' Become Close: Relationship Formation Among Palestinians and Jewish Israelis at a Youth Camp," *Journal of Personality and Social Psychol-ogy* (September 17, 2020). See also the pioneering work on contact theory: Thomas Pettigrew and Linda Tropp, "A Meta-Analytic Test of Intergroup Contact Theory," *Journal of Personality and Social Psychology* 90(5) (2006): 751–83.
8. Erving Goffman, *Encounters: Two Studies in Sociology* (Bobbs-Merrill, 1961)

50. See Peter Cimi, "Why Radicalization Fails: Barriers to Mass Casualty Terrorism," C-Rex Working Paper Series, No. 2 (2017), https://www.sv.uio.no/c-rex/english/publications/c-rex-working-paper-series/Pete_Simi.
51. Hoffman, *Inside Terrorism*. For the Black September anecdote, see Hoffman, "All You Need Is Love: How the Terrorists Stopped Terrorism," *Atlantic Monthly*, December 2001.
52. Marshall Rosenberg, *Nonviolent Communication: A Language of Life*, 3rd ed. (Puddle Dancer, 2015), 151.
53. Mario Mikulincer and Phillip Shaver, "Attachment Theory and Intergroup Bias: Evidence That Priming the Secure Base Schema Attenuates Negative Reactions to Outgroups," *Journal of Personality and Social Psychology* 81(1) (2001): 97–115.
54. Rainier Harris, "This Is the Casual Racism That I Face at My Elite High School," *New York Times*, September 24, 2020.
55. Rainier Harris, personal communication, March 10, 2021.
56. Sean Darling-Hammond et al., "Effectiveness of Restorative Justice in US K-12 Schools: A Review of Quantitative Research," *Contemporary School Psychology* 24(3) (2020): 295–308.

第四章

1. Cassandre Kaplinsky, "Rebuilding Cayo Santiago," *Natural History*, July–August 2018.
2. Camille Testard et al., "Rhesus Macaques Build New Social Connections After a Natural Disaster," *Current Biology* 31 (2021): 2299–309, on 2305; and Samuel Ellis et al., "Deconstructing Sociality: The Types of Social Connections That Predict Longevity in a Group-Living Primate," *Proceedings of the Royal Society B: Biological Sciences* 286(1917) (2019): 20191991.

rather than acute distress."

43. Kruglanski et al., "Three Pillars of Radicalization."
44. Peter Belmi, Rodolfo Cortes Barragan, Margaret Neale, and Geoffrey Cohen, "Threats to Social Identity Can Trigger Social Deviance," *Personality and Social Psychology Bulletin* 41(4) (2015): 467–84.
45. Bruce Hoffman, Inside Terrorism (Columbia University Press, 2017); and Kruglanski et al., "Three Pillars of Radicalization."
46. J. Erik Oliver and Tali Mendelberg, "Reconsidering the Environmental Determinants of White Racial Attitudes," *American Journal of Political Science* 44(3) (2000): 574–89. A later study replicated the primary results: Marylee Taylor and Peter Mateyka, "Community Influences on White Racial Attitudes: What Matters and Why?" *Sociological Quarterly* 52(2) (2011): 220–43. For evidence that a lack of a college degree predicts despair and alienation, see Anne Case and Angus Deaton, *Deaths of Despair and the Future of Capitalism* (Princeton University Press, 2020). For further research on how a lack of educational attainment cuts people off from economic opportunities for belonging, see Sean Reardon, "The Widening Academic Achievement Between the Rich and the Poor," in *Social Stratification*, ed. D. Grusky (Routledge, 2019); and Michael J. Sandel, *The Tyranny of Merit* (Farrar, Straus, and Giroux, 2020), 536–50.
47. Jon Bon Jovi and Richie Sambora, "Social Disease," track 4, side 1, on Bon Jovi, *Slippery When Wet*, Mercury Records, 1986, CD.
48. E. Pronin et al., "Bombing Versus Negotiating: How Preferences for Combating Terrorism Are Affected by Perceived Terrorist Rationality," *Basic and Applied Social Psychology* 28(4) (2010): 385–92.
49. Aaron Panofsky and Joan Donovan, "Genetic Ancestry Testing Among White Nationalists: From Identity Repair to Citizen Science," *Social Studies of Science* 49(5) (2019): 653–81, on 657.

and Kruglanski, David Webber, and Daniel Koehler, *The Radical's Journey: How German Neo-Nazis Voyaged to the Edge and Back* (Oxford University Press, 2019). See also Steven Windisch et al., "Measuring the Extent and Nature of Adverse Childhood Experiences (ACE) Among Former White Supremacists," *Terrorism and Political Violence* (July 9, 2020): 1–22; and Matthew Kredell, "Far-Right Extremism Scholar Pete Simi Explores 'Hidden Spaces of Hate,' " USC Price School of Public Policy website, 2017, https://priceschool.usc.edu/far-right-extremism-scholar-pete-simi-explores-hidden-spaces-of-hate/. For the quoted material, see Bertjan Doosje et al., "Terrorism, Radicalization, and De-Radicalization," *Current Opinion in Psychology* 11 (2016): 79–84, on 81.

38. Picciolini, interview, "Preventing Violent Extremism Forum: At the Crossroads of Theory and Practice," A. Kruglanski, interviewer, 2018; and Picciolini, "My Descent into America's Neo-Nazi Movement—and How I Got Out," TED Talk, 2017.
39. James Baldwin, "The American Dream and the American Negro," *New York Times*, March 7, 1965.
40. Kruglanski sees the motivation to join extremist groups as based in a need for "significance," not belonging per se. But, for human beings, much of our sense of significance comes from feeling significant to *others*, so I see the two needs as intertwined. See Chapter 11.
41. Tom Tyler and E. Allan Lind, "Procedural Justice," in *Handbook of Justice Research in Law*, eds. J. Sanders and V. L. Hamilton (Springer, 2002), 65–92.
42. Jean Twenge et al., "If You Can't Join Them, Beat Them: Effects of Social Exclusion on Aggressive Behavior," *Journal of Personality and Social Psychology* 81(6) (2001): 1058–69. The researchers suggest that the experience of exclusion in their experiments "produced numbness

and Social Psychology 61(3) (1960): 402–10.

36. Fueling the problem is that many teens conform to what they *think* high-status peers think and do—which is often different from what high-status teens *actually* think and do. In later research, Prinstein, colleagues, and I found that teens overestimate how much the popular kids engage in drug use, sex, and antisocial behavior and that they then appear to conform to these misperceived norms. Additionally, the more that ninth graders believed (wrongly) that popular students used a lot of illegal substances, the greater the increase in their own substance use two years later: S. Helms et al., "Adolescents Misperceive and Are Influenced by High-Status Peers' Health Risk, Deviant, and Adaptive Behavior," *Developmental Psychology* 50(12) (2014): 2697–714. This phenomenon, known as "pluralistic ignorance," was also found to contribute to alcohol consumption on college campuses in a classic study: Dale Miller and Deborah Prentice, "Pluralistic Ignorance and Alcohol Use on Campus: Some Consequences of Misperceiving the Social Norm," *Journal of Personality and Social Psychology* 64(2) (1993): 243–56. By correcting students' misperceptions of harmful social norms and educating them about the process of social conformity, interventions can reduce problematic behavior: J. LaBrief et al., "Live Interactive Group-Specific Normative Feedback Reduces Misperceptions and Drinking in College Students: A Randomized Cluster Trial," *Psychology of Addictive Behaviors* 22(1) (2008): 141–48; Christine Schroeder and Deborah Prentice, "Exposing Pluralistic Ignorance to Reduce Alcohol Use Among College Students," *Journal of Applied Social Psychology* 28(3) (1998): 2150–80.
37. See Kruglanski's two groundbreaking books: Arie Kruglanski, Jocelyn Belanger, and Rohan Gunaratna, *The Three Pillars of Radicalization: Needs, Narratives, and Networks* (Oxford University Press, 2019);

I had conducted earlier in the year in which we asked teens about common high-pressure social situations they experienced and common responses. Third, the chat-room program presented the ostensible responses of each faux participant after variable pauses, making it look as though each one was first thinking and only then typing his answer.

34. One finding we hadn't anticipated was that the participants with the uncool faux participants gave more prosocial answers, suggesting an "anti-conformity" effect. (We were able to discern this by comparing students' responses in the chat room with a baseline measure they had completed earlier in the year.) Research suggests that we want to conform to high-status people and groups but that we also want to distance ourselves from low-status people and groups. The effect can be harnessed to promote positive behavior. For example, undergraduates ate less junk food when they were led to believe that graduate students ate it in abundance: Jonah Berger and Lindsay Rand, "Shifting Signals to Help Health: Using Identity Signaling to Reduce Risky Health Behaviors," *Journal of Consumer Research* 35(3) (2008): 509–18.

35. As a result, we may come to see the world in a way consistent with the judgments of our group: Solomon Asch, *Social Psychology* (Prentice-Hall, 1952); Geoffrey Cohen, "Party over Policy: The Dominating Impact of Group Influence on Political Beliefs," *Journal of Personality and Social Psychology* 85(5) (2003): 808–22; and Emily Pronin et al., "Alone in a Crowd of Sheep: Asymmetric Perceptions of Conformity and Their Roots in an Introspection Illusion," *Journal of Personality and Social Psychology* 92(4) (2007): 585–95. We may also rationalize why the victims of our conformity deserve their harsh treatment: see Keith Davis and Edward Jones, "Changes in Interpersonal Perception as a Means of Reducing Cognitive Dissonance," *Journal of Abnormal*

28. Christopher Browning, *Ordinary Men: Reserve Police Battalion 101 and the Final Solution in Poland* (Harper Perennial, 2017), rev. Kindle ed. (quote from chap. 8, loc. 1220). See also Hannah Arendt, *The Origins of Totalitarianism* (Harcourt, 1976). Analyzing ordinary citizens' support of the Nazi party, Arendt wrote that even "highly cultured people" were vulnerable to "self-abandonment into the mass," especially when the mass movement provided a sense of belonging lacking in their social lives (316–17).
29. James Baldwin, *The Fire Next Time* (Michael Joseph, 1963), 64–65.
30. Kurt Vonnegut, *Mother Night* (Kurt Vonnegut/Origama Express, 1961), 269, 1.
31. Cf. Clifford Geertz, *The Interpretation of Cultures: Selected Essays* (Basic, 1973), 35.
32. Geoffrey Cohen and Mitchell Prinstein, "Peer Contagion of Aggression and Health Risk Behavior Among Adolescent Males: An Experimental Investigation of Effects on Public Conduct and Private Attitudes," *Child Development* 77(4) (2006): 967–83; and Prinstein, *Popular: The Power of Likability in a Status-Obsessed World* (Viking, 2017).
33. Many elements of the procedure ensured the credibility of the chat-room experience. First, the information about the friends that faux participants were said to affiliate with came from an assessment of the social networks at the school that Prinstein and I had made earlier in the year. We had asked students in the school to report on whom they spent time with and who was popular and well liked. Importantly for the ethics of the study, the friends that the faux participants were suggested to have were only hinted at. No one knew for certain who the faux participants, or who their friends, ostensibly were. Second, the social situations that we presented to participants, and the relevant responses to them, were based on focus groups that Prinstein and

22. Thomas Carnahan and Sam McFarland, "Revisiting the Stanford Prison Experiment: Could Participant Self-Selection Have Led to the Cruelty?" *Personality and Social Psychology Bulletin* 33(5) (2007): 603–14.
23. Erving Goffman, *Asylums: Essays on the Social Situation of Mental Patient and Other Inmates* (Aldine, 1961). Observing the debasement rituals in a 1950s mental institution and their impact on patients, Goffman wrote, "Here one begins to learn about the limited extent to which a conception of oneself can be sustained when the usual setting or supports for it are suddenly removed" (p. 148).
24. Conformity in authoritarian situations occurs with greatest intensity when social pressures are high, as when an authoritarian leader is present; conformity diminishes rapidly when social pressures are low, as when an authoritarian leader is absent: Kurt Lewin et al., "Patterns of Aggressive Behavior in Experimentally Created 'Social Climates,' " *Journal of Social Psychology* 10 (1939): 271–99.
25. John Schwartz, "The Struggle for Iraq: Psychology; Simulated Prison in 71 Showed a Fine Line Between 'Normal' and 'Monster,' " *New York Times,* May 6, 2004; M. Dittmann, "Psychological Science Offers Clues to Iraqi Prisoner Abuse," *APA Monitor* 35(7) (July/August 2004): 13; and Dittmann, "What Makes Good People Do Bad Things?" *APA Monitor* 35(9) (October 2004): 68.
26. Goffman, *Asylums*. For the Prison Study replication, see Stephen Reicher and S. Alexander Haslam, "Rethinking the Psychology of Tyranny: The BBC Prison Study," *British Journal of Social Psychology* 45 (2006): 1–40.
27. *Democracy Now!* "Zimbardo Shows How Most Evil Comes from Hierarchy," YouTube, September 17, 2008, https://www.youtube.com/watch?v=Z0jYx8nwjFQ&t=14s. The quote is at 2 minutes, 4 seconds.

16. Rodolfo Barragan, Rechele Brooks, and Andrew Meltzoff, "Altruistic Food Sharing Behavior by Human Infants After a Hunger Manipulation," *Scientific Reports* 10(1785) (2020): 645–49.
17. Barragan et al., "Altruistic Food Sharing Behavior."
18. Erving Goffman, "On Face-Work," in *Interaction Ritual* (Anchor, 1967), 45.
19. Clifford Geertz, *The Interpretation of Cultures: Selected Essays* (Basic, 1973), 45.
20. Lee Ross and Richard Nisbett, *The Person and the Situation: Perspectives of Social Psychology* (Pinter & Martin, 2011); Kurt Lewin, *Resolving Social Conflict: Selected Papers on Group Dynamics* (Harper, 1948); and Stanley Schachter, "Deviation, Rejection, and Communication," *Journal of Abnormal and Social Psychology* 46(2) (1951): 190–207. For the role of groups in violence, see Rebecca Littman and Elizabeth Paluck, "The Cycle of Violence: Understanding Individual Participation in Collective Violence," *Advances in Political Psychology* 36 (2015): 79–99.
21. Philip Zimbardo et al., "The Stanford Prison Experiment: A Simulation Study of the Psychology of Imprisonment," August 1971, Stanford University; and Zimbardo et al., "A Pirandellian Prison," *New York Times Magazine*, April 8, 1973. See also the website dedicated to the Stanford Prison Experiment, https://www.prisonexp.org/; Zimbardo, *The Lucifer Effect: Understanding How Good People Turn Evil* (Random House, 2007); and Ken Musen and Zimbardo, *Quiet Rage: The Stanford Prison Experiment,* Stanford University, 1988, documentary, https://exhibits.stanford.edu/spe/catalog/fd396xq4047. For a critique, see Thibault Le Texier, "Debunking the Stanford Prison Experiment," *American Psychologist* 74(7) (2019): 823–39. For a rejoinder, see https://www.prisonexp.org/response.

'Minimal' Group Affiliations in Children," *Child Development* 82(3) (2011): 793–811.

9. Maria Cadinu and Myron Rothbart, "Self-Anchoring and Differentiation Processes in the Minimal Group Setting," *Journal of Personality and Social Psychology* 70(4) (1996): 661–77.
10. Tajfel thought the psychological reflex was learned, a "generic norm" that we learn to apply to any situation with an Us and a Them: Tajfel, "Experiments in Intergroup Discrimination."
11. Donald Trump, "Wesley Autrey," *Time*, "2007 Time 100," http://content.time.com/time/specials/2007/time100/article/0,28804,1595326_1615754_1615746,00.html.
12. David Rand and Ziv Epstein, "Risking Your Life Without a Second Thought: Intuitive Decision-Making and Extreme Altruism," *PLOS One* 9(10) (2014): e109687; and Anthony Evans and David Rand, "Cooperation and Decision Time," *Current Opinion in Psychology* 26 (2019): 67–71.
13. Elizabeth Midlarsky et al., "Personality Correlates of Heroic Rescue During the Holocaust," *Journal of Personality* 73(4) (2005): 907–34, on 908.
14. Czesław Miłosz, *The Captive Mind* (Vintage, 1990), x.
15. Reinforcing the claim that minds adapt to their social environments, the tendency for cooperative responses to occur faster and more spontaneously than competitive responses is especially strong among people who report trusting others. Less speedy cooperation seems to occur when people learn to be conflicted about the cost-benefit ratio of cooperation: David Rand et al., "Spontaneous Giving and Calculated Greed," *Nature* 489 (2012): 427–30; and Akihiro Nishi et al., "Social Environment Shapes the Speed of Cooperation," *Scientific Reports* 6(1) (2016): 29,622.

and Yeager, 657–86, https://ed.stanford.edu/sites/default/files/cohen_scanned.pdf.

第三章

1. Sharon Otterman, "She Was Excited for a New School: Then the Anti-Semitic 'Jokes' Started," *New York Times,* March 4, 2020.
2. Peter Gabriel, "Not One of Us," track 2, side 2, on *Peter Gabriel,* Charisma Records, 1980, LP.
3. For evidence that bullying is a means of social connection, see J. A. Rambaran et al., "Bullying as a Group Process in Childhood: A Longitudinal Social Network Analysis," *Child Development* 91(4) (2020): 1336–52.
4. Thomas Hobbes, *Leviathan* (Penguin Classics, 1651/2017); Sigmund Freud, *The Ego and the Id* (Reading Essentials, 1923/2018); and Fred M. Wilcox, dir., *Forbidden Planet*, Metro-Goldwyn-Mayer, 1956.
5. Robert M. Sapolsky, *Behave: The Biology of Humans at Our Best and Worst* (Penguin, 2017), 423, 388.
6. Henri Tajfel, M. G. Billig, R. P. Bundy, and Claude Flament, "Social Categorization and Intergroup Behaviour," *European Journal of Social Psychology* 1(2) (1971): 146–78; and Tajfel, "Experiments in Intergroup Discrimination," *Scientific American* 223(5) (1970): 96–103.
7. People are especially biased in favor of their group when they are in the position of accepting or rejecting imbalanced allocations that have *already* been made and that favor their group: K. A. Diekman et al., "Self-Interest and Fairness in Problems of Resource Allocation: Allocators Versus Recipients," *Journal of Personality and Social Psychology* 72(5) (1997): 1061–74.
8. Yarrow Dunham, Andrew Baron, and Susan Carey, "Consequences of

Personality Science 12(6): 1048–57; Gregory Walton et al., "Two Brief Interventions to Mitigate a 'Chilly Climate' Transform Women's Experience, Relationships, and Achievement in Engineering," *Journal of Educational Psychology* 107(2) (2014): 468–85; for a review see Walton and Brady, "Social-Belonging Intervention."

41. J. Parker Goyer et al., "Targeted Identity-Safety Interventions Cause Lasting Reductions in Discipline Citations Among Negatively Stereotyped Boys," *Journal of Personality and Social Psychology* 117(2) (2019): 229–59; and Geoffrey Borman et al., "Reappraising Academic and Social Adversity Improves Middle School Students' Academic Achievement, Behavior, and Well-Being," *Proceedings of the National Academy of Sciences* 116(33) (2019): 16,286–91.
42. Christina Bauer et al., "From Weak Victims to Resourceful Actors: Reframing Refugees' Stigmatized Identity Enhances Long-Term Academic Engagement," *Psychological Science* (2021), in press.
43. See, for example, Geoffrey Cohen, Julio Garcia, Valerie Purdie-Vaughns [Purdie-Greenaway], Nancy Apfel, and Patricia Brzustoski, "Recursive Processes in Self-Affirmation: Intervening to Close the Minority Achievement Gap," *Science* 324 (2009): 400–3. For discussions of these virtuous cycles—also known as "recursive cycles" and "cycles of adaptive potential"—see Cohen and David Sherman, "The Psychology of Change: Self-Affirmation and Social Psychological Intervention," *Annual Review of Psychology* 65 (2014): 333–71; and Gregory Walton and Timothy Wilson, "Wise Interventions: Psychological Remedies for Social and Personal Problems," *Psychological Review* 125(5) (2018): 617–55. For the three Ts, see Geoffrey Cohen, Julio Garcia, and J. Parker Goyer, "Turning Point: Targeted, Tailored, and Timely Psychological Intervention," in *Handbook of Competence and Motivation*, eds. Elliot, Dweck,

Youth: Evidence from a Randomized Housing Voucher Experiment," *Quarterly Journal of Economics* 120(1) (2005): 87–130.

34. Simone Schnall et al., "Social Support and the Perception of Geographical Slant," *Journal of Experimental Social Psychology* 44(5) (2008): 1246–55.
35. Gregory Walton, Geoffrey Cohen, David Cwir, and Steven Spencer, "Mere Belonging: The Power of Social Connections," *Journal of Personality and Social Psychology* 102(3) (2012): 513–32.
36. Walton and Cohen, "A Question of Belonging"; Walton and Cohen, "Brief Social-Belonging Intervention"; and Walton and Brady, "Social-Belonging Intervention."
37. Lauren Eskreis-Winkler et al., "A Large-Scale Field Experiment Shows Giving Advice Improves Academic Outcomes for the Advisor," *Proceedings of the National Academy of Sciences* 116(6) (2019): 14808–10.
38. Shannon Brady et al., "A Brief Social-Belonging Intervention in College Improves Adult Outcomes for Black Americans," *Science Advances* 6(1) (2020): eaay3689.
39. Ray Bradbury, "A Sound of Thunder," *Collier's*, 1952.
40. David Yeager et al., "Teaching a Lay Theory Before College Narrows Achievement Gaps at Scale," *Proceedings of the National Academy of Sciences* 113(24) (2016): E3341–48; see the large-scale replications by College Transition Collaborative, "Social Belonging," https://collegetransitioncollaborative.org/social-belonging/; Kevin R. Binning et al., "Changing Social Contexts to Foster Equity in College Science Courses: An Ecological-Belonging Intervention," *Psychological Science* 31(9) (2020): 1059–70; Christine Logel et al., "A Social-Belonging Intervention Benefits Higher Weight Students' Weight Stability and Academic Achievement," *Social Psychological and*

or mental disability. See also "My Experience Survey 2019: Campus Findings and Recommendations" (Office of the Chancellor, University of California, Berkeley, 2019, https://myexperience.berkeley.edu/sites/default/files/myexperiencesurvey2019-final.pdf), which found that roughly half of ethnic minority and transgender or gender-nonconforming undergraduates at one major university reported being regularly subjected to exclusionary treatment over the previous year. Admittedly, the samples in these studies were not randomly drawn (virtually all college surveys have this limitation), so the respondents may not be representative of all students at the college site. Still, the data plainly suggest that the experience of prejudice is far more prevalent than we want.

31. In one experiment, women who read about research on the problem of gender bias in STEM expressed less belief that they could belong in these fields and less desire to pursue them compared with women who did not read about gender bias: Corinne Moss-Racusin et al., "Gender Bias Produces Gender Gaps in STEM Engagement," *Sex Roles* 79 (2018): 651–70.
32. Sara Driskell and Sophie Trawalter, "Race, Architecture, and Belonging: Divergent Perceptions of Antebellum Architecture," *Collabra: Psychology* 7(1) (2021): 21192.
33. Raj Chetty, Nathaniel Hendren, and Lawrence Katz, "The Effects of Exposure to Better Neighborhoods on Children: New Evidence from the Moving to Opportunity Experiment," *American Economic Review* 106(4) (2016): 855–902; Lisa Sanbonmatsu et al., *Neighborhoods and Academic Achievement: Results from the Moving to Opportunity Experiment*, Working Paper no. 11909, National Bureau of Economic Research, 2006, https://www.nber.org/papers/w11909; and Jeffrey R. Kling et al., "Neighborhood Effects on Crime for Female and Male

Advancement of Teaching, 2013; Karyn Lewis et al., "Fitting In to Move Forward: Belonging, Gender, and Persistence in the Physical Sciences, Technology, Engineering, and Mathematics," *Psychology of Women Quarterly* 41(4) (2017): 420–36; Catherine Good, Aneeta Rattan, and Carol Dweck, "Why Do Women Opt Out? Sense of Belonging and Women's Representation in Mathematics," *Journal of Personality and Social Psychology* 102(4) (2012): 700–17; and Michael Resnick et al., "Protecting Adolescents from Harm: Findings from the National Longitudinal Study on Adolescent Health," *Journal of the American Medical Association* 278(10) (1997): 823–32. Additionally, the UCLA loneliness scale has proved a strong predictor of health outcomes: See Chapter 11; and Cacioppo and Patrick, *Loneliness*.

27. Erika Christakis, "Dressing Yourselves," https://www.thefire.org/email-from-erika-christakis-dressing-yourselves-email-to-silliman-college-yale-students-on-halloween-costumes/.
28. YouTube, "Yale Professor Attacked over Halloween Costumes Says We've Evolved to Get Along," https://www.youtube.com/watch?v=f56xgHHZQ_A.
29. Tobias Wolff, *Old School* (Vintage, 2003), 23–24.
30. Walter DeKeseredy et al., "Hate Crimes and Bias Incidents in the Ivory Tower: Results from a Large-Scale Campus Survey," *American Behavioral Scientist* (February 22, 2019): 1–12. In a sample of over five thousand college students, 76 percent reported witnessing or hearing about offensive incidents related to prejudice; 34 percent of women reported being a victim of a sexual assault; almost 60 percent of students overall reported being victimized by a specific hate crime or incident of bias because of their ethnicity, nationality, religion, sex, sexual orientation, political orientation, or a physical

21. See Matthew Lieberman, *Social: Why Our Brains Are Wired to Connect* (Crown, 2013).
22. Baumeister and Leary, "Need to Belong."
23. For a review, see John Cacioppo and William Patrick, *Loneliness: Human Nature and the Need for Social Connection* (Norton, 2009).
24. For a meta-analysis, see Chris Hartgerink et al., "The Ordinal Effects of Ostracism: A Meta-Analysis of 120 Cyberball Studies," *PLOS One* 10(5) (2015): e0127002. For research on the effects of ostracism relative to personality, see Melissa McDonald and M. Brent Donnellan, "Is Ostracism a Strong Situation? The Influence of Personality in Reactions to Rejection," *Journal of Research in Personality* 46(5) (2012): 614–18. For the study of rejection from KKK members, see Karen Gonsalkorale and Kipling Williams, "The KKK Won't Let Me Play: Ostracism Even by a Despised Outgroup Hurts," *European Journal of Social Psychology* 37(6) (2007): 1176–86. For research on how ostracism shapes subsequent interpretations of ambiguous situations, see Lisa Zadro et al., "How Long Does It Last? The Persistence of the Effects of Ostracism in the Socially Anxious," *Journal of Experimental Social Psychology* 42(5) (2006): 692–97.
25. See Chapter 11.
26. Maithreyi Gopalan and Shannon Brady, "College Students' Sense of Belonging: A National Perspective," *Educational Researcher* 49(2) (2020): 134–37; J. Parker Goyer et al., "Self-Affirmation Facilitates Minority Middle Schoolers' Progress Along College Trajectories," *Proceedings of the National Academy of Sciences* 114(29) (2017): 7594–99; Goyer et al., "The Role of Psychological Factors and Institutional Channels in Predicting the Attainment of Postsecondary Goals," *Developmental Psychology* 57(1) (2021): 73–86; David Yeager et al., *Practical Measurement*, Carnegie Foundation for the

Why Today's Super-Connected Kids Are Growing Up Less Rebellious, More Tolerant, Less Happ—and Completely Unprepared for Adulthood (Atria, 2017).

16. Hunt Allcott et al., "The Welfare Effects of Social Media," *American Economic Review* 110(3) (2020): 629–76.
17. Yannis Theocharis and Will Lowe, "Does Facebook Increase Political Participation? Evidence from a Field Experiment," *Information, Communication, and Society* 19(10) (2016): 1465–86. For the importance of civic participation to a sense of belonging and well-being, see Robert Putnam, *Bowling Alone* (Simon & Schuster, 2000), and Chapter 11.
18. Melissa Hunt et al., "No More Fomo: Limiting Social Media Decreases Loneliness and Depression," *Journal of Social and Clinical Psychology* 37(10) 2018, 751–68.
19. Gregory Walton and Geoffrey Cohen, "A Question of Belonging: Race, Social Fit, and Achievement," *Journal of Personality and Social Psychology* 92(1) (2007): 82–96; Walton and Cohen, "A Brief Social-Belonging Intervention Improves Academic and Health Outcomes of Minority Students," *Science* 331(6023) (2011): 1447–51; Walton and Shannon Brady, "The Many Questions of Belonging," in *Handbook of Competence and Motivation: Theory and Application*, eds. A. Elliot, C. Dweck, and D. Yeager (Guilford, 2017), 272–93; and Walton and Brady, "The Social-Belonging Intervention," in *Handbook of Wise Interventions*, eds. Gregory Walton and Alia Crum (Guilford, 2020), 36–62.
20. Mali Dandridge, *How Will I Be Perceived as a Black Girl in the Ivy League?* ADP.FM Stream, RYL Studios, podcast, April 20, 2018, https://yr.media/news/how-will-i-be-perceived-as-a-black-girl-in-they-ivy-league/.

for Social, Communication, and Independent Problem-Solving Skills," *Developmental Psychology* 42(4) (2006): 627–42.

10. Momentary experiences can activate and deactivate a sense of a secure base: Mario Mikulincer and Phillip Shaver, "Boosting Attachment Security to Promote Mental Health, Prosocial Values, and Intergroup Tolerance," *Psychological Inquiry* 18(3) (2007): 139–56.
11. Mary Rowe, "The Feeling That We 'Belong' May Depend in Part on 'Affirmations,' " MIT Working Paper (2021), https://mitsloan.mit.edu/shared/ods/documents?PublicationDocumentID=7871.
12. See research reviewed in Chip Heath and Dan Heath, *Made to Stick: Why Some Ideas Survive and Others Die* (Penguin Random House, 2007); and John Tierney and Roy F. Baumeister, *The Power of Bad: How the Negativity Effect Rules Us and How We Can Rule It* (Penguin, 2019).
13. See John Gramlich, "What the Data Says (and Doesn't Say) About Crime in the United States," Pew Center Research, November 20, 2020.
14. For example, see Ro'ee Levy, "Social Media, News Consumption, and Polarization: Evidence from a Field Experiment," *American Economic Review* 111(3) (2021): 831–70; and "The Facebook Files," *Wall Street Journal*, September 13, 2021–October 24, 2021, https://www.wsj.com/news/types/the-facebook-files.
15. Jean Twenge et al., "Increases in Depressive Symptoms, Suicide-Related Outcomes, and Suicide Rates Among US Adolescents After 2010 and Links to Increased New Media Screen Time," *Clinical Psychological Science* 6(1) (2017): 3–17. Twenge also links social media to declines in civic participation: "Does Online Social Media Lead to Social Connection or Social Disconnection?" *Journal of College and Character* 14(1) (2013): 11–20. See also Twenge, *iGen:*

American Psychologist 13(12) (1958): 673–85; and Deborah Blum, *Love at Goon Park: Harry Harlow and the Science of Affection* (Basic, 2011).

4. John Bowlby, "Maternal Care and Mental Health," *Bulletin of the World Health Organization* 3 (1951): 355–533.
5. See Julie Summers, *When the Children Came Home: Stories of Wartime Evacuees* (Simon & Schuster, 2012). Also, warm and accepting romantic relationships later in life can offset the effects of insecure attachment: Nickola Overall, Jeffry Simpson, and Helena Struthers, "Buffering Attachment-Related Avoidance: Softening Emotional and Behavioral Defenses During Conflict Discussions," *Journal of Personality and Social Psychology* 104(5) (2013): 854–71.
6. Urie Bronfenbrenner, "Toward an Experimental Ecology of Human Development," *American Psychologist* 32(7) (1977): 513–31.
7. Mary Ainsworth and Silvia M. Bell, "Attachment, Exploration, and Separation: Illustrated by the Behavior of One-Year-Olds in a Strange Situation," *Child Development* 41(1) (1970): 49–67; Ainsworth et al., *Patterns of Attachment: A Psychological Study of the Strange Situation* (Lawrence Erlbaum Associates, 1978); and Mary Main, "Mary D. Salter Ainsworth: Tribute and Portrait," *Psychoanalytic Inquiry* 19(5) (1999): 682–736, on 703 for Ainsworth quote.
8. Solomon Asch, *Social Psychology* (Prentice-Hall, 1952), 299.
9. Beyond these correlational data, causal evidence is provided in an experiment that trained new caregivers to create stronger bonds with their newborns by being more emotionally responsive in their parenting; their children were more exploratory and proactive in their problem-solving in novel situations than were children whose caregivers had been randomly assigned to a control condition: Susan Landry et al., "Responsive Parenting: Establishing Early Foundations

第二章

1. For various treatments of this idea, see Lee Ross and Richard Nisbett, *The Person and the Situation: Perspectives of Social Psychology* (Pinter & Martin, 2011); Claude Steele, "A Threat in the Air: How Stereotypes Shape Intellectual Identity and Performance," *American Psychologist* 52(6) (1997): 613–29; Gregory Miller, Edith Chen, and Karen Parker, "Psychological Stress in Childhood and Susceptibility to the Chronic Diseases of Aging: Moving Towards a Model of Behavioral and Biological Mechanisms," *Psychological Bulletin* 137(6) (2011): 959–97; Edith Chen and Gregory Miller, "The Biological Residue of Childhood Poverty," *Child Development Perspectives* 7(2) (2013): 67–73; and Joseph LeDoux, *Anxious: Using the Brain to Understand and Treat Fear and Anxiety* (Penguin, 2015).
2. Maslow believed the needs often co-occurred and, it should be noted, did not use the metaphor of a pyramid: A. H. Maslow, "A Theory of Human Motivation," *Psychological Review* 50(4) (1943): 370–96. For a comprehensive review, see Roy Baumeister and Mark Leary, "The Need to Belong: Desire for Interpersonal Attachments as a Fundamental Human Motivation," *Psychological Bulletin* 117(3) (1995): 497–529. There are complex definitional issues regarding whether to infer an underlying *causal* need, motive, or want to belong. I am less concerned with these definitional issues than with the practical consequences that arise when a sense of belonging is supported or threatened. These consequences can prove profound—sufficiently so that it seems empirically justifiable to infer a strong underlying need.
3. Henry Murray and Harry Harlow were two other early scholars of the human need for connection; see Murray, *Explorations in Personality* (Oxford University Press, 1938); Harlow, "The Nature of Love,"

2nd ed., eds. A. Elliot, C. Dweck, and D. Yeager (Guilford, 2017), 657–86, https://ed.stanford.edu/sites/default/files/cohen_scanned.pdf.

21. People tend to embrace attitudes and identities that align with their behavior. Change *behavior* first, through participatory processes; hearts and minds will often follow. See Ross and Nisbett, *The Person and the Situation*; Leon Festinger, *A Theory of Cognitive Dissonance* (Stanford University Press, 1957); and Daryl Bem, "Self-Perception Theory," in *Advances in Experimental Social Psychology,* ed. Leonard Berkowitz (Academic Press), 6 (1972): 1–62.
22. Lewin, "Frontiers in Group Dynamics: Concept, Method and Reality"; and Lewin, "Frontiers in Group Dynamics II."
23. For self-affirmations to be effective, they generally need to affirm an aspect of self unrelated to the threat (e.g., C. P. was affirmed for his honesty rather than his racial tolerance before he took part in the discussions about racial injustice). For four reviews of self-affirmation theory, see Claude Steele, "The Psychology of Self-Affirmation: Sustaining the Integrity of the Self," *Advances in Experimental Social Psychology* 21 (1988): 261–302; David Sherman and Geoffrey Cohen, "The Psychology of Self-Defense: Self-Affirmation Theory," *Advances in Experimental Social Psychology* 38 (2006): 183–242; Geoffrey Cohen and David Sherman, "The Psychology of Change: Self-Affirmation and Social Psychological Intervention," *Annual Review of Psychology* 65 (2014): 333–71; and David Sherman et al., "Self-Affirmation Interventions," in *Handbook of Wise Interventions*, eds. Walton and Crum (Guilford, 2020), 63–99.
24. Erving Goffman, "Role Distance," in *Encounters: Two Studies in the Sociology of Interaction* (Bobbs-Merrill, 1961), 85–115.
25. Cohen, Garcia, and Goyer, "Turning Point."

10. This motto may originate with the psychologist Walter Fenno Dearborn: Urie Bronfenbrenner, "Toward an Experimental Ecology of Human Development," *American Psychologist* 32(7) (1977): 513–31, on 517.
11. Kurt Lewin and Ronald Lippitt, "An Experimental Approach to the Study of Autocracy and Democracy: A Preliminary Note," *Sociometry* 1(33) (1938): 292–300; Kurt Lewin, Ronald Lippitt, and Ralph White, "Patterns of Aggressive Behavior in Experimentally Created 'Social Climates,' " *Journal of Social Psychology* 10 (1939): 271–99; and Kurt Lewin, "Frontiers in Group Dynamics: Concept, Method and Reality in Social Science; Social Equilibria and Social Change," *Human Relations* 1(1) (1947): 5–41.
12. Lewin, Lippitt, and White, "Patterns of Aggressive Behavior," 283.
13. Ronald Lippitt, "An Experimental Study of the Effect of Democratic and Authoritarian Group Atmospheres," *University of Iowa Studies: Child Welfare* 16(3) (1940): 43–195.
14. "Kurt Lewin's Leadership Study (1940s)," YouTube, posted September 30, 2013, https://www.youtube.com/watch?v=J7FYGn2NS8M.
15. Marrow, *Practical Theorist*, 143.
16. Lester Coch and John French Jr., "Overcoming Resistance to Change," *Human Relations* 1(4) (1948): 512–32; and Lewin, "Frontiers in Group Dynamics: Concept, Method and Reality."
17. Cari Romm, "The World War II Campaign to Bring Organ Meats to the Dinner Table," *Atlantic*, September 25, 2014.
18. Lewin, "Frontiers in Group Dynamics: Concept, Method and Reality."
19. Marrow, *Practical Theorist*, 130.
20. Geoffrey Cohen, Julio Garcia, and J. Parker Goyer, "Turning Point: Targeted, Tailored, and Timely Psychological Intervention," in *Handbook of Competence and Motivation: Theory and Application*,

3. Solomon Asch, *Social Psychology* (Prentice-Hall, 1952), 316.
4. After being excluded, people tend to lash out against those who threaten to reject them further and seek to bond with people who could help them restore a sense of belonging. See K. D. Williams et al., "Cyberostracism: Effects of Being Ignored over the Internet," *Journal of Personality and Social Psychology* 79(5) (2000): 748–62; and Jon Maner et al., "Does Social Exclusion Motivate Interpersonal Reconnection? Resolving the 'Porcupine Problem,' " *Journal of Personality and Social Psychology* 92(1) (2007): 42–55. For research showing exclusion triggers conspiratorial thinking, see Kai-Tak Poon et al., "Beliefs in Conspiracy Theories Following Ostracism," *Personality and Social Psychology Bulletin* 46(8) (2020): 1234–46.
5. Kurt Lewin, "Frontiers in Group Dynamics II: Channels of Group Life; Social Planning and Action Research," *Human Relations* 1 (1947): 143–53.
6. Arthur Aron et al., "The Experimental Generation of Interpersonal Closeness: A Procedure and Some Preliminary Findings," *Personality and Social Psychology Bulletin* 23(4) (1997): 363–77; and Brene Brown, *The Power of Vulnerability: Teachings on Authenticity, Connection, and Courage* (Sounds True, Inc., 2012). See also Chapter 8.
7. This and other details not found in Terkel's interview are drawn from Osha G. Davidson, *The Best of Enemies: Race and Redemption in the New South* (University of North Carolina Press, 2007).
8. For details of Lewin's life and research practices, see Alfred Marrow, *The Practical Theorist: The Life and Work of Kurt Lewin* (Basic, 1969); and Travis Langley, "Kurt Lewin, the Refugee Who Founded Social Psychology," *Psychology Today* (January 29, 2017).
9. Marrow, *Practical Theorist*, 91.

interventions conducted by my lab and the labs of many colleagues over the past two decades. However, not all the data I review come from the kind of rigorous randomized experiments that provide the strongest causal tests. I draw on correlational and observational research, qualitative studies, older experiments that were important and seminal yet methodologically loose by contemporary standards, and literature and film—all to illustrate and explore the ideas throughout this book. Although the specific findings in any single study may be subject to critique—no single study is perfect—the body of findings that I draw together in each chapter supports hard-won ideas, insights, and strategies that transcend a specific "effect." It's these ideas, insights, and strategies that I want to convey and that I believe can be most useful in supporting a sense of belonging for all.

22. Andrew Solomon, *Far from the Tree: Parents, Children and the Search for Identity* (Scribner, 2012), 4.

第一章

1. Kurt Lewin, *Resolving Social Conflict: Selected Papers on Group Dynamics* (Harper, 1948); Solomon Asch, *Social Psychology* (Prentice-Hall, 1955); and Stanley Milgram, *Obedience to Authority: An Experimental View* (Harper Perennial, 1974/2017). For a review, see Lee Ross and Richard Nisbett, *The Person and the Situation: Perspectives of Social Psychology* (Pinter & Martin, 2011). See also Robert Cialdini's seminal, *Influence, New and Expanded: The Psychology of Persuasion* (HarperCollins, 2021). The new edition includes a chapter on the "unity principle," which addresses how to tap into the need to belong in our influence attempts.
2. Studs Terkel, *American Dreams: Lost and Found* (Ballantine, 1980), 221–33.

20. Claude M. Steele, "Race and the Schooling of Black Americans," *Atlantic,* April 1992; Geoffrey Cohen, Claude Steele, and Lee Ross, "The Mentor's Dilemma: Providing Critical Feedback Across the Racial Divide," *Personality and Social Psychology Bulletin* 25(10) (1999): 1302–18; Gregory Walton, "The New Science of Wise Psychological Interventions," *Current Directions in Psychological Science* 23(1) (2014): 73–82; and David Yeager et al., "Breaking the Cycle of Mistrust: Wise Interventions to Provide Critical Feedback Across the Racial Divide," *Journal of Experimental Psychology: General* 143(2) (2014): 804–24. For reviews of wise interventions, see Geoffrey Cohen, Julio Garcia, and J. Parker Goyer, "Turning Point: Targeted, Tailored, and Timely Psychological Intervention," in *Handbook of Competence and Motivation: Theory and Application,* 2nd ed., eds. Andrew Elliot, Carol Dweck, and David Yeager (Guilford, 2017), 657–86, https://ed.stanford.edu/sites/default/files/cohen_scanned.pdf; Gregory Walton and Timothy Wilson, "Wise Interventions: Psychological Remedies for Social and Personal Problems," *Psychological Review* 125(5) (2018): 617–55; Gregory Walton and Alia Crum, eds., *Handbook of Wise Interventions* (Guilford, 2020); Geoffrey Cohen and David Sherman, "The Psychology of Change: Self-Affirmation and Social Psychological Intervention," *Annual Review of Psychology* 65 (2014): 333–71; and Timothy Wilson, *Redirect: Changing the Life Stories We Live By* (Little Brown, 2011). Greg Walton provides a comprehensive database of wise interventions at https://www.wiseinterventions.org/database.
21. My goal is to synthesize a large body of research for the purposes of creating a science-supported wisdom for navigating a diverse world. Much of the research that I review features randomized controlled experiments, especially the contemporary research on wise

17. These important books discuss how large-scale social and economic conditions have contributed to social disconnection and mistrust: William Julius Wilson, *When Work Disappears: The World of the New Urban Poor* (Knopf, 1996); Keith Payne, *The Broken Ladder: How Inequality Affects the Way We Think, Live, and Die* (Penguin, 2018); Martin Sandbu, *The Economics of Belonging* (Princeton University Press, 2020); Chris Arnade, *Dignity: Seeking Respect in Back Row America* (Sentinel, 2019); Matthew Desmond, *Evicted: Poverty and Profit in the American Dream* (Crown, 2016); Deaton and Case, *Deaths of Despair*; Kathryn Edin and H. Luke Schaefer, *$2 a Day: Living on Almost Nothing in America* (Mariner, 2016); Francis Fukuyama, *The Great Disruption: Human Nature and the Reconstitution of Social Order* (Free Press, 1999); and Robert Putnam, *Bowling Alone* (Simon & Schuster, 2000). For research on the contribution of media and social media to fear, anxiety, and division, see, for example, Bruce Sacerdote et al., *Why Is All COVID-19 News Bad News?* National Bureau of Economic Research, 2020, Working Paper no. 28110, https://www.nber.org/papers/w28110; Jean Twenge, *iGen: Why Today's Super-Connected Kids Are Growing Up Less Rebellious, More Tolerant, Less Happy—and Completely Unprepared for Adulthood* (Atria, 2017); and "The Facebook Files," *Wall Street Journal*, September 13, 2021–October 24, 2021, https://www.wsj.com/news/types/the-facebook-files.
18. For an invaluable review, see Lee Ross and Richard Nisbett, *The Person and The Situation: Perspectives of Social Psychology* (Pinter & Martin, 2011).
19. Erving Goffman, *Stigma: Notes on the Management of Spoiled Identity* (Touchstone, 1986/1963). The term originally derives from Rotwelsch, an outsider language of Eastern Europe. "Wiz" meant "in the know."

higher rates of loneliness suffer from methodological problems, such as nonrepresentative samples.

11. Sting, "Message in a Bottle," track 1, side 1, on The Police, *Regatta de Blanc,* A&M Records, 1979, LP.
12. Steve Cole, "Meng-Wu Lecture," video, Center for Compassion and Altruism Research and Education, Stanford University, 2013, http://ccare.stanford.edu/videos/meng-wu-lecture-steve-cole-ph-d. Cole means that loneliness is one of the most, if not the most, toxic social or cultural environmental risk factors or features of lifestyle. He is not talking about specific chemicals in the physical environment as much as the general social or cultural environment in which people live. See also Julianne Holt-Lunstad et al., "Loneliness and Social Isolation as Risk Factors for Mortality: A Meta-Analytic Review," *Perspectives on Psychological Science* 10(2) (2015): 227–37.
13. Angus Deaton and Anne Case, *Deaths of Despair and the Future of Capitalism* (Princeton University Press, 2020), 94.
14. Nuruddin Farah, "Bastards of Empire," *Transition* 65 (1995): 26–35, on 27.
15. Michael Schwalbe, Geoffrey Cohen, and Lee Ross, "The Objectivity Illusion and Voter Polarization in the 2016 Presidential Election," *Proceedings of the National Academy of Sciences* 117(35) (2020): 21, 218–29; and Nathan Kalmoe and Lilliana Mason, *Lethal Mass Partisanship*, National Capital Area Political Science Association American Politics Meeting, January 2019. Kalmoe and Mason report figures of 18 percent among Democrats and 13 percent among Republicans for support of violence; the two groups did not differ in terms of their likelihood of seeing the other side as evil.
16. Data retrievable at Federal Bureau of Investigation, Uniform Crime Reporting Program, "Hate Crime," https://ucr.fbi.gov/hate-crime.

Social Exclusion," *Social Psychological and Personality Science* 3(4) (2012): 510–16.

5. C. N. DeWall et al., "It's the Thought That Counts: The Role of Hostile Cognition in Shaping Aggressive Responses to Social Exclusion," *Journal of Personality and Social Psychology* 96(1) (2009): 45–59.
6. Jean Twenge et al., "If You Can't Join Them, Beat Them: Effects of Social Exclusion on Aggressive Behavior," *Journal of Personality and Social Psychology* 81(6) (2001): 1058–69; and W. A. Warburton et al., "When Ostracism Leads to Aggression: The Moderating Effects of Control Deprivation," *Journal of Experimental Social Psychology* 42(2) (2006): 213–20.
7. Mario Mikulincer and Phillip Shaver, "Boosting Attachment Security to Promote Mental Health, Prosocial Values, and Intergroup Tolerance," *Psychological Inquiry* 18(3) (2007): 139–56; and Gregory Walton and Geoffrey Cohen, "Mere Belonging: The Power of Social Connections," *Journal of Personality and Social Psychology* 102(3) (2012): 513–32.
8. Arlie Hochschild, *Strangers in Their Own Land* (New Press, 2016).
9. Pete Buttigieg, "A Crisis of Belonging," speech, You-Tube, May 19, 2019, https://www.youtube.com/watch?v=39YJ7h0MHXQ.
10. There's a jump in biological risk around the 20th percentile of scores on the UCLA loneliness scale: Steven Cole et al., "Myeloid Differentiation Architecture of Leukocyte Transcriptome Dynamics in Perceived Social Isolation," *Proceedings of the National Academy of Sciences of the United States of America* 112(49) (2015): 15, 142–47. For higher rates of chronic loneliness among young adults, see Louise Hawkley et al., "Loneliness from Young Adulthood to Old Age: Explaining Age Differences in Loneliness," *International Journal of Behavioral Development* (November 15, 2020). Studies reporting

注釋

序言

1. Naomi Eisenberger, Matthew Lieberman, and Kipling Williams, "Does Rejection Hurt: An fMRI Study of Social Exclusion," *Science* 302(5643) (2003): 290–92; Naomi Eisenberger, "Social Pain and the Brain: Controversies, Questions, and Where to Go from Here," *Annual Review of Psychology* 66 (2014): 601–29; and Matthew Lieberman, *Social: Why Our Brains Are Wired to Connect* (Crown, 2013).
2. Mark Leary and Roy Baumeister, "The Nature and Function of Self-Esteem: Sociometer Theory," *Advances in Experimental Social Psychology* 32 (2000): 1–62; and Kipling Williams and Steve Nida, "Ostracism: Consequences and Coping," *Current Directions in Psychological Science* 20(2) (2011): 71–75.
3. Roy Baumeister, Jean Twenge, and Christopher Nuss, "Effects of Social Exclusion on Cognitive Processes: Anticipated Aloneness Reduces Intelligent Thought," *Journal of Personality and Social Psychology* 83(4) (2000): 817–27; and Gregory Walton and Geoffrey Cohen, "A Brief Social-Belonging Intervention Improves Academic and Health Outcomes of Minority Students," *Science* 331(6023) (2011): 1447–51.
4. Roy Baumeister et al., "Social Exclusion Impairs Self-Regulation," *Journal of Personality and Social Psychology* 88(4) (2005): 589–604; and Aleah Burson, Jennifer Crocker, and Dominik Mischkowski, "Two Types of Value-Affirmation: Implications for Self-Control Following

人生顧問 532

這星球不該孤獨：史丹佛心理學家有辦法為我們找回失去的歸屬感

Belonging: The Science of Creating Connection and Bridging Divides

作者	傑佛瑞．寇恩（Geoffrey L. Cohen）
譯者	洪世民
資深編輯	張擎
責任企劃	林欣梅
封面設計	謝捲子
內頁排版	張靜怡
人文線主編	王育涵
總編輯	胡金倫
董事長	趙政岷
出版者	時報文化出版企業股份有限公司 108019 臺北市和平西路三段 240 號 7 樓 發行專線｜ 02-2306-6842 讀者服務專線｜ 0800-231-705 ｜ 02-2304-7103 讀者服務傳真｜ 02-2302-7844 郵撥｜ 1934-4724 時報文化出版公司 信箱｜ 10899 臺北華江橋郵政第 99 信箱
時報悅讀網	www.readingtimes.com.tw
人文科學線臉書	http://www.facebook.com/humanities.science
法律顧問	理律法律事務所｜陳長文律師、李念祖律師
印刷	勁達印刷有限公司
初版一刷	2024 年 9 月 13 日
定價	新臺幣 690 元

版權所有　翻印必究（缺頁或破損的書，請寄回更換）

BELONGING by Geoffrey L. Cohen
Copyright © 2022 by Geoffrey L. Cohen
This translation published by arrangement with W. W. Norton & Company, Inc
through Bardon-Chinese Media Agency
Complex Chinese edition copyright © 2024 China Times Publishing Company
All rights reserved.

ISBN 978-626-396-587-4 ｜ Printed in Taiwan

時報文化出版公司成立於一九七五年，並於一九九九年股票上櫃公開發行，於二〇〇八年脫離中時集團非屬旺中，以「尊重智慧與創意的文化事業」為信念。

這星球不該孤獨：史丹佛心理學家有辦法為我們找回失去的歸屬感／傑佛瑞．寇恩（Geoffrey L. Cohen）著；
洪世民譯．｜ -- 初版．-- 臺北市：時報文化出版企業股份有限公司，2024.09 ｜ 544 面；14.8×21 公分．
譯自：Belonging: the science of creating connection and bridging divides.
ISBN 978-626-396-587-4（平裝）｜ 1. CST：歸屬感 2. CST：社會心理學｜ 541.7 ｜ 113010664